회계이론강의

이주송 · 김진휘 공저

형지사

머리말

현대사회는 급속한 산업발달과 경제환경의 변화로 회계학의 영역도 이론적인 측면과 실무적인 측면에서 급격히 발전됨과 동시에 많은 문제점이 노출됨으로써 이와 관련한 회계학 연구도 활발히 추진되었다. 기업의 이해관계자들에게 기업의 재무상태와 경영성과를 명확히 표시, 보고되어야 하기 때문에 회계의 이론적 뒷받침이 더욱 필요하게 되어 근대에 와서 이론적으로 대단한 진보를 보게 되었다. 따라서 회계학은 세분화되어 하나의 체계를 이루어 독자적인 목적과 기능을 발휘하면서 인접과학인 경제학, 경영학, 법률학, 정치학, 통계학 등과 긴밀하고 밀접한 관련성을 가지고 사회과학으로서 발전해 가고 있다. 회계학은 급속한 경제 성장과 사회적 환경의 변화에 따라 학문적으로 많은 성장과 발전을 거듭하여 왔으며, 그 중요성도 매우 높아졌다.

우리나라경제가 국제화 다국화 시대로 변화해 감에 따라 기업의 환경도 변해 가고 그 과정에서 회계의 수준도 국제화되는 수준으로 변모해 가고 있다. 여기에 발맞추어 우리나라의 기업회계기준도 국제화 회계기준에 접근하면서 한국채택국제회계기준을 같이 도입하기에 이르렀다. 또한 일반기업회계기준도 제정하여 공포하였다.

본서는 한국채택국제회계기준과 일반기업회계기준을 반영하여 회계이론을 나름대로 체계화시키고자 노력하면서 다음과 같은 점에 역점을 두면서 출판하였다.

첫째, 일반기업회계기준서과 한국채택국제회계기준을 함께 반영하여 회계사상을 논리적으로 설명하여 체계화하는 데 노력하였다.

둘째, 본서의 많은 부분을 기존 회계 문헌에 나타나 있는 회계이론, 또는 기 발행된 교재 등에서 인용, 요약, 정리하여 한 학기 강의하는 데 도움이 되도록 노력하였다.

셋째, 대학 교재로서 뿐만 아니라 회계실무에 종사하는 분들에게도 체계적인 이론을 이해하는 데 도움이 되도록 노력하였다.

이러한 점을 고려하여 집필하였지만 제한된 시간과 저자의 미숙함으로 내용 면에서 부족한 점이나 잘못된 부분이 많으리라 생각된다. 앞으로 동학제현들의 충고를 바라며 미비한 점은 계속 수정 보완해서 보충할 것을 약속하는 바이다.

끝으로 본서의 출판을 맡아 주신 형지사 유성렬 사장님께 감사드리고 이 책이 나오게끔 물심양면으로 도움을 주신 주위 여러분께도 진심으로 감사의 말씀을 드린다.

2010. 11.
저자 씀

차 례

제 1 장

회계이론의 기초개념

제1절 회계의 본질

1. 회계의 정의

회계학은 회계를 연구대상으로 하는 사회과학의 하나이고 회계이론은 회계학을 형성하는 이론이다. 그러므로 회계이론의 본질적 내용을 규명하기 위해서는 회계란 무엇인가를 명백하게 정의해 주지 않으면 아니 된다. 그러나 회계가 무엇인지 한마디로 정의하기란 그렇게 쉬운 일이 아니다. 그것은 시대와 환경이 변함에 따라 회계의 정의도 변하기 때문이다. 회계가 무엇인가란 물음에 대해서는 회계 내지 회계학의 정의가 학자의 회계관에 따라 또 시대의 흐름에 따라서도 현저한 차이와 상당한 이설이 있어 왔다.

현대에 와서 회계의 영역을 확대하여 유용한 정보를 제공하는 수단으로서 회계를 체계적인 학문으로 연구하려는 경향이 있고 또 회계를 단순한 실무적인 기술에서 학문적으로 연구하려는 움직임이 있다.

1960년대까지는 회계를 단순히 기업체의 경제적 활동에 의해 일어난 거래나 사건에 대하여 화폐로 측정・기록・분류하여 이를 해석하는 기술이라고 정의하였으나, 현대에는 사회가 발전함에 따라 경제주체를 둘러싸고 있는 기업환경도 복잡, 다양해지면서 급격히 변하고 있기 때문에 회계를 정의하기란 매우 어려운 일이다.

현대 회계는 오류 없는 회계정보의 산출 측면만을 강조하던 전통적 회계의 테두리에서 벗어나 경제적으로 의사결정에 도움이 되는 회계정보를 식별하고 이것들을 기업의 각종 이해관계자 즉, 경영자, 투자자 및 채권자 등의 회계정보 이용자들에게 합리적인 의사결정을 할 수 있도록 유용한 정보를 제공하는 서비스 활동이라고 할 수 있다.

회계의 정의에 대한 견해를 살펴보면 다음과 같다.

(1) AICPA의 정의

1941년 미국공인회계사회(AICPA, American Institute of Certified Public Accountants)에서 발표한 회계용어공보(ATB, Accounting Terminology Bulletin) NO. 1에서는 "회계는 적어도 부분적으로는 재무적인 성질을 가진 거래나 사건을 의미 있는 방법으로 화폐단위에 의하여 기록·분류·요약하고 그 결과를 해석하는 기술이다."

(Accounting is the art of recording, classifying, and summarizing in a significant manner and in terms of money, transactions and events which are, in part at least, of a financial character, and interpreting the results thereof.)

이것은 공식적인 회계전문기관의 최초의 정의로서 전통회계의 회계사고를 잘 표현하고 있는 것이며, 다음과 같은 의미를 내포하고 있다.

① 회계는 거래를 회계 처리하여 재무제표로 회계보고 하는 것을 중요시하고 있다.

② 회계는 하나의 기술로 정의하고 있다.

③ 회계는 재무적 거래나 사상을 화폐단위로 측정하여 처리하였다는 점이다.

(2) AAA의 정의

1966년 미국회계학회(AAA, American Accounting Association)에서 발표한 「기초적 회계이론에 관한 보고서」(ASOBAT, A Statement of Basic Accounting Theory)에서는 "회계란 정보이용자가 사정에 정통한 판단이나 의사결정을 할 수 있도록 경제적 정보를 식별·측정·전달하는 과정이다."

(The Committee defines accounting as the process of identifying, measuring, and communicating economic information to permit informed judgements and decisions by users of the information.)

이 정의는 회계가 단순히 회계처리와 보고를 하고 재무제표를 작성하는 것이라는 기술론적 범주를 벗어나 새로운 회계의 방향을 제시한 것이며 그 의미는 다음과 같다.

① 회계는 근본적으로 정보시스템(information system)으로 정보이용자의 의사결정에 유용

하게 생산하고 제공하여야 한다는 것이다.

② 회계는 측정과정(measuremen process)과 전달과정(communication process)으로 구성되어 있다는 것이다.

③ 전통적 회계와는 달리 비화폐적 정보, 미래정보도 표시될 수 있다는 것을 암시하고 있는 것이다.

이 정의는 회계를 종전의 재무회계 틀에서 벗어나 그것을 포함한 관리회계의 영역까지 내포하고 있는 점에 특색이 있다.

(3) AICPA의 APB Statement No. 4의 정의

1970년 AICPA의 회계원칙심의회(APB, Accounting Principles Board)보고서(APB Statement) No. 4에서는 "회계는 서비스 활동이다. 그 기능은 여러 가지 대체적인 방안 중에서 합리적인 선택을 하여야 할 경우 경제적 의사결정에 유용하도록 경제적 실체에 관한 재무적 성격의 양적 정보를 제공하는 것이다."

(Accounting is a service activity, Its function is to provide quantitative information, primarily financial in nature, about economic entities that is intended to be useful in making economic decisions-in making reasoned choices among alternative courses of action.)

이 정의는 ASOBAT와 비슷하게 정보 중심으로 회계를 정의하였다. 회계를 서비스 활동으로 규정하였는데 서비스 활동은 정보이용자의 의사결정에 도움이 되도록 양적 정보를 제공하는 것을 가리킨다. 이상을 요약해 보면 회계란 경제적 실체의 재무적 정보를 이해관계자들에게 제공하는 서비스 활동이다. 다시 말해서 기업실체의 경제적 활동을 화폐액으로 기록·측정·요약·분류하여 보관함으로써 회계정보를 이용하여 의사결정을 하는 각종 이해관계자들에게 전달하는 활동이라고 정의할 수 있다.

2. 회계의 기능

회계는 회계 정보이용자가 기업실체와 관련하여 합리적인 의사결정을 할 수 있도록 재무상의 재료를 일반적으로 인정된 회계원칙에 따라 처리하여 유용하고 적정한 정보를 제공하는 것이다. 따라서 회계가 기업 및 사회에 대하여 수행해야 할 행동이나 행위를 회계의 기능(accounting function)이라 한다. 회계의 기능에 관하여 많은 학자들은 여러 가지를 주장하고 있으나 일반적으로 측정의 기능·전달의 기능·보전의 기능·이해조정의 기능·사회복지증진의 기능으로 요약할 수 있다.

(1) 측정의 기능(measuring function)

기업의 재무상태와 경영성과에 관한 회계정보의 기초가 되는 자산 · 부채 · 자본 · 수익 · 비용을 공통척도인 화폐액으로 측정하는 기능이다.

재무상태표(대차대조표)와 손익계산서가 유기적으로 결합된 것과 같이 재산계산과 손익계산의 상호 관계도 유기적이며, 양자가 통일되어야 비로소 회계의 측정 기능이 성립된다. 소비원가가 손익계산서에 비용으로 계상되고 미소비원가가 재무상태표(대차대조표)에 자산으로 계상된다. 화폐단위에 의한 계산뿐만 아니라 물량적 측정도 중시하게 되었다.

(2) 전달의 기능(communication function)

측정된 회계정보를 경제실체인 내 외부의 정보이용자들에게 전달하는 기능이다. 자산 · 부채 · 자본 · 수익 · 비용의 상황에 관한 정보를 전달하는 수단으로서 재무제표를 작성하며 그 중에서도 재무상태표(대차대조표)와 손익계산서가 중요하게 이용된다.

(3) 보전기능(safeguard or protection function)

재산의 부정 · 오류 · 도난의 발생을 예방하는 회계상의 기능을 말한다. 재산의 보전이 없이는 기업이 유지되지 못하며 재무상태 및 손익상황을 보고하는 재무제표도 그 의미를 상실하게 된다. 재산보전의 회계기구는 기업내부의 회계 · 영업 · 보관 등의 업무를 합리적으로 배분하고 조직을 확립함으로써 회계적 부정 또는 오류를 사전에 방지하는 조직이라 할 수 있다. 영업 · 보관 · 회계 등에 책임범위를 분할해서 적당히 분담시켜 각 부서 상호간의 자동적인 견제에 의해 부정 · 오류의 방지를 하는 내부통제조직(internal control system)이 필요하다.

(4) 이해조정의 기능

기업과 이해관계자간에 상호 대립되는 이행의 조정역할을 하는 기능이다. 기업의 대규모화에 따라서 이해관계자집단은 회계보고서에 대한 관심과 범위가 확대되고 재무제표의 인식이 새로워졌다. 채권자에게는 일정한 이자가 지급되어야 하며 주주에게는 이익배당을 하여야 한다. 주주에 대한 이익배당을 무제한으로 한다면 기업재산이 침해될 것이므로 정해진 배당가능이익의 계산방식에 따라서 배당하여야 채권자와 주주에 대한 이해가 조정된다. 회계는 기업의 이해관계자집단의 거래관계를 측정하고 그들이 요구하는 정보를 제공할 뿐만 아니라 더 나아가서 이해관계자집단의 이해조정의 용구로서도 유효하게 작용한다.

기업회계기준에 준거하여 회계처리가 행하여지므로 객관성이 부여되며 기업의 이해관계자가 회계보고서를 기초로 한 경제적 의사결정을 함으로써 이해가 조정되는 것이다.

(5) 사회복지증진의 기능

사회공통에 대한 복지증진이라는 면에서 새로운 회계의 기능을 주장하는 것이다. 즉 증권거래법은 산업사회의 육성과 투자자 보호를 위해서 유가증권의 발행, 매매, 거래의 공정유통의 합리화 등 회계의 사회성 제고에 현저한 역할을 하였다. 그리고 최근에는 공해방지라든가 환경보전의 견지에서 기업의 사회적 책임 문제가 되기 시작하였으며, 기업이 제공하는 상품가격의 타당성 및 원가에 관한 소비자의 관심 또한 높아졌다. 그래서 기업환경의 변화가 수반되고 사회적 관심에 따라서 사회책임회계와 인적자원회계, 환경회계가 중요시되었다.

3. 회계의 목적

회계의 목적은 회계의 정보 이용자가 기업실체와 관련하여 합리적인 의사결정을 할 수 있도록 재무상의 자료를 일반적으로 인정된 회계원칙에 따라 처리하여 유용하고 적정한 정보를 제공하는 것을 목적으로 한다고 기업회계기준에서는 정하고 있다.

기업회계기준에서 규정하고 있는 재무회계의 특징을 보면 다음과 같다.

① 기업실체에 관한 의사결정에 유용하고 적정한 재무적 정보를 제공하는 것을 재무회계의 목적으로 제시하고 있다.

② 재무회계의 기본가정을 포함하고 있다.

③ 회계이론의 접근방법으로서 의사결정에 유용한 정보제공을 회계목적으로 하는 의사결정 유용성접근방법을 반영하고 있다.

④ 재무회계의 범위로서 재무상의 재료를 일반적으로 인정된 회계원칙에 따라 처리하여 보고하는 것으로 규정하고 있다.

(1) AAA의 ASOBAT에서의 목적

1966년 미국회계학회에서 발표한 ASOBAT에서는 회계의 이용목적을 다음과 같이 열거하고 있는데, 이들의 회계 목적을 살펴보면

1) 한정된 자원의 효율적인 사용을 위한 의사결정 목적

사회, 기업, 개인 등이 소유하고 있는 제한된 자원을 보다 효율적으로 배분하기 위한 의사결

정을 할 때 회계정보가 제공되어야 한다.

2) 기업의 인적, 물적 자원의 효과적인 지휘 및 통제 목적

기업의 인적, 물적 자원의 효과적인 지휘, 통제를 위하여 회계정보가 제공되어야 한다는 것으로 경영기능에 관련된 것이다.

3) 자원의 수탁책임에 관한 확정 및 보고 목적

자원의 수탁책임에 관한 보고를 위하여 회계정보가 제공되어야 한다는 것으로 수탁기능(fiduciary function)이 강조되고 있다. 수탁책임에 관한 보고란 자원의 수탁자(경영자)가 위탁자(투자자)로부터 위탁받아 재산의 유지・관리・운용 처분에 관한 사실을 위탁자에게 보고하고, 그 책임을 명확하게 하는 것을 말한다.

4) 사회적 기능 및 통제의 촉진 목적

사회적 기능 및 통제의 촉진을 위하여 회계정보가 제공되어야 한다는 것으로, 회계의 사회적 기능이 강조되고 있다. 회계의 사회적 기능은 사회정보의 보고를 통하여 사회발전과 인간의 복지향상을 위하여 중요한 기여를 하게 된다.

(2) AICPA의 APB statement NO. 4에서의 목적

1970년에 발표된 회계원칙심의회(APB, Accounting Principles Board)의 보고서 제 4 호에서 재무회계, 재무제표의 목적(Objectives of Financial Accounting and Financial Statements)이란 명칭으로 회계목적을 다음과 같이 나누어 설명하고 있다.

1) 기본목적(Basic Purpose)

기본목적은 재무제표의 이용자가 경제적 의사결정(economic decision making)을 행하는 데에 유용한 재무정보를 제공하는 데 있다.

2) 일반목적(General Objectives)

일반목적은 재무회계정보의 내용을 이용자의 이해와 요구를 결부시키는 것이며, 이에 따라 재무회계정보의 내용이 그들의 이해와 요구에 얼마만큼 역할을 할 것인가를 확정지음으로써 정보내부의 평가가 가능하게 된다.

① 기업의 경제적 자원 및 재무에 관하여 신뢰할 수 있는 재무정보를 제공하는 것이다.

② 기업의 이익획득활동에서 생기는 기업의 순자원에 관한 신뢰할 수 있는 정보를 제공하는 것이다.

③ 기업의 잠재적 수익력(earnings potential)을 추정하는 데 필요한 재무정보를 제공하는 것이다.

④ 기업의 자원 및 재무변동에 관한 기타 필요한 정보를 제공하는 것이다.

⑤ 재무제표이용자의 정보요구에 적합한 재무정보를 가능한 한 공시하여야 한다.

3) 질적목적(Qualitative Objectives)

재무정보를 유용하게 하는 특질로서 재무회계정보의 유용성을 평가하기 위한 규준을 제공한다. 이러한 질적목적으로 목적적합성(relevance), 이해가능성(understandability), 검증가능성(verifiability), 중립성(neutrality), 적시성(timeliness), 비교가능성(comparability), 완전성(completeness) 등을 들고 있다.

APB Statement NO.4에서는 회계목적을 계층적으로 정의하여 회계목적(기본목적, 일반목적 및 질적 목적)간의 논리적 체계화를 시도한 점에 그 특징이 있다.

(3) AICPA Study Group의 재무제표의 목적

AICPA의 회계목적연구단(Study Group on the Objectives of Financial Statements)이란 연구보고서를 발표하여 회계목적을 기본목적과 종속목적으로 나누고 있는데, 재무제표의 기본목적 1개와 종속목적 11개를 들고 있다. 이들은 상호 독립적인 것으로 규정하고 있는데 여러 목적을 다시 6단계로 계층화할 수도 있으며, 각 계층에 소속되는 회계목적을 계층적으로(hierarchically) 표시할 수도 있다.

1) 기본목적(basic objectives)

(가) 경제적 의사 결정을 위한 정보 제공

재무제표의 기본목적은 경제적 의사결정을 위한 유용한 정보를 제공하는데 있다.(The basic objectives financial is to provide information useful for making economic decisions)

2) 종속목적(subsidiary objectives)

(가) 접근이 제한된 이용자에 대한 정보제공

재무제표의 목적은 기업에 관한 정보를 얻는데 권한, 능력, 자료원이 제한되어 있는 자에게 정보를 제공하는데 있다.

(나) 현금흐름에 대한 정보제공

재무제표의 목적은 투자자와 채권자가 그들에게 돌아올 잠재적 현금흐름(cash flow)의 금액, 시기 및 그에 관련된 불확실성(uncertainty)을 예측, 비교, 평가하는데 유용한 정보를 제공하는

데 있다.

(다) 기업의 수익력 평가에 대한 정보제공

재무제표 목적의 하나는 기업의 수익력(earning power)을 예측, 비교, 평가하기 위한 정보를 이용자에게 제공하는데 있다.

(라) 경영자의 능력 평가에 대한 정보제공

재무제표의 목적의 하나는 기업의 기본목표를 달성하기 위하여 기업의 자원을 효과적으로 이용하는 경영자의 능력(manager's ability)을 판단하는데 유효한 정보를 제공하는데 있다.

(마) 사실적, 해석적 정보제공

재무제표의 목적은 기업의 수익력을 예측, 비교, 평가하는데 유용한 거래 및 사상에 대한 사실적, 해석적 정보(factual and interpretive information)를 제공하는데 있다.

(바) 재무상태표 작성에의 정보제공

재무제표의 목적은 기업의 수익력을 예측, 비교, 평가하는데 유용한 재무상태표(statement of financial position)를 제공하는데 있다. 이 보고서는 미완료된 이익가득과정의 일부인 기업의 거래 및 기타 사상에 관한 정보를 제공하여야 한다. 현재가치가 역사적 원가와 현저하게 다른 경우에는 그 차이를 보고하여야 한다. 자산 및 부채는 예상되는 실현 또는 상환금액 및 시기에 관한 상대적 불확실성에 의하여 구분 또는 분류되어야 한다.

(사) 손익계산서 작성에의 정보제공

재무제표의 목적은 기업의 수익력을 예측, 비교, 평가하는데 유용한 기간이익계산서((statement of periodic earnings), 손익계산서를 뜻함)를 작성하는데 있다. 이 보고서는 완성이익주기의 순결과와 미완성이익주기의 인식 가능한 완성도에서 나타나는 기업활동을 보고하여야 한다. 연속적인 재무상태표에 나타난 가치의 변화도 역시 보고되어야 한다. 그러나, 가치변화는 그 사실의 확실성에 있어서 차이가 있기 때문에 구분하여 보고하여야 한다.

(아) 자금운용표 작성에의 정보제공

재무제표의 목적은 기업의 수익력을 측정, 비교, 평가하기 위하여 유용한 재무활동표(statement of financial activities, 자금운용표)를 제공하는데 있다. 그 보고서는 중요한 현금효과를 가지거나 그러한 효과가 기대되는 기업거래의 요구되는 자료를 보고하여야 한다.

(자) 재무예측에의 정보제공

재무제표의 목적은 예측과정(predictive process)에 유용한 정보를 제공하는데 있다. 재무적 예측은 그것에 의하여 이용자의 예측에 대한 신뢰성을 높일 수 있는 경우에만 제공되어야 한다.

(차) 정부와 비영리기관에 관한 정보제공

정부・비영리단체를 위한 재무제표의 목적은 그 조직목적의 달성을 위하여 경제적 자원을 효과적으로 관리하였는지를 평가하는데 유용한 정보를 제공하는데 있다.

(카) 기업의 사회적 영향에 대한 정보제공

재무제표의 목적은 사회의 영향을 미치는 기업활동을 보고하는데 있다.

(4) FASB의 SFAC No.1에서의 목적

미국재무회계기준심의회(FASB, Financial Accounting Standards Board)에서는 1978년 11월에 그의 Conceptual Framework Project에 따라 재무회계개념보고서(Objectives of Financial Accounting Concepts) No. 1 〈기업재무보고의 목적〉 (Objectives of Financial Reporting by Business Enterprises)을 발표하였다.

ASOBAT가 회계목적을 처음 정립하면서 추상적이고 이론적인 측면에서 회계목적을 설정한 반면에, SFAC No. 1은 그 동안의 연구결과를 종합하고 여러 이해관계자의 의견수렴으로 실무와 이론이 조화되는 회계목적을 정립하였다.

1) 투자 및 신용결정에 유용한 정보의 제공(Information Useful in Investment and Credit Decisions)

현재 및 잠재된 투자자, 채권자, 기타의 이용자가 합리적 투자, 신용, 기타의 결정을 하는데 유용한 정보를 제공하는 것이다.

2) 현금흐름전망을 평가하는데 유용한 정보의 제공(Information Useful in Assessing Cash Flow Prospects)

현재 및 잠재적 투자자, 채권자, 기타의 이용자가 배당금, 이자, 매출로부터의 실수금, 유가증권 또는 대출금의 상환, 만기로 인한 미래의 현금수입의 금액, 기간귀속, 불확실성(amounts, timing, and uncertainty)을 평가하는데 도움이 되는 정보를 제공하는 것이다.

3) 기업의 자원 그리고 그 청구권 및 이들의 변동에 관한 정보의 제공(Information about Enterprise Resources, Claims to Those Resources, and Changes in Them)

기업의 경제적 자원(자산), 청구권(부채 및 자본) 및 이들의 변동에 관한 정보를 제공하는 것이다. 이 목적은 다음과 같이 다섯 가지로 세분된다.

① 경제적 자원, 채무 및 소유주지분(economic resources, obligations and owner's equity)에 관한 정보의 제공

② 기업성과의 이익(enterprise performance and earnings)에 관한 정보의 제공

③ 유동성, 지급능력 및 자금흐름(liquidity, solvency, and fund flows)에 관한 정보의 제공

④ 경영수탁과 성과(management stewardship and performance)에 관한 정보의 제공

⑤ 경영설명과 해석(management explanations and interpretations)에 관한 정보의 제공

SFAC No. 1의 회계목적은 정보이용자 중 투자자와 채권자를 중심으로 회계목적이 정립되어 있고, 기업의 현금흐름전망에 대한 평가를 중요시하고 있다. 그러나 이러한 목적들은 일정불변의 것이 아니라 이용자들이 처하고 있는 경제적, 정치적, 사회적 현상에 의해 영향을 받게 되고 새로운 결과로 인하여 변할 수 있는 것이다.

4. 회계의 사회적 책임

(1) 회계책임의 의의

회계책임(accounting responsibility)이란 회계기술에 의하여 기업경영의 실태를 알리는 책임을 뜻한다. 그것은 회계적 계산, 회계적 증명, 회계적 보고, 회계적 해석이라는 내용을 포함한다.

기업은 다수의 출자자로부터 투자를 받고 미래에도 투자를 받기 위해서는 투자대상에 대해서 책임을 져야 한다. 재화나 용역을 제공받는 소비자에 뿐만 아니라 기업에 과세를 하는 정부나 통제·감독을 하는 관청에 대해서도 책임을 져야 한다.

현대기업은 공공사회의 복지나 이익에 공헌하는 공공적인 기구인 것이다. 이와 같이 기업자체의 공공성에서 기업의 회계보고도 공공적인 성격을 갖게 되었으며 그 보고는 사회에 대한 기업의 공헌 정도를 나타내며 출자자, 종업원, 채권자, 정부 등에게도 중요한 판단의 자료가 되고 있다. 따라서 신뢰할 수 있는 적정한 재무제표를 작성하고 이것에 의해서 정보를 제공하여야만 한다는 회계의 사회적 책임이 강조되게 되었다.

1) 수탁적 회계책임

경영자는 주주들로부터 수탁받은 재산의 관리와 운영의 책임을 수행하고, 자본의 이식 내지 최대이익의 획득에 의한 자본증식과 그 분배에 대한 책임을 지고 있다. 또한 이것뿐만 아니라 경영자는 경영지배의 실권을 확보하고 경영활동의 확대를 꾀하며, 제도적 실체로서 기업의 독립성을 유지해 가는 것이다.

수탁적 회계책임은 자본의 위탁을 기초로 하기 때문에 첫째, 회계책임의 수행은 화폐적 척도

에 의하며 둘째, 그 측정의 기술은 자연히 복식부기기구를 이용해야 하며 셋째, 주로 사회적 제약조건(법령)에 따라야 하며 넷째, 기업이 무엇을 했는가의 업적측정의 대상이 된다는 등의 특징이 있다.

〈표 1-1〉 회계책임의 구분과 특징

	수탁적 회계책임	사회적 회계책임
(1) 회계책임의 객체	주주(채권자 포함)로부터 자본주의 수탁이 있다. 따라서 수탁자본에 대한 회계책임을 지는 것은 명확하게 인식할 수 있다.	자본위탁이나 채권의 발생에 의한 명확한 위탁자·권리자를 규정할 수는 없다(不明함). 따라서 social entity 개념을 도입해야 한다. 그 적부는 여하간에, 사회로부터 광범위한 위탁이 있다고 가정해야 하며, Accountability도 그에 부합되는 것이라고 생각해야 한다.
(2) 회계책임의 척도	자본의 수탁을 전제로 하므로 회계책임의 수행은 화폐적 및 수량적 척도에 의거함이 가능하다.	위탁의 내용이 명백하지 않으므로, 어떠한 척도에 따라 회계책임을 달성해야 할 것인지가 미확정적이다(다원적이다).
(3) 회계책임의 수단	화폐적 가액에 의한 측정이 중심이 되므로 회계의 기본적 구조인 복식부기 기구를 이용할 수 있다(B/S, I/S에 의함).	복식부기 기구나 B/S, I/S의 형식을 이용할 수 있으나, 그것은 일종의 수단에 지나지 않으며, 측정대상의 본질적 특징을 모두 파악하고 있다는 보증은 없다.
(4) 법률적 규제 여부	회계의 전체를 포용하는 사회적 제약조건(주로 법령)이 존재한다.	공해와 같은 사회적 해악에 대해서는 법률적 규제가 있기는 하나, 그것은 한정적이고 예시적인 것이며, 결코 포괄적인 것은 아니다.
(5) 당위성의 여부	무엇을 했는가가 측정의 대상이 된다(귀납적).	무엇을 했는가만이 아니고, 무엇을 하지 않았는가, 또는 무엇을 할 것인지도 측정. 허가의 대상이 된다.(연역적)

2) 사회적 회계책임

사회적 회계책임(social accountability)은 사회목표, 사회적 프로그램, 사회복지 등의 사회적 배려나 사회정책에 대한 기업의 책임을 회계적으로 표명하는 것을 뜻한다. 그것은 새로운 사회적 가치관에 대한 기업의 책무를 요구하는 것이므로, 전통적 수탁책임(stewardship)으로서의 회계책임과는 이질적인 성격을 가지는 것으로, 그것은 기업의 사회적 역할의 근저에 관련되는 것이기도 하다.

사회적 회계책임은 첫째, 자본위탁이나 채권의 발생에 의한 수탁자 및 권리자의 개념을 확립할 수 없으며 둘째, 수탁자가 명백하지 않기 때문에 회계책임의 척도가 없으며 셋째, 복식부기의 기구(B/S 또는 I/S)를 이용할 수는 있으나 일종의 수단에 지나지 않으며 넷째, 법률적인 규제가 있기는 하나 그것은 한정적인 예시에 지나지 않으며(포괄적이지 못함.) 다섯째, 기업행위의 당위성이 그 측정의 대상이 된다는 등의 특징이 있다.

(2) 회계의 사회적 책임의 내용

기업의 사회적 책임을 회계적으로 표현하는 것이 회계의 사회적 책임이므로 그 책임을 대상별로 또한 유형별로 구분해야 한다. 회계책임을 이해집단의 대상별로 표시하면 ① 소비자보호에 의한 회계책임, ② 지역사회에 대한 회계책임, ③ 종업원 복리후생에 대한 회계책임, ④ 주주·채권자에 대한 회계책임, ⑤ 기타에 대한 회계책임으로 구분된다.

1) 소비자보호를 위한 회계책임

기업의 지나친 이윤추구에 의한 모든 피해를 예방하며 소비자의 권리를 수호하려는 방어적 운동이 소비자 집단에 의해 진행되고 있다. 소비자권리를 신장하고 모든 피해를 저지하여 궁극적으로 그들이 복지사회를 실현하는데 두고 있다. 소비자의 권리라 함은 소비자주권이라고도 하는데, 그 내용은 매우 다양하고 복잡하며, 기업의 입장에서 보면 그 성격이 애매한 것도 있으나, 소비자가 여러 가지 피해로부터 자기를 보호하는 권리인 것이다. 예를 들면, ① 결함상품으로부터 피해보상을 받을 권리, ② 과대·허위·불쾌광고를 배제할 권리, ③ 부당표시·과대포장에 의한 기대권을 상실하지 않는 권리, ④ 상품의 결함·용량·성능·사용방법을 알 권리, ⑤ 부당가격에 저항할 권리 등이다. 이러한 권리의 대부분은 법률적으로 보호받고 있으나, 미흡한 것이 많다.

소비자보호를 위한 회계책임은 ① 상품에 관한 각종 통계 ② 상품정보 ③ 상품(제품)의 가격수집(원가 계산) ④ 유통경로와 마진(조세포함) ⑤ 상품의 안전성 ⑥ 적정광고 ⑦ 기타의 서비스 등이다.

2) 지역사회에 대한 회계책임

지역사회는 기업의 이해자집단 중 소비자에 버금가는 중요한 위치에 있다. 기업은 소위 선량한 시민 내지 주민의 일원으로 공존하지 않으면 아니 되며, 시민 내지 주민으로서의 책임을 다하여 양호한 선린의 우호적 관계를 유지하지 않으면 아니 된다.

지역주민에 대한 회계책임(회계정보)은 ① 공해(환경오염)의 방지 ② 고정폐기물의 회수 ③ 자연훼손의 복원 ④ 자선활동 ⑤ 복리후생시설의 제공 ⑥ 위락시설의 조성 ⑦ 도시교통질서의 유지 ⑧ 지역사회개발(재개발 포함)에의 협조 ⑨ 인근주민의 고용확대 ⑩ 지역주민과의 대화·상세한 영업안내 등을 들 수 있다.

3) 종업원에 대한 회계책임

기업이 사회적 제도로서 그 사회성이 추구되는 경우, 제일 먼저 고려되지 않으면 아니 되는 것이 종업원의 이익에 관련된 근로자에 대한 책임이다. 그러므로 기업경영자는 종업원보호 내지 노동자 복지향상책으로서 그들에게 여러 가지 정보전달 내지 보고의 책임이 중시되어야 한다.

종업원에 대한 회계책임(회계정보)은 ① 급여의 적정화 ② 고용의 안정 ③ 취업의 안정 ④ 복리시설의 완비 ⑤ 복지후생의 조성 ⑥ 재산형성의 원조 ⑦ 부가적 급부의 증진 ⑧ 공제제도의 확립 등을 들 수 있다.

4) 주주 · 채권자 및 기타에 대한 회계책임

주주 · 채권자 및 기타에 대한 사회적 책임을 나타내는 회계정보는 다음과 같다. 즉, 주주에 대해서는 ① 주식배당의 안정, ② 자사주가의 등락 상황, ③ 영업보고서의 상세 · 적정화 등이고, 그밖에 관계기업(회사)에 대한 것으로는 ① 경영 · 재무상의 압박 여부, ② 중소기업에 대한 경영 · 재무상의 강압 여부 등이며, 일반사회에 대한 것으로는 ① 자기회사가 발행한 주식 · 사채투자의 안전성, ② 재무제표의 개선, ③ 인플레이션억제에 협조 여부, ④ 자원 · 에너지 절약의 정도 등이다.

5. 회계의 분류

(1) 재무회계와 관리회계

회계는 정보이용 목적에 따라 재무회계, 관리회계로 분류할 수 있다.

1) 재무회계

재무회계(financial accounting)는 기업의 경영활동을 인식 · 기록 · 분류 · 정리에 의하여 재무제표라는 회계보고서를 작성하여 기업 외부에 공표할 목적의 외부보고를 위한 회계이다. 이것은 재무제표 작성 중심의 회계로서 기업의 외부이해 관계자들이 합리적인 의사결정을 할 수 있도록 필요한 회계정보를 제공할 목적으로 행하여지는 회계이다. 따라서 외부이해관계자들의 의사결정에 필요한 재무제표를 작성하는 것이 재무회계의 기본과제이며, 또한 재무회계에 의하여 작성된 재무제표는 모든 회계의 기본이 된다.

〈표 1-2〉 재무회계와 관리회계의 분류

- 재무회계
  - 재무회계원론
  - 재무제표론
  - 연결회계론
  - 재무회계이론
  - 재무제표분석론
  - 회계감사론
  - 세무회계론
  - 비영리회계론
  - 회계사
  - 회계학사
- 관리회계
  - 관리회계원론
  - 원가회계론
  - 이익계획론
  - 예산통제론
  - 계량경영분석론
  - 내부감사론
  - E.D.P 회계론

2) 관리회계

관리회계(managerial accounting)는 경영자가 의사결정을 하는데 필요한 회계정보를 기업내부에 제공할 목적의 내부보고를 위한 회계이다. 경영자는 기업의 내부 이해 관계자로 관리목적을 위해 여러 가지 회계정보를 필요로 한다. 기업의 경영활동을 인식 · 기록 · 분류 · 정리하여, 이들 회계정보가 경영합리화를 위한 의사결정에 이용하도록 제공하는 데 있다.

〈표 1-3〉 재무회계 · 관리회계 · 세무회계의 비교

	재 무 회 계	관 리 회 계	세 무 회 계
목 표	· 회계자료의 기록 · 분류 · 요약 · 해석. · 재무제표의 작성 보고	· 의사결정을 위한 정보의 제공 · 경영계획의 수립과 통제 · 원가자료의 수집	· 과세소득(세액)의 결정
작성근거	일반적으로 인정된 회계원칙(기업회계기준)	경제적 의사결정이론(경제이론, 의사결정과학, 행동과학)	세법(법인세법, 조세특례제한법 등)
자료수집의 방법과 시점	거래발생과 동시에 분개장 · 원장에 기록	필요에 따라 사전적, 동시적, 사후적으로 기록	재무자료에 근거하여 사후적으로 작성한 세무신고서
자료의 지향시점	과거지향	과거 · 미래지향	과거지향
보고서 (보고양식)	재무제표	· 특정의 양식이 없음 · 예산, 원가보고서, 성과보고서, 특별분석의 서식이 있을 수 있음	세법 소정의 서식
보고 시점	매년(또는 반기), 일월별, 분기별보고도 가능	필요에 따라 수시로 보고	매년
보고 대상 (보고서접수자)	· 경영자 · 광범위한 이해관계자	경영자	· 세무서 · 경영자

(2) 영리회계와 비영리회계

1) 영리회계

영리회계(profit making accounting)는 생산경제주체인 기업의 회계를 의미하며 응용되는 기업의 종류에 따라 개인기업회계, 조합기업회계, 회사기업회계, 비영리기관의 수익사업회계 등으로 나누어진다. 영리회계는 기업의 특성에 따라 다소 내용이 상이하나 계산기구는 복식부기의 원리에 따라 형성되어 있다.

2) 비영리 회계

비영리회계(non-profit making accounting)는 영리를 목적으로 하지 않는 소비 경제주체인 가계나 비영리기관, 즉 교회, 학교, 관청 등에서 이용되는 회계이다.

(3) 미시회계와 거시회계

1) 미시회계

미시회계(micro accounting)는 국민경제를 구성하는 개별경제단위인 가계, 기업, 비영리기관

의 경제활동을 다루는 회계이다. 이들 경제단위는 국민경제를 구성하는 단위가 된다.

(가) 정부회계

정부회계(governmental accounting)는 중앙정부나 지방자치단체의 회계법의 규정에 의한 세입, 세출예산으로부터 결산에 이르는 금전출납회계(일반회계와 특별회계가 있음)와 자산 및 물품의 증감변동을 관리하는 재산회계를 다루는 것이다.

(나) 비영리기관회계

정부・교육기관・종교기관・의료・복지기관 등을 비영리기관이라 하는데(노동조합・경제단체・골프클럽 등은 제외), 영리를 추구하지 않으며, 재산의 사유가 부정되며, 금전적 이익은 개인에게 분배되지 않으며, 수입은 원칙적으로 지출에 충당되는 것이 특징이다. 비영리기관회계(not-profit organizations accounting)는 이와 같은 기관에 관한 회계로 그 회계목적은 비영리기관간의 조직목표를 달성하기 위한 자원관리의 효과성을 평가하기 위한 정보를 제공하는데 있다.

(다) 가계회계

가계회계(household accounting)는 일 가정의 소비경제를 다루는 회계로, 가정회계라고도 하는데 그 기법은 단식부기법이 적용된다.

(라) 기업회계

기업회계(business accounting)는 개별기업의 경제활동을 다루는 것으로 보통 협의의 회계란 기업회계를 말한다.

2) 거시회계

거시회계(macro accounting)는 국민경제단위 또는 국제경제단위의 경제활동을 다루는 회계이다. 거시회계는 사회회계(social accounting), 국민소득회계(national income accounting)라고도 한다.

거시회계에서는 국민소득계정, 국민대차대조표, 국민자금순환표, 투입산출표 등의 보고서를 복식부기의 원리를 이용하여 작성하는 것으로 재무제표의 작성방식을 기업차원이 아닌 국민경제적 또는 국제 경제적 차원에서 작성하는 것이다.

(가) 국민소득회계

국민소득(national income)은 생산국민소득(산업별 국민소득), 지출국민소득(국민총생산에 대한 지출), 분배국민소득의 삼면등가의 개념(원칙)에 따라 생산접근방법, 지출접근방법, 소득(요소지급)접근방법의 세 가지로 구분되어 측정된다. 이와 같은 국민소득의 총산출량을 회계계산의 단위인 계정의 형식으로 측정하는 원리를 추구하는 회계가 국민소득회계(national income accounting)이다.

(나) 투입산출회계

투입산출회계(input-output accounting)는 국민경제를 몇 개의 부문으로 구분하여 각 부문 상호간의 상관관계를 투입과 산출의 관계로 파악하여 분석하는 산업연관분석(interindustry analysis)방법을 회계적 수법에 의해 연구하는 것인데, 그 결과로 작성된 것이 투입산출표(input-output table) 또는 산업연관표(interindustry table)라 한다.

(다) 자금순환회계

자금순환회계(money-flow accounting)는 투자저축회계(investment and saving accounting)라고도 하는데, 국민경제를 구성하는 은행·보험·제조업·정부·가계 등의 여러 부문 사이의 거래에 따르는 자금, 즉 재무적 자원(financial resources)의 흐름 내지 교류를 회계적으로 파악하는 것이다. 다시 말하면, 재무자원의 조달(총 저축)과 재무자원의 사용(총 투자)을 파악하고 재무자원의 이동을 나타내는 것으로, 그 흐름을 표시한 것을 자금순환표(money-flow sheet, flowa-of-fonds statement)라 하는데, 그 파악원리를 회계의 현금흐름표(또는 자금운용표)의 원리를 도입한 것이 자금순환회계이다.

(라) 국민대차대조표

국민대차대조표(national balance sheet)는 일정시점에 있어서 일국의 모든 재정상태를 경제 밸런스쉬트(economic balance sheet)에 담는 원리를 연구하는 것인데, 그것은 기업의 대차대조표를 국민경제적 차원에서 작성한 것으로, 국부보고서(wealth statement)라고도 한다.

(마) 국제수지회계

국제수지회계(balance sheet of payment accounting)는 일정기간 동안 국내의 거주자와 외국의 거주자 사이에 발생한 모든 경제적 거래, 예를 들면 상품·용역·자본·외환거래 등을 체계적으로 집계한 국제수지표(balance of payment statement)의 작성원리를 복식부기에 의해 행해지는 원리를 연구하는 것이다.

〈표 1-4〉 미시회계와 거시회계의 분류

- 미시회계
  - 재무회계
  - 관리회계
  - 제도회계
    - 상법회계
    - 세무회계
    - 증권거래법회계
  - 또는
    - 기업회계
    - 비영리기관회계
    - 정부회계
    - 가정회계
- 거시회계
  - 국민소득회계
  - 국민대차대조표
  - 국민자금순환표
  - 투입산출회계
  - 국제수지회계

(4) 교과과정상의 분류

교과과정상 회계의 분류는 회계이론을 중심으로 재무회계, 관리회계, 회계감사, 세무회계가 있으며, 특수 회계분야로서 사회회계, 정부회계, 비영리기관회계 등이 있다.

1) 재무회계(회계원리, 중급회계, 고급회계, 회계이론)

(가) 회계원리(principles of accounting)

재무회계라고도 부르는 것으로, 부기원리(분개, 원장, 시산표, 결산), 회계장부, 계정과목별 회계처리, 재무제표의 작성 등을 다룬다. 회계학의 입문적 과목으로, 회계학의 기초적 개념과 이론이 함께 설명된다.

(나) 중급회계(intermediate accounting)

회계원리보다 높은 수준의 과목으로, 복잡하고 상세한 회계처리의 문제를 다룬다. 회계원리보다 이론적 설명도 강화된다. 계정과목별 회계처리와 재무제표의 작성, 특수한 회계문제로 인프레회계, 리스회계, 법인세배분 등이 다루어진다.

(다) 고급회계(advanced accounting)

특수회계문제 중심의 과목으로, 연결재무제표의 작성이 많은 부분을 차지하고 조합기업회계, 합병회계, 외화환산회계 등이 다루어진다.

(라) 회계이론(accounting theory)

회계이론이란 회계현상을 관찰하여 얻을 수 있는 제원리의 논리적 지식체계로, 이론의 정립과 이론정립을 위한 회계연구의 수행을 포괄한다.

회계이론의 범위로는

① 회계개념(자산, 부채, 자본, 수익, 비용, 이익)

② 회계이론의 틀(공준, 목적, 회계정보의 질적 특성, 기준)

③ 자산평가와 이익측정

④ 제회계이론(측정이론, 의사결정이론, 자본시장연구 등)이 포함된다.

2) 관리회계(원가회계, 관리회계, 경영분석)

(가) 원가회계(cost accounting)

일반적으로 원가회계란 회계의 하나의 분야로서 제품의 원가를 결정하는 기술이며 원가계산을 재무회계에 결부시킨 것으로 원가의 개념, 원가계산, 원가보고서의 작성 등 원가계산에 필요한 초급적 내용을 다루며, 재무회계 범위내의 제품 원가계산이 중심이 되고 있다. 나아가 원가의 관리적 이용도 다루고 수학적. 계량적 기법을 이용한 원가배분, 원가추정의 문제도 다룬다.

(나) 관리회계(management accounting)

주로 원가회계의 다음 단계로서 원가의 관리적 이용을 주로 다루는 것으로 표준원가계산, 변동원가계산, 원가-조업도-이익분석, 예산, 특별의사결정 등이 다루어진다.

(다) 경영분석(business analysis)

경영분석이란 재무분석이라고도 하며 재무제표를 비롯하여 월차손익계산서, 매월의 생산판매량, 재료사용량, 원가자료 등의 여러 경영정보를 분석하여 경영내용과 경영상태를 파악하여 그 경영의 적부를 명확히 하는 것으로 수익성, 유동성, 생산성을 중심으로 손익의 상태와 수지의 상황이 어떻게 되어 있고 경영능률이 어떤가를 분석하여 경영의사결정에 유용한 정보를 제공하는 것을 다룬다.

3) 세무회계(세법, 세무조정, 세무신고서 작성 등)

세무회계(tax accounting)는 세법의 규정에 따라 정부, 지방자치단체에 대해 납부하는 조세에 관련된 회계로서 세액의 신고 및 자진납부, 세무신고서의 작성, 세무계획, 세무관리 등을 다룬다. 세무회계는 보통 기업을 대상으로 하므로 법인세의 계산이 중심이 되나, 그 외에도 개인소득세, 양도소득세, 상속세, 부가가치세, 지방세 등도 중요시된다. 기업경영에서 세무문제는 매우 중요하며, 각종 경영의사결정에 중요한 요소로 작용한다.

4) 회계감사(재무감사, 업무감사)

(가) 회계감사(auditing)

회계감사란 감사인이 회계자료의 적정성을 검토하여 의견을 표명하는 것에 관련된 문제를 다루는 것이다. 감사인은 일반적으로 공인회계사가 되나 내부감사인 또는 정부기관도 감사인이 될 수 있다. 감사인은 재무제표의 적정성을 검토할 때 ㉠ 일반적으로 인정된 회계원칙과 ㉡ 일반적으로 인정된 감사기준에 의거해서 감사하여 전문가의 입장에서 적정의견, 한정의견, 부적정의견, 의견거절 등의 의견을 표명한다.

5) 특수회계분야(비영리기관회계, 사회회계, 정부회계, 국제회계, 회계정보시스템 등)

(가) 사회회계(social accounting)

사회회계란 국민경제 전체를 하나의 회계단위로 하고, 기본적으로 사회 전체의 일정 시점에서 스톡(stock)인 자본(국부)과 그 플로우(flow)인 일정기간의 경제활동성과(국민소득, 국민생산물)를 측정하는 계산시스템이다.

최근에 이 사회회계에 대한 관심이 증가하고 있는데 이는 공해문제와 기업의 사회적 책임의 강조로 인한 것이다.

(나) 국제회계(international accounting)

기업경영의 국제화와 국제분업의 발전에 따라 국내산업에서 경험치 못한 국제적 성격의 회계문제가 전개되어 이에 대응하기 위해 등장한 국제회계는 국제적으로 영위되는 기업의 경제활동에 관한 회계정보를 인식·측정 및 전달하는 제 문제를 다루는 회계이다. 그 연구대상은 국가 간의 회계의 상호관계 즉 회계자료를 국경을 초월해서 작성·교환·사용 및 해석하는데에 있다.

(다) 회계정보시스템(Accounting Information System : AIS)

회계정보시스템은 회계주체의 경영활동결과를 사전·사후적으로 인식·측정하여 이해관계자들 특히 경영자가 의사 결정하는데 필요한 회계정보를 전달하는 시스템이다. 이러한 회계정보시스템은 예산통제 및 자본투자분석정보 등 순수재무적 차원의 정보와 관련하위시스템에서 만들어지는 거래자료로부터 산출되는 회계정보를 제공한다.

(라) 비영리기관회계

비영리기관회계는 가계, 교회, 정부, 학교, 병원 등 비영리사업이 요구하는 회계이며 소비경제를 중심으로 하여 소비액계산에 중점을 둔다. 따라서 예산의 집행 및 수익과 지출의 계산이 주가 되는 것이다.

〈표 1-5〉 교과과정에 따른 분류

- 재무회계
  - 회계원리
  - 중급회계
  - 고급회계
  - 회계이론
- 관리회계
  - 원가회계
  - 경영분석(재무제표분석)
  - 관리회계
- 회계감사
  - 독립감사(외부감사)
  - 내부감사
  - 정부감사
  - 사회감사
- 세무회계 — 과세공평의 원칙과 세원최대확보주의의 원칙에 규정된 각종 세법에 의하여 과세소득계산과 세액을 산출하여 정부에 보고하는 회계
- 특별회계
  - 정부기관회계
  - 비영리기관회계
  - 국제회계
  - 행동과학회계
  - 회계정보시스템
  - 사회회계
    - 국민소득회계
    - 인적자원회계
    - 환경회계

6. 회계의 발달

(1) 회계의 기원

회계는 문명의 발달과 더불어 발달하여 왔다.

회계의 역사는 B.C. 3600년까지 거슬러 올라갈 수 있고, 그리스·로마시대의 기록에서 약간의 회계개념을 찾아볼 수 있다.

복식부기에 관한 최초의 문장은 1494년 11월 베니스에서 출판된 루카파치올리(Luca Bartolomes Pacioli)의 『대수, 기하, 비례 및 비례총람』(*Summa de Arithmetica, Proportioni et Proportionalita*)이다. 이 책에서 Pacioli는 재고자산(inventory), 차변과 대변, 일기장(Memoriale, daybook), 원장(Quaderno, ledger) 등과 같은 복식부기원리를 상세하게 다루고 있다.

(2) 이탈리아식부기

이탈리아식부기는 14세기부터 16세기까지 이탈리아를 중심으로 발전되어 영국, 독일, 네덜란드 등 유럽전역에 보급되면서 형성된 회계방법을 뜻하는데, 이 부기는 오늘날의 회계와 비교하여 다음과 같은 몇 가지의 기본적 특징이 있다.

① 회계의 주요 목적은 소유주(owner)를 위한 정보를 제공하는 데 있었다.

② 소유주와 기업의 재산이나 경영 업무가 구별없이 한꺼번에 보고되었다.

③ 당시에는 계속기업(going concern) 또는 회계기간(fiscal period)의 개념이 존재하지 않았다.

④ 사물을 측정할 공통분모인 단일의 안정된 화폐단위가 존재하지 않았다. 따라서 비망록(memorial)이나 일기장의 기록은 서술적이었다.

(3) 17세기 및 18세기의 회계

17~18세기에 접어들면서 세계무역의 중심지가 이탈리아로부터 에스파니아, 포르투갈, 네덜란드로 옮겨갔고, 이에 따라 이탈리아식부기도 이들 국가에 전파되게 되었다. 페라갈로(Edward Peragallo)에 따르면, 초기에는 부기이론을 누구도 발전시키려 하지 않았으나, 1559년부터 1795년에 걸쳐 비로소 부기에 대한 비판이 나타나게 되었으며, 수도원이나 정부에서 부기가 사용된 것도 이 시기라고 하였다. 이와 같은 비판과 부기의 적용영역이 확대됨에 따라 이 문제에 관한 이론적 연구가 시작되었다고 서술하고 있다.

17~18세기 회계의 특징을 보면 다음과 같다.

① 모험기업이 종료됨에 따라 손익을 계산하던 회계관습이, 각 년도 말에 정기적으로 손익을 계산하는 회계실무로 나타났다. 1673년 제정된 프랑스의 상사조례(The Code of Commerce)에서는 기업인은 적어도 2년에 1회는 대차대조표를 작성하도록 규정하였다.

② 모든 계정을 의인화(personification)하게 되었다. 의인화란 모든 계정을 인적 관계로 파악하는 것으로서, 비인적·추상적 계정에 대하여도 적용하게 되었다. 결국 의인화란 계정을 생명이 있는 독립된 실체로 보게 되는 것으로, 이와 같은 허구성으로 인하여 오히려 회계이론은 발전하기가 어려웠다.

③ 재산계산의 방법으로 위탁·해탁법이 이용되었다. 여기서 위탁이란 재산의 소유자가 대리인에게 신탁한 재산에 대하여 관리상의 책임을 부과시키는 것이며, 해탁이란 대리인이

재산을 처분함을 뜻하는데, 여기에서 대변이란 말과 같은 뜻을 갖는 위탁이란 말이 나온 것으로 보고 있다.

(4) 19세기 및 20세기 초의 회계

19세기에 접어들면서 회계는 급속한 발전을 이루게 되었다. 특히, 영국을 중심으로 한 산업혁명의 영향으로 공업이 크게 발달하면서 여러 형태의 회사기업이 발전하게 되었다. 그 중에서도 특히 주식회사제도의 발전은 회계이론의 발전에 공헌한 바가 크다. 즉, 계속기업의 개념이 회계개념으로서 정착되었고, 순이익결정과 자본유지의 개념이 정립되게 되었으며, 회계정보의 필요성이 증대되었고, 기업실체이론(entity theory)이 강조되었다.

이외에도 철도업의 성장·발전, 경제이론의 발전, 각종 조세제도의 발전 등의 영향으로 원가회계(cost accounting), 감가상각(depreciation) 등의 연구가 시작되었다.

(5) 우리나라 회계의 발달

우리나라 최초의 부기는 개성의 상인들 사이에 사용된 「사개송도치부법(四介松都治簿法)」이다. 사개송도치부법(개성부기)의 기원에 관해서는 명확하지 않으나 고려시대의 개성상인들에 의하여 창안되었다는 주장이 유력하다.

당시 고려의 수도 개성에는 왕후·귀족·승려·호상 등 상류사회를 중심으로 한 상업과 고리대활동을 기반으로 한 상업이 발전되면서 창안되었다고 추측된다. 이 개성부기는 기본원리가 서양의 복식부기와 일치하고 있으며, 그 표현과 기장방법에 있어서는 다소간의 차이는 있으되 서양부기에 비하여 이론상으로나 실천면에서 손색이 없을 뿐만 아니라 어떤 면에서는 그보다 우수하다고 한다. 그러나 개성부기는 이조시대의 유교사상에 기반을 둔 사농공상의 사회적 신분 때문에 상업을 천시하는 풍조에 밀려 더 이상 연구의 대상이 되지 못하고 개성이라는 특정지역의 상인들만에 의해 구전되어 오다가 서양부기에 밀려 오늘날에 와서는 사용되지 않는 역사적 유물이 되었다.

조선시대에 들어서는 상업이 객주나 보부상 등 하류계급에서 취급되어 서양과 같이 발전을 보지 못하였으므로, 부기 또한 발전을 보지 못하였다.

그러나 19C 근대교육이 시작되자 당시 시대적 상황으로 문인교육에서 실업교육이 강조되었다. 이 시대는 특히 열강의 세력다툼 속에 교육입국의 정신으로 주권국가로서의 독립성을 지키려고 노력하였고 그 중에서도 국가부강책의 하나로 과학교육과 실업교육이 강조되었다. 따라서 고종이 실업교육의 필요성을 강조하고 상공학교 개설을 독려하는 등 실업교육이 강조됨으로써 이 당시부터 서양의 복식부기가 소개되고 가르치게 된 것으로 추측이 된다.

우리나라의 경우 부기라는 용어가 항간에 쓰여진 것은 1899년 당시의 황성신문(10월 22일자 및 23일자)의 광고문에 나타난 기록에서 찾을 수 있다. 거기에는 야학으로 산술·부기 및 일어 과목을 교습한다는 내용이 담겨져 있으나 부기과목의 교습내용은 확실히 알 수 없다고 한다. 다만, 신문화와 신학문을 배우고 익히던 당시의 사정으로 미루어 보아 서양식 부기였을 것으로 추측할 수 있다. 더욱이 1899년 5월에 관립상공학교가 설립되고 1904년에 농상공학교규칙이 공포된 것으로 보아 서양식 부기로서의 복식부기제도가 보급되었을 것으로 짐작할 수 있다. 따라서 1903년에 한성은행(지금의 신한은행)에서 서양식 부기를 채용하였고, 1906년에는 대한천일은행(지금의 우리은행)에서도 종래의 송도사개치부법을 버리고 서양식 복식부기제도를 채용하였다고 한다. 이어서 우리나라에 처음으로 출판된 우리말 부기서로서 소개한 것이 있었으니, 1908년 임경재의 『신편은행부기학』과 『간이상업부기학』이 그것이다.

우리나라에 서양부기가 일반에게 널리 보급되기 시작된 것은 20C 초로 생각되며 그 예로는 1909년 관립인천실업학교의 교수시간표에 나타난 부기교육이다. 이에 의하면 1학년에서 상업부기, 2학년에서 상업부기·은행부기, 3학년에서 은행부기·회사부기·관청부기 등이 정규과목으로 강의되었던 것이다.

1910년 한일합병으로 일본인에 의한 부기교육이 36년간 이루어졌다. 실업학교의 상과교과목에 부기과목으로서는 대부분이 상업부기와 은행부기가 주축을 이루었고 학교에 따라서는 회사부기 관청부기를 가르친 학교도 있었다. 1922년 관립경성고등상업학교에 부기회계학과목이 설립되었고 1942년에는 부기 원가계산회계학 등 비교적 발전된 형태의 교과목이 강의되었다.

해방 후 격동기와 6·25동란 등 혼란기로 부기회계학은 별다른 진전을 보지 못하였고 1950년 후반에 이르러서 체계적인 회계교육이 이루어지게 되었다.

(6) 우리나라 사개송도치부법의 개요

복식부기가 우리나라에 전래된 것은 구한말에(20세기 초엽) 서양의 신문물이 수입되면서 비롯되었으나 그 전에는 '사개송도치부법'이라는 우리나라 고유의 훌륭한 복식부기가 전수되어 왔다. 주지하는 바와 같이 송도는 현 개성의 고명으로서, 고려조(A.D. 918~1392)의 수도였던 곳이다. 따라서 사개송도치부법은 송도를 중심으로 생성·발달하였으므로, 이를 개성부기라고도 한다.

사개송도치부법은 언제부터 생성되었으며 누가 발명하였는가에 대해서는 아직 충분한 사료가 발견되지 않았으므로 단정하기 어려우나 그것이 생선·발달한 사회적 내지 경제적 요인으로 보아, 그것은 중국이나 유럽으로부터 전래된 것이 아니라 고려전성시대의 상업중심지인 개성에서 당시의 상류계급인 왕후나 귀족, 그리고 부상들의 상업활동과 금융업(고리대금업) 활동을 기반으로 하여 생성·발전되어, 일본자본주의의 침입 이후인 1910년경까지 존속한 것이다.

이와 같은 사개송도치부법의 원리나 구조는 여러 학자들의 연구에서 밝혀진 바와 같이 서양의 복식부기와 근본원리에 있어서 부합되는 독특한 것으로, 그와 비교하여도 손색이 없는 것이며, 특히 그 발생시기는 서양의 그것보다 실로 200년 이상 앞서고 있다는 놀라운 사실이 윤근호 교수에 의하여 밝혀졌으며, 최근 윤교수의 다른 논문에 의하면, "오히려 사개치부법의 본질적인 특징과 그 동양사상적인 근원, 동서양부기 생성의 시기, 그리고 당시의 서방문화의 독점경향으로 보아서 사개송도치부법을 금속활자에 의한 인쇄술과 거의 같은 시기와 경로를 통하여 우리의 사개송도치부법이 반대로 서구에 전달된 것으로 생각된다"고 발표하여, 회계학계는 물론 한국사학계에 충격적인 파동을 일으킨 바 있으나, 충분한 사실의 뒷받침이 부족한 것이 아쉽다 하겠다. 어쨌든, 사개송도치부법의 생성은 세종대왕의 한글창제에 다음 가는 우리 선조들의 찬란한 문화의 유산이라 아니할 수 없다.

1) 사개의 의의

개성부기의 해명에 있어서 그 논의와 학설이 구구하고, 가장 중심문제가 되고 있는 것은 사개인데 이에는 다음과 같은 설이 있다.

(가) 계정종류설

이는 사개를 4가지의 計定(秩)으로 보는 견해인데, 현병주씨가 주장하는 설이다. 즉 그에 의하면, "…捧次가 一介, 給次가 一介, 利益이 一介, 損害가 一介, 合 四介"라 하였다. 이를 현대부기용어로 부연하는 대차대조표계정인 ① 捧次秩은 資産計定, ② 給次秩은 負債計定과 資本計定을 뜻하며, ③ 또 損益計算書計定인 利益秩은 收益計定, ④ 損益(消費)秩은 費用計定의 4가지 계정을 뜻한다.

(나) 대·차변설

이는 사개를 대변, 차변에 관한 용어를 중심으로 분류한 것이라고 보는 설인데, 平井泰太郎 교수가 주장한 것이다. 즉, 개성부기는 대변·차변을 표시함에 있어서 ① 捧次(他로부터 가져온다는 뜻, 서양의 dare 또는 geben, 차변에 해당한다), ② 還上(還入의 뜻, 차변에 해당한다.), ③ 給次(給한 사람의 뜻, 西洋의 habere 또는 haben, 대변에 해당한다), ④ 還給(지출의 뜻, 차변에 해당한다)의 4가지를 사용했기 때문에 이를 四介라 한다고 주장하고 있다.

(다) 장부종류설

이는 四介治簿法은 四介文書, 四計文書 또는 '사개다리 文書'라고도 하였는데, 4개의 장부와 관련이 있고, 네 개의 장부에 기록하기 때문에 이런 명칭이 생겼다고 하는 견해이다. 즉, 4개의 장부는, ① 外上帳册(차변원장), ② 他給帳册(대변원장), ③ 日記帳(보조부), ④ 銘心錄(보조부)을 뜻하며, 또 다른 견해로는 ① 草日記, ② 中日記, ③ 外上長册, ④ 他給長册의 4가지로, 다시 ① 草日帳, ② 外上長册, ③ 他給長册, ④ 會計册으로 보는 등, 통일적 견해는 없는 듯하다.

(라) 채권・채무 거래관계설

이는 四介를 ① 주는 사람(債權者), ② 받는 사람(債務者), ③ 주어지는 것(有形, 無形物), ④ 받아지는 것(有形・無形物)의 4가지 요소로 보는 견해인데, 윤근호 교수가 주장한 신 학설이다. 즉, 이 네 가지 요소는 複式簿記 記錄에 있어서 가장 근본적으로 결정해야 될 기본사항이기 때문에 四介는 곧 이상의 4가지를 의미하는 것이라 주장하고 있다.

2) 개성부기의 특징

① 현금식 분개법을 채용하여 일기장 한 권으로써 현금식 분개장으로 사용하므로 장부조직상 발전된 것이라 할 수 있다.

② 총계정원장에 해당하는 정책이 외상장책이라는 차변원장과 타급장책이라는 대변원장의 두 가지 장부로 분할되어 있어 차변, 대변 개념이 오늘날 복식부기와 같이 명확하였다.

③ 금전의 출납은 '上', '下'자를 쓰고, 그 외의 것은 '入', '法'자 또는 그 대체용어를 사용하는 등 특유의 문자부호를 써서 그 이면의 대차관계를 나타내었다. 즉 입금은 '上', 납품은 '入' 등을 사용하여 횡철된 장부에다 우측으로부터 종서(縱書)하게 한 기장형식을 취하고 있다.

④ 거래를 채권, 채무로 파악하여 계정과목 설정시에 자연인과 상호 외에 모든 비인명계정의 '질(秩)'자를 붙여 인명계정화하였다. 봉차질(捧次秩), 급차질(給次秩), 이익질(利益秩), 손실질(損失秩)에 속하는 각 질마다 거래를 처리하여 완전한 계정을 사용하였다.

이상과 같은 특징을 가진 한국고유의 치부법이 오늘날 사용되고 있는 서양의 복식부기보다도 앞서서 고안되고, 또 조금도 손색이 없다는 것은 우리 민족의 우수성을 나타낸 자랑이 아닐 수 없다.

3) 개성부기의 장부조직

개성부기의 장부에도 주요부와 보조부가 있는데, 玄丙周씨에 의하면 다음과 같이 분류조직되어 있다.

- 주 요 부
  - 일 기 장
  - 분 개 장
    - 급차장(부채장)
    - 봉차장(자산장)
    - 원장(장책), 결산표, 부당기
  - 예 금 통 장
  - 통장(외상물품차입을 기입하는 것)
- 보 조 부
  - 현금출납장
  - 물품거래장
  - 위탁물처리장
  - 어험수지장
  - 회계장(일부의 거래를 결산한 것)
  - 손익계산장(전부 교환대차를 시산한 것)

위에서 보는 바와 같이 개성부기의 장부조직도 주요부와 보조부로 구분되나, 현대적 서양부기의 장부조직 관념으로 관찰하면 이해되지 않는 것이 있고, 상당한 혼란이 있다.

7. 회계학의 인접과학

현대 학문은 점차 세분화되어 제각기 하나의 체계를 이루어 독자적인 목적과 기능을 발휘하면서 발전해 가고 있으며 어떤 학문이든 그것이 아무리 다양하게 세분화되어도 완전히 고립하여 존재할 수는 없는 것이다.

회계학은 인류학, 사회학, 사학, 철학, 윤리학, 심리학, 정치학, 경제학, 경영학, 법률학, 부기학, 통계학 등과 인접하고 있으나, 특히 경제학, 경영학, 법률학, 부기학, 통계학 등과는 밀접한 관계를 가지고 있다.

(1) 회계학과 경제학

경제학자 보올딩(Boulding) 교수는 회계학과 경제학은 동일한 자료 속에서 다른 상품을 만들어내는 이질적인 쌍생아(uncongenial twin)라고 하여 양자의 밀접성을 설명하였고, 핸드릭슨(Hendriksen) 교수도 1930년대의 회계에서는 경제이론이 회계발달에 큰 영향을 미쳤으며, 그 영향은 주로 원가회계, 자산의 본질과 평가, 이익결정, 물가변동회계에 관한 것이었다라고 하여 역사적으로 경제학이 회계학의 학문적 발전에 크게 영향을 주었다고 할 수 있다. 회계학은 개별경제의 자본순환과정인 경영실태를 계수적으로 파악하려는 것이고, 경제학은 주로 국민 경제적인 현상을 총체적으로 파악하는 것이다. 회계학과 경제학은 다같이 인간의 경제적 활동 내지 경제현상을 그 연구대상으로 하고 있으면서도 그 목적, 범위, 수단을 달리하고 있다. 다같이 기업활동에 대해 연구하나, 회계학은 주로 기업적인 차원인 미시적 차원에서, 경제학은 주로 국가적 차원 내지 국제적 차원인 거시적 차원에서 기업활동을 연구하는 것이다. 그러나 기업활동이 합쳐지면 국민경제를 이루는 것이므로 회계학과 경제학의 연구대상은 유사하다고 말할 수 있다.

(2) 회계학과 경영학

회계학과 경영학은 다같이 개별경제(기업이 대표적)의 활동을 그 연구대상으로 하나, 회계학은 기업의 계산적 질서의 표현으로서 이윤의 계산원리를 추구하고 계수적으로 파악할 수 있는 것만을 그 대상으로 함이 특징이며, 경영학은 기업의 가치 계산적 사고에 입각한 경영성을 추구하고 회계학에서 파악된 계수적인 자료를 원용함은 물론, 그 밖에 경영조직, 관리지배, 노무후생, 생산판매 또는 인간관계 등 폭넓은 여러 문제를 그 대상으로 하고 있음이 특징이다.

회계학이 경영학의 각 분야와 구체적으로 관련되는 부분을 열거하면 다음과 같다

① 마케팅관리는 상품의 판매 및 유통에 관련된 분야로서 판매분석, 가격결정에 있어서 회계정보를 이용하거나 회계적 분석자료를 이용한다.

② 생산관리는 생산계획. 작업연구. 공정관리. 품질관리. 재고관리. 원가관리 등이 포함되는데, 이들은 경영공학과 함께 재무회계 및 관리회계의 대상이 된다.

③ 인적자원관리, 조직관리에서 종업원의 채용이나 승진, 퇴직, 조직편성, 직무분석, 교육훈련, 인적자원관계, 임금결정문제 등은 회계정보를 필요로 하는데, 예를 들면 인적자원관리와 관계가 깊은 후생회계, 인사관리, 조직관리와 관련된 인적자원회계 및 책임회계, 이러한 제반 경영문제와 관련을 가지는 의사결정회계 및 그 통제를 다루는 업적평가회계 등이 그것이다.

④ 재무관리는 회계학과 가장 밀접한 관계를 가지는 분야로서, 자본조달론과 자본운영론 및 재무계획론과 재무통제론 등의 모든 자료는 회계정보에서 제공되며, 또한 증권투자론의 중심부분은 회계적 계산을 필수로 한다.

⑤ 국제경영학에는 외화환산회계, 본지점연결회계 등의 국제회계가 원용되고 있다.

(3) 회계학과 법률학

현대 회계학은 상법은 물론, 민법, 세법, 증권거래법 그리고 회사정리법, 파산법 등과도 밀접

한 관련을 가지고 있다. 즉, 회계학은 주로 재산과 자본의 가치변동을 계수적으로 파악하려는 것이며, 재산이나 권리, 의무 등의 규제를 중심과제로 다루고 있는 법률학과는 매우 밀접한 관련성을 가지고 있는 것이다.

회계학의 연구결과는 상법이나 세법을 규정하는데 있어서 그 이론적인 기반이 되며, 회계이론에 기초를 두지 않는 각종 경제법규는 전혀 객관적인 타당성이 없다고 할 수 있다.

(4) 회계학과 부기

부기는 일정의 기록원칙에 따라 거래를 자산・부채・자본・수익・비용으로 기록・계산・정리하며, 그 증감변화를 추적하여 재무제표를 작성하는 것이 주요 목표가 된다.

회계학은 부기로부터 진화, 발전되어 새로운 학문영역을 형성하게 되었다. 그러나 회계는 기술・기술적인 부가적 측면 이외에도 원가회계와 관리회계를 중심으로 예산제도・표준원가계산・직접원가계산・CVP분석・제품가격결정 등 기업의 효율적 경영관리를 위한 정보를 제공하고 있고, 경제개발・지역사회개발・공해방지・노동문제 등 사회문제의 해결에도 주도적인 역할을 하고 있다.

(5) 회계학과 통계학

복잡한 경영활동과 경제적 사실을 분석, 종합하고 대량관찰의 방법에 의하여 숫자・표시・도표・계열・백분율 등을 이용하여 간명하게 규명하는 통계학적인 수단방법은 회계학의 연구에 매우 중요하며 이용범위도 더욱 확대되고 있다. 리틀톤(Littleton) 교수는 일찍이 회계학이란 원래 통계적 성격(statistical character)을 가지고 있는데, 이것은 계산의 구조나 분류자체가 대량의 거래자료를 압축 내지 단순화(compressing and simplifying)하기 때문이라고 하여 회계학의 본래 숫자의 개념으로부터 출발한 것이라고 주장하고 있다.

(6) 회계학과 기타의 학문

회계학은 회계학과 간접적으로 관련을 맺고 있는 과학으로는 사회학, 심리학, 수학, 공학, 컴퓨터공학, 경영정보학 등의 인문과학, 사회과학 및 자연과학도 오늘날 그 상호의존 내지 관련성이 높아져 가고 있다.

인접학문상호간의 협력관계를 더욱 밀접하게 맺음으로써 한편으로는 상호간의 발전을 꾀하고 다른 한편으로는 전체로서의 학문적 수준도 높아져 가는 것이다.

제 2 절 회계이론의 본질

1. 회계이론의 의의

회계이론(accounting theory)이란 회계학의 연구대상인 회계현상(accountion phenomena)을 관찰함으로써 도출할 수 있는 여러 원리의 논리적 체계를 의미한다. 회계이론은 회계현상을 일련의 논리적 체계와 추론에 입각하여 설명되어야 하며, 과거 및 현재의 회계사상으로부터 미래의 회계현상도 예측할 수 있어야 할 것이다.

핸드릭슨(Handriksen) 교수도 회계이론을 현재의 회계실무를 평가할 수 있는 일반적인 참고준거(frame of reference)(참고기준)를 제공하고 새로운 회계처리방법이나 절차의 발전을 유도할 수 있는 일련의 광범위한 원칙으로 된 논리적 추론이다라고 정의하고 있다.

회계이론이란 회계에 관한 사고의 체계를 형성하는 가설적, 개념적 원리의 일관된 체계로서 과거 및 현재의 모든 회계행위나 회계사상 등의 회계현상을 상호 모순 없이 논리적으로 정연하게 설명하기 위한 기준이나 원칙을 제공하기 위한 일련의 명제를 뜻한다.

2. 회계이론의 성격

1) 회계논리법칙의 성격

회계이론의 본질적 성격은 체계적 회계논리에 입각하여 연역적 추론이 가능하면서 경험적으로 검증 가능할 뿐만 아니라 회계현상을 관찰하여 얻을 수 있는 여러 원리와 기준 내지 법칙의 성격을 갖는 것이어야 한다.

2) 회계적 가치판단의 지침

회계이론은 사회과학으로서 회계학의 대상인 회계행위의 가치판단을 하는데 올바른 지침을 제공해야 한다.

3) 회계실무의 논리적 기준 제공

회계는 본질적으로 회계실무를 통하여 인류사회에 공헌해야 한다.

회계이론은 회계실무에 대하여 논리적 논거기준을 제공해야 하며, 동시에 회계실무의 발전을 위한 지침이 되어야 한다.

4) 회계현상의 설명과 예측의 기능

회계이론은 경제적 현상, 회계처리방법이나 절차, 회계정보이용자들의 형태, 회계정보의 전달과정 등의 모든 회계현상에 대한 설명력(ability to explanation)이나 예측력(predictability)을 갖추어야 한다.

5) 회계이론의 계층성

현대 회계이론의 특색의 하나는 회계목적⇨회계공준⇨회계원칙 등 여러 요소의 이론체계를 계층적으로 파악하여야 된다.

6) 회계이론접근법의 다양성(단일 회계이론의 미정립)

회계이론은 아직까지 완전하고 공통적으로 적용할 수 있는 단일 회계이론이 개발되고 있지 못하고 있으며, 서로 다른 이론과 제안들이 속출하여 회계이론의 춘추전국시대를 보여주고 있다. 회계이론의 다양한 접근방법으로는 실용주의적 접근법, 윤리적 접근법, 커뮤니케이션이론 접근법, 행동과학적 접근법 등을 위시하여 그 밖의 여러 가지가 거론되고 있다.

7) 회계이론의 가변성

회계이론은 변화하는 속성을 가지고 있다. 핸드릭슨 교수는 회계이론은 보다 나은 미래에 관한 예측을 하게 해 주는 새로운 정보나 새로운 이론이 나타나게 됨으로써 수정 내지 소멸하는 것이다. 라고 하여 변화・변천을 겪게 되는 회계이론의 속성을 강조하였다. 회계이론은 새로운 회계이론이 출현하거나 회계환경의 변화와 시대적 변천, 혹은 회계사고의 변화로 회계이론을 변화시키고 있는 것이다.

회계이론은 자연법칙(law of nature)과 같이 소위 불변의 법칙이 아니며, 따라서 과학적 설명과 동일성격의 개념이 아닌 것이다. 일반적으로 회계이론의 설명에는 실험실의 시험(laboratory)이나 실험(experiment)에 의해 논리를 설명할 수 없으며, 수학에서처럼 자연현상간의 관계를 공식으로 세우는 것이 아닌 것임을 인식하여야 할 것이다.

3. 회계이론의 연구방법

회계학도 다른 학문적 연구와 같이 그 수준이 교차적으로 발전하면 당연히 그 방법론적 고찰이 필요하게 되고 이러한 이론적 추구에 의해 보다 착실하고 확실한 발전을 하게 되는 것이다.

연구방법 또는 연구방법론(research methodology)이란 학문을 연구함에 있어서 그 기초가 되는 여러 가지 방법과 절차, 규칙과 원칙, 개념과 공준(postulates) 등 개별적인 여러 명제가 질서정연하게 분류되고 조직화되어 하나의 시스템(system)을 이루고 있을 때 그 시스템을 일반적인 용어로 사용되고 있다. 연구방법은 문제해결을 위한 과정과 기술 또는 접근방법을 의미하는 것이다.

현대 회계학 내지 현대 회계이론에 대한 연구방법은 여러 가지가 있으나 그 중에서 가장 중요한 것은 연역적 연구방법(deductive approach)과 귀납적 연구방법(inductive approach)이 있다.

(1) 연역적 연구방법

연역적 연구방법이란 연역적 추론(deductive reasoning)이라고도 하는데 일정한 명제를 논리적으로 추론하여 다른 명제를 도출함으로써 논리적 체계를 형성하는 방법이다.

즉, 이는 회계가 이루어지는 회계목적 또는 회계공준을 확정하고 이를 출발점으로 하여 여러 과정을 거쳐 회계실무에 구체적 또는 실제적으로 적용할 수 있는 회계기준이나 회계원칙을 논리적으로 추론해 내는 연구 방법이다.

연역적 연구방법에서는 일정한 명제로부터 논리를 전개하기 때문에 그 결과는 경험적 사실과 일치하지 않을 수도 있다. 그것은 연역적 연구방법이 순수한 논리적 추론(logical reasoning)에 의해서만 이루어지기 때문이다.

연역적 추론 과정을 요약하면 다음 5단계가 된다.

① 회계목적의 설정 → ② 회계공준의 설정 → ③ 회계원칙의 도출 → ④ 회계규칙(기준)의 작성 → ⑤ 회계실무의 적용이다.

연역적 연구방법에 의한 회계이론구조에서는 회계목적이 최상위에 위치하고, 이로부터 회계원칙이 도출되고 회계실무가 이루어지므로 회계목적의 설정이 가장 중요하다고 볼 수 있다.

(2) 귀납적 연구방법

귀납적 연구방법이란 귀납적 추론(inductive reasoning)이라고도 하는데 연역적 연구 방법과 반대로 현실적인 구체적 경험 사실을 관찰, 측정하여 여기서 발견된 사실로부터 일반화 내지 보편화된 결론이나 일반적 원리를 도출하려는 연구 방법이다.

귀납적 연구방법에서는 몇 번의 관찰을 통하여 전체 또는 유사한 조건 하에서 동일한 법칙을 발견함으로써 이 법칙을 일반화하여 보편적 결론이나 일반 원리를 도출하게 된다.

귀납적 과정에 의한 일반화도 실험, 관찰을 반복적으로 실시하여 그 사실의 타당성 여부를 확인하거나 비판을 받아야 한다. 왜냐하면 귀납적으로 도출된 모든 원리가 항상 논리적 체계화가 이루어지지 않으므로 논리의 모순을 범할 수도 있기 때문이다. 귀납적 연구방법은 실제의 경험에 의한 경험주의 사고에 입각한 것이므로 실제의 관찰, 측정으로부터 그 추론과정을 증명할 수 있는 입증가능성(verifiability) 또는 연구발견을 재현하는 재현가능성(reproducibility)을 갖고 있어야 성립할 수 있다.

귀납적 연구방법에 의하여 회계이론구조를 도출하는 과정은 첫째, 기업의 회계자료를 반복 관찰하고 둘째, 관찰된 결과를 분석, 분류하여 유사성 있게 반복되는 것을 도출하여 셋째, 도출된 내용을 일반화 또는 보편화할 수 있는 회계원칙을 도출하며 넷째, 일반화된 회계원칙을 그 후 실험이나 관찰을 통하여 그 타당성을 검증하여야 한다.

〈표 1-6〉 연역적 방법과 귀납적 방법의 비교

구분	연역적 방법	귀납적 방법
1. 체계	목적→공준→원칙→절차, 규칙→실무	실무→절차→원칙(목적, 공준은 회계실무나 원칙을 정당화하기 위한 수단에 불과)
2. 장점	① 수미 일관된 논리체계 구성 ② 바람직한 회계원칙의 정립 (당위성에 입각)	실무의 지지를 받는 일반화된 원칙이 수립될 수 있다(현실적 유용성).
3. 단점	① 목적, 공준이 잘못 설정되었을 경우 그릇된 결과를 초래할 가능성 ② 현실의 실무와 괴리된 회계원칙이 제정될 가능성	① 관찰자에 따라 편견(bias)이 개입될 가능성 ② 비논리적
4. 제정되는 이론(원칙)	규범적(normative) 회계이론(원칙)	기술적(descriptive) 회계이론(원칙)

4. 회계이론의 접근방법

회계학 연구방법으로서 연역적 방법과 귀납적 방법을 기반으로 지향하는 목적에 따른 접근방법으로 여러 가지가 개발되고 논의되었다. 그 중 중요한 것을 골라 요약 설명하면 다음과 같다.

(1) 윤리적 접근법

윤리적 접근방법은 규범적 접근법이라고도 한다. 이는 회계의 가정인 회계공준이나 회계원칙, 회계기준 등의 회계이론을 윤리적인 여러 원칙을 기반으로 하는 접근방법이다.

윤리란 도덕적 기준(moral principle)을 가리키는 것으로 이 접근법에 따를 때 회계이론은 도덕적 가치나 사회적 윤리의 관점내지 기준에서 설명을 전개하는 것이다.

정의, 진실, 공정성 등의 개념을 기초로 하여 회계이론을 전개하는 방법으로서 중시되는 회계개념은 다음과 같다.

(가) 정의(justice)

모든 이해관계자를 공평하게 취급하여야 한다.

(나) 진실(truth)

재무보고는 그 내용이 정확하고 진실하여야 한다.

(다) 공정성(fairness)

회계정보는 특정의 이해관계자에게 치우침이 없이 공정하고도 비편파적인 중립성을 유지하여야 한다.

이들 세 개념 중 윤리적인 접근방법이 가장 강조하는 것은 공정성이며, 이들은 일반적으로 인정된 회계원칙의 준수, 완전공시, 비교가능성 및 계속성 등의 요건이 충족됨으로써 확보될 수 있다고 본다.

(2) 커뮤니케이션 이론적 접근법

커뮤니케이션 이론적 접근법은 정보 이론적 접근법이라고도 한다. 이는 회계를 커뮤니케이션 과정의 통합 시스템으로 파악 이해하여 이론을 전개하는 방법이다.

회계를 본질적으로 정보전달 체계(커뮤니케이션 과정)로 이해하며 회계정보의 이용자로 하여금 전달된 정보가 정보이용자의 의사결정 과정에 유용한 가치를 제공하고 있는가에 중점을 두는 것이다. 커뮤니케이션이론 접근법은 회계이론상으로 의사결정이론, 측정이론 등 정보회계이론으로 발전되었고, 특히 행동과학회계(behavioral accounting)에 대한 연구를 촉진케 하는 출발점이 되기도 하였다.

(3) 실용주의적 접근법

실용주의적 접근법은 관습적 접근법이라고도 한다. 이는 회계원칙을 현실 세계의 공정 타당하다고 인정되는 회계실무에서 유용성, 효용성을 갖는 회계현상으로부터 도출하여야 된다고 주장하는 것이다.

회계는 현실과 부합되어야 하고 현실상황 속에서 유용성(usefulness)을 가져야 한다는 전제하에서 지나치게 이론 지향적인 것보다는 실제에 도움이 되는, 즉 실용성이 있는 회계정보를 제공하고자 하는 접근방법이다.

일반적으로 인정된 회계원칙(GAAP)중 중요성의 원칙, 보수주의의 원칙, 객관성의 원칙, 계속성의 원칙, 완전공개의 원칙은 모두 이와 같은 실용성을 강조한 기준이라고 볼 수 있다.

(4) 사회학적 접근법

사회학적 접근법은 후생적 접근법이라고도 한다. 이는 회계기술의 사회적 효과를 강조하거나 사회적 후생의 관점에서 회계이론을 다루는 방법이다.

회계이론을 사회적 관점에서 사회복지증진과 사회적 책임완수와 같은 사회적 목적의 실현이나 사회적 효과의 증진과 관련시켜 회계이론을 전개하는 접근법이다. 회계정보를 통하여 기업의 활동이 사회에 미치는 영향을 측정하여 이를 제공하고자 하는 사회회계(social accounting)의 영역에 해당하는 것이다.

(5) 거시경제적 접근법

거시경제적 접근법은 경제적 접근법이라고도 한다. 이는 거시 경제적 지표에 미치는 영향을 중요시하는 관점에서 회계이론에 접근하는 것이다. 주로 국민경제나 국가경제정책의 수행에 관련된 회계문제를 중심과제로 하여 건실한 국가경제발전을 유도하는 회계이론을 전개하는 점에서 그 특색이 있다.

회계절차의 선택 또는 회계원칙의 제정은 그때그때 거시경제의 상황에 따라서 달리 적용되어야 한다는 것으로서 회계는 결국 거시적인 국민경제적 이익에 부합되어야 한다고 보는 것이다.

(6) 행동과학적 접근법

회계이론을 종합과학적 연구방법(interdisciplinary approach)에 따라 이루어지는 행동과학(behavioral science)의 관점에서 전개하려는 것이다. 다시 말해 회계이론을 행동과학적 접근을 위해 사회학, 경제학, 심리학, 조직이론 등 여러 가지 과학을 동원하여 인간행동의 형태적 관계(behavioral relationship)를 규명하려는 것이다. 즉, 커뮤니케이션과정을 통해 인간 행동을 설명하고 그로 인한 회계자료의 유용성이나 의사결정의 유용성을 도출하려는 것이다. 그러므로 이 접근법에 있어서는 회계를 기업이나 집단의 의사결정을 위한 정보제공의 수단이라고 단정하고, 수집된 자료를 토대로 인간행동을 이해하고 설명하며 또한 예측하는 것을 목적으로 한다. 이 방법은 객관적 방법으로 수집된 경험적 증거를 통해서 인간행동에 관한 일반법칙을 확립하려는 것에 그 특징이 있다.

(7) 사상적 접근법

사상적 접근법(events approach)이란 사건 중심적 접근법이라고도 하는데, 이는 회계의 측정대상이 되는 경제적 사상(economic events)을 중심으로 회계이론을 전개하려는 것이다.

사상이란 사건이라고도 하는데 어떤 현상이나 발생한 일, 또는 기업의 거래(transaction) 자체를 뜻하는데 직접적으로 고찰할 수 있고, 그것을 이용하는 사람에게 경제적 의미를 갖게 하는 것에 그 특색이 있다. 그리하여 다수의 사건이 합쳐지면 사상의 총계(aggregaion of events)를 이루는데, 그 총계는 계정(account)으로 표현되어 재무제표가 작성된다.

(8) 재무관리적 접근법

재무관리적 접근방법은 특히 주주, 투자자, 및 채권자 등 이해관계자가 그들의 의사결정, 예를 들면 주식의 매입이나 처분 또는 보유하는데 관련된 투자결정모델에 관해 유용한 정보를 제공하는 것을 중요시하여 회계이론을 전개하려는 접근법이다.

투자의사결정에 관한 이론은 회계이론에서는 아직 개발하지 못하고 원래 재무관리론에서 발전시켜 이를 회계학에서 원용하여 왔는데, 이러한 이론을 총칭하여 투자평가이론(theories of investment valuation)이라 한다. 그 내용은 투자자의 의사결정행위, 주가, 주식의 본질가치 등의 관계를 해명하는 것인데 구체적으로는 본질가치이론, 효율적 시장가설, 포트폴리오이론 등이 있다.

(9) 예측적 접근법

예측적 접근법(predictive approach)이란 예측적 또는 예측지표의 원리에 의해 회계이론을 추구하는 방법이다. 회계정보의 예측능력(predictive ability)을 기준으로 하여, 정보 이용자에게 관심의 대상이 되는 사건을 예측할 수 있는 능력이 있는가에 따라 회계처리방법과 평가방법을 선택하여야 한다는 회계사상이다.

회계자료의 평가기준으로서 예측능력이란 기준은 의사결정에 대한 회계정보의 유용성을 확보하기 위한 주요속성인 목적적합성(relevance)으로부터 유도된 개념이다 목적적합성이란 정보이용자들이 그들의 경제적 의사결정에 가장 도움이 되는 정보를 선택하는 기준으로서, 미래의 사건에 관한 예측과 정보와의 관계를 함축하고 있는 개념이다.

(10) 정보평가적 접근법

정보평가적 접근법(information evaluation approach)은 정보경제학적 접근법(information economic approach)이라고도 한다. 이는 회계를 근본적으로 정보를 산출하는 정보시스템으로 보고 그 정보에 의하여 기대되는 효익(benefit)과 그 정보를 산출하기 위하여 투입된 원가(cost)와 비교해서 최대의 효익을 줄 수 있는 최고정보(maximum relevant information)를 찾는 접근법이다.

5. 회계이론의 검증

회계이론이 이론으로 성립되기 위해서는 검증(verification) 또는 확인(confirmation)의 절차가 필요하다. 이러한 절차를 거치지 않으면 관념적·추상적 이론에 그치게 되어 이론으로 존립하기가 어렵다. 즉 적절한 검증절차를 거치지 않은 회계기준은 회계실무상 많은 문제점을 드러내고, 회계실무계의 반발을 일으키게 될 수도 있다.

그러나 회계이론에서 모든 사실을 검증할 수는 없다. 회계사실이 모두 측정가능(measurable)하거나 검증가능(verifiable)한 것은 아니므로, 실제의 사실이라고 단정하기 어렵다. 회계사실은 기업의 경제적 현상을 있는 그대로 나타내고자 하지만, 관측자들에 따라서는 가치개념이 달라 회계상 측정된 개념이 다르게 느껴질 수도 있다.

이와 같이 회계이론의 검증이 경제적 현실에 일치하여 이루어질 수 없다는 것은 모든 사회과학학문에 공통적인 것이다. 회계이론에서는 진실(truth)을 추구하지만 진실은 도달할 수 없는 것이어서 진실과 가까운 것에 만족할 수밖에 없다. 예를 들면, 재무상태표(대차대조표)상의 자산이나 손익계산서상의 순이익은 진실에 의한 것이 아닐 수도 있지만 진실에 가까운 것으로 믿을 수밖에 없다. 따라서 회계이론에서는 가능한 한 진실에 가깝도록 자산과 이익의 측정과정을 개선하고자 한다. 회계이론은 자연법칙(law of nature)과 같이 불변의 법칙(immutable law)이 아니므로, 자연과학에서 이용하는 과학적 설명(scientific explanations)과 동일한 것이 아니다. 따라서 회계이론의 정립을 위해 수행하는 회계연구(accounting research)에 있어서는 과학적 연구방법(scientific research methods)을 적용할 수는 있으나 한계가 있다. 자연과학에서는 실험실 실험(laboratory test) 또는 실험(experiment)을 통하여 진실을 증명할 수도 있고, 수학에서는 자연현상간의 관계를 공식으로 표현하기도 한다. 그러나 회계이론에서는 실험실 실험 등의 방법에 의하여 회계현상을 조사할 수도 있으나, 실험 자체가 엄격한 통제하에 이루어질 수 없고 결론 자체도 가치판단이 필요하여 진실을 증명하는 것이 될 수 없다. 그리고 또 회계이론은 사회환경의 변화, 시대의 변천, 인간의 사고변화에 따라 변화할 수도 있다. 이와 같이 회계이론이 변화할 수 있다는 속성은 다른 사회과학학문에서도 마찬가지이다.

이처럼 회계이론에서는 진실(truth)을 과학적으로 규명할 수 없는 한계가 있음에도 불구하고 가능한 한 과학적 연구방법을 적용하여 회계이론의 정당성을 합리화할 필요가 있다.

제3절 회계정보론

1. 회계정보의 의의

종래의 회계는 주주나 투자가들을 위한 회계가 중심이었다. 그러나 기업의 사회성 증대와 이해관계자의 양적 증가 및 다양화는 차원 높은 경영관리기법을 요청하게 되었다. 특히 컴퓨터의 발달과 경영정보시스템의 도입 등으로 인하여 현대회계학의 분야에도 정보이론이 도입되게 되었다. 다양한 이해관계자집단은 기업에 대해서 각자가 필요로 하는 경제적·사회적 정보를 요구하며, 기업은 이에 부응하는 경제적 정보를 제공하여야 한다.

따라서 회계목적도 다양한 이해관계자들의 의사결정에 공헌할 수 있는 회계정보를 제공하는 대로 그 중점이 이동되어 회계정보의 유용성이 더 한층 증대되었다. 즉 제도회계는 상법·세법·증권거래법·회계기준의 규정이나 지시에 따르는 회계이기 때문에 이미 사회적 제도로서 정해져 있었고, 기업의 환경변화에 따라 변화하기 곤란한 것이 제도회계인데 그것은 과거 오랫동안 존재한 경제적 안정기에 확립된 회계처리의 원칙이나 절차를 준수하는 회계이기 때문이다. 그런데 오늘날 지속되는 물가변동·기술혁신 등은 현시점에서 제도회계의 유지를 곤란하게 만들고 있다. 따라서 오늘날의 회계는 제도회계를 개선하고 그것이 이해관계자에게 유용한 행동의 지침이 되는 자료로서 정보회계에 의존하는 수밖에 없게 되었다. 또한 조직이나 환경의 복잡화로 인하여 정보이용자는 여기에서 충분한 정보를 얻은 연후에 정보를 선택하여 자기가 올바른 의사결정을 하여야 한다. 그러기 위해서는 정보이용자측의 기업에 대한 정보수요는 양적·질적인 면에서 증대하고 컴퓨터이용에 따르는 정보처리능력의 증대와 정보기술의 발전이 촉진되었다.

일반적으로 정보지향적(information-oriented)인 회계에 관한 제이론의 체계를 회계정보이론이라 한다. 이것은 여러 가지 회계현상을 정보이론을 이용하여 해석하고 모든 회계상의 문제들을 정보이론을 원용하여 해결하려는 것으로서 회계가 다루고 있는 대상이 본질적으로 정보라는 사실로부터 출발한다.

이러한 회계정보론은 흔히 정보이론이라고 불리는 커뮤니케이션이론(communication theory)을 기원으로 한다. 정보이론은 커뮤니케이션에 관한 통계적 이론의 일부로서 그러한 회계이론과 정보이론과의 관련을 주장한 사람은 배드포드・발라도우니(Bedford and Baladouni)였다.

그들은 1962년 회계의 정보론적 접근(communication approach to accounting)을 발표하여 크게 주목을 끌었는데, 1966년에는 미국회계학회에 의해 「기초적 회계이론에 관한 보고서」(A Statement of Basic Accounting Theory ; ASOBAT)가 발표됨으로써 회계정보론은 회계이론의 중요한 한 부분으로 성립하게 되었다. 미국회계학회의 「기초적 회계이론에 관한 보고서」는 회계가 정보지향적인 회계로 이행하는 데 결정적인 공헌을 한 보고서였다. 이 보고서는 회계의 의의・목적을 정보지향적으로 정의하면서 회계정보가 갖추어야 할 질적 요건이 회계정보기준을 열거함과 동시에 회계정보시스템에 입각한 회계모델을 제시하였다. 정보를 이용자의 의사결정에 유용한 지식으로 생각하고 회계정보를 기업의 본질인 자본・이익에 관한 정보로 생각할 수 있다. 그러므로 회계정보를 이용자의 의사결정에 유용한 기업의 본질인 자본・이익에 관한 지식이라고 정의하기도 한다. 그리고 회계정보를 어떤 회계주체에 의해서 인지된 대상 또는 사상을 특정의 정보이용자의 의사결정에 유용한 형태로 분류하고 계량화하여 이것을 전달하는 과정이라 정의할 수 있다.

2. 회계정보의 특징

기업의 급속한 발전으로 종전의 복식부기를 중심으로 하는 기업회계는 주주의 배당가능이익계산・보고체계 등 사회적 기술・기업환경 등의 영향을 받아 변화하게 되었다. 즉 이것은 기업회계를 회계작성자(작성자 지향회계)에서 회계이용자로서의 제 이해관계자중심회계(이용자 지향회계)로 변화시켜, 특히 회계정보이용자의 의사결정에 관한 정보로서 회계를 파악하고 특징지을 수 있게 되었다.

회계정보론에서는 회계의 의의를 회계정보의 측정・전달과정으로 정의하고, 회계의 목적도 정보이용자의 의사결정에 유용한 정보의 제공으로 규정하면서 회계를 정보지향적 관점에서 이해하고 있다. 그러나 회계정보론은 완전히 새로운 이론이 아니라 종래부터 존재해 왔던 회계의 과정・시스템을 새로운 차원에서 관찰한 것일 뿐이다. 이러한 회계정보론에서의 회계정보는 여러 가지 특징을 가지고 있다.

사회에서 발생한 모든 사상은 정보화되어 전달・보도되고 있다. 그것은 환경문제, 자원문제, 기술문제, 국방문제, 국제사회문제, 국가・사회활동에 관한 문제, 기업활동에 관한 문제이다.

새로운 기계의 이용은 인간생활에 많은 변화를 가져오고 자원의 개발을 촉진했다. 교통환경의 고도화는 시간을 단축시켰을 뿐 아니라 그 이동도 용이하고 안전하게 하였다. 또한 정보사회의 출현은 모든 현상이 자료화되어 그것이 정보화가 된다는 사회조직으로 되었다. 따라서 정보는 정치, 경제, 법률, 위생, 교육, 교통, 주거환경 등 우리들의 인간생존, 기업존속, 사회와 국가의 존속・번영에 유용하다. 그리고 그 목적에 관하여 대량의 정보가 존재하고 있으며, 또한 우리들은 그 목적과 필요에 따라서 이러한 정보를 용이하게 이용할 수 있는 것이 정보사회의 특징이다.

광범위한 정보수집, 특히 국제적 정보를 포함해서 다양한 정보를 확실하게 수집하기 위해서는 자료나 정확한 정보의 전달시스템을 이용하게 된다. 이와 같은 전달시스템은 지역적・전국적・국제적으로 연결됨으로써 비로소 목적을 달성할 수 있다. 결국 세계 각국에서 정보가 정확하고 신속하게, 그리고 경제적으로 입수되어야 하며, 이러한 것이 이용자 또는 수집자에게 용이하게 이용될 수 있는 사회가 소위 정보화사회의 특질이라 할 수 있다. 그리고 이와 같은 정확한 정보의 신속한 수집에 의해서 판단과 행동을 하여야 한다.

3. 회계정보의 이용자

기업내・외부의 정보이용자를 살펴보면 다음과 같다.

(1) 소유주(주주)

기업의 소유주(주주)는 그 기업의 발전을 성취하기 위해서 정보를 필요로 한다. 소유주는 회계정보를 가지고서 그 기업에 대한 현재의 투자를 증가 또는 감소시킬 것인가 아니면 유지할 것인가의 여부에 대한 의사결정을 할 수 있다.

(2) 채권자

채권자는 회계정보가 현재나 장래에 있어서도 중요성이 있다. 채권자는 대여금이 만기일에 지급되는가에 대한 평가를 하여야 하며, 이를 위하여 회계정보를 이용한다.

(3) 경영자

기업의 경영자는 기업활동의 성과를 판단하고 현금의 시재액을 결정한다. 그리고 배당 지급 능력을 평가하고 사업의 성질과 규모를 확대 또는 축소하는 것에 관한 의사결정을 함에 있어서 회계정보를 이용한다.

(4) 잠재적 소유주

잠재적 소유주(장래 주주가 될 가능성이 있는 사람들)는 경영자가 과거에 어떻게 그 수탁책임의 기능을 다하였는지에 대해서 알려고 한다. 잠재적 소유주는 그들이 출자할 가능성이 있는 부분과 그 투자에 대해서 기대되는 보수에도 관심을 갖고 있다.

(5) 종업원

종업원은 임금에 관한 기대와 교섭을 위해서 회계정보를 이용한다. 개인적으로도 회계정보를 얻으려고도 하지만 종업원을 대표하는 조합이 정보를 이용하고 있다.

(6) 고객

고객은 자신이 구매한 제품의 A/S에 대해 관심을 가지고 있다.

(7) 정부

정부·지방자치단체 등은 납세신고를 평가하거나 또는 지급될 제세를 사정하는 데 회계정보를 이용한다.

4. 제도회계와 정보회계

제도회계는 법적 규제나 회계관행의 범위 내에서 이루어진 회계이기 때문에 상법, 세법, 증권거래법, 회계기준의 규정에 따라야 하며 주로 재무회계로서 기업외부에 대한 보고회계가 된다. 그러므로 회계처리나 회계보고에 대해서는 객관성이 중시된다. 또한 전통회계의 계산 구조는 명목자본유지이며 그 방법으로서 자본비용의 평가 또는 파악은 취득원가주의를 채택하고 수익의 파악에는 실현주의의 개념이 사용된다. 따라서 그 객관성, 신뢰성, 검증성은 대단히 높다.

정보회계는 정보를 제공하기 위한 회계로서 제도회계를 포함한 넓은 영역을 갖고 있다. 정보회계는 이용자의 의사결정에 유용한 정보보다 기업내부자에게 필요한 정보가 여러 면에서 활용된다. 그러므로 정보회계의 영역은 외부보고회계(재무회계)보다 오히려 내부보고회계(관리회계)에 높은 비중을 둔다.

제도회계와 정보회계의 상이점을 들면 다음과 같다.

첫째, 제도회계는 손익 계산을 회계목적으로 하는 체계이며 일정의 제도에 의해 제약된 회계이나 정보회계는 반드시 손익정보의 제공을 유일한 과제로 하지는 않는다는 것이다.

둘째, 제도회계는 통일적 의미가 있는 계수(이익액)를 얻기 위해서는 모든 자료가 화폐액으로 표현되어야 하며 이것이 제도회계의 기본이 된다. 즉, 계량적 화폐정보가 중심을 형성하고 있는 것이다. 정보회계는 계량적 정보뿐만 아니라 비계량적 정보도 중시된다.

셋째, 제도회계는 손익보고를 주제로 하며 그 보고서(재무제표)는 대차평균의 원리에 의해서 대차가 평균되는데 반해 정보회계는 장래적 사상에 관계되는 계량적·비계량적 정보를 내용으로 한다. 따라서 목적적합성이 있는 정보이므로 재무보고서는 반드시 대차평균을 조건으로 하지 않는다.

5. 회계정보시스템

회계는 식별·측정·전달의 과정을 거치는 체계적인 회계정보시스템(accounting information system : AIS)이라고 할 수 있다.

식별(識別, identification)은 인식(認識, recognition)이라고도 하는데, 회계기록의 대상으로서의 경제적 사건 즉 거래를 판단하고 그 기록시점을 결정짓는 일이다. 다시 말하면 특정 사건이 장부에 기록해야 할 거래에 해당하는지 여부를 판단하고, 거래에 해당한다면 어느 기간에 기록할 것인지를 결정하는 과정이다. 앞으로 우리가 공부하게 될 발생주의가 바로 이러한 식별을 위한 기준으로 사용될 것이다.

측정(測定, measurement)은 평가(評價, valuation)와 비슷한 개념으로 사용되는데, 인식된 거래를 화폐금액으로 환산하는 과정을 의미한다. 예를 들면, 판매된 상품을 화폐금액으로 환산하거나 기업이 보유하고 있는 자산·부채의 가액을 결정하는 것이 포함된다. 앞으로 다루게 될 원가기준, 시가기준, 저가기준은 자산을 측정하는 구체적인 방법으로 사용될 것이다.

전달(傳達, communication)은 보고(報告, report)라고도 하는데, 측정을 통하여 회계정보로 변환된 결과를 정보이용자에게 제공하는 것을 말한다. 회계정보의 전달수단은 다양하지만, 가장 대표적인 방법은 재무상태표·손익계산서 등 재무제표(財務諸表, financial statements)의 작성을 통하여 보고를 하게 되는데, 이를 재무보고(financial reporting)라고 한다.

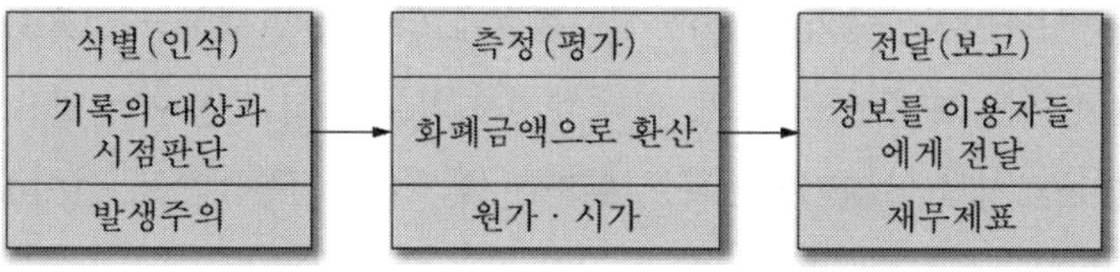

제 4 절 회계주체이론

1. 회계주체이론의 의의

회계는 회계정보의 이용자가 기업실체와 관련하여 합리적인 의사결정을 할 수 있도록 재무상의 자료를 일반적으로 인정된 회계원칙에 따라 처리하여 유용하고 적정한 정보를 제공하는 것을 목적으로 한다. 이런 목적을 수행하기 위해서는 그 전제로서 회계의 주체 또는 관점이 있어야 한다. 회계의 주체는 회계상의 판단의 초점과 회계처리를 위한 근본적인 입각점이 되는 것으로서, 어떠한 입장에서 회계상의 판단을 하고 어떻게 회계처리를 할 것인가 하는 근본적인 문제를 규명하고자 하는 것이 회계주체이론이라고 한다. 회계주체이론은 회계에 대한 사회적 인식의 증대와 더불어 발전하였는데, 어떠한 주체개념을 취하느냐에 따라 기업회계의 구성요인인 자산, 부채, 자본, 수익, 비용 등의 회계개념 및 이에 적용되는 회계기준 또한 달라지므로 회계이론이 어떤 특정의 주체개념을 취하게 될 때에는 그러한 관점에 입각해서 모든 회계적 판단과 일관된 통일적 회계처리가 이루어지게 된다.

회계주체에 관한 이론은 개인기업 및 조합기업 등에 적합한 자본주 이론이었으나 회계의 발달과 주식회사의 출현으로 기업실체이론이 대두되었다. 또한 근래에는 자금이론, 잔여지분이론, 기업체이론, 명령자이론 등이 등장하였다.

2. 자본주이론(또는 소유주이론)

자본주이론(proprietary theory)은 소유주이론(ownership theory) 또는 대표자이론(representative theory)이라고도 한다. 기업을 자본주의 소유물이라는 관점에서 회계정보의 전달주체를 자본주에서 구하고 모든 회계적 판단은 자본주의 입장에서 해야 한다는 주장이다. 회계의 자산은 자본주가 보유하는 재산이며 부채는 자본주가 부담할 채무이다. 또한 자산과 부채의 차액은 순재산 또는 순자산으로 자본주에 귀속되는 재산의 순액을 의미한다.

그리고 수익과 비용은 자본주의 행동과 의사결정에 의하여 발생하는 것으로 수익은 자본주 재산의 증가이며 비용은 그 감소로 보며, 따라서 순이익을 직접 자본주의 것으로 인식한다. 자본주이론에 있어서는 기업의 자기자본과 타인자본(부채)은 근본적으로 상이하다고 주장한다. 자본주이론의 구조 또는 기본원리는 다음과 같이 표시할 수 있다.

적극적 재산 - 소극적 재산 = 순재산

핫필드(Hatfield)는 자본주개념에서 부채는 소극적 재산으로 취급하고, 자본은 적극적 재산(자산)에서 소극적 재산(부채)을 차감한 순재산이라고 했다. 자본주이론에 의한 회계개념은 자본주지분에 영향을 미치는 모든 항목을 포함하여 일정기간의 손익을 산정한다는 포괄주의 이익개념도 있다. 그리고 주주순이익(net income to the stockholders), 주당순이익(earnings pershare), 주당장부가치(book value per share), 투자자산평가방법으로서의 지분법, 현행가액에 의한 자산평가도 이에 해당된다고 볼 수 있다.

기업들은 개인기업이 지배적인 경영형태였으므로 기업의 주체는 자본주 개인이며, 이러한 자본주의 입장에서 자기자본(순재산)을 중심으로 자산, 부채의 증감계산을 하였다. 여기에는 자본주와 기업과의 구별이 존재하지 않았으며 자본등식에 의하여 회계적 판단을 한 것이다.

자본주이론은 오늘날 대표적인 기업형태인 주식회사에 적용하기에는 다소 곤란한 이론이다. 그 이유는 ① 현대의 주식회사는 소유와 경영이 제도적으로 분리되어 있기 때문에 기업은 그 소유주인 자본주와는 별개의 존재가 되고 있다는 점, ② 기업은 그 자체의 독립적인 법인격(legal entity)을 갖고 있기 때문에 자본주와 기업을 동일시할 수 없다는 점, ③ 기업의 규모나 활동영역이 더욱 확대됨에 따라 기업은 이제 이해관계자로서 자본주뿐만 아니라 채권자, 종업원, 국가, 소비자 등을 포함하지 않으면 안 되게 되었기 때문이다.

3. 대리인이론

대리인이론은 기업을 자본주 내지 주주와는 별개의 인격이라는 것을 사실적으로 인정하나 다만 단순한 인격이 아니라 주주집단의 자산의 운용을 위한 대리기관으로서 가능한 조직으로 보는 것이다. 즉, 기업을 주주들로부터 위탁받은 자산을 주주들을 대신하여 운영하는 기관이라고 생각하는 것이다. 그래서 기업을 대리인기업으로 파악하여 기업회계를 대리인 회계로 보는 것이다. 그리하여 출자와 경영이 분리되면 출자자와 경영자와의 사이에는 신탁=위임이라는 관계가 성립하며 경영자는 출자자의 의도에 따라 그 대리인으로서 행동한다. 이 대리인 관계에서는 사회적인 회계책임이 부여된다. 경제발달에 따라서 인적 기업에서 물적 기업으로 발전하고, 특히 주식회사형태의 기업의 발전으로 기업은 소유와 경영의 분리가 이루어지게 되었다. 그 결과 자본주와 기업을 구별하지 않는 상태의 자본주이론은 이론적으로나 실천적으로나 불합리한 것이 되었다. 여기서 자본주이론을 보완하여 현대사회에 적합한 형태로 자본주이론을 발전시킨 것으로 대리인이론(agency theory)이 나타나게 되었다.

대리인이론은 소유와 경영의 분리를 전제로 함으로써 기업과 자본주는 일체의 존재가 아니라 기업은 자본주가 출자한 자본을 자본주를 대신하여 경영하는 조직이라는 사고에서 모든 회계적 판단은 대리인인 기업의 입장에서 행하여져야 한다는 견해이다. 즉 대리인은 자본을 출자한 주주의 대리인이라고 해석하는 것이며, 주식회사는 주주라는 자본주의 집합체이며 그들로부터 위탁된 재산의 관리자이며 대리기관이다. 주주의 대리인으로서의 주식회사의 경제활동은 결국 위탁자인 주주에 귀속되고 회사의 순재산은 모두 주주의 것이며, 원칙적으로 자본을 초과하는 것은 모두 주주에게 배당가능한 이익으로 본다.

4. 기업주체이론

자본주와 경영자 및 채권자 등의 모든 이해관계자와는 독립된 별개의 인격을 가진 기업 그 자체가 존재한다고 인식하고, 이를 회계의 주체로 인식하는 이론적 체계를 기업주체이론이라고 한다. 회계의 주체를 자본주의 인격에서 독립된 기업의 실체로 파악하면서 이러한 기업실체의 입장에서 모든 회계적 판단과 회계처리를 하려는 것이다.

기업주체이론은 페이톤(Paton)이 기업을 별개의 인격을 가진 주체로 인식할 것을 주창함으로써 비로소 완성되었다. 이러한 기업주체이론에서는 기업의 모든 자산은 실체의 자산이고, 모든 부채와 자본은 실체의 자금원천으로 된다. 그리고 부채와 자본은 동일한 범주에 속하는 것으로서 실체에 대한 출자관계를 표시하며 자산과 대응된다. 기업주체이론에 입각한 기업자산은 기업 자체의 소유이며, 모든 부채는 기업 자체의 부채라고 생각한다.

자산 = 자본(타인자본+자기자본) 또는 자산
= 지분(equities) (채권자지분+소유자지분)

기업주체이론은 이러한 등식을 기본원리로 하고 있다. 여기에서 자산이란 기업에 귀속되는 권리를 의미하며 지분(equities)이란 자산에 대한 청구권을 의미한다. 그런데 채권자는 출자자와 동등한 입장에서 기업에 대한 권리를 자산에 대한 청구권을 갖는 것으로 이해되기 때문에 지분은 채권자지분과 출자자지분으로 나눠진다.

기업주체이론은 자본주이론과는 달리 기업의 순이익을 직접적인 출자자의 순이익으로 보지 않기 때문에 수익이나 비용은 출자자지분의 증가 또는 감소를 나타내는 것이 되지 않는다. 수익은 기업의 성과(products)이며, 비용은 그러한 수익의 획득과정에서 나타나는 재화나 용역의 사용을 의미한다. 그러므로 비용은 수익에서 차감되어야 하며, 그 차액은 출자자에게 분배될 가능성이 있는 것이다. 기업주체이론에 의하면 기업이 얻은 이익은 주주총회에서 그 처분을 결정하기 전까지는 기업의 지분으로 간주된다.

5. 기업체이론

기업체이론(enterprise theory)은 기업을 사회적 제도의 하나로서 보고 모든 회계적 판단을 하려는 것이다. 오늘날 기업은 사회적 책임을 져야 하며, 공공적 성격을 지니고 있다. 따라서 기업은 기업과 관계가 있는 이해관계자의 이해를 조정해야 할 의무를 가지고 있다. 이와 같이 기업의 사회성 또는 공공성을 중시하는 것이 기업체이론이다. 기업체이론은 슈아넨(Suojanen)에 의하여 제안된 사회회계이론(social theory of accounting)에 속한다. 그는 기업을 생산이나 유통을 통해서 사회전반에 봉사하는 사회경제의 단위로서 파악하고 있다. 따라서 기업활동의 성과는 이와 관련된 수많은 이해관계자들의 이익을 위해 이루어지는 것이다. 기업이란 어떤 개인이나 집단을 위한 사적조직이 아니라, 그것은 사회의 다수인을 위한 조직으로서 사회적 목적을 수행하는 것이라고 하는 사고로부터 출발된 것이 기업체이론이다. 기업체와 주주집단의 결합관계로 보아 주주는 기업에 자본을 제공하며 기업은 주주의 투자지분에 대해서 순이익에 대한 배당금을 지급한다. 또한 기업체와 종업원집단은 임금, 급료의 지급과 노무, 용역의 제공이란 고용관계를 통하여 결합된다.

기업체는 이해관계자집단에 대해서는 사회적 책임이 있으며, 그들은 의사결정의 중심이 된다. 사회적 책임을 다하기 위해서는 이해관계자들의 상호모순된 복잡한 이해관계자가집단의 이해를 조정하고 결합관계를 유지함으로써 기업체가 경영목적을 달성할 수 있다.

기업체이론은 기업목적을 영리추구보다는 사회적 목적의 달성에 두고 특정의 이해관계자보다는 수많은 이해관계자들에 대한 회계보고를 강조함으로써 중립적인 이해관계를 강조하는 현대회계이론의 방향과도 관련이 있다. 그러나 이 이론은 다수기업인 중소기업보다는 오히려 대기업과 상장기업을 중심으로 하여 그 이론을 전개하고 있기 때문에 일반성이 결여되고 있다는 비판을 받고 있다.

6. 자금이론

자금(funds)을 회계의 기초가 되는 영업단위(operational unit)로 정의하고 기업의 존재를 이 자금을 중심으로 파악하며 기업 활동이나 회계도 이 자금개념을 적용하여 회계대상 및 기업을 관찰, 인식하려는 이론을 자금이론이라 한다. 배터(Vatter)에 의하여 처음으로 주장되었다. 자금이론(funds theory)은 자산을 자금으로 보며 경영의 주체는 자본주도 아니고 기업도 아니라는 이론이다. 따라서 자금이론은 인적 관계를 가정한 자본주이론이나 인위적으로 경제적, 법률적 단위로서 기업의 인격화를 가정한 기업실체이론과는 다르다. 자금이론은 다음과 같이 표시할 수 있다.

자금 = 자산에 대한 제제약 또는 제제한

소위 자금이라고 불리는 것은 일군의 자산과 그에 관련된 채무 및 특수한 경제적 기능이나 활동에 대한 제한성을 뜻한다. 여기서 말하는 자산은 자금 내지는 운영단위에 대한 미래용역(prospective service)을 의미하고, 부채도 자산에 대한 제한성을 의미한다.

자금이론에서는 미처분 이익잉여금도 자산사용에 대한 포괄적인 제한성으로 본다. 그러므로 자금이론하에서 모든 지분은 법률적, 계약적, 관리적, 재무적 상태에 따라 기업의 자산에 부과되는 제약인 것이다. 자금이론은 기업보다는 정부기관, 대학 등을 비롯한 비영리기관의 회계에 유용한 이론으로서 비영리기관은 보통 기금을 중심으로 운영되고 있기 때문에 자금이 중요시된다. 그리고 비영리기관은 영리추구를 목적으로 하지 않기 때문에 비록 이익개념에 의하지 않더라도 자금이론에 의하여 회계보고책임(accountability)을 충분히 달성할 수가 있다. 자금이론은 자금의 운용상황을 현금흐름에 명확히 표시하는 것이 일차적 목적이 되고, 이익결정은 이차적 목적으로 된다. 그러므로 재무제표는 자금의 조달과 사용에 관한 통계적 요약표라고 할 수 있다.

7. 잔여지분이론

잔여지분이론은 자본주이론과 기업주체이론의 중간적인 이론으로서 스토버스(Staubus) 등이 주장하였다. 잔여지분이론은 보통주주의 투자의사결정에 유용한 정보를 제공할 것을 목적으로 특정지분보유자(채권자 및 우선주주)를 외부자로 간주하고 잔여지분(보통주주지분)에 주안점을 둔다.

잔여지분이론에 의한 기업의 재무제표는 일반적으로 계속성의 가정하에서 작성되므로 보통주주가 주주배당금의 흐름을 예측할 수 있도록 잔여지분에 대한 정보를 제공하여야 한다는 것이다.

자산 - 특정의 지분 = 잔여지분(보통주주지분)

잔여지분이론은 재무상태표에는 보통주주의 지분을 구분하여 표시하여야 하고, 손익계산서나 잉여금처분계산서에는 잔여지분이익을 그리고 현금흐름표에서는 보통주주에게 배당 가능한 자금흐름을 표시하여야 한다.

8. 명령자이론

명령자이론은 골드버그(Gildberg)에 의해 주장된 이론으로 자본주이론이나 기업주체이론은 모두 소유개념을 강조하지만 회계와 관련하여 설명하는 데는 불충분하므로 회계의 초점을 기업의 경영자나 명령자(commanders)에 의한 자원의 효율적인 통제에 두어야 한다는 것이다. 이 이론은 경영자의 통제가 강조되고 회계이론도 경영자의 활동을 중심으로 전개하는 것이다. 명령자이론에 의한 재무제표는 수탁책임에 대한 보고서로서 경영자의 자산관리, 활동결과 및 자산의 운용방법, 그리고 자금의 조달 및 운용에 대한 보고서를 포함하게 된다. 따라서 정보이용자들은 기업의 경제적 · 사회적 성과를 평가하는 것이다.

제 5 절 재무회계 개념체계

1. 재무회계 개념체계의 목적과 내용

재무회계 개념체계(conceptional framework for financial accounting)란 재무회계의 뼈대를 이루는 기본틀을 말한다. 개념체계는 재무보고의 목적과 기초개념을 체계화함으로써 일관성 있는 회계기준을 재정케 하고, 아울러 재무제표의 성격 등에 관한 규범을 제공하는 토대가 된다.

재무회계 개념체계의 목적은 다음과 같다.

- 회계기준제정기구가 회계기준을 제 · 개정함에 있어 준거하는 재무회계의 개념과 개념의 적용에 관한 일관성 있는 지침을 제공한다.
- 재무제표의 이용자가 회계기준에 의해 작성된 재무제표를 해석하는데 도움이 되도록 재무제표 작성에 기초가 되는 기본가정과 제개념을 제시한다.
- 재무제표 작성자가 회계기준을 해석 · 적용하여 재무제표를 작성 · 공시하거나, 특정한 거래나 사건에 대한 회계기준이 미비된 경우에 적용할 수 있는 일관된 지침을 제공한다.
- 외부감사인이 감사의견을 표명하기 위하여 회계기준 적용의 적정성을 판단하거나, 특정한 거래나 사건에 대한 회계기준이 미비된 경우 회계처리의 적정성을 판단함에 있어서 의견형성의 기초가 되는 일관된 지침을 제공한다.

개념체계는 회계기준이 아니므로 구체적 회계처리방법이나 공시에 관한 기준을 정하는 것을 목적으로 하지 않는다. 개념체계의 내용이 특정 회계기준과 상충되는 경우에는 그 회계기준이 개념체계에 우선한다.

〈표 1-7〉 재무회계의 개념체계

구분	내용
재무보고의 목적	① 투자 및 신용의사결정에 유용한 정보의 제공 ② 미래 현금흐름 예측에 유용한 정보의 제공 ③ 재무상태, 경영성과, 현금흐름 및 자본변동에 관한 정보의 제공 ④ 경영자의 수탁책임 평가에 유용한 정보의 제공
회계정보의 질적특성	회계정보가 유용하기 위해 갖추어야 할 주요 속성을 말하며, 회계정보의 유용성의 판단기준
재무제표 •기본가정 •발생주의회계	기업실체의 외부 정보이용자에게 기업실체에 관한 재무정보를 전달하는 핵심적 재무보고 수단(재무상태표, 손익계산서, 현금흐름표, 자본변동표)
재무제표의 기본요소	자산, 부채, 자본, 소유주의 투자, 소유주에 대한 분배, 포괄이익, 수익, 비용, 차익, 차손, 영업활동 · 투자활동 및 재무활동 현금흐름
재무제표 기본요소의 인식	인식이란 거래와 사건의 경제적 효과를 자산, 부채, 수익, 비용 등으로 재무제표에 계상하는 것을 말한다.
재무제표 기본요소의 측정	측정이란 재무제표의 기본요소에 대해 그 화폐금액을 결정하는 것을 말한다.

2. 재무보고의 의의와 목적

(1) 재무보고의 의의

재무보고(financial reporting)란 기업 외부의 다양한 이해관계자의 경제적 의사결정을 위해 경영자가 기업실체의 경제적 자원과 의무, 경영성과 등에 관한 재무정보를 제공하는 것을 말한다. 재무보고는 기업실체의 회계시스템에 근거한 재무제표(financial statements)에 의해 주로 이루어지나, 그 외의 수단에 의해서도 재무정보가 제공될 수 있다. 예를 들면, 경영자 분석 및 전망, 주주에 대한 서한, 사업보고서, 뉴스보도, 경영자 예측, 기업환경보고서 등이 이에 해당한다. 이러한 정보의 제공은 감독규정의 요구, 관습 또는 경영자의 자발적 판단에 의해 이루어진다.

(2) 재무보고의 목적

일반적인 재무보고의 목적은 투자 및 신용의사결정에 유용한 정보(useful information)를 제공하는 것이다. 투자 및 신용의사결정에 유용한 정보는 투자로부터의 미래 현금흐름 예측을 위해 기업실체의 미래 현금흐름을 예측하는 데 유용한 정보로 구체화될 수 있으며, 기업실체의 미래 현금흐름 예측을 위해서는 기업의 경제적 자원과 그에 대한 청구권, 그리고 경영성과 측정치를 포함한 청구권의 변동에 관한 정보가 제공되어야 한다.

1) 투자 및 신용의사결정에 유용한 정보의 제공

재무보고는 기업실체에 대한 현재 및 잠재 투자자와 채권자가 합리적인 투자의사결정과 신용의사결정을 하는 데 유용한 정보를 제공하여야 한다. 투자자와 채권자에게 유용한 정보는 사회 전체적인 자원배분의 효율성을 높이는 데 기여한다. 재무보고에 의해 제공되는 정보는 기업실체의 경제적 활동에 대해 어느 정도의 지식을 갖고 있는 투자자와 채권자라면 이해할 수 있는 정보이어야 한다. 그러나 일부 투자자 및 채권자에게 이해되기 어렵다거나 이용되지 않는다는 이유로 의사결정에 적합한 정보가 누락되어서는 아니된다.

2) 미래 현금흐름 예측에 유용한 정보의 제공

재무보고는 현재 및 잠재 투자자와 채권자가 합리적 의사결정을 하기 위해서 투자 또는 자금대여 등에서 기대되는 미래 현금유입을 예측하는 데 유용한 정보를 제공하여야 한다. 이러한 미래 현금유입은 미래의 배당 또는 이자와 미래의 주식매각가액 또는 채권의 만기가액 등이다. 그러므로 재무보고는 투자 또는 자금대여 등으로부터 받게 될 미래 현금의 크기, 시기 및 불확실성을 평가하는 데 유용한 정보를 제공하여야 한다. 또한 그러한 미래 현금유입은 기업실체의 미래 현금창출능력에 의존하게 되므로, 재무보고는 당해 기업실체에 유입될 미래 순현금흐름의 크기, 시기 및 불확실성을 평가하는데 유용한 정보를 제공하여야 한다.

3) 재무상태, 경영성과, 현금흐름 및 자본변동에 관한 정보의 제공

투자자와 채권자는 투자 또는 자금대여 등으로부터의 미래 현금유입을 예측하거나 기업실체의 미래 순현금흐름을 예측하기 위해서 다양한 재무정보를 필요로 한다. 그러므로 재무보고는 기업실체가 보유하고 있는 경제적 자원과 그 자원에 대한 청구권, 그리고 경영성과 측정치를 포함하여 그러한 청구권의 변동에 관한 정보와 현금흐름 정보를 제공하여야 한다. 즉, 재무보고는 기업실체의 재무상태, 경영성과, 현금흐름 및 자본변동에 관한 정보를 제공하여야 한다.

4) 경영자의 수탁책임 평가에 유용한 정보의 제공

경영자는 소유주로부터 위탁받은 자원을 보전하고 이를 효율적으로 운용할 책임이 있으며, 재무제표는 경영자의 수탁책임의 이행 등을 평가할 수 있는 정보를 제공한다. 기업이 상장된 경우, 경영자는 현재의 주주뿐만 아니라 미래의 주주와 일반대중에 대하여도 수탁책임을 지게 된다. 또한, 기업과 경영자에게 사회적 문제에 대한 특정한 또는 광범위한 책임이 요구되기도 한다. 예를 들어, 심각한 환경문제에 따른 환경 개선에 대한 사회적 요구는 기업과 경영자에게 자연환경에 대한 새로운 책임을 부가할 수 있으며, 이 경우 경영자는 기업의 환경영향을 측정하고 환경개선을 위한 기업의 활동과 성과를 평가·보고하여야 할 것이다.

3. 재무제표의 기본가정

재무제표는 기업의 외부정보이용자에게 재무제표를 제공하는 가장 대표적인 수단이 된다. 이러한 재무제표를 작성할 때 전제되는 몇 가지 가정이 있는데, 이를 재무제표의 기본가정(basic assumption) 또는 회계공준(會計公準, accounting postulates)이라고 한다. 재무제표의 기본가정으로 기업실체, 계속기업, 기간별 보고와 발생기준 등이 있다.

재무제표 작성에 사용되는 기본가정을 이해함으로써 외부정보이용자가 재무제표에 나타난 정보를 해석하는 데 도움이 될 수 있다.

(1) 기업실체

기업실체(企業實體, business entity)의 가정은 기업이 소유주로부터 독립된 실체라는 것이다. 즉 회계의 관찰대상 또는 재무제표의 보고대상은 기업에 국한되며 소유주와는 관련이 없다는 가정이다. 따라서 재무상태표에 나타나는 자산과 부채는 기업실체의 자산과 부채이지 소유주의 것이 아니며, 대신에 소유주는 기업의 자산에 대한 청구권을 가지고 있을 뿐이다.

기업실체 개념은 법적 실체와 반드시 일치하는 것은 아니다. 모회사와 자회사가 법적으로는 별개의 실체이지만 모회사가 자회사를 실질적으로 지배하고 있을 경우 이 둘은 하나의 실체를 이룬다고 간주하여 연결재무제표(聯結財務諸表, consolidated financial statements)를 작성하도록 하는 것이 그 예이다.

(2) 계속기업

계속기업(繼續企業, going concern)의 가정은 기업실체가 그 목적과 의무를 이행하기에 충분할 정도로 장기간 존속한다는 것이다. 즉 기업실체가 경영활동을 청사하거나 중대하게 축소시킬 의도나 상황과 같은 확실한 반증이 있는 경우를 제외하고는 계속적으로 기업이 존속한다고 가정하여 재무제표가 작성된다는 것이다. 자산을 역사적원가로 평가하거나, 개발비를 자산으로 인식할 수 있는 것 등은 바로 계속기업을 전제로 하기 때문에 가능하다.

만약 기업이 청산을 전제로 한다면 계속기업을 가정한 회계기준과는 다른 기준을 적용하여 재무제표를 작성하여야 할 것이다. 이 경우 자산의 평가는 역사적원가가 아닌 청산가치로 이루어져야 할 것이며, 역사적 원가에 의한 유형자산을 상각하거나 자산과 부채를 유동과 비유동으로 구분하는 것 등도 의미가 없어지게 된다.

(3) 기간별 보고

기간별 보고(periodic reporting)의 가정은 기업실체의 존속기간을 일정한 기간단위로 분할하여 각 기간별로 재무제표를 작성한다는 것이다. 계속기업의 가정하에서는 기업실체가 계속적으로 경영활동을 하는 것을 전제로 하므로 수시로 의사결정을 해야 하는 이해관계자에게 적시성 있는 회계정보를 제공하기 위해서 기간별 보고의 필요성이 있다. 이때 인위적으로 설정한 기간을 회계기간(accounting period) 또는 회계연도(fiscal year)라고 하며, 그 기간은 보통 1년이다. 한 회계기간이 시작되는 날을 기초라 하고, 끝나는 날을 기말이라고 하며, 기말을 특히 결산일(closing date of fiscal year) 또는 보고기간종료일(end of the reporting period)이라고도 부른다. 그리고 현재의 회계기간을 당기, 지난 회계기간을 전기, 다음 회계기간을 차기로 구분한다.

재무제표를 기간별로 작성하고 보고하기 때문에 회계정보의 기간별 비교가능성이 강조되고, 이에 따라 발생주의에 의한 기간별 손익의 인식이 중요성을 더 하게 한다. 뿐만 아니라 감가상각비를 기간별로 배분하고 매출을 인식한 해에 대손상각비를 미리 추산하는 등 재무회계상의 수많은 문제들이 바로 이 기간별 보고와 관련되어 대두된다.

(4) 발생기준

발생기준(accrual basis)의 가정은 현금의 수취나 지급이 이루어진 기간에 거래를 인식하지 아니하고, 발생한 기간에 인식하며 그 기간의 장부에 기록하고 재무제표에 표시한다는 것이다. 수익과 비용이 실제로 발생한 기간과 현금의 유입과 유출이 이루어진 기간은 서로 다른 경우가 많다. 그런데 만약 계속기업과 기간별 보고의 가정하에서 현금의 유입과 유출을 기준으로 거래를 인식하게 된다면 수익과 비용 간의 인과관계(relation between cause and effect)가 무시됨으로써 기간별 경영성과가 왜곡 보고되는 결과를 초래하게 된다.

그러므로 수익과 비용의 합리적인 기간별 배분을 통해 정보이용자의 의사결정에 가장 유용한 형태의 정보를 제공할 수 있도록 재무제표를 발생기준으로 작성해야 한다는 것이다. 발생기준을 적용하여 작성한 재무제표는 이미 현금의 수지를 수반한 과거의 거래뿐만 아니라 미래의 현금의 수취가 기대되는 자원에 대한 정보와 현금을 지급해야 하는 의무에 대해서도 정보를 제공하게 된다. 발생기준에 의한 회계처리는 실현기준에 의한 수익 · 인식과 수익비용 대응의 원칙으로 구체화되는데 자세한 설명은 다음 절에서 하기로 한다.

4. 회계정보의 질적특성

재무보고의 목적이 달성되기 위해서는 재무제표에 의해 제공되는 정보가 정보이용자들의 의사 결정에 유용하여야 한다. 회계정보의 질적 특성이란 회계정보가 유용하기 위해 갖추어야 할 주요 속성을 말하며, 회계정보의 유용성의 판단기준이 된다. 이는 회계기준제정기구가 회계기준을 제정 또는 개정할 때 대체적 회계처리방법들을 비교 · 평가할 수 있는 판단기준이 된다. 또한 회계정보의 질적 특성은 경영자와 감사인이 회계정책을 선택 또는 평가하거나, 회계정보 이용자가 기업 실체가 사용한 회계처리방법의 적절성 여부를 평가할 때 판단기준을 제공한다.

주요 질적 특성은 목적적합성과 신뢰성이다. 질적 특성중의 하나인 비교가능성은 목적적합성과 신뢰성을 갖춘 정보가 기업실체간에 비교가능하거나 또는 기간별 비교가 가능할 경우 제고될 수 있다. 질적 특성은 비용과 효익, 그리고 중요성의 제약요인 하에서 고려되어야 한다. 회계정보의 유용성은 궁극적으로 정보이용자에 의해서 판단되며, 회계기준제정기구는 정보이용자의 정보이해능력과 재무제표 작성자의 부담을 동시에 고려하여 다양한 정보이용자에게 유용한 정보가 제공될 수 있도록 회계기준을 제정하여야 한다.

〈표 1-8〉 회계정보기준의 계층도

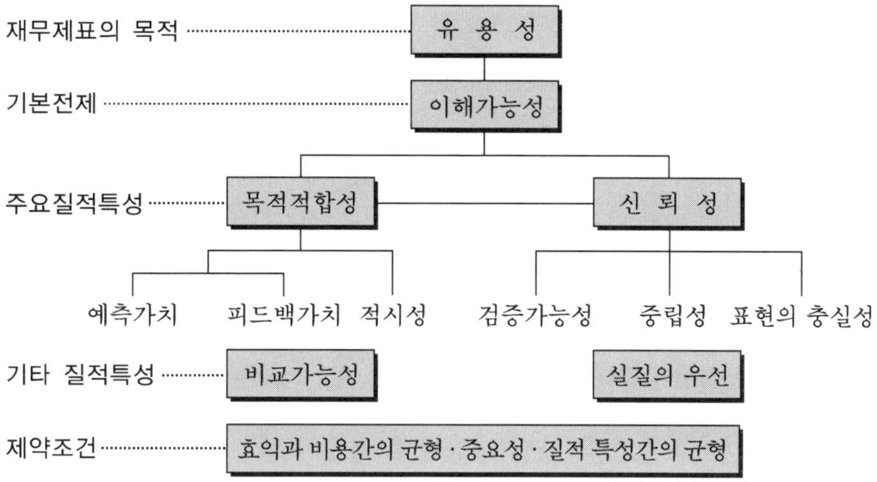

(1) 주요 질적특성과 구성요소

1) 목적적합성(relevance)

정보가 유용하게 활용되기 위해서는 이용자의 의사결정에 목적적합해야 한다. 목적적합한 정보란 의사결정 시점에서 과거 및 현재 사건의 평가 또는 미래 사건의 결과예측에 도움을 주거나, 과거의 평가를 확인 또는 수정함으로써 이용자의 경제적 의사결정에 영향을 미치는 정보를 말한다. 재무제표 정보의 질적특성으로서 목적적합성은 의사결정에 유용한 예측 · 피드백가치를 가지고 적시에 제공될 때 유효하게 확보될 수 있다.

① 예측가치와 피드백가치

목적적합한 정보는 미래에 대한 예측능력을 제고시켜 정보이용자의 의사결정에 영향을 미칠 수 있는 예측가치나 과거의 기대치를 확인 또는 수정함으로써 정보이용자의 의사결정에 영향을 미칠 수 있는 피드백가치가 있어야 하는데, 이러한 정보의 예측가치와 피드백가치는 상호관련이 있다. 예를 들어 기업이 현재 보유하고 있는 자산가액과 그 구성에 관한 정보는 기업의 기회활용능력과 위기대응능력을 예측하는데 유용한 정보인 동시에 기업의 구조나 경영활동의 성과 등에 관한 과거의 예측치를 확인하여 준다.

② 적시성

목적적합한 정보는 정보의 적시성을 전제로 한다. 즉 의사결정시점에서 필요한 정보가 제공되지 않는다면 동 정보는 의사결정에 이용될 수 없고 따라서 목적적합성을 상실한다. 이는 적시성 그 자체가 정보를 목적적합하게 하는 것은 아니지만 적시성 없이는 목적적합성을 논할 수 없음을 의미한다. 그러나 적시성 있는 정보를 제공하기 위해서는 신뢰성을 희생해야 하는 경우가 있으므로 경영자는 정보의 적시성과 신뢰성간의 균형을 고려하여야 한다. 예를 들어 정보를 적시에 제공하기 위해서는 거래나 사건의 모든 내용이 확정되기 전에 보고해야 할 필요가 있다. 이 경우 정보의 목적적합성은 향상되나 신뢰성은 저하된다. 반대로 모든 내용이 확정될 때까지 보고가 지연될 경우 정보의 신뢰성은 제고될 수 있으나 그 보고시점 이전에 의사결정을 해야 하는 이용자에게는 이미 목적적합성을 상실하여 유용하지 않은 정보가 될 것이다. 따라서 목적적합성과 신뢰성간의 선택은 이용자의 경제적 의사결정 요구를 최대한 충족시킬 수 있는 방향으로 이루어져야 한다.

2) 신뢰성(reliability)

정보가 유용하게 활용되기 위해서는 신뢰할 수 있어야 한다. 신뢰성 있는 정보란 그 정보에 중대한 오류나 편의가 없고 객관적으로 검증가능하며 그 나타내고자 하는 바를 충실하게 표현하고 있다고 이용자가 믿을 수 있는 정보를 의미한다.

① 표현의 충실성

정보가 신뢰성을 갖기 위해서는 그 정보가 나타내고자 하거나 나타낼 것으로 기대되는 거래나 사건을 사실대로 충실하게 표현하여야 한다. 즉 표현의 충실성이란 측정치인 정보와 측정대상인 거래나 사전이 일치하는 정도를 나타내는 정보의 질적특성이다. 예를 들어 재무상태표는 재무상태표일 현재 인식기준을 충족시키는 기업의 자산, 부채 및 자본을 구성하는 거래나 사건을 충실하게 표현해야 한다.

② 중립성

정보가 신뢰성을 갖기 위해서는 편의없이 중립적이어야 한다. 미리 의도된 결과나 성과를 유도할 목적으로 재무제표상에 특정 정보를 선택하여 표시함으로써 정보이용자의 의사결정이나 판단에 영향을 미친다면 그 재무제표는 중립적이라 할 수 없다. 또한 회계정보는 효율적인 자원배분을 유도할 수 있어야 하므로 회계정보를 이용함으로써 발행되는 경제적 효과가 특정 이용자에게 편향되어지는 회계정보를 제공하는 회계기준은 중립적이라 할 수 없다. 따라서 회계정보의 중립성이란 측정방법의 편의를 감소시킬 뿐만 아니라 회계기준 자체의 신뢰성을 유지하기 위한 중요한 질적특성이다.

③ 검증가능성

특정 회계정보가 신뢰성을 갖기 위해서는 객관적으로 검증가능하여야 하며 이는 동일한 경제적 사건이나 거래에 대하여 동일한 측정방법을 적용할 경우 다수의 서로 다른 측정자들이 유사한 결론에 도달할 수 있어야 함을 의미한다. 이러한 회계정보의 특성은 측정방법의 편의보다는 측정자의 편의를 감소시킴으로써 향상시킬 수 있다. 예를 들어 회계정보가 독립된 감사인에 의해 검증되면 회계정보 이용자는 이러한 정보를 보다 신뢰할 수 있을 것이다. 왜냐하면 경영자는 자신의 이익을 위해 회계정보를 조작하려는 측정자편의를 가질 수 있지만 일반적으로 독립된 감사인은 이러한 측정자편의가 적기 때문이다.

(2) 기타 질적특성

1) 비교가능성(comparability)

유사한 회계정보를 서로 다른 기간 혹은 서로 다른 기업간에 비교할 수 있는 정보의 속성을 의미하며, 동일기업의 기간별 비교가능성과 다른 기업간의 기업간 비교가능성으로 구분된다.

① 기간별 비교가능성

한 회사가 일정한 종류의 회계사건에 대하여 계속 같은 회계처리방법을 이용할 때 회계기준의 적용에 일관성이 있으며, 이에 따라 기간별 비교가능성이 제고된다.

② 기업간 비교가능성

상이한 회사들의 회계처리방법이 유사할 때 회계정보의 기업간 비교가능성이 제고된다. 특히, 이종산업보다는 동종산업의 업체들간에는 비교가능성이 비교적 중요한 속성으로 요구된다.

2) 실질의 우선

재무제표 정보가 목적적합하고 신뢰할 수 있기 위해서는 재무제표 작성시 거래나 사건을 형식보다는 경제적 실질에 따라 회계처리하고 보고하여야 한다. 거래나 사건의 경제적 실질은 법적 형식이나 외관상 드러나는 형식과 항상 일치하지는 않는다. 예를 들어 기업이 자산을 이전하면서 서류상으로는 자산의 법적 소유권을 양도하지만 그 자산에 내재된 미래의 경제적 효익을 계속적으로 당해 기업이 향유한다는 계약을 할 수 있다. 이 경우 법적 소유권은 이전되었지만 경제적 실질면에서는 자산의 매각이라 볼 수 없으므로 당해 거래를 경제적 실질에 따라 충실히 표현하기 위해서는 자산의 매각으로 보고해서는 안 된다.

(3) 재무제표 정보의 제약요인

유용한 정보가 되기 위해서 갖추어야 할 회계정보의 질적특성을 충족시킴에 있어 발생하는 중요 제약조건으로는 효익과 비용간의 균형, 중요성, 질적특성간의 균형이 있다.

1) 효익(benefit)과 비용(cost)간의 균형

회계정보도 다른 상품과 마찬가지로 정보를 사용함으로써 얻는 효익이 이를 생산, 전달, 활용하는 데 소요되는 비용을 초과할 때만 상품으로서의 가치가 있다. 따라서 비용 · 효익관계는 회계기준 제정기관이 회계기준을 제정할 때와 개별 회계실체가 정보를 제공할 때 고려하여야 할 제약조건이 된다.

2) 중요성(materiality)

특성 정보가 제공되었을 경우와 제공되지 않았을 경우의 의사결정에 차이가 날 경우 그 정보는 중요한 정보로 간주된다. 따라서 합리적인 의사결정자의 판단에 영향을 미치지 않는다면 중요하지 않은 정보이므로 보고할 필요성이 없다고 할 수 있다.

3) 질적특성간의 균형

거래나 경제적 사건을 측정 · 보고함에 있어 정보의 질적특성간에 상충관계가 발생할 수 있다. 예를 들어 역사적 원가가 적용되는 경우 현행원가에 비하여 정보의 신뢰성은 제고되는 반면 목적적합성은 저하된다. 상충되는 질적특성간의 선택은 재무제표의 목적을 최대한 충족시킬 수 있는 방향으로 이루어져야 하며 질적특성간의 상대적 중요성은 획일적으로 결정되는 것이 아니라 각 특정상황에 따라 판단되어야 한다.

5. 재무제표의 기본요소

(1) 재무상태표의 기본요소

재무상태의 측정에 직접 관련되는 재무상태표의 구성요소는 자산, 부채 및 자본이다.

① 자산(asset)은 과거 거래나 사건의 결과로서 현재 기업실체에 의해 지배되고 미래에 경제적 효익을 창출할 것으로 기대되는 자원이다.

② 부채(liability)는 과거 거래나 사건의 결과로서 현재 기업실체가 부담하고 그 이행에 자원의 유출이 예상되는 의무이다.

③ 자본(equity)은 기업실체의 자산에서 부채를 차감한 잔여액 또는 순자산으로서 자산에 대한 잔여청구권이다.

1) 자산

기업의 자산은 과거의 거래나 사건으로부터 발생한다. 기업은 구매나 생산에 의하여 자산을 취득하는 것이 일반적이지만 주주나 정부의 증여 등 기타 방법으로도 자산을 취득할 수 있다. 자산이 과거의 거래나 사건의 결과라 함은 구매나 생산활동 등 자산을 취득하는 거래나 사건이 이미 발생하였음을 의미하는 것이므로 미래에 발생할 것으로 예상되는 거래나 사건만으로는 자산이 창출되지 않는다. 예를 들어 재고자산 등의 자산을 구입하고자 하는 의도만으로는 자산의 정의를 충족하지 못한다.

자산에 내재된 미래의 경제적 효익이란 직접 또는 간접적으로 특정 기업실체의 미래 현금흐름창출에 기여하는 잠재력을 말한다. 이 잠재력은 기업의 생산 및 판매 등의 활동을 통하여 현금흐름을 창출하거나, 현금으로 전환될 수도 있으며 현금유출액을 감소시킬 수도 있다.

일반적으로 자산은 고객의 요구를 충족시킬 수 있는 재화나 용역의 생산에 이용된다. 생산된 재화나 용역에 대하여 고객은 그 대가를 지급할 것이며 이로 인해 기업의 현금흐름이 창출된다. 또한 자산은 다른 자산과 교환 또는 부채의 결제에 사용되거나 소유주에 대한 분배에 사용될 수 있다. 현금은 그 자체로 다른 자산에 대한 구매력을 통하여 기업실체에 경제적 효익을 제공한다.

유형자산을 포함한 많은 자산이 물리적 형태를 가지고 있지만 물리적 형태가 자산의 본질적인 특성은 아니다. 예를 들어 물리적 형태가 없는 무형자산 항목이라도 특정 실체에 의하여 지배되고 그 실체에게 미래의 경제적 효익을 창출할 것으로 기대되는 경우 당해 항목은 자산의 정의를 충족할 수 있다.

2) 부채

기업실체의 부채는 과거의 거래나 사건으로부터 발생한다. 외상으로 재화를 구입하거나 용역을 제공받는 경우 매입채무가 발생하며 은행대출을 받는 경우에는 상환의무가 발생한다. 또한 기업실체가 연간 구매액에 따라 미래에 지급하여야 할 판매장려금을 부채로 인식할 경우 부채를 발생시키는 거래는 고객과의 과거 일년간의 판매거래이다.

의무란 특정 방법으로 실행하거나 수행할 책임을 말하는 것으로 이에는 계약이나 관계법령에 의하여 법적 강제력이 있는 의무와 상관습이나 관행 또는 거래상대방과 원활한 관계를 유지하기 위하여 발생하는 의무가 있다. 전자의 예로는 이미 제공된 재화와 용역에 대한 지급의무를 들 수 있으며, 후자의 예로는 하자보증기간이 경과한 후에 발생하는 제품하자에 대해서도 보증하기로 회사방침을 정한 경우 이미 판매된 제품에 대하여 하자보증기간이 경과한 후에 지출될 것으로 예상되는 금액 등을 들 수 있다.

일반적으로 의무는 기업실체가 자산을 이미 인수하였거나 자산을 취득하겠다는 취소불능계약을 체결할 때에 발생하며 미래 일정시점에서 자산을 취득한다는 결정이나 단순한 약정만으로는 부채의 정의를 충족시키지 못할 수 있다. 취소불능계약이라 함은 의무불이행의 경우 상당한 위약금을 지급해야 하는 등 거래상대방에 대한 자원의 유출을 피할 수 없는 계약을 말한다.

기업실체가 현재의 의무를 이행하기 위해서는 일반적으로 미래 경제적 효익의 희생을 수반한다. 현재의 의무는 주로 현금 또는 기타 자산의 이전, 용역의 제공, 다른 의무로의 대체 또는 자본으로의 전환 등의 방법으로 이행되나, 채권의 포기 또는 권리의 상실 등 기타의 방법에 의하여 소멸되기도 한다.

일반적으로 부채의 액면금액은 확정되어 있지만 퇴직급여충당금 등 그 측정에 추정을 요하는 경우도 있다. 금액의 추정 여부와는 상관없이 부채의 정의를 충족하는 한 동 항목은 부채이다.

3) 자본

자본은 자산에서 부채를 차감한 순자산(net asset)으로서 기업실체의 자산에 대한 소유주의 잔여청구권이다. 자본의 세분화는 지분의 분배나 잉여금 사용에 대한 법적제한이나 기타 사용목적을 표시함으로써 재무제표 이용자의 의사결정에 목적적합한 정보를 제공할 수 있으며 배당금 수령이나 자본환급과 관련하여 주주들간에 상이한 권리를 갖는 경우 이에 대한 정보를 제공할 수도 있다.

(2) 자본변동표의 기본요소

자본변동표는 일정 기간동안 발생한 자본의 변동에 대한 정보를 제공하며, 그러한 변동의 원천에는 소유주의 투자와 소유주에 대한 분배, 그리고 포괄이익이 포함된다.

1) 소유주의 투자

소유주의 투자는 기업실체에 대한 소유주로서 권리를 취득 또는 증가시키기 위해 기업실체에 경제적 가치가 있는 유·무형의 자원을 이전하는 것을 의미하며, 이에 따라 자본이 증가(증자)하게 된다. 소유주의 투자는 일반적으로 기업실체에 자산을 납입함으로써 이행되나 용역의 제공 또는 부채의 전환과 같은 형태로도 이루어질 수 있다. 기업실체는 소유주의 투자를 통해 영업활동에 필요한 자원을 제공받고, 동시에 소유주는 기업실체의 자산에 대한 청구권을 취득하게 된다.

2) 소유주에 대한 분배

소유주에 대한 분배는 기업실체가 소유주에게 자산을 이전하거나 용역을 제공하거나 또는 부채를 부담하는 형태로 이루어지며, 현금배당·자기주식의 취득·감자 등이 이에 속한다.

3) 포괄이익

소유주의 투자 및 소유주에 대한 분배 등 자본거래를 제외한 모든 원천에서 인식된 자본의 변동이 포함된다.

(3) 손익계산서의 기본요소

기업실체의 경영성과에 대한 재무정보를 제공하는 손익계산서의 기본요소는 포괄이익, 수익 및 비용이다.

1) 포괄이익

포괄이익은 기업실체가 일정기간 동안 소유주와의 자본거래를 제외한 모든 거래나 사건에서 인식한 자본의 변동을 말한다. 포괄이익은 수익의 합계에서 비용의 합계를 차감하여 측정하며, 이를 거래접근법에 의한 측정방법이라 한다. 그러나 적용되는 회계기준에 따라 포괄이익의 정의를 만족하는 특정 항목이 손익계산서상 당기순이익의 계산에 반영되지 않을 경우 회계기준에 의한 당기순이익과 포괄이익은 동일하지 않을 수 있다. 또한 포괄이익은 화폐자본유지에 근거한 투자이익의 개념이다. 기업실체가 일정기간 동안 자원을 투자해서 획득하게 되는 투자이익은 유지해야 할 자본을 화폐자본으로 측정하는지 또는 실물자본으로 측정하는지에 따라 달라진다. 화폐자본유지개념 하에서는 소유주와의 자본거래를 제외하고, 회계기간 말의 순자산 화폐액이 회계기간 초의 순자산 화폐액을 초과할 때 그 초과액을 투자이익으로 측정한다.

2) 수익(revenues)

수익이란 기업실체의 경영활동과 관련된 재화의 판매 또는 용역의 제공 등에 대한 대가로 인해 발생하는 자산의 유입 또는 부채의 감소이다. 수익은 기업실체의 경영활동의 결과로서 발생하였거나 발생할 현금유입액을 나타내며, 경영활동의 종류와 당해 수익이 인식되는 방법에 따라 매출액, 이자수익, 배당금수익 및 임대수익 등과 같이 다양하게 구분될 수 있다.

손익계산서의 정보유용성을 높이기 위해 포괄이익을 증가시키는 요소인 수익 중에서 차익을 분리하여 표시할 수도 있다. 차익이란 기업실체의 주요 경영활동을 제외한 부수적인 거래나 사건으로서 소유주의 투자가 아닌 거래나 사건의 결과로 발생하는 순자산의 증가로 정의된다.

3) 비용(expenses)

비용이란 기업실체의 경영활동과 관련된 재화의 판매 또는 용역의 제공 등에 따라 발생하는 자산의 유출이나 사용 또는 부채의 증가를 말한다. 비용은 기업실체의 경영활동의 결과로서 발생하였거나 발생할 현금유출액을 나타내며, 경영활동의 종류와 당해 비용이 인식되는 방법에 따라 매출원가, 급여, 감가상각비, 이자비용, 임차비용 등과 같이 다양하게 구분될 수 있다. 손익계산서의 정보유용성을 높이기 위해 포괄이익을 감소시키는 요소인 비용 중에서 차손을 분리하여 표시할 수도 있다. 여기서 차손이란 기업실체의 주요 경영활동을 제외한 부수적인 거래나 사건으로서 소유주에 대한 분배가 아닌 거래나 사건의 결과로 발생하는 순자산의 감소로 정의된다.

4) 차익과 차손의 구분표시

차익과 차손을 수익과 비용으로부터 분리하는가의 여부는 기업실체의 순자산에 아무런 영향을 주지 않지만, 차익과 차손을 구분하여 표시하게 되면 이익의 발생 원천에 대해 보다 유용한 정보를 제공할 수 있다는 판단에 따라 현재까지 회계실무에서는 차익과 차손을 손익계산서에서 구분하여 표시하고 있다. 차익과 차손은 일반적으로 그 발생원천에 따라 몇 가지 유형으로 구분된다. 차익과 차손의 일부 항목들은 그 거래에서의 유입액과 희생액을 비교한 순액으로 측정된다. 사채상환차손익과 같이 부채의 상환에서도 차익 또는 차손이 발생할 수 있다. 다른 유형의 차익과 차손으로는 보유 자산 및 부채에 대한 가격변동으로 발생하는 재고자산평가차손, 유가증권평가차손익, 외환차손익, 외화환산차손익 등이 있다. 또한, 일부 차익과 차손 항목들은 당해 기업실체와 다른 실체간의 일방적 거래에서 발생하기도 하며, 예를 들어 자산수증이익, 채무면제이익, 기부금 등이 그러한 항목에 속한다. 또한 재해손실과 같이 환경적 요인에 의해 차손이 발생할 수도 있다.

(4) 현금흐름표의 기본요소

기업실체의 현금흐름에 대한 정보를 제공하는 현금흐름표의 기본요소는 영업활동 현금흐름, 투자활동 현금흐름 및 재무활동 현금흐름이다.

1) 영업활동에 의한 현금흐름

영업활동 현금흐름은 사업활동의 지속, 차입금 상환, 배당금 지급 및 신규투자 등에 필요한 현금을 외부로부터 조달하지 않고 제품의 생산과 판매활동, 상품과 용역의 구매와 판매활동 및 관리활동 등 자체적인 영업활동으로부터 얼마나 창출하였는지에 대한 정보를 제공한다.

2) 투자활동에 의한 현금흐름

투자활동 현금흐름은 미래 영업현금흐름을 창출할 자원의 확보와 처분에 관련된 현금흐름에 대한 정보를 제공한다. 투자활동은 투자부동산, 비유동자산에 속하는 지분증권, 유형자산 및 무형자산의 취득과 처분활동 등을 포함한다.

3) 재무활동에 의한 현금흐름

재무활동 현금흐름은 주주·채권자 등이 미래현금흐름에 대한 청구권을 예측하는데 유용한 정보를 제공하며, 영업활동 및 투자활동의 결과 창출된 잉여현금흐름이 어떻게 배분되었는지를 나타내 준다. 재무활동은 현금의 차입과 상환 및 금융비용 지급, 신주발행과 배당금의 지급, 재무자산의 취득과 처분, 재무자산의 보유수익에 따른 현금유입 등을 포함한다. 금융비용 지급은 일상적인 영업활동에 수반되어 빈번히 발생하는 경우도 있으므로 영업활동으로 분류하기도 하나 자금의 차입 등 기업의 재무활동과 더 직접적인 관련이 있다고 볼 수 있다.

6. 재무제표 기본요소의 인식

인식(recognition)이라 함은 특정 거래 또는 경제적 사건을 화폐액으로 측정하고 이를 자산, 부채, 자본, 수익, 비용 등으로 구분하여 재무제표에 계상하는 것을 말한다.

재무제표 구성요소의 인식은 일반적으로 발생주의 원칙(accrual basis)에 따른다. 발생주의란 거래나 사건의 경제적 효과를 현금의 수취·지급시점이 아닌 그 발생시점에서 인식하는 것을 말한다. 발생주의 원칙에 따라 작성된 재무제표는 수익과 이에 관련된 비용을 같은 회계기간에 인식하도록 하며, 또한 과거의 현금 유입·유출 거래뿐 아니라 미래의 현금지출의무나 미래의 현금유입을 창출할 자원에 관한 정보를 제공하기 때문에 재무제표 이용자의 경제적 의사결정에 보다 유용한 정보를 제공할 것으로 기대된다.

(1) 자산의 인식

자산은 당해 자산에 내재된 미래의 경제적 효익이 기업실체에 유입될 가능성이 매우 높고 또한 측정기준에 의한 가액이 신뢰성 있게 측정될 수 있을 때 재무상태표에 인식된다.

특정 거래로 인한 지출이 발생하였을 때 그와 관련된 미래 경제적 효익의 발생가능성이 낮은 경우에는 당해 지출은 자산으로 인식되지 않고 비용으로 인식되어야 한다.

(2) 부채의 인식

기업실체가 현재 부담하는 의무를 미래에 이행할 때 당해 실체로부터 경제적 효익이 유출될 가능성이 매우 높고 또한 그 금액을 신뢰성 있게 측정할 수 있으면 그러한 의무는 부채로 인식한다. 일반적으로 미이행계약은 재무제표상 부채로 인식되지 않으나 법적 강제력이 보장되고 계약불이행시 위약금 등 불이익이 발생하는 경우 이러한 의무가 부채의 정의에 부합하고 특정

상황하에서 인식기준을 충족하는 경우에는 이는 재무상태표상 부채로 인식된다.

(3) 수익 및 이득의 인식

1) 실현기준

수익과 이득은 실현되었거나(realized) 또는 실현가능한(realizable) 시점에서 인식된다. 수익 및 이득은 제품, 상품 또는 기타 자산이 현금 또는 현금청구권과 교환되는 시점에서 실현된다. 수익 및 이득이 실현가능하다 함은 수익과 이득의 발생과정에서 수취 또는 보유한 자산이 일정액의 현금 또는 현금청구권으로 즉시 전화될 수 있음을 의미한다.

2) 가득기준

수익은 그 가득과정이 완료되어야 인식된다. 기업의 수익가득활동은 주요영업활동을 구성하는 재화의 생산 또는 인도, 용역의 제공 등을 수반하며 이러한 활동에 대한 경제적 효익을 누릴 권리를 주장하기에 충분한 정보의 의무를 수행했을 때 당해 수익은 가득된 것으로 본다.

(4) 비용 및 손실의 인식

한 회계기간 중에 발생한 경제적 효익의 소비는 그 발생시점에서 즉시 비용으로 인식되거나 그 소비의 결과로서 발생하는 수익이 인식되는 시점에서 인식된다.

1) 직접대응

재화를 생산하기 위하여 소요되는 매출원가는 당해 재화의 판매로부터 얻는 수익, 즉 매출액이 인식되는 시점에 비용으로 인식된다. 즉 동일한 거래나 사건과 직접적으로 결부되어 발생하는 수익과 비용은 동일한 회계기간에 인식된다.

2) 발생 즉시 인식

취득과 동시에 또는 취득 후 즉시 소비되는 재화 및 용역의 취득과 관련하여 발생하는 판매비와 관리비 등의 비용은 현금이 지출되거나 부채가 발생하는 회계기간에 인식된다.

3) 합리적이고 체계적인 방법에 의한 기간배분

유형자산, 무형자산 등 상각대상자산을 사용함에 따라 발생하는 감가상각비와 여러 회계기간에 걸쳐 소비되는 보험료 등과 같은 비용은 체계적이고 합리적인 배분절차에 따라 당해 비용으로부터 효익이 기대되는 여러 기간에 걸쳐 인식된다.

7. 재무제표 구성요소의 측정

(1) 측정의 의의

측정이란 재무상태표 및 손익계산서에 인식될 재무제표 구성요소의 금액을 결정하는 과정으로 특정 측정기준의 선택까지 포함한다.

(2) 측정기준의 종류

재무제표 구성요소의 측정에는 당해 항목의 성격과 그 측정치의 목적적합성 및 신뢰성 정도에 따라 다음과 같이 대체적 측정기준이 사용될 수 있다.

1) 취득원가(historical cost)와 역사적 현금수취액(historical proceeds)

자산은 그 취득의 대가로 지급한 현금 또는 기타 지급대가의 공정가치로 측정된다. 유·무형자산의 경우 감가상각 등에 따라 당해 자산의 취득원가는 조정되어 측정된다. 재화 또는 용역을 제공해야 하는 의무로서의 부채는 그 의무의 대가로 수취한 현금 또는 현금등가액으로 측정한다.

2) 현행원가(current cost)

자산은 동일 또는 유사한 자산을 현재시점에서 취득할 경우에 지급하여야 할 현금이나 현금등가액으로 측정된다.

3) 현행시장가치(current market value)

자산은 현재의 정상적 처분거래에서 수취될 수 있는 현금이나 현금등가액으로 측정된다.

4) 순실현가능가치(net realizable value)와 상환가액(settlement value)

자산은 정상적인 경영활동과정에서 미래에 당해 자산이 현금 또는 현금등가액으로 직접 전환될 때 수취할 것으로 예상되는 금액에서 그러한 전환에 직접 소요될 비용을 차감한 가액으로 측정된다. 부채는 정상적인 경영활동과정에서 미래에 당해 부채가 상환될 때 지급되어야 할 현금 또는 현금등가액에 그러한 상환에 직접 소요될 비용을 가산한 가액으로 측정된다. 순실현가능치와 상환가액은 미래의 예상되는 수취·지급액을 재무제표 작성시점의 현재가치로 환산하지 않은 금액이다.

5) 현재가치(present value)

자산은 정상적인 경영활동과정에서 당해 자산으로부터 발생될 것으로 예상되는 미래 순현금유입액을 일정한 할인율로 할인한 현재가치로 측정된다. 부채는 정상적인 경영활동과정에서 당해 부채를 상환할 때 필요한 미래 순현금유출액을 일정한 할인율로 할인한 현재가치로 측정된다.

(3) 재무제표에 이용되는 측정기준

현재 재무제표 작성시 자산의 측정기준으로서 취득원가가 널리 사용되고 있으나, 항목에 따라서는 다른 측정기준이 사용되기도 한다. 예를 들어 단기매매금융자산과 시장성있는 매도가능금융자산의 경우에는 현행시장가치로 측정되며, 단기채권과 일부 재고자산의 경우에는 순실현가능가치로 측정되고, 장기채권의 경우에는 현재가치로 측정된다. 부채의 경우에도 현재 여러 측정기준이 사용되고 있다. 단기부채의 경우 일반적으로 상환가액에 의해 측정되나, 장기부채는 일반적으로 현재가치에 의해 측정되고 있다.

기업회계기준에서 채택되고 있는 다양한 측정기준은 미래에도 계속 사용되어야 한다. 그러나 재무제표정보의 유용성에 관한 연구가 향후에 더욱 진전되어 새로운 실정적 증거가 확보된다면 자산·부채 항목에 따라서는 현행의 측정기준이 변경될 수도 있다.

제6절 회계원칙

1. 회계원칙의 의의

회계원칙(accounting principles)이란 회계 실무자가 회계행위를 수행함에 있어서 준수하지 않으면 안 되는 행위의 지침으로써 기업의 회계실무를 이끌어 가는 지도원리가 되는 것이다.

재무회계의 기본적인 목적은 외부의 이해관계자에게 올바른 의사결정을 하도록 회계정보를 제공하고 있는데 이러한 회계정보가 일정한 기준에 의하여 작성되지 않으면 불편과 오해가 생기기 쉽다. 따라서 회계목적을 올바로 달성하기 위하여 회계기준 또는 회계원칙이 필요하게 된다.

회계원칙 또는 회계기준은 기업이 재무제표를 작성하는데 준거해야 할 기준을 표시한 것이며, 동시에 이것은 기업외부의 독립된 제 3자로서의 감사인 특히 공인회계사(Certified Public

Accountants : CPA)가 감사할 경우 판단의 기준이 된다.

2. 회계원칙의 특성

회계원칙은 회계담당자가 거래를 기록하고 재무제표를 작성하는 데 있어서 반드시 준수해야 할 지침이지만, 사회에 있어서 기업의 회계실무를 이끌어가는 지도원리로서 회계이론을 종합적으로 집약하여 체계화한 것이다. 회계원칙의 성격을 살펴보면 다음과 같다.

① 회계원칙은 기업의 회계실무를 이끌어 가는 지도원리로서 회계이론과 회계실무를 종합적으로 집약하여 체계화한 것이다.

② 회계원칙은 기업이 회계행위를 수행할 때 준수하지 않으면 아니될 회계실무의 행위지침이다.

③ 회계원칙은 회계가 지향하는 목표를 충실히 수행할 수 있도록 하는 행위의 지침으로서 타당성을 갖는다.

④ 회계원칙은 경제사회의 요청에 따라, 사회발전에 따라, 시대적 요청에 따라 달라져야 한다.

⑤ 회계원칙은 회계의 방향을 나타내는 회계목적과 회계환경에서 도출한 회계공준으로부터 논리적으로 체계화되어야 한다.

3. 회계원칙의 유형

회계원칙의 유형에도 여러 가지가 있을 수 있으나 그 중에도 대표적인 것은 연역적 회계원칙과 귀납적 회계원칙이다.

회계원칙을 회계실무의 기저에 흐르는 기본원리를 충실히 기술하여 이를 체계화함과 아울러 논리적으로 수미일관성을 갖도록 체계화한 기술적 회계원칙(또는 귀납적)이고, 다른 하나는 현실적인 회계실무와는 관계없이 어떤 특정의 목적을 달성하기 위한 이상적인 것을 연역적으로 체계화한 규범적 회계원칙(또는 연역적)이다.

(1) 귀납적 회계원칙(기술적 회계원칙)

회계현상에 대한 경험적인 관찰에 입각한 기술성내지 존재성을 강조한 회계원칙을 말한다.

기술적 성격을 갖는 회계원칙은 회계실무로부터 발달해 온 것을 일정한 회계원칙의 설정목적에 비추어 공정타당하다고 인정되는 바를 선택하여 체계화한 것이다. 그러므로 귀납적 방법을 통하여 얻어지는 기술적 회계원칙은 일정시점에 있어서, 기업의 회계처리 행위나 보고 행위를 지도하고, 또 회계감사시에는 이 원칙을 따르게 된다.

(2) 연역적 회계원칙(규범적 회계원칙)

규범적 사고에 입각한 연역성 내지 당위성을 강조한 회계원칙을 뜻한다.

규범적 성격을 갖는 회계원칙은 회계가 궁극적으로 지향하는 목표를 달성하기 위해 이상적인 내용을 갖춘 원칙이다. 규범적 회계원칙은 회계관습으로부터 발달한 회계실무로부터 도출하기보다는 연역적 추론에 의한 논리의 체계화를 거쳐 얻어야 한다. 따라서 규범적 회계원칙은 회계목적→ 회계공준→ 회계실무를 거치는 연역적 추론과정을 통하여 형성된다.

4. 일반적으로 인정된 회계원칙

일반적으로 인정된 회계원칙(Generally Accepted Accounting Principles: GAAP)이란 일반적으로 받아들여지고 있는 회계기준으로서, 광범위한 연구조사와 해당전문가의 의견을 종합하고, 회계규정 등에 의하여 일반적 지침으로 준수될 것이 요구되는 것이다.

회계기준 또는 회계원칙이 광범위한 개념인데 비하여 GAAP는 회계규정 자체 구체적인 회계실무지침, 또는 실무로부터 발전되어 인정된 회계원칙으로는 기업회계기준을 들고 있다.

GAAP는 원래 회계실무에서 관습적으로 발달한 회계관습으로부터 생성된 것이다. 오늘날에는 회계실무로부터 회계관습을 일반화하는 방법인 귀납적(inductive approach) 회계기준과 회계목적으로부터 규범적이고 논리 정연한 회계기준을 유도하는 연역적(deductive approach) 회계기준을 적절히 조화시켜 GAAP를 정립하고 있다.

GAAP의 정립기구로 우리나라의 경우 재정경제부 산하의 증권관리위원회(회계제도자문위원회가 실질적 업무를 담당)이고 미국의 경우 재무회계기준심의회(FASB)며 일본의 경우 대장성 기업회계심의회이다. 우리나라는 주식회사의 외부감사에 관한 법률에 의하여 재경부 즉, 정부가 기업회계기준 제정의 주도권을 갖고 있으나, 미국의 경우에는 민간기구인 재무회계기준심의회(Financial Accounting Standards Board : FASB)가 주도권을 갖고 있다.

5. 우리나라의 일반적으로 인정된 회계원칙과 외부감사제도

(1) 우리나라의 일반적으로 인정된 회계원칙

세계의 어느 나라에서도 어떤 행위를 하기 위해서는 법률에 구속을 받는다. 법률이란 사람과 사람간의 약속으로, 이는 국회에서 만들어지고, 법률에 의해 하위 시행령, 시행규칙, 예규, 고시, 규칙 등이 만들어지게 된다.

우리가 배우려고 하는 기업회계도 법률에 기초하고 있고, 법률에 의해 위임된 사항을 여러 방법에 의해 제정・개정・고시되고 있다.

우리나라의 기업회계에 관한 근거법률은 "주식회사의 외부감사에 관한 법률" 제13조의 기업회계처리의 기준을 들 수 있다. 이 법에 따라 우리나라의 기업회계기준을 제정하고 있으며, 금융위원회로부터 회계기준의 제정 및 개정업무를 위임받은 한국회계기준원(KAI : Korea Accounting Institute)과 한국회계기준위원회(KASB : Korean Accounting Standard Board)에서 제정・개정의 일을 수행하고 있다. 그리고 현재 우리나라의 회계기준 제정・개정체계를 보면 2011년부터 모든 상장기업이 한국채택국제회계기준(K-IFRS)을 적용하기로 함에 따라 우리나라 회계기준은 상장법인이 강제적으로 채택하여야 하는 한국채택국제회계기준(2007년 11월 23일 제정)과 비상장기업이 채택할 수 있는 일반기업회계기준(2009년 11월 27일 제정 2009년 12월 30일 공포)으로 구분하고 있으며 현행의 기업회계기준서는 한국채택국제회계기준과 일반기업회계기준이 전면적으로 시행될 때까지 효력이 유지되는 것으로 되어 있다.

본서에서는 2009년부터 조기적용 가능하며 2011년부터는 모든 상장기업과 코스닥기업이 반드시 수용해야 하는 한국채택국제회계기준(Korean IFRSs)에 따른 재무제표를 작성하기 위한 회계원리를 설명한다. 한국채택국제회계기준은 상장회사 이외의 회사에 적용되는 비상장기업회계기준(Korean GAAP)과 상당 부분 일치하고 있으나, 여러 곳에서 매우 중요한 결정적인 차이점이 존재한다. 우리나라 회계투명성에 대한 국제적 신인도를 제고하고 외국기업과의 재무제표간 비교가능성을 높이기 위해 채택된 국제회계기준은 글로벌화된 금융시장에서 우리의 자본 흐름을 촉진시키고 나아가 양질의 정보제공에 따른 한국 기업과 금융산업의 세계화를 진흥시키는 계기가 될 수 있을 것이다.

(2) 회계관습

회계관습(accounting convention)은 오랫동안 회계실무에서 지켜져 내려오는 전통으로 지켜 가고 있는 인습적인 규칙으로서 실무적 편의를 위하여 다수의 지지에 의하여 존중되고 지켜지는 실무지침이다.

이것은 회계실무상 유용하고 회계처리의 편의를 위하여 존중되기는 하지만 논리적인 검증을 거치지 않았기 때문에 회계기준과는 분리된다.

일반적으로 공정·타당하다고 인정되는 회계관습이란 일부 회계학자가 인정하는 기업회계기준도 아니고, 또한 일부 회계실무자가 관행으로 집행하는 기업회계기준도 아니며, 그 사회의 대다수의 공인회계사, 회계학자, 회계실무자가 일반적으로 공정·타당하다고 인정하는 기업회계기준을 말하며, 외국에서 공정·타당하다고 인정하는 기업회계원칙이라고도 대체적으로 합치하는 회계기준을 말한다고 하여 회계기준과 관습을 구별하지 않고 있다.

(3) 외부감사제도

일반적으로 인정된 회계원칙과 함께 기업 외부의 재무제표이용자, 즉 소유주·채권자·정부기관 등이 신뢰성 있는 재무정보를 이용할 수 있도록 고안된 감시장치 중의 하나로서 외부감사제도(external auditing)를 들 수 있다. 일반적으로 인정된 회계원칙이 명확히 정립되었다 하더라도 기업이 회계처리를 할 때 이를 적정하게 준수하고 있는지에 대해서는 일반이용자로서는 확인할 수 있는 방법이 없다. 그러므로 재무제표를 작성하여 공시하는 기업과 독립적인 위치에 있는 공인된 외부감사인(통상 공인회계사)이 기업의 재무제표가 일반적으로 인정된 회계원칙에 따라 적정하게 작성되었는가에 대해 전문가로서의 의견을 표명하도록 하는 제도가 바로 외부감사제도이다. 물론 공정한 감사의견을 표명하기 위하여 외부간사인은 기업이 작성한 재무제표의 적정성 여부를 전문가로서의 정당한 주의를 기울여 검증하고, 감사의견을 뒷받침할 수 있는 충분한 증거를 수집해야 한다.

일차적으로 기업의 경영자는 재무제표를 기업회계기준에 따라 진실하고 공정하게 작성해야 할 윤리적·법률적 책임이 있다. 회계전문직이 아니라 하더라도 기업활동에 종사하는 모든 사람들은 투철한 윤리의식과 일정한 수준의 윤리강령을 갖추어야 한다. 윤리강령이란 본인의 행동이 옳은지 그른지, 정직한지 부정직한지, 공정한지 불공정한지를 판단가능케 하는 행위기준을 말한다. 우리가 만약 정직하지 못하여 신뢰할 수 없는 이웃사람과 거래를 해야 하거나 동업관계를 유지해야 하는 경우를 상상해 보자. 경영자, 거래처, 소비자, 투자자, 직장동료가 모두 한결같이 거짓말을 한다면 합리적인 경제활동이나 정상적인 의사소통이 불가능해질 것이다. 경영자가 경영성과를 속이거나 분식회계를 하게 되면 신뢰와 신용이라는 자본주의 기초질서를 근본적으로 뒤흔드는 혼란을 초래하게 된다.

우리나라에서 공인회계사의 자격을 얻기 위해서는 대학에서 일정한 회계 및 경영관련 학점을 취득한 후 소정의 자격시험에 합격해야 하며, 일정기간 동안 교육 및 실무의 경력을 쌓아야만 공인회계사로서의 활동이 가능하다. 공인회계사는 전문직업인으로서 그에게 요구되는 일정수준의 윤리규정을 준수해야 한다. 공인회계사는 다른 전문직업인들에 비해서는 그 법적 책임의 내용과 범위가 상대적으로 넓다. 변호사나 의사의 경우에는 그들의 고객이나 진료환자들에 대해서만 책임을 지게 되나, 공인회계사의 경우에는 그들이 감사한 재무제표를 믿고 이용하는 제3의 정보이용자(투자자와 채권자 등)에 대해서도 일정한 책임을 면할 수 없다. 이는 비록 제3자로부터 감사에 대한 대가도 받지 않았고, 제3의 이용자와 직접 감사계약을 체결한 것도 아니지만 공인회계사는 자본주의 파수꾼의 역할을 해야 하는 공인된 감사인이기 때문에 일반이용자들에게까지도 일정한 법적 책임을 져야 할 공인으로서의 윤리적 의무를 지고 있는 것이다.

연 습 문 제

1. 회계의 정의를 내리고 그 기능에 대하여 설명하여라.

2. 회계의 목적에 대하여 논하여라.

3. 회계책임은 수탁적 회계책임과 사회적 회계책임으로 구분할 수 있는데 그에 대해 설명하여라.

4. 회계의 사회적책임을 대상별로 구분하여 나열하고 설명하여라.

5. 회계는 정보 이용목적에 따라 재무회계, 관리회계, 세무회계로 구분할 수 있다. 이들을 비교 설명하여라.

6. 현대회계학은 인접과학 등과 밀접한 관계를 가지고 있다. 다음에 대하여 설명하여라.
   ① 경제학과의 관계 ② 경영학과의 관계 ③ 법률학과의 관계
   ④ 통계학과의 관계 ⑤ 부기와의 관계

7. 회계이론이란 무엇이며, 그 성격에 대해 설명하여라.

8. 회계이론의 연구방법에는 연역적 연구방법과 귀납적 연구방법이 있다. 설명하여라.

9. 다음의 회계이론 접근방법에 대해 설명하여라.
   ① 논리적 접근법 ② 커뮤니케이션이론적 접근법 ③ 실용주의적 접근법
   ④ 사회학적 접근법 ⑤ 거시경제적 접근법 ⑥ 행동과학적 접근법
   ⑦ 사상적 접근법 ⑧ 재무관리적 접근법

10. 회계정보기준이란 무엇이며, 그 이용자는 누구인지 열거하고 설명하여라.

11. 재무제표정보의 질적 특성들을 열거하고 설명하여라.

12. 재무제표의 기본전제 내용을 열거하고 설명하여라.

13. 회계원칙이란 무엇이며 그 특성에 대해 설명하여라.

14. 회계원칙의 유형에는 귀납적 회계원칙과 연역적 회계원칙이 있는데, 이들 내용을 비교 설명하여라.

15. 우리나라 기업회계기준의 일반원칙을 열거하고 그 내용에 대해 설명하여라.

16. 다음의 회계주체이론의 내용을 설명하여라.
① 자본주이론　② 대리인이론　③ 기업주체이론
④ 기업체이론　⑤ 자금이론　⑥ 잔여지분이론
⑦ 명령자이론

제 2 장

자산회계이론

제1절 자산회계

1. 자산의 의의 및 인식

(1) 자산의 의의

자산(asset)은 과거의 거래나 사건의 결과로서 현재 기업실체에 의해 지배되고 미래에 경제적 효익을 창출할 것으로 기대되는 자원이다. 자산에 내재된 미래의 경제적 효익(future economic benefits)이란 직접 또는 간접적으로 기업실체의 미래 현금흐름 창출에 기여하는 잠재력을 말한다.

일반적으로 자산은 고객의 요구를 충족시킬 수 있는 재화 및 용역의 생산에 이용된다. 생산된 재화 및 용역에 대하여 고객은 그 대가를 지급할 것이며 이로부터 기업실체의 현금흐름이 창출된다. 또한 자산은 다른 자산과의 교환 또는 부채의 상환에 사용되거나 소유주에 대한 분배에 사용될 수 있다. 현금은 그 자체로서 다른 자산에 대한 구매력을 통하여 기업실체에 경제적 효익을 제공한다.

유형자산을 포함한 많은 자산이 물리적 형태를 가지고 있지만 물리적 형태가 자산의 본질적인 특성은 아니다. 예를 들어, 물리적 형태가 없는 자원이라도 특정 실체에 의하여 지배되고 그 실체에게 미래의 경제적 효익을 창출할 것으로 기대되는 경우 당해 항목은 자산의 정의를 충족할 수 있다.

채권과 부동산을 포함한 많은 자산이 소유권과 같은 법적 권리와 결부되어 있다. 그러나 소유권 등의 법적 권리가 자산성 유무를 결정함에 있어 최종적 기준은 아니다. 경제적 효익에 대한 지배력은 법적 권리에 따라 발생하나, 경우에 따라서는 법적 권리가 없어도 자산의 정의를 충족시킬 수 있다. 예를 들어, 기업실체가 개발활동으로 획득한 신기술을 보유하면서 그 신기술로부터 예상되는 경제적 효익을 지배할 때에는 이러한 신기술 사업권은 자산의 정의에 부합할 수 있다.

기업실체의 자산은 과거의 거래나 사건으로부터 발생한다. 기업실체는 구매 또는 생산에 의하여 자산을 취득하는 것이 일반적이지만 주주나 정부의 증여 등 다른 방법에 의해서도 자산을 취득할 수 있다. 자산이 과거의 거래나 사건의 결과라 함은 구매나 생산활동 등 자산을 취득하는 거래나 사건이 이미 발생하였음을 의미하는 것이므로 미래에 발생할 것으로 예상되는 거래나 사건만으로는 자산이 취득되지 않는다.

일반적으로 현금유출과 자산취득은 밀접하게 관련되어 있으나 양자가 반드시 일치하는 것은 아니다. 예를 들어, 기업실체의 연구비 지출은 미래 경제적 효익을 추구했다는 증거는 될 수 있지만 자산의 정의를 충족시키는 자원을 취득했다는 확정적 증거는 될 수 없다. 반면에, 증여받은 재화는 이에 관해 지출이 발생하지 않았지만 자산의 정의를 충족시킬 수 있다.

(2) 자산의 인식

자산은 당해 항목에 내재된 미래의 경제적 효익이 기업실체에 유입될 가능성이 매우 높고 또한 그 측정속성에 대한 가액이 신뢰성 있게 측정될 수 있다면 재무상태표에 인식한다.

어떤 거래로 인한 지출이 발생하였을 때 그에 관련된 미래 경제적 효익의 유입가능성이 낮은 경우에는 당해 지출은 자산으로 인식하지 않고 비용으로 인식하여야 한다. 이러한 회계처리는 경영자가 그 지출거래로부터 미래 경제적 효익을 창출하려는 의도가 없었음을 의미하는 것은 아니며, 단지 미래 경제적 효익의 유입가능성이 당해 지출을 자산으로 인식하기에는 충분치 않음을 반영하는 것이다. 예를 들면, 지출된 개발비가 자산의 인식기준을 충족하지 못한다면 경영자의 의도와 상관없이 비용처리되어야 한다.

2. 자산의 분류

자산은 이를 구분하는 목적에 따라 여러 가지로 분류할 수 있다. 자산은 기업이 영업활동에 투입된 것인가의 여부에 따라 영업자산과 영업외자산으로 분류하고, 또 자산이 형태유무에 따라 유형자산과 무형자산으로 분류한다. 그리고 자산이 기업에 체류하는 기간의 정도 또는 현금화의 기간에 따라 유동자산과 비유동자산으로 구별한다. 또 물가변동에 자산의 가치가 어떻게 변하는지에 따라 화폐성 자산과 비화폐성 자산으로 분류한다.

화폐성기준에 따라 자산을 화폐성자산과 비화폐성자산으로 분류하는 것이 자산의 본질을 가장 잘 반영한 방법이라고 할 수 있다. 이 분류방법에 따라 각각의 내용을 살펴보면 다음과 같다.

(1) 화폐성자산 · 비화폐성자산

1) 화폐성자산

㉮ 현금자산(현금, 예금 등)

㉯ 매출채권(외상매출금, 받을어음, 공사미수금 등)

㉰ 기타 단기채권(단기대여금, 미수금 등)

2) 비화폐성자산

㉮ 재고자산(원재료, 상품, 제품, 재공품 등)

㉯ 유형고정자산(건물, 기계장치, 비품, 토지 등)

㉰ 무형고정자산(영업권, 특허권, 광업권 등)

㉱ 투자자산(유가증권, 투자유가증권, 관계회사유가증권, 출자금, 장기대여금 등)

㉲ 이연자산(창업비, 개업비, 신주발행비, 사채발행비, 연구개발비)

화폐성자산이란 이용가능한 일반적 구매력을 표시하는 일정의 화폐액에 대한 청구권을 말한다. 비화폐성자산은 장래의 기간에 용역을 제공하기 위해서 보유하고 있는 자산이다. 비화폐성자산은 장래의 수익에 대응될 장래의 비용으로서 저장된 것으로 볼 수 있기 때문에 비용자산이라고도 한다. 물가가 변동하면 자산의 용역잠재력(실질가치)과 장부가격이 일치하지 않는 자산을 비화폐성자산이라 하며, 일반물가상승에 상관없이 용역잠재력과 장부가액 또는 액면가액이 동일한 것을 화폐성자산이라 한다.

(2) 금융자산

1) 금융자산의 의의

한국채택국제회계기준에서는 금융자산과 금융부채 및 지분상품을 포함하여 새롭게 금융상품이라는 광범위한 자산개념을 도입하고 있다. 금융자산(financial assets)은 현금과 금융상품을 포함하며, 금융상품(financial instruments)은 어떤 거래로 인하여 한쪽 거래당사자에게 금융자산을 발생시키는 동시에 다른 거래상대자에게는 금융부채나 지분상품을 발생시키는 모든 계약을 의미한다. 예를 들면, 은행에서 자금을 차입할 경우 은행측에서는 대여금이라는 금융자산이 발생하면 차입자측에게는 차입금이라는 금융부채가 발생한다. 또한 어떤 회사가 다른 회사의 주식을 취득할 경우 금융자산이 발생하고 주식을 발행한 회사는 지분상품(자본)이 발생(증가)한다. 즉, 금융상품은 동전의 양면처럼 계약의 결과에 따라 금융자산과 금융부채의 양면성을 가진다.

2) 금융자산의 분류

금융자산은 현금과 금융상품으로 분류되며, 실무적으로는 현금, 대여금 및 수취채권 유가증권(보통주나 우선주 등의 지분상품과 국·공채나 회사채 등의 채무상품), 파생상품(선도, 스왑, 선물, 옵션), 금융기관이 취급하는 금융상품(양도성예금증서, 펀드, 정기예금, 정기적금, 기타 정형화된 금융상품)으로 분류된다.

일반적으로 회계상 금융자산은 다음과 같이 분류할 수 있다.

금융자산의 분류

분 류	정의 및 범위
현금및현금성자산	현금과 취득시 만기가 3개월 이내 도래하는 금융자산
대여금 및 수취채권	영업활동에서 발생한 매출채권과 투자활동이나 재무활동에서 발생한 기타채권(대여금, 미수금)
단기매매금융자산 (당기손익인식금융자산)	단기간내에 매매를 목적으로 보유하고 있는 금융자산(주식, 국·공채, 회사채)
만기보유금융자산	만기까지 보유할 목적으로 취득한 금융자산(국·공채, 회사채 등의 채권)
매도가능금융자산	단기매매금융자산이나 만기보유금융자산에 포함되지 않는 금융자산(주식, 국·공채나 회사채 등의 채권)

(3) 유동성·비유동성법

우리나라 기업회계기준에서는 자산을 현금화의 기간 및 영업과의 관련성에 따라 유동자산과 비유동자산으로 구분하고 있다.

(4) 자산의 구분

일반기업회계기준에의 『재무표제표의 작성과 표시』에서는 자산을 ㉮ 유동성, ㉯ 성격 및 기능을 기준으로 분류하였다. 이러한 기준을 적용하면 자산은 유동성에 따라 유동자산과 비유동자산으로 구분된다. 비유동자산은 성격 및 기능에 따라 다시 투자자산, 유형자산, 무형자산,

기타자산으로 구분될 수 있다. 그러나 이와 같은 계단식 분류 표시는 지나치게 복잡성만 증가될 뿐 실익이 없기 때문에 일반기업회계기준 『재무표제표의 작성과 표시』에서는 자산을 유동자산과 투자자산 · 유형자산 · 무형자산 및 기타비유동자산으로 구분한다.

〈표 2-1〉 자산의 구분

- 자산
  - 유동자산
    - 당좌자산 : 현금 및 현금성자산, 단기투자자산(단기예금, 단기매매증권, 단기대여금, 유동자산으로 분류되는 매도가능증권, 만기보유증권), 매출채권(외상매출금, 받을어음), 선급비용, 기타
    - 재고자산 : 상품, 제품, 반제품, 제공품, 원재료, 저장품, 기타의 재고자산
  - 비유동자산
    - 투자자산 : 투자부동산, 장기투자증권, 장기대여금, 지분법적용투자주식, 기타의 투자자산
    - 유형자산 : 토지, 설비자산, 건설중인자산, 기타의 유형자산
    - 무형자산 : 영업권, 산업재산권, 개발비, 광어권, 어업권, 기타(라이선스와 프렌차이즈, 저작권, 컴퓨터 소프트웨어, 임차권리금)
    - 기타 비유동자산 : 이연법인세자산, 기타(임대차보증금, 장기선급비용, 장기선급금, 장기미수금)

유형자산 중에 원시사업에 있어서의 광구, 유전, 산림 등은 그 매장하는 천연자원의 개발에 따라 점차로 그 가치를 잃고 다시 이것을 바꿀 수 없는 자산이므로, 특히 이것을 소모성자산(wasting assets) 또는 고갈성자산(depleting assets)이라고 한다.

투자자산은 장기이식, 지배통제, 장기융자 등의 목적에 의한 본래의 영업목적이외에 투자된 것으로 1년 이내에 회수불능인 채권 등 1년 이상의 기간을 거쳐 비용이 되는 장기선급비용, 1년 이내에 기한이 도래하지 아니하는 예금, 기타 여러 가지 장기성자금을 포함한다.

3. 자산의 평가

(1) 자산평가의 의의

기업은 재무상태를 명백히 하기 위하여 일정시점에서 기업이 보유하고 있는 자산 · 부채 · 자본을 구분 · 배열하고 적당한 기준에 따라 재무상태표(대차대조표)를 작성해야 하는데, 재무상태표에 기재될 자산을 적정한 기준에 따라 그 가치를 결정하는 절차를 자산평가(assrts valuation)라 한다. 다시 말하면 기업에 소속된 자산가치를 계수적으로 파악하고 자신의 경제적

가치를 구체적으로 표시하는 것을 자산측정이라 하고, 측정된 량을 화폐액(화폐적 중량)이란 공통적인 척도로서 동질화시키는 회계절차, 또는 단적으로 기업이 소유하는 자산에 가치를 부여하는 과정을 자산평가라 한다.

자산평가는 보통 교환가치에 입각하여 수행되며, 자산의 교환가치는 매매 쌍방이 존재하는 시장에서 성립된다.

이와 같은 회계학상 평가란 자산에만 국한되는 것이 아니라 부채·자본 항목에도 적용되어야 한다. 그러나 실제로는 대부분의 부채와 자본의 전부를 평가에서 제외되어야 한다. 왜냐 하면, 자본은 자산에서 부채를 차감한 차액으로서 자산과 부채의 액수만 결정되면 자본은 자동적으로 확정되므로, 또 대부분의 부채는 타인에게 지급해야 할 법률상의 잔여부채이며 시장성이라든가 또 화폐변동의 영향이 없기 때문에 원칙상으로 평가할 필요가 없다. 그러므로 회계학상 평가는 자산평가에 한정되며, 일반적으로 재무상태표평가(balance sheet valualion)라고 하면 그 내용에 있어서는 자산평가에 국한한다.

그러나 부분적인 부채도 평가를 하는 경우가 있다. 이것을 부채평가라고 하는데, 예를 들면 ① 외화표시부채의 평가, ② 물건급부를 목적으로 하는 부채의 평가, ③ 우발채무의 평가 등이 그것이다. 즉, 외화표시부채의 기재가액의 환율의 변동으로 그 부채액이 증가한 경우에는 부채증액평가를 해야 하며, 물건급부부채의 경우 기말에는 보수주의의 원칙에서 고가평가를 해야 하며, 우발채무도 보수주의의 원칙에 따라 예상되는 손실에 해당되므로 평가해야 한다.

(2) 자산평가의 목적(필요성)

자산의 평가 여하는 재무상태표의 가액에 큰 영향을 미치며, 또 손익계산서의 계수에도 크게 영향을 미치는 것이므로 그것은 회계학상의 중심적인 과제로서 오랫동안 학자들 사이에 논의가 거듭되어 왔다. 이와 같은 중요성으로부터 자산평가의 목적 내지 그 필요성을 들면 다음과 같다.

1) 기간손익계산의 정확성(이익결정목적)

자산을 얼마로 평가할 것인가는 그 기간의 순이익에 크게 영향을 미친다. 〈표 2-2〉에서 보는 바와 같이, 당기순이익을 표시하는 것은 BC의 상하길이이다. 그런데 결산에 있어서 각종의 자산을 얼마로 측정하여 평가하는가에 따라 AB의 선이 상하로 이동한다. 즉, 자산을 크게 평가하면 AB선은 내려오고 그만큼 BC, 즉 순이익이 커지게 된다. 반대로 자산을 작게 평가하면 AB선은 높아지며 그만큼 BC, 즉 순이익은 적어진다. 따라서 자산평가는 명확해야 하는데, 자산의 평가목적의 첫째는 이와 같이 기간손익계상을 정확하게 산정하고자 하는데 있다.

〈표 2-2〉 자산의 평가와 손익의 관계

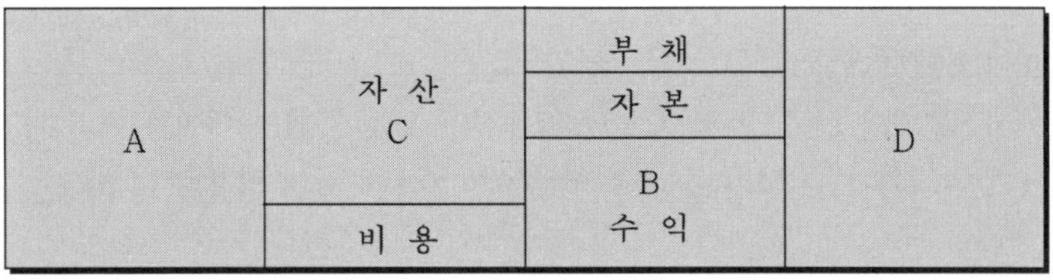

2) 재무상태표시의 적정성(투자간 채권자를 위한 평가)

기업의 재무상태를 일시점에서 표시하는 것이 재무상태표인데, 이에 기재되는 화폐가액은 미래의 수익획득의 자원인 자산가치의 적정한 측정 여하에 따라 좌우된다. 위의 〈표 2-2〉에서도 그 원리를 찾을 수 있다. 따라서 자산평가는 신중하고 적절해야 하는데, 자산평가목적의 둘째는 이와 같이 기업의 재무상태의 표시를 적정하게 하는데 있다.

(3) 자산평가의 기준

자산평가기준 또는 평가개념이란 자산측정(자산평가)에 있어서 기준으로 삼는 것으로서, 자산에 대해 어떤 평가규칙을 적용하여 화폐가치를 부가하는 것이다.

1) 원가주의

(가) 원가주의의 의의

원가주의(cost basis)란 취득원가주의, 실제원가주의 또는 실비주의라고도 하는데, 자산평가의 기준을 취득원가(acquisition cost)에 두는 평가기준이다.

취득원가란 그 자산의 취득, 즉 자산의 구입·제조·생산에 든 모든 원가를 말하며, 고정자산에 대해서는 취득원가에서 감가상각비를 공제한 원가차감감가(cost minus depreciation)를 의미한다. 이와 같은 원가주의는 오늘날 자산평가의 적용기준에 있어서 지배적인 위치에 있다.

(나) 원가주의의 이론적 배경

기업회계는 회계가치의 공준을 기반으로 하고 있기 때문에 계속기업을 전제로 하는 손익계산에는 당연히 원가주의가 지지된다. 왜냐하면 기간손익의 입장에서 보면 자산을 원가 이외의 다른 기준으로 평가함은 실용성이 적기 때문이다.

이와 같은 원가주의의 이론은 먼저 독일의 대차대조표 동태론의 제창가인 E. Schmalenbach에 의해서 주장된 후, Walb, Geldmach, Mahlberg 등에 의하여 계승·지지되었으며, 미국에 있어서도 Couchman, Kester 등에 의해 주장되었고 미국회계학회에서도 1963년경까지 원가주의를 지지하고 있었으며, 현재 일본의 기업회계원칙이나 우리나라의 기업회계원칙도 이를 지지하고 있다.

(다) 원가주의의 특징(장·단점)

원가주의는 자산평가의 기준으로서 오늘날 지배적인 위치에 있는 데에는 여러 가지 장점이 있기 때문이다. 많은 학자들의 주장 중에서 그 장점을 간추려 보면 다음의 몇 가지로 요약된다.

① 객관적 가치에 의한 계산확실성

원가는 그 자산을 획득하기 위하여 과거에 지출된 실제 원가액(실제 구입원가 내지 제작가액)이므로 그것은 객관적으로 확정된 가액이며 견적이나 예측이라는 불확실한 요소가 개입할 여지가 없고, 평가에 있어서 평가인의 주관적 내지 자의적인 견해에 의해 좌우되지 않는다는 것이다.

② 미실현이익의 배제

수익은 단순히 자산의 소유만으로 이루어지는 것이 아니라 판매를 통해서 비로소 실현된다. 따라서 자산은 원가 이외의 다른 가치에 의해서 평가하는 경우에 생기는 평가이익은 가공이익(profit on paper)을 계상하는 결과를 가져온다.

③ 계속성 및 비교성의 원칙에 충실

원가주의는 원초 취득가액을 화폐가치의 변동과는 관계없이 그대로를 유지하므로 계속성이 있으며, 따라서 경영분석 등의 자료로서 비교성의 원칙에 충실한다. 그렇기 때문에 계산기준이 명확하고 나아가서는 기간계산이 또한 용이하다는 것이다.

④ 현재가치와의 괴리

원가주의의 최대의 결점은 자산의 현재가치를 나타내지 못하는데 있다. 화폐가치 내지 물가의 변동이 심한 경우에는 원가는 단순히 과거의 조달액을 나타낼 뿐 자산의 현재가치와는 하등의 관계가 없는 맹목적이 기록에 불과하다. 이 점은 실질성의 원칙에 위배된다. 또 Deflation 하에서 물가가 크게 하락하는 경우에는 원가는 시가보다 과대하게 기록됨으로써 가공이익을 계상하는 결과가 발생한다(이 점은 저가주의를 가져오게 한 최대의 이유가 된다).

⑤ 명목자본의 유지

원가주의는 고정자산의 감가상각 문제에 있어서 투하자본(원가)의 기간배분에 이해 그 명목자본만을 유지하는데 두고 있다. 명목자본은 실질자본이 아니므로 그 계산결과는 자산의 현재가치가 될 수 없는 것이다.

이와 같이 원가주의는 보수적 손익계산중시의 입장을 지지하는 기준이라 할 수 있다.

2) 시가주의

(가) 시가주의의 의의

① 시가주의(market price basis)는, 자산의 평가 기준을 평가시점에 있어서의 時價(市價)에 두는 기준으로 매입시가주의와 매출시가주의로 나누어지는데, 자산의 본질을 용역잠재력에 두는 입장에서는 전자를 현행투입원가(current input costs), 현행원가(current cost) 또는 현행대체원가(current replacement cost) 및 재조달가액(複成價額) 등의 여러 명칭으로 불리어진다. 그리고 후자도 역시 '현행산출가치'(current output values) 또는 순실현가능가액이라고도 한다.

② 매입시가주의는 평가시점에서 동일자산을 매입했다고 생각 내지 가정해서 평가하는 기준이다. 만일 시장가격이 없는 자산인 경우에는 유사품의 시가에 의해서 추산되다. 이 기준에 의한 평가는 고정자산에 관해서는 매출시가보다 높아지나, 상품·제품 등의 판매자산은 낮아지는 것이 보통이다. 그런데, 일반적으로 시가주의라고 하면 매입시가주의, 즉, 현행투입원가를 뜻한다. 왜냐하면 매출시가주의, 즉 현행산출가치는 평가시점의 동일자산을 매출했다고 생각해서 평가하는 기준이며, 고정자산의 경우 구입가격에 비해 일반적으로 낮은 것이 보통이므로 고정자산의 비율이 큰 현대기업에서는 방대한 평가손실이 계상됨으로써 적정한 손익 계산이나 재산계산도 불확실해지기 때문이다. 다만 이 기준은 주로 법률학자들에 의하여 주장되어 왔으며, 채권자의 입장에서 담보능력을 측정하는 경우에는 적당한 기준이라 할 수 있다.

(나) 시가주의의 이론적 배경

원가주의가 동태론자들에 의해서 주장되고 있는데 비하여 시가주의는 종래 정태론적 입장에서 주장되었으며, H. Nicklisch를 위시하여 유기체론자들인 F. Schmidt 등에 의해 지지되고 있었다.

취득원가는 현재가치를 나타낼 수 없다는 결정적인 결점으로 인하여 그 지지도가 약화되었는데, 이에 더하여 자산의 본질론을 용역잠재력설에 둔 미국회계학회가 1964년 비유동자산에 대한 보고서를 발표한 이후 종전의 역사적 원가주의에 대립되는 현행원가주의(매입시가주의)를 학계로서나 실무계에서 큰 관심을 보이기 시작했다.

(다) 시가주의(현행원가주의)의 특징(장·단점)

현행원가주의로서의 시가주의가 갖는 특징을 요약하면 다음과 같다.

① 현재가치의 표시

시가주의는 기업의 평가 당시의 자산가치를 그대로 표시한다. 이 점이 가장 큰 장점이라 할 수 있다.

② 원가측정에 있어 최량의 척도

매입시가는 자산 또는 용역을 취득하기 위해 지급해야 할 현재의 가액을 표시하는 것으로, 당기의 수익에 대응시킬 원가(비용)로서는 최량의 척도가 된다.

③ 손익계간의 적정성

당기의 수익에 당기의 소비된 원가(비용)를 대응시킬 경우, 자산을 보유함으로써 나타나는 이득 및 손실과 영업활동으로부터 나타나는 이익 및 손실을 구분하여 계상할 수 있다.

④ 진실성의 원칙에 충실

이는 신뢰성과도 관계되나, 현 시점의 시장가액으로써의 평가는 진실성의 원칙에 매우 충실하다 할 수 있다.

⑤ 매입시가의 객관적 평가의 곤란성

시가주의가 갖는 결정적 단점은 현행원가, 즉 매입시가를 객관적으로 평가하기가 어렵다는 것이다. 특히 고정자산의 시가판단은 곤란하다. 왜냐하면 기업이 소지하고 있는 자산을 현시가로 평가하기에는 부득이 주관 내지 자의적인 판단이 다분히 개입되기 때문에 객관성을 저해하기 쉽다는 것이다. 따라서 계산의 불확실성이라는 중대 결함을 가지고 있다.

이상에서 약술한 원가주의와 시가주의의 내용을 비교 표시하면 다음 〈표 2-3〉과 같다.

〈표 2-3〉 원가주의와 시가주의와의 비교

비교사항	원 가 주 의	시 가 주 의
기 준	취득원가	매입시가(현재원가)
주목적 (중점)	손익계산	재산계산
태 도	명목상의 자본유지	실질자본(생산력자본의 유지)
주 장 자 (이론배경)	대표학자 E. Schmalenbach 등 (B/S 동태이론)	대표학자 H. K Nicklisch 또는 F. Schmidt등(B/S 정태이론)
특 징 (장단점)	① 객관성 있음 ② 계산확실성 있음 ③ 미실현이익의 배제 ④ 계속성·비교성 원칙에 충실 ⑤ 현재원가와의 유리 ⑥ Inflation시에 재무견실 ⑦ 계산기장의 간편성	① 객관성 없음 ② 계산확실성 있음 ③ 미실현이익의 계상 ④ 계속성·비교성 원칙에 불충실 ⑤ 현재원가와의 표시(진실성의 원칙에 충실) ⑥ Inflation시에 재무불견실 ⑦ 계산기장의 객관적 평가의 곤란성
법 률 상	개정자산평가에서 상법이 지지 기업회계원칙이 원칙상으로 지지	유동성 자산평가에서 상법이 지지 세법이 지지

3) 저가주의

(가) 저가주의의 의의

저가주의(cost or market price basis)는 원가와 시가를 비교하여 낮은 가액으로 평가하는 기준을 말하는데, 원가시가비교주의(cost or market price whichever is the lower)의 준개념으로서 원가주의와 시가주의와의 절충주의이며, 후술하는 바와 같은 이론상의 논란이 있음에도 불구하고, 보수주의(conservatism)의 입장에서 오래도록 실무상으로 지지되고 있다. 이 주의에 의하면 이익은 가장 적게 표시하고 자산은 가장 낮게 계상하는 결과를 가져오므로 이를 견실주의내지 실용주의라고도 한다.

(나) 저가주의의 특징

첫째, 저가주의는 평가손실은 계상하나 평가이익은 계상치 아니한다.

둘째, 인플레이션시의 원가주의에 의한 과대평가를 방지함과 동시계 시가주의에 의한 미실현이익을 저지할 수 있다.

셋째, 저가주의는 원가주의 평가의 하나의 영향이다. 즉, 저가법은 재고자산의 시가가 그 원가보다 낮은 때에 한해서 시가에 의해 평가할 것을 인정한다. 이것은 하나의 변형이라 할 수 있다.

넷째, 평가에 있어서 미래기간에 많은 이익이 생기도록 하기 때문에 기간손익계산을 왜곡시키며, 기간손익의 비교성을 해친다. 즉, 저가주의를 매기 계속하여 적용하면 당기의 평가 손실액만큼 다음 기의 원가를 낮추는 결과를 가져오므로 보다 많은 이익이 생기게 된다. 따라서 손익계산상 완전한 보수성을 기대할 수 없다.

다섯째, 수익과 비용의 정확한 기간적 대응관계를 파괴하는 결과를 가져온다.

여섯째, 판매시에 순실현가능가액(매출시가)을 예측하기가 곤란하다.

요컨대 위와 같은 약간의 비판은 있어도 저가주의는 이익을 가장 적게 표시하고 따라서 자산도 가장 저가로 계상되는 견실성 내지 실용주의적인 자산평가법이라는 데에는 이의가 없다.

4) 시가이하주의

시가이하주의(value less market price basis)는 시가를 한도로 하여 원가가 시가보다 낮을 때에는 시가까지 평가를 높일 수 있으나, 시가가 원가보다 높을 때에는 시가로 평가해야 한다는 기준이다. 즉, 원가가 시가보다 높을 때에는 원가로 평가해서는 안 되며, 원가가 시가보다 낮을 때에는 원가 또는 시가로 평가해도 좋다는 것이다.

이와 같은 방법은 주로 채권자를 보호하는 입정에서 독일상법에서 처음 채택되어, 우리나라 상법에서도 종래 시가이하주의를 따르고 있었으나(구상법 제34조 1항) 현상법에서는 이를 폐기하고 시가주의를 택하고 있다. 즉, 상법 제31조 1항에는 재산목록에는 동산・부동산・채권 기타의 재산의 가액을 목록작성 당시의 가격에 의하여 정확히 기재해야 한다라고 규정하여 원칙적으로 당시의 가격에 의하여 정확히 기재해야 한다라고 규정하여 원칙적으로 자산의 평가는 시가주의에 의할 것을 규제하고는 있으나, 고정자산에 관하여는 원가주의를 택하도록 규정하고 있다(상법 제31조 2항).

이와 같은 시가이하주의는 회계이론으로 보아서는 합리적인 근거를 찾기 어려운 자산평가 기준이다. 즉, 전술한 바와 같이 채권자 보호라는 입장에서는 일종의 평의 방법이며, 아무런 이론적 일관성이 없는 점은 저가주의의 경우와 같다. 구체적으로 그 결점은, ① 평가이익의 계상이 인정되고 있는데, 이는 실현주의의 원칙에 위배되며, ② 평가기준으로 일관성이 없고, 또 ③ 자의성에 개입 여지가 크므로 공정한 자산평가나 정확한 손익계산에는 부적당하다는 것 등이다.

5) 자산의 다원평가의 필요성

기말 재무상태표에 계상되는 제 항목 및 손익계산상의 제 비용항목을 단일한 기준에 의하여 평가하지 않고, 복수의 기준에 의하여 평가하는 것을 다원평가(multiple valuation)라고 한다.

이는 1966년 미국 회계학회(AAA)의 ASOBAT에서 가장 전형적으로 제시하고 있는데, 이에 의하면, '회계란 경제적 정보를 식별하고 측정하며 전달하는 과정으로서, 즉 하나의 정보시스템으로서 규정된다. 이 정보시스템으로서의 회계목표는 그 정보이용자로 하여금 충분한 판단이나 결정을 할 수 있게 하는 것이며, 정보의 유용성이 최고 목표가 된다. 이와 같은 유용한 정보 제공을 위하여 다원평가의 필요성이 있게 되는데, 그 특징은 다음과 같다.

첫째, 역사적 원가는 완결된 시장거래의 결과를 표시하는 것이므로 충분한 검증가능성(verifiability)이 있어서 유용성이 인정되고 있기는 하지만, 외부환경이 기업에 미치는 영향을 반영하지 못하여 장래 예측을 하는데는 만족할 만하고 충분한 유용성이 없다.

둘째, 현재원가(대체원가)는 완결된 시장거래의 결과를 표시하는 것은 아니지만 가격변동을 반영시킬 수 있어서 이러한 변화에 관한 정보는 장래 예측에 유용하다.

셋째, 이와 같이 역사적 원가의 유용성과 현재원가(current cost)의 유용성과는 상호보완적이므로 양자의 정보를 보고하는 것은 전체적으로 그 보고의 유용성을 증대시키는 것이 된다.

그런데 재무상태표상의 제 항목을 다원적으로 평가하는 것은 별로 문제가 없지만, 손익계산상의 다원평가는 그 평가의 수만큼 기업이익 개념을 상이하게 할 것이다. 이렇게 보면 ASOBAT에서 말하는 현재원가와 이익과는 수정원가주의에 의한 발생주의의 분할 표시를 뜻하는 것이라 할 수 있다.

여기서 발생주의란 기초의 자산과 부채를 현재원가로 평가하여 산정된 순재산(net worth)과 기말의 수정원가주의평가에 의한 순재산과의 차액의 순이익을 뜻한다. 이러한 순이익에는 역사적 원가와 수정원가와의 차액인 미실현이익, 일반 물가변동에 따른 구매력 이득이나 실험 이익이 포함되므로 그것들을 분할 표시해야 한다는 것으로, 이러한 점에서 자산의 다원평가설이 필요하다는 것이다.

(4) 자산평가의 중요성(과대 · 과소평가문제)

자산을 평가하는데 있어서 그것이 적정성을 넘어 과대 또는 과소하게 되면 다음과 같은 문제가 야기된다.

1) 자산의 과대평가의 경우

자산을 과대하게 평가할 경우 다음과 같은 문제가 발생된다. ① 자산표시의 공허, 따라서 허구한 자본인 침수자본(watered capital)의 발생, ② 가공이익(profit on paper)의 계상, ③ 이익배당의 과대 ④ 과대과세의 초래(즉, 소득과세가 아닌 자본과세의 결과가 됨) ⑤ 자본의 잠식 등 일련의 악순환이 야기된다.

이로 인하여 기업재무구조의 악화, 경기변동에의 저항력의 저하, 나아가서는 기업실체의 약화, 국제경쟁력의 취약 등의 파생적 악영향을 미치게 된다.

2) 자산의 과소평가의 경우

자산평가에 있어 그것을 과소하게 행하면 또한 다음과 같은 일련의 현상이 발생된다. 즉, ① 자산표시의 과소, ② 비용의 과소계상, ③ 순이익의 과소산출, ④ 배당금의 감액(주주들의 항의), ⑤ 탈세의 결과 초래, ⑥ 비밀적립금의 발생 등이 그것이다.

이로 인해 기업재무구조상으로는 견실성을 유지하게 되고 비밀적립금에 의한 비밀자기금융은 경기변동에의 저항력의 증가, 기업체질의 강화, 국제경쟁력의 증대 등의 파생적 영향을 미치게 한다.

이와 같이 과소평가는 과대평가보다 유리한 일면은 있으나, 아무튼 과대평가나 과소평가 어느 경우도 기업의 정당한 손익을 산정하고 또 진실한 재무상태를 표시해야 한다는 기업회계의 본원적 목적에서 본다면 모두 부당한 것으로서 배척 내지 경계하지 않으면 아니된다.

제2절 유동자산

1. 유동자산의 의의와 분류

(1) 유형자산의 의의

일반기업회계기준의 『재무제표의 작성과 표시』에서는 유동자산(current assets)을 구분하는데 1년 기준(one-year rule)에 정상영업주기(normal operating cycle)기준을 추가하여 유동자산의 분류요건을 구체적으로 명시하였다. 이때 영업주기는 제조업의 경우에 제조과정에 투입될 재화와 용역을 취득한 시점부터 제품의 판매로 인한 현금의 회수완료 시점까지 소요되는 기간을 나타낸다. 숙성과정을 요구하는 제조업이나 자본집약적인 업종의 경우에는 영업주기가 1년을 초과할 수도 있으나, 대부분의 유통업의 경우에는 1년 내에 다수의 영업주기가 있는 것이 보통이다. 정상적인 영업주기가 명확하게 확인되지 않는 경우에는 1년으로 추정한다.

다만, 정상적인 영업주기 내에 판매 혹은 사용되는 재고자산과 회수되는 매출채권 등은 보고기간말로부터 1년 내에 실현되지 않더라도 유동자산으로 분류한다. 또한 장기미수금이나 투자자산에 속하는 매도가능증권 또는 만기보유증권 등의 비유동자산 중 1년 내에 실현될 부분도 유동자산으로 분류한다.

유동자산에는 현금 및 현금성자산 · 단기투자자산 · 매출채권 · 재고자산 · 선급비용 · 선급금 · 미수수익 · 미수금 · 이연법인세자산(유동부분) 등이 속한다.

현금 및 현금성자산은 기업의 유동성 판단에 중요한 정보이므로 별도 항목으로 구분하여 표시한다. 단기금융상품 · 단기매매증권 · 단기대여금 및 유동자산으로 분류되는 매도가능증권과 만기보유증권 등은 단기투자자산이라는 항목으로 통합하여 표시할 수 있으며, 사용이 제한된 단기예금 등은 주석으로 기재한다. 상품 · 원재료 · 재공품 및 제품 등은 재고자산의 항목으로 통합하여 표시할 수 있으며, 다만 재고자산은 다른 유동자산과 별도로 구분하여 표시한다.

(2) 유동자산의 분류

유동자산은 당좌자산과 재고자산으로 분류한다.

당좌자산(quick assets)은 유동자산 중에서 현금 또는 가까운 시일내에 현금으로 전환할 수 있는 자산으로서 가까운 장래에 부채를 상환하거나 또는 다른 자산을 취득하거나 비용으로 지급할 수 있는 수단이 되는 자산이다.

기업회계기준에서는 당좌자산을 현금 및 현금성자산, 단기금융자산, 유가증권 및 수취채권(매출채권과 기타채권)으로 분류하고 있다.

재고자산이란 구체적 형태를 가지는 자산으로서 ① 정상적인 영업활동 과정에서 판매를 목적으로 소유하고 있는 자산(상품, 제품 등), ② 판매를 목적으로 현재 생산 중에 있는 자산(재공품, 반재품 등), ③ 제품의 생산 또는 용역의 제공과정에 직접 또는 간접적으로 소모될 자산(원재료, 저장품 등)을 총칭하는 말이다.

재고자산은 단기간내에 현금화될 것으로 기대하고 보유하는 자산이기 때문에 유동자산에 속하며, 판매라는 과정을 거쳐야 현금화된다는 점에서 유동자산 중 당좌자산과 구분한다.

어떤 자산이 재고자산으로 분류되기 위해서는 정상적이고 주된 영업활동 과정과의 관련하에 판단되어야 하므로 동일한 자산이라도 그 자산을 보유하고 있는 회사의 정상적이고 주된 영업활동이 무엇이냐에 따라 달리 분류될 수도 있다. 예를 들어, 정상적이고 주된 영업활동이 부동산 판매를 목적으로 하는 회사가 보유하고 있는 토지는 재고자산(상품)이지만, 제조업을 영위하는 회사가 판매목적 이외의 이유로 보유하고 있는 토지는 재고자산이라고 할 수 없다.

2. 당좌자산

당좌자산은 현금 및 현금성자산, 단기금융성자산, 유가증권, 매출채권, 단기대여금, 미수금, 미수수익, 선급금, 선급비용, 기타의 당좌자산으로 분류한다.

(1) 현금 및 현금성자산

현금(cash)은 일반적으로 통화, 통화대용증권(타인발행 당좌수표, 은행발행 자기앞수표, 송금수표, 우편환증서, 만기가 된 공사채이자표, 배당지급통지표, 국세환급통지서 등)과 당좌예금, 보통예금 등 요구불예금(cash on demand)으로 구성된다. 또한 현금성자산(cash equivalents)이란 큰 거래비용 없이 통화, 통화대용증권 또는 요구불예금으로 전환이 용이하고 이자율 변동에 따른 가치변동의 위험이 중요하지 않은 금융상품으로서 취득 당시 만기 또는 상환일이 3개월 이내인 것을 말한다.

현금성자산의 [예]는 다음과 같다. 현금흐름표상의 현금은 재무상태표상의 현금 및 현금성자산을 말한다.

㉠ 취득 당시 만기가 3개월 이내에 도래하는 채권

㉡ 환매체(3개월 이내의 환매조건)

㉢ 투자신탁의 계약기간이 3개월 이하인 초단기수익증권

㉣ 취득 당시 3개월 이내에 만기가 도래하는 단기금융상품

㉤ 취득 당시 상환일까지의 기간이 3개월 이내인 상환우선주(이는 채무증권이다)

당좌예금(current deposit)은 기업이 은행과 당좌계약을 맺고서 은행에 현금을 예입하고 필요에 따라 수표를 발행하여 현금을 인출할 수 있는 요구불예금이다. 당좌예금의 인출은 당좌예금의 잔액범위 내에서 행해지는 것이 원칙이지만, 일정한 한도 내에서 예금잔액을 초과하여 수표를 발행하여도 은행에 지급할 수 있도록 은행과 미리 당좌차월(bank overdraft)을 맺는 것이 일반적이다. 또한 일정시점에서 기업측의 장부상 잔액과 은행측의 예금잔액증명서 잔액의 불일치(예 : 미인출수표, 은행미기록예금, 미통지입금, 은행수수료, 이자비용 및 이자수익, 부도수표, 은행 혹은 기업측의 오류 등)로 차이가 발생할 수 있기 때문에 이들 양자간의 차이를 조사하여 수정하는데, 이때 작성하는 표를 은행계정조정표(statement of bank reconciliation)라고 한다. 은행계정조정표를 작성하는 과정에서 기업측의 장부상 잔액이 조정되어야 할 사항에 대해서는 반드시 수정분개를 하여야 하며, 이때 수정분개의 대상은 기업 장부상에 아직 기록하지 않은 항목들과 기업측의 오류항목만 해당된다. 한편, 은행계정조정표보다 상세하고 포괄적인 내용을 담는 양식으로 현금검증표(proof of cash, 즉 4위식 은행계정조정표임)라는 것이 있는데, 이는 단순히 일정시점의 기업측 잔액과 은행측 잔액만을 조정하는 것이 아니라 회계기간초(월초)의 잔액과 회계기간 중 (월중)의 예입 및 인출을 포괄적으로 조정하는 표이다. 이러한 현금검증표는 회계기간 중 예금거래의 적정성 여부를 검증할 목적으로 회계감사시에 많이 사용되며, 기업측의 장부상 예입과 인출이 은행측의 예금잔액증명서와 조정되므로 내부통제목적으로도 이용할 수 있는 이점이 있다.

일상적으로 발생하는 소액경비(예 : 우편료, 소모품비, 교통비 등)까지 일일이 수표를 발행한다면 너무나 번잡스럽고 불편하다. 따라서 실무에서는 소액현금제도(petty cash system)를 운용하고 있다. 소액현금제도는 정액자금전도제도와 부정액자금전도제도로 나눌 수 있다. 정액자금전도제도를 채택하고 있는 경우 정산시 부족분을 보충해 주므로 소액현금자금은 언제나 일정액 수준으로 유지되는데 반해, 부정액자금전도제도는 소액현금액의 설정금액이 일정하지 않고 보충할 때마다 변동하며, 현금잔액이 없는 경우에 적당한 금액을 보충해 주는 방법이다. 소액현금계정은 내부통제의 편의상 설정한 계정이므로 외부보고용 재무상태표에는 현금계정에 포함되며 별도의 계정으로 나타나지 않는다.

한편, 소액현금의 관리를 소홀히 하여 현금잔액이 일시적으로 부족하거나 남는 경우에는 현

금과부족 계정을 사용한다. 현금과부족의 원인이 밝혀지면 해당계정으로 대체하고 회계기간 말까지 밝혀지지 아니하면 잡손익(영업외손익과 차손익 항목)으로 회계처리 하여야 한다.

회계기간 중에는 현금(통화 및 통화대용증권)과 요구불예금(당좌예금, 보통예금) 및 현금성자산으로 각각 원장에 계상하다가 회계기간 말에 현금 및 현금성자산이라는 계정과목으로 통합하여 표시한다.

한편, 수입인지는 금액이 큰 경우에는 선급비용이나 소모품으로 처리하고, 금액이 적은 경우에는 구입 즉시 비용처리하여야 한다. 급여가불증과 차용증서는 대여금으로 분류되며, 타인발행약속어음은 매출채권으로 분류한다. 타인발행당좌수표 중 선일자수표는 수표에 표시된 발행일이 도래하기까지 매출채권으로 분류하여야 한다. 부도수표는 매출채권으로 분류하였다가 대손이 확정된 시점에서 대손처리한다.

외국통화의 경우 현행환율(재무상태표일 현재의 적정한 환율)에 의하여 환산한 금액을 현금에 포함하여야 한다.

(2) 단기투자자산

단기투자자산은 여유자금의 활용목적으로 보유하는 단기금융상품, 단기매매증권, 단기대여금 등의 자산을 포함한다. 각각의 항목이 중요하다면 별도 항목으로 구분하여 표시한다.

1) 단기금융상품

단기금융상품(short-term financial instruments)은 금융기관이 취급하는 정기예금 · 정기적금 · 사용이 제한되어 있는 예금 및 기타 정형화된 상품[예 : 기업어음(CP), 어음관리계좌(CMA), 양도성예금증서(CD), 환매체(PR), 표지어음, 기업금전신탁 등]으로 단기적 자금운용목적으로 소유하거나 기한이 1년내에 도래하는 것으로 하고, 사용이 제한되어 있는 예금(예 : 감채기금으로 운용되고 있는 예금, 공탁금 등)에 대해서는 그 내용을 주석으로 기재한다(기업회계기준 제13조 2호).

2) 단기매매증권

유가증권은 재산권을 나타내는 증권을 말하며, 실물이 발행된 경우도 있고, 명부에 등록만 되어 있을 수도 있다. 유가증권은 적절한 액면금액단위로 분할되고 시장에서 거래되거나 투자의 대상이 된다. 유가증권은 지분증권과 채무증권으로 분류된다. 유가증권 중 지분증권에 투자하는 경우에는 배당금수익을, 채무증권에 투자하는 경우에는 이자수익을 얻을 수 있는데, 이들 증권들의 취득원가보다 공정가액이 높은 경우에는 유가증권을 처분함으로서 매매차익을 얻을 수 있다.

지분증권(equity security)은 회사, 조합 또는 기금 등의 순자산에 대한 소유지분을 나타내는 유가증권(예 : 보통주, 우선주, 수익증권 또는 자산유동화출자증권)과 일정금액으로 소유지분을 취득할 수 있는 권리(예 : 신주인수권 또는 call option) 또는 소유지분을 처분할 수 있는 권리(예 : put option)를 나타내는 유가증권 및 이와 유사한 유가증권을 말한다.

채무증권(debt securities)은 발행자에 대하여 금전을 청구할 수 있는 권리를 표시하는 유가증권 및 이와 유사한 유가증권을 말한다. 채무증권은 국채, 공채, 사채(전환사채 포함), 자산유동화채권 등을 포함한다.

(3) 유가증권

1) 유가증권의 정의

유가증권은 재산권을 나타내는 증권을 말하며, 실물이 발행된 경우도 있고, 명부에 등록만 되어 있을 수도 있다. 유가증권은 적절한 액면금액단위로 분할되고 시장에서 거래되거나 투자의 대상이 된다. 유가증권에는 지분증권과 채무증권이 포함된다.

2) 유가증권의 분류

유가증권은 취득한 후에 만기보유증권, 단기매매증권, 그리고 매도가능증권 중의 하나로 분류한다.

만기가 확정된 채무증권으로서 상환금액이 확정되었거나 확정이 가능한 채무증권을 만기까지 보유할 적극적인 의도와 능력이 있는 경우에는 만기보유증권으로 분류한다.

다음의 경우에는 만기까지 채무증권을 보유할 적극적인 의도가 없는 것으로 본다.

① 만기까지의 보유여부를 분명히 정하고 있지 아니한 경우

② 시장이자율 또는 위험의 변동, 필요한 유동성 수준의 변화(예: 은행의 경우 예금인출 또는 대출수요의 증가에 따른 유동성 확보가 필요할 때) 다른 대체적인 자산의 투자가능성이나 수익률의 변동, 자금조달원천과 조건의 변화 또는 외화위험의 변화 등의 상황이 발생할 경우에는 매도할 의도가 있는 채무증권. 다만, 위와 같은 요인이 급격하게 변동하는 등 합리적으로 예상할 수 없는 비반복적인 상황 변동에 대응하여 매도하는 경우를 제외한다.

③ 채무증권의 발행자가 채무증권의 상각후취득원가 보다 현저하게 낮은 금액으로 중도상환권을 행사할 수 있는 경우

당 회계연도와 직전 2개 회계연도 중에, 만기보유증권을 만기일 전에 매도하였거나 발행자에게 중도상환권을 행사한 사실이 있는 경우, 또는 만기보유증권의 분류를 매도가능증권으로

변경한 사실이 있다면(단 이러한 사실들에 해당하는 금액이 만기보유증권 총액과 비교하여 경미한 금액인 경우는 제외), 보유 중이거나 신규로 취득하는 모든 채무증권은 만기보유증권으로 분류할 수 없다.

다만 다음 중 하나에 해당하는 경우에는 적용하지 아니한다.

① 만기까지 잔여기간이 얼마 남지 않아서 시장이자율의 변동이 공정가치에 중요한 영향을 미치지 않을 시점(예: 3개월 이내)에 매도하거나, 또는 중도상환권 행사일까지의 잔여기간이 얼마 남지 않은 시점(예: 3개월 이내)에 매도하는 경우

② 채무증권의 액면금액 거의 대부분(예: 85% 이상)을 회수한 후에 그 채무증권을 매도하는 경우

③ 채무증권 발행자의 신용상태가 크게 하락하였다는 증거가 발견되는 경우

④ 법규 등의 변경에 의하여 불가피하게 매도하는 경우

⑤ 중요한 기업결합 또는 주요 사업부문의 매각이 있을 때 기존의 이자율 위험관리 또는 신용위험정책을 유지하기 위하여 채무증권을 매도하는 경우

⑥ 합리적으로 예상할 수 없는 비반복적인 상황 변동에 대응하여 그 채무증권을 매도하는 경우

지분증권과 만기보유증권으로 분류되지 아니하는 채무증권은 단기매매증권과 매도가능증권 중의 하나로 분류한다.

① 단기매매증권은 주로 단기간 내의 매매차익을 목적으로 취득한 유가증권으로서 매수와 매도가 적극적이고 빈번하게 이루어지는 것을 말한다.

② 단기매매증권이나 만기보유증권으로 분류되지 아니하는 유가증권은 매도가능증권으로 분류한다.

3) 유가증권의 최초 측정과 후속 측정

만기보유증권은 상각후원가로 평가하여 재무상태표에 표시한다. 만기보유증권을 상각후원가로 측정할 때에는 장부금액과 만기액면금액의 차이를 상환기간에 걸쳐 유효이자율법에 의하여 상각하여 취득원가와 이자수익에 가감한다.

단기매매증권과 매도가능증권은 공정가치로 평가한다. 다만, 매도가능증권 중 시장성이 없는 지분증권의 공정가치를 신뢰성있게 측정할 수 없는 경우에는 취득원가로 평가한다.

4) 공정가치의 변동

단기매매증권에 대한 미실현보유손익은 당기손익항목으로 처리한다. 매도가능증권에 대한

미실현보유손익은 기타포괄손익누계액으로 처리하고, 당해 유가증권에 대한 기타포괄손익누계액은 그 유가증권을 처분하거나 손상차손을 인식하는 시점에 일괄하여 당기손익에 반영한다.

5) 유가증권의 손상차손

손상차손의 발생에 대한 객관적인 증거가 있는지는 보고기간말마다 평가하고 그러한 증거가 있는 경우에는 손상이 불필요하다는 명백한 반증이 없는 한 회수가능액을 추정하여 손상차손을 인식하여야 한다. 손상차손 금액은 당기손익에 반영한다.

손상차손의 회복이 손상차손 인식 후에 발생한 사건과 객관적으로 관련된 경우에는 다음과 같이 회계처리 한다.

① 만기보유증권 또는 원가로 평가하는 매도가능증권의 경우에는 회복된 금액을 당기이익으로 인식하되, 회복 후 장부금액이 당초에 손상차손을 인식하지 않았다면 회복일 현재의 상각후원가(매도가능증권의 경우, 취득원가)가 되었을 금액을 초과하지 않도록 한다.

② 공정가치로 평가하는 매도가능증권의 경우에는 이전에 인식하였던 손상차손 금액을 한도로 하여 회복된 금액을 당기이익으로 인식한다.

6) 유가증권의 재분류

유가증권의 보유의도와 보유능력에 변화가 있어 재분류가 필요한 경우에는 다음과 같이 처리한다.

① 단기매매증권은 다른 범주로 재분류할 수 없으며, 다른 범주의 유가증권의 경우에도 단기매매증권으로 재분류할 수 없다. 다만(일반적이지 않고 단기간 내에 재발할 가능성이 매우 낮은 단일한 사건에서 발생하는), 드문 상황에서 더 이상 단기간 내의 매매차익을 목적으로 보유하지 않는 단기매매증권은 매도가능증권이나 만기보유증권으로 분류할 수 있으며, 단기매매증권이 시장성을 상실한 경우에는 매도가능증권으로 분류하여야 한다.

② 매도가능증권은 만기보유증권으로 재분류할 수 있으며 만기보유증권은 매도가능증권으로 재분류할 수 있다.

③ 유가증권과목의 분류를 변경할 때에는 재분류일 현재의 공정가치로 평가한 후 변경한다.

7) 주석 공시

① 매도가능증권의 공정가치를 측정할 수 없는 이유와 내용

② 담보로 제공한 유가증권

③ 지분증권과 국채 및 공채 등으로 세분한 종류별 금액

④ 보고기간말 현재 계약상의 만기일에 관한 정보

⑤ 유가증권의 원가결정방법

⑥ 미실현보유손익의 변동내용과 처분에 따른 실현손익의 내용

⑦ 총이자수익금액

⑧ 손상차손과 회복의 내용

⑨ 손상차손을 인식한 채무증권에 대한 미수이자금액

⑩ 재매수계약의 내용

⑪ 재분류에 관한 정보

(4) 매출채권

매출채권은 일반적 상거래에서 발생하는 외상매출금과 받을어음으로 구분한다.

1) 외상매출금

외상매출금(accounts receivable)은 경상적인 상거래에 의해서 거래처에 상품을 외상으로 매출했을 경우에 발생하는 채권이다. 외상매출의 경우 거래처의 수가 적을 때에는 인명계정을 사용하여 처리하나, 거래처의 수가 많을 경우에는 총계정원장에 외상매출금이란 통제계정을 설정하고 외상매출에 관한 명세는 보조부인 매출원장에 기록한다.

2) 받을어음

받을어음은 일반적 상거래의 결과 발생한 어음상의 권리를 말한다. 금전대여시 차용증서 대신 받는 어음은 대여금계정으로 처리하고 받을어음계정(bill or notes receivable account)으로 처리하지 않는다. 어음채권은 상거래의 결과 타인 발행의 약속어음 또는 타인 지급의 환어음의 영수나 자기영수의 환어음을 발행했을 경우, 즉 어떠한 종류의 어음이라도 자사가 대금 영수인이 될 경우에 발생된다.

영수한 어음을 만기일에 추심하거나 타인에게 배서양도하거나 또는 은행에서 할인하였을 때는 어음채권이 소멸된다. 받을어음과 외상매출금은 통상의 영업활동에서 발생하는 단기채권의 대표적인 것으로서 양자를 일괄해서 수취계정 또는 매출채권이라 한다.

(5) 선급비용

선급비용은 계속적으로 서비스를 제공받기로 계약을 체결하고 미리 지급한 비용 중 기간의 미경과로 당기비용에 해당하지 않는 부분을 기록하기 위한 계정을 말한다. 선급비용은 시간의 경과에 따라 차기의 비용으로 배분된다.

(6) 기타

1) 단기대여금(short-term loans)

단기대여금은 회수기간이 1년내에 도래하는 대여금을 말한다. 따라서 장기대여금의 회수기일이 1년 이내로 도래하면 단기대여금으로 재분류하여야 한다. 그리고 관계회사 등에 어음을 대여 또는 교환하고 이를 관계회사가 사용하는 경우도 단기대여금으로 처리하며, 금융기관으로부터 다시 환매할 것을 조건으로 매입한 채권 즉 환매채의 매입도 자금의 융통으로 보아 단기대여금에 포함시킨다.

또한 신종기업어음(commercial paper)이나 중개어음은 단기대여금으로 분류하며, 주주・임원・종업원에 대한 단기대여금도 단기대여금으로 처리하고, 그 내역을 주석으로 기재하여야 한다.

2) 미수금(other receivables)

미수금은 일반적 상거래 이외에서 발생한 미수채권으로 주로 투자자산 또는 유형자산의 매각 또는 용역거래 등에서 발생한다. 그러므로 이러한 거래로 인하여 발생한 채권 또는 어음으로 받는 경우는 매출채권이 아닌 미수금으로 계상한다.

3) 미수수익(accrued income)

미수수익은 당기에 속하는 수익 중 미수액으로서 미수이자수익, 미수임대료 등이 여기에 포함된다. 그러므로 미수수익은 기간손익을 발생주의로 인식하는 경우에 계속적인 용역 등에서 기간경과에 따라 계상한 수익 중에서 받지 못한 경과적 채권계정이다.

4) 선급금(advance payments)

선급금은 상품, 원재료 등의 매입 및 제품의 외주가공을 위하여 대금의 일부 또는 전부를 계약금 등의 명목으로 선급한 금액을 말한다. 그러므로 선급금은 일반적인 상거래에 속하는 상품, 원재료 등의 재고자산의 구입이나 외주가공 등을 위하여 미리 지급한 계약금 또는 착수금 등으로 장래 재고자산으로 대체될 잠정적계정이므로 고정자산의 구입을 위한 선급금 등은 건설중인 자산으로 회계처리하여야 한다.

3. 재고자산

(1) 재고자산의 정의

재고자산은 정상적인 영업과정에서 판매를 위하여 보유하거나 생산과정에 있는 자산 및 생산 또는 서비스 제공과정에 투입될 원재료나 소모품의 형태로 존재하는 자산을 말한다. 그러나 다음은 재고자산에서 제외된다.

① 건설형 공사계약에서 발생하는 진행중인 건설공사

② 금융상품

③ 농림어업활동과 관련된 생물자산과 수확시점의 농림어업 수확물

(2) 재고자산의 종류

1) 상품(merchandise)

상품은 기업의 정상적인 영업순환과정에서 판매를 목적으로 보유하는 재고자산이다. 부동산매매업에서 판매목적으로 소유하는 건물, 토지 등은 주된 영업활동의 대상이므로 상품에 속하나 의류업, 증권업 등의 업종에서는 상품이 아니라 유형자산으로 분류하여야 한다.

미착상품(good in transit)은 주문한 상품 중 아직 도착하지 않은 상품으로서 매입 계약조건에 따라 상품에 포함 여부가 달라진다. 즉, 선적지 인도기준(FOB shopping point)에 의한 구입조건이라면 선적시점에서 소유권이 이전되므로 미착상품은 상품에 포함되며, 목적지 인도기준(FOB destination)의 경우에는 목적지 도착시점에서 소유권이 이전되므로 미착상품은 구입자의 상품에 포함시켜서는 안 된다.

적송품(consigned goods)은 판매위탁을 위하여 발송중에 있는 상품 중에서 아직 판매되지 않은 것으로서 위탁자의 상품에 포함시킨다.

2) 제품(finished goods)

제품은 기업이 정상적인 영업순환과정에서 판매를 목적으로 제조하여 보유중인 생산품과 부산물이다. 생산품은 제조과정이 완료된 재고자산으로서 판매대상이 된다. 부산물은 주된 제품의 생산과정에서 필연적으로 발생하는 생산품으로서 상당한 정도의 판매가치를 지닌 것이다.

3) 반제품(semi-finished goods)

반제품은 자가제조한 중간제품과 부분품 등을 말하며 현재 상태로 판매할 수 있다는 점에서

는 재공품과 성격이 같다. 그러나 외부에서 구입한 중간제품 및 부분품은 반제품에 포함되지 않으며 원재료에 포함된다.

4) 재공품(work-in process)

재공품은 제품 또는 반제품의 제조를 위하여 생산과정 중에 있는 것을 말한다. 제공품은 현재 상태로는 정상적인 가격으로 판매할 수 없고 추가적인 가공을 통하여 반제품이나 완제품이 되어야만 판매나 저장이 가능하다.

5) 원재료(row materials)

원재료는 제품의 생산에 직접 소비할 목적으로 외부에서 구입한 모든 물품 즉, 원료, 재료, 매입부분품, 미착원재료 등을 말한다. 여기서 원료, 재료 및 매입부분품은 다음과 같이 구분한다.

원료는 제조과정에 사용됨으로써 화학적 변화를 가져오는 것을 말하며, 재료는 제조과정에 사용됨으로써 물리적 변화를 가져오는 것을 말한다. 한편 매입부분품은 다른 기업이 생산한 부품으로서 제품생산에 사용하기 위하여 매입한 것이다.

6) 저장품(supplies)

저장품은 소모품, 소모공구기구비품, 수선용부분품 및 기타 저장품 등을 말한다. 여기서 소모품이란 생산용으로 사용되는 소모성물품으로서 유형자산(비품)으로 분류되지 아니하는 것을 말하며, 소모공구기구비품이란 유형자산으로 분류되지 아니하는 소액의 소모성 공구기구비품을 말한다. 그리고 수선용 부분품이란 수선하기 위하여 저장하고 있는 부분품을 말하며, 기타의 저장품이란 보조재료나 사무용소모품 등을 말한다.

7) 기타의 재고자산

기타의 재고자산은 위의 재고자산의 종류에 속하지 않는 것을 말한다. 그러나 그 금액이 자산총액에 비하여 상대적으로 중요한 경우에는 이를 구분하여 그 자산을 표시하는 과목으로 기재하여야 한다.

(3) 재고자산의 재무상태표 금액 결정

재고자산은 취득원가를 재무상태표 금액으로 한다. 다만, 시가가 취득원가보다 낮은 경우에는 시가를 재무상태표 금액으로 한다(이하 저가법이라 한다).

(4) 취득원가의 측정

재고자산의 취득원가는 매입원가 또는 제조원가를 말한다. 재고자산의 취득원가에는 취득에 직접적으로 관련되어 있으며, 정상적으로 발생되는 기타원가를 포함한다.

1) 매입원가

재고자산의 매입원가는 매입금액에 매입운임, 하역료 및 보험료 등 취득과정에서 정상적으로 발생한 부대원가를 가산한 금액이다. 매입과 관련된 할인, 에누리 및 기타 유사한 항목은 매입원가에서 차감한다. 성격이 상이한 재고자산을 일괄하여 구입한 경우에는 총매입원가를 각 재고자산의 공정가치 비율에 따라 배분하여 개별 재고자산의 매입원가를 결정한다.

2) 제조원가

제품, 반제품 및 재공품 등 재고자산의 제조원가는 보고기간말까지 제조과정에서 발생한 직접재료원가, 직접노무원가, 제조와 관련된 변동 및 고정 제조간접원가의 체계적인 배부액을 포함한다.

고정제조간접원가는 생산설비의 정상조업도에 기초하여 제품에 배부하며, 실제 생산수준이 정상조업도와 유사한 경우에는 실제조업도를 사용할 수 있다. 단위당 고정제조간접원가 배부액은 비정상적으로 낮은 조업도나 유휴설비로 인하여 증가하여서는 아니된다. 그러나 실제조업도가 정상조업도보다 높은 경우에는 실제조업도에 기초하여 고정제조간접원가를 배부함으로써 재고자산이 실제원가를 반영하도록 한다. 변동제조간접원가는 생산설비의 실제 사용에 기초하여 각 생산단위에 배부한다.

단일 생산공정을 통하여 여러 가지 제품을 생산하거나 주산물과 부산물을 동시에 생산하는 경우에 발생한 공통원가는 각 제품을 분리하여 식별할 수 있는 시점이나 완성한 시점에서의 개별 제품의 상대적 판매가치를 기준으로 하여 배부한다. 다만, 경우에 따라 생산량기준 등을 적용하는 것이 더 합리적이라고 판단될 때에는 그 방법을 적용할 수 있다. 중요하지 않은 부산물은 순실현가능가치를 측정하여 동 금액을 주요 제품의 제조원가에서 차감하여 처리할 수 있다.

재고자산 원가에 포함할 수 없으며 발생기간의 비용으로 인식하여야 하는 원가의 예는 다음과 같다.

① 재료원가, 노무원가 및 기타의 제조원가 중 비정상적으로 낭비된 부분

② 추가 생산단계에 투입하기 전에 보관이 필요한 경우 외의 보관비용

③ 재고자산을 현재의 장소에 현재의 상태로 이르게 하는 데 기여하지 않은 관리간접원가

④ 판매원가

서비스기업의 재고자산 원가는 서비스의 제공에 직접 종사하는 인력의 노무원가와 기타 직접 관련된 재료원가와 기타원가로 구성된다. 서비스 제공과 직접 관련이 없는, 판매 및 일반관리 업무에 종사하는 인력의 노무원가와 기타원가는 재고자산 원가에 포함되지 않으며 발생한 기간의 비용으로 인식한다.

(5) 재고자산의 원가결정방법

통상적으로 상호 교환될 수 없는 재고항목이나 특정 프로젝트별로 생산되는 제품 또는 서비스의 원가는 개별법을 사용하여 결정한다. 개별법은 각 재고자산별로 매입원가 또는 제조원가를 결정하는 방법이다. 예를 들면, 특수기계를 주문 생산하는 경우와 같이 제품별로 원가를 식별할 수 있는 때에는 개별법을 사용하여 원가를 결정한다. 그러나 이 방법을 상호 교환 가능한 대량의 동질적인 제품에 대해서 적용하는 것은 적절하지 않다.

단가가 적용되지 않는 재고자산의 단위원가는 선입선출법이나 가중평균법 또는 후입선출법을 사용하여 결정한다. 성격과 용도 면에서 유사한 재고자산에는 동일한 단위원가 결정방법을 적용하여야 하며, 성격이나 용도 면에서 차이가 있는 재고자산에는 서로 다른 단위원가 결정방법을 적용할 수 있다.

1) 표준원가와 소매재고법에 의한 원가 결정

표준원가법이나 소매재고법 등의 원가측정방법은 그러한 방법으로 평가한 결과가 실제 원가와 유사한 경우에 편의상 사용할 수 있다. 표준원가는 정상적인 재료원가, 소모품원가, 노무원가 및 효율성과 생산능력 활용도를 반영한다. 표준원가는 정기적으로 검토하여야 하며 필요한 경우 현재 상황에 맞게 조정하여야 한다.

소매재고법은 판매가격기준으로 평가한 기말재고금액에 구입원가, 판매가격 및 판매가격변동액에 근거하여 산정한 원가율을 적용하여 기말재고자산의 원가를 결정하는 방법이다. 이 방법은 실제원가가 아닌 추정에 의한 원가결정방법이므로 원칙적으로 많은 종류의 상품을 취급하여 실제원가에 기초한 원가결정방법의 사용이 곤란한 유통업종에서만 사용할 수 있다. 다만, 유통업 이외의 업종에 속한 기업이 소매재고법을 사용하는 예외적인 경우에는 소매재고법의 사용이 실제원가에 기초한 다른 원가결정방법을 적용하는 것보다 합리적이라는 정당한 이유와 소매재고법의 원가율 추정이 합리적이라는 근거를 주석으로 기재하여야 한다. 소매재고법은 이익률이 유사한 동질적인 상품군별로 적용한다. 따라서 이익률이 서로 다른 상품군을 통합하여 평균원가율을 계산해서는 안 된다.

(6) 저가법의 적용

재고자산의 시가가 취득원가보다 하락한 경우에는 저가법을 사용하여 재고자산의 재무상태표금액을 결정한다. 다음과 같은 사유가 발생하면 재고자산 시가가 원가 이하로 하락할 수 있다.

① 손상을 입은 경우

② 보고기간말로부터 1년 또는 정상영업주기 내에 판매되지 않았거나 생산에 투입할 수 없어 장기체화된 경우

③ 진부화하여 정상적인 판매시장이 사라지거나 기술 및 시장 여건 등의 변화에 의해서 판매가치가 하락한 경우

④ 완성하거나 판매하는 데 필요한 원가가 상승한 경우

재고자산을 저가법으로 평가하는 경우 재고자산의 시가는 순실현가능가치를 말한다. 생산에 투입하기 위해 보유하는 원재료의 현행대체원가는 순실현가능가치에 대한 최선의 이용가능한 측정치가 될 수 있다. 다만, 원재료를 투입하여 완성할 제품의 시가가 원가보다 높을 때는 원재료에 대하여 저가법을 적용하지 아니한다.

재고자산 평가를 위한 저가법은 항목별로 적용한다. 그러나 경우에 따라서는 서로 유사하거나 관련있는 항목들을 통합하여 적용하는 것이 적절할 수 있다. 이러한 경우는 재고항목이 유사한 목적 또는 용도를 갖는 동일한 제품군으로 분류되고, 동일한 지역에서 생산되어 판매되며, 그리고 그 제품군에 속하는 다른 항목과 구분하여 평가하는 것이 사실상 불가능한 경우를 말한다. 재고자산의 평가에 있어서 저가법을 서로 유사하거나 관련있는 항목들을 통합하여 적용하는 경우에는 계속성을 유지하여야 한다. 저가법은 총액기준으로 적용할 수 없다. 저가법을 적용하여 소매재고법을 사용하는 경우에는 원가율을 계산할 때 가격인하를 매출가격에 의한 판매가능액에서 차감하지 아니한다.

시가는 매 회계기간말에 추정한다. 저가법의 적용에 따른 평가손실을 초래했던 상황이 해소되어 새로운 시가가 장부금액보다 상승한 경우에는 최초의 장부금액을 초과하지 않는 범위 내에서 평가손실을 환입한다. 재고자산평가손실의 환입은 매출원가에서 차감한다.

(7) 비용의 인식

재고자산은 이를 판매하여 수익을 인식한 기간에 매출원가로 인식한다. 재고자산의 시가가 장부금액 이하로 하락하여 발생한 평가손실은 재고자산의 차감계정으로 표시하고 매출원가에

가산한다. 재고자산의 장부상 수량과 실제 수량과의 차이에서 발생하는 감모손실의 경우 정상적으로 발생한 감모손실은 매출원가에 가산하고 비정상적으로 발생한 감모손실은 영업외비용으로 분류한다.

(8) 분류와 공시

재고자산은 총액으로 보고하거나 상품, 제품, 재공품, 원재료 및 소모품 등으로 분류하여 재무상태표에 표시한다. 서비스업의 재고는 재공품으로 분류할 수 있다.

재고자산과 관련된 다음의 사항은 재무제표의 주석으로 기재한다.

① 재고자산의 원가결정방법

② 재고자산을 총액으로 보고한 경우 그 내용

③ 재고자산의 저가법 적용기준 및 평가 내용

④ 담보로 제공한 재고자산의 종류와 금액

후입선출법을 사용하여 재고자산의 원가를 결정한 경우에는 재무상태표가액과, 선입선출법 또는 평균법에 저가법을 적용하여 계산한 재고자산평가액과의 차이를 주석으로 기재한다.

후입선출법을 사용하여 재고자산의 원가를 결정할 때 기초재고의 전부 또는 일부가 판매된 경우(기초재고청산)에는 판매된 기초재고자산의 수량에 당 회계기간 중 평균취득단가를 곱한 금액과 판매된 기초재고자산의 장부상 원가와의 차액을 주석으로 기재한다.

제3절 비유동자산

1. 비유동자산의 의의와 분류

(1) 비유동자산의 의의

비유동자산(fixed assets)은 장기간 계속하여 영업활동에 사용할 목적으로 보유하는 자산으로서 비유동자산이 되기 위해서는 다음과 같은 속성을 가져야 한다.

첫째, 판매목적이 아니라 투자목적 또는 영업목적을 위해서 보유하여야 한다. 그러므로 동일한 종류의 자산이라 할지라도 영업목적이 아니고 판매의 목적으로 보유하는 자산은 재고자산이 된다.

둘째, 단기간 보유하는 것이 아니라 장기간 계속적으로 사용하기 위해서 보유하여야 한다.

셋째, 기업이 소유하는 자산이어야 한다.

따라서 비유동자산은 대부분 기업이 영업목적을 위해서 정상적 영업활동과 관련하여 장기간 사용할 목적으로 소유하는 자산이라고 할 수 있다.

(2) 비유동자산의 분류

형태의 유무와 성격에 따라 투자자산, 유형자산 및 무형자산으로 분류된다.

투자자산(investments)은 다른 기업을 지배, 통제할 목적이나 여유자금을 증식시킬 목적으로 장기간 예금, 유가증권 및 부동산에 투자된 자산을 말한다.

유형자산(tangible assets)은 기업이 1년 이상 영업활동에 사용할 목적으로 보유하는 유형의 자산을 말한다. 즉, 유형자산은 장기간 영업활동에 계속적으로 사용되는 구체적 형태를 가지는 자산이다.

무형자산(intangible assets)은 구체적인 형태를 가지지 않는 고정자산으로서 장기간에 걸쳐 기업에 경제적 이익을 제공해 준다. 무형자산은 법률이나 계약에 의하여 인정받은 권리이거나 사회적으로 보아 사실상 권리로서 인정받는 것 등으로 구성된다.

2. 투자자산

(1) 투자자산의 의의

투자자산(investment assets)은 기업이 소유하는 자산으로서 사업본래의 목적을 위한 것이 아니라 타기업을 지배·통제하거나 유휴자금의 이식활용을 목적으로 하는 것이다. 투자는 그 목적에 따라서 단기투자와 장기투자로 분류된다. 그리고 장기투자는 다시 둘로 분류되는데, 첫째, 기업에 장기여유자금이나 특정적립금의 활용방안으로 투자하는 경우이다. 즉 사원보증금, 퇴직적립금, 감채기금적립금 등은 일정한 시기에 지급할 것이 확실하므로 다른 자산과 분리하여 관리할 필요가 있다. 이때 투자의 대상에는 여러 가지가 있으나 일반적으로 이를 이식목적에 따라서 주식이나 사채에 투자한다.

둘째, 타기업을 지배·통제하기 위한 목적에 의한 투자로서 지배통제를 위한 기업의 주식·사채 등을 소유하는 경우이다.

일반기업회계기준의 재무제표의 작성과 표시에서는 투자자산으로는 투자부동산 장기투자증권·지분법적용투자자산장기대여금·기타의 투자자산 등으로 구분하고 있다. 또한 기타의 투자자산이란 상기 투자자산에 속하지 않는 투자자산으로 한다.

(2) 투자자산의 종류

1) 투자부동산

투자부동산(investment in real estates)은 비업무용 부동산 또는 수익이 없는 부동산으로 장래에 영업용으로 사용될 가능성이 없는 유휴부동산을 말한다. 여기에서 비업무용 부동산이라 함은 당해 법인의 업무에 직접관련이 없는 부동산을 말한다. 투자부동산은 일반적으로 투자에 의한 차익 목적으로 소유하기 때문에 가격이 상승하면 매각처분하는 것이 일반적이다. 그리고 매입부대비용과 보유기간 동안의 제비용은 당해 자산취득원가에 가산한다.

2) 장기투자증권

장기투자증권에는 매도가능금융자산과 만기보유금융자산이 있다.

① 매도가능금융자산

주식이나 채권중 단기매매금융 단기매매금융자산이나 만기보유금융자산 및 지분법적용 투자주식으로 분류되지 않은 유가증권으로 한다.

② 만기보유증권

만기가 확정된 채무증권(국·공채, 사채)으로서 상환금액이 확정되었거나 확정이 가능한 채무증권은 만기까지 보유할 적극적인 의도와 능력이 있는 유가증권으로 한다.

3) 지분법적용투자주식

(A) 지분법의 의의

(가) 적용범위 제외

벤처캐피탈, 뮤추얼펀드, 기타 이와 유사한 기업이 소유하는 지분상품 중 공정가치로 평가하여 공정가치 변동을 당기손익으로 회계처리하기로 최초 인식시 지정하거나 단기매매증권으로 분류하여 금융자산·금융부채에 따라 회계처리하는 투자주식에 대하여는 적용하지 아니한다. 그러한 투자주식은 공정가치로 평가하여 공정가치 변동을 당기손익으로 처리한다.

(나) 지분법피투자기업의 범위

지분법피투자기업은 투자기업이 유의적인 영향력을 행사할 수 있는 지분법적용대상 피투자기업을 말한다. 지분법피투자기업에는 주식회사, 합명회사, 합자회사, 유한회사, 조합 등의 모든 법적 실체를 포함한다.

(다) 유의적인 영향력

유의적인 영향력은 투자기업이 피투자기업의 재무정책과 영업정책에 관한 의사결정에 참여할 수 있는 능력을 말한다.

① 투자기업이 직접 또는 종속기업을 통하여 간접적으로 피투자기업의 의결권있는 주식의 20% 이상을 보유하고 있다면 명백한 반증이 있는 경우를 제외하고는 유의적인 영향력이 있는 것으로 본다.

② 투자기업이 직접 또는 종속기업을 통하여 간접적으로 보유하고 있는 피투자기업에 대한 의결권 있는 주식이 20%에 미달하는 경우에는 일반적으로 피투자기업에 대하여 유의적인 영향력이 없는 것으로 본다.

투자기업이 다음 중 하나 이상에 해당하는 경우 일반적으로 피투자기업에 대하여 유의적인 영향력이 있다고 본다.

① 투자기업이 피투자기업의 이사회 또는 이에 준하는 의사결정기구에서 의결권을 행사할 수 있는 경우

② 투자기업이 피투자기업의 재무정책과 영업정책에 관한 의사결정과정에 참여할 수 있는 경우

③ 투자기업이 피투자기업의 재무정책과 영업정책에 관한 의사결정과정에 참여할 수 있는 임원선임에 상당한 영향력을 행사할 수 있는 경우

④ 피투자기업의 유의적인 거래가 주로 투자기업과 이루어지는 경우

⑤ 피투자기업에게 필수적인 기술정보를 투자기업이 당해 피투자기업에게 제공하는 경우

투자기업이 다음 중 하나 이상에 해당하는 경우 일반적으로 피투자기업에 대하여 유의적인 영향력을 행사할 수 없다고 본다.

① 법적 소송이나 청구의 제기에 의하여 투자기업이 피투자기업의 재무정책과 영업정책을 결정하는 데 실질적인 영향을 미칠 수 없는 경우

② 계약이나 법규 등에 의하여 투자기업이 의결권을 행사할 수 없는 경우

③ 피투자기업에 대한 의결권 있는 주식의 대부분을 특정 지배기업이 보유함으로써 투자기업이 보유한 의결권으로는 사실상 영향력을 행사할 수 없는 경우

④ 피투자기업이 은행법에 의하여 설립된 금융기관으로부터 당좌거래 정지처분 중에 있거나, 회사정리법 또는 기업구조조정촉진법 등에 의해 법적 구조조정절차 중에 있어서 투자기업이 사실상 영향력을 행사할 수 없는 경우

⑤ 위에 열거된 경우에 준하는 사유

(B) 지분법의 적용

투자기업은 지분법적용투자주식을 원가로 인식하고, 지분법적용투자주식의 취득시점 이후 발생한 지분변동액을 당해 지분법적용투자주식에 가감하여 보고한다.

12개월 이내에 매각할 목적으로 투자주식을 취득하여 적극적으로 매수자를 찾고 있는 경우 당해 투자주식은 단기매매증권으로 분류하고 금융자산·금융부채를 적용하여 회계처리한다. 당해 투자주식을 매수 이후 12개월 이내에 매각하지 못한 경우에는 매수시점에 소급하여 지분법을 적용하고 재무제표를 재작성한다. 다만, 매수자가 있으나 법규 등에 의해 불가피하게 매수 이후 12개월 이내에 매각을 완료하지 못한 경우에는 보고기간종료일로부터 가까운 시일 내에 매각이 완료될 가능성이 매우 높다면 당해 투자주식에 대하여 지분법을 적용하지 아니한다.

지분법 회계처리절차는 연결관련 회계처리 절차와 대부분 유사하다. 또한 연결재무제표 작성에 적용되는 대부분의 개념들은 지분법적용투자주식에 대하여도 적용한다.

투자차액은 피투자기업의 식별가능한 순자산의 공정가치 중 투자기업이 취득한 지분율에 해당하는 금액과 취득대가의 차이금액이며, 이는 미래의 초과수익력 등으로 인하여 지분법적용투자주식의 취득시점에 발생한다. 이 투자차액은 영업권 등으로 보아 사업결합에서 정하는 바에 따라 회계처리한다.

지분법피투자기업이 유상증자(유상감자, 무상증자, 무상감자 포함)를 실시한 결과로 투자기업의 지분율이 증가하는 경우 투자차액을 산정하고, 이 투자차액을 영업권 등으로 보아 사업결합에서 정하는 바에 따라 회계처리한다.

투자기업이 피투자기업의 주식을 단계적으로 취득하여 유의적인 영향력을 행사할 수 있게 된 경우에는 유의적인 영향력을 행사할 수 있게 된 날에 일괄 취득한 것으로 보아 투자차액을 산정한다. 이 경우 취득대가는 유의적인 영향력을 행사할 수 있게 된 날의 직전일까지 취득한 주식의 공정가치와 추가 취득한 주식의 취득원가의 합계액이다. 유의적인 영향력을 행사할 수 있게 된 날까지 보유하고 있던 피투자기업의 주식을 공정가치로 평가함에 따라 발생한 손익은 지분법 적용일이 속하는 회계기간에 당기손익으로 인식한다.

(C) 순자산 공정가치와 장부금액의 차액에 대한 처리

투자주식의 취득시점에 지분법피투자기업의 식별가능한 자산·부채의 공정가치와 장부금액의 차이금액 중 투자기업의 지분율에 해당하는 금액은 당해 자산·부채에 대한 지분법피투자기업의 처리방법에 따라 상각 또는 환입한다.

(D) 지분변동액의 회계처리

지분변동액은 지분법피투자기업의 순자산변동액 중 투자기업의 지분율에 해당하는 금액으로 지분법적용투자주식에 가감하고 지분법피투자기업의 순자산금액 변동의 원천에 따라 회계처리한다.

지분법피투자기업의 순자산금액 변동이 당기순이익 또는 당기순손실로 인하여 발생한 경우 지분변동액은 당기손익항목(예: 지분법손익)으로 처리한다.

상기의 규정에 불구하고, 지분법피투자기업의 전기이월이익잉여금이 중대한 오류수정에 의하여 변동하였을 경우 투자기업의 재무제표에 미치는 영향이 중대하지 아니하면 당해 지분변동액을 회계정책, 회계추정의 변경 및 오류에 따라 당기손익으로 처리한다. 지분법피투자기업의 전기이월이익잉여금이 피투자기업의 회계변경에 의하여 변동하였을 경우 당해 지분변동액은 전기이월미처분이익잉여금(예: 지분법이익잉여금변동)에 반영한다.

지분법피투자기업의 순자산금액 변동이 당기순손익과 전기이월미처분이익잉여금을 제외한 자본의 증가 또는 감소로 인하여 발생한 경우 지분변동액은 기타포괄손익누계액(예: 지분법자본변동)으로 처리한다.

투자기업은 지분법피투자기업이 배당금지급을 결의한 시점에 투자기업이 수취하게 될 배당금 금액을 지분법적용투자주식에서 직접 차감한다. 지분법피투자기업이 주식을 배당하거나 자본잉여금을 결손보전에 사용한 경우에는 지분법피투자기업의 순자산금액에 변동이 없으므로 투자기업은 별도의 회계처리를 하지 아니한다.

(E) 내부거래 미실현손익의 제거

투자기업 및 지분법피투자기업간의 거래에서 발생한 손익에 투자기업의 지분율을 곱한 금액 중 보고기간종료일 현재 보유자산의 장부금액에 반영되어 있는 부분은 투자기업의 미실현손익으로 본다. 이 경우 미실현이익은 지분법적용투자주식에서 차감하고 미실현손실은 지분법적용투자주식에 가산한다.

(F) 지분법피투자기업의 재무제표

지분법은 투자기업의 보고기간종료일을 기준으로 작성된 지분법피투자기업의 신뢰성있는 재무제표를 사용하여 적용한다.

투자기업과 지분법피투자기업의 보고기간종료일이 다르고 그 차이가 3개월 이내인 경우에는 지분법 적용시 지분법피투자기업의 보고기간종료일 기준으로 작성한 신뢰성있는 재무제표를 사용할 수 있다. 이 경우 지분법피투자기업의 보고기간종료일과 투자기업의 보고기간종료일 사이에 발생한 유의적인 거래나 사건은 적절히 반영하여 회계처리한다.

유사한 상황에서 발생한 동일한 거래나 사건에 대하여는 지분법피투자기업의 회계정책을 투자기업의 회계정책으로 일치하도록 적절히 수정하여 지분법을 적용한다. 다만, 투자기업이나 지분법피투자기업이 중소기업 회계처리 특례를 적용하거나, 지분법피투자기업이 한국채택국제회계기준(국제회계기준을 포함한다)을 적용하여 재무제표를 작성함에 따라 회계정책이 일치하지 아니하는 경우에는 그러하지 아니할 수 있다.

(G) 지분법적용투자주식의 금액이 영(0)이하가 될 경우

투자기업이 지분법을 적용할 때 지분법피투자기업의 손실 등을 반영함으로 인하여 지분법적용투자주식의 장부금액이 영(0) 이하가 될 경우에는 더 이상의 지분변동액에 대한 인식을 중지하고 지분법적용투자주식을 영(0)으로 처리한다.

지분법피투자기업에 대한 투자지분은 지분법적용투자주식의 장부금액과 실질적으로 투자기업의 순투자액의 일부를 구성하는 장기투자 항목을 합한 금액이다. 예를 들어, 예측 가능한 미래에 상환 받을 계획이 없고 상환가능성도 거의 없는 항목은 실질적으로 지분법피투자기업에 대한 투자의 연장이다. 이러한 항목에는 우선주와 장기대여금 및 장기수취채권이 포함된다. 그러나 매출채권, 매입채무, 담보자산으로 회수가능한 장기수취채권(예: 담보부대여금)은 제외한다. 지분법 적용으로 지분법피투자기업 보통주에 대한 투자 금액을 초과한 손실은 지분법피투자기업에 대한 투자지분 중 보통주와 다른 요소가 있을 경우 지분법피투자기업이 청산된다면 상환 받는 우선순위와는 반대의 순서로 적용하여 인식한다.

지분법적용투자주식에 대하여 지분법 적용을 중지한 후, 지분법피투자기업의 당기이익으로 인하여 지분변동액이 발생하는 경우 지분법 적용 중지기간 동안 인식하지 아니한 지분법피투자기업의 손실누적분 등을 상계한 후 지분법을 적용한다. 지분법피투자기업이 유상증자(자본잉여금 및 자본조정의 증가를 포함한다)를 한 경우에는 유상증자금액 중 당기 이전에 미반영한 손실에 해당하는 금액은 전기이월이익잉여금(예: 지분법이익잉여금변동)의 감소로 하여 투자주식을 차감처리한다.

(H) 손상차손

지분법적용투자주식으로부터 회수할 수 있을 것으로 추정되는 금액(이하 회수가능액이라 한다)이 장부금액보다 작은 경우에는 손상차손을 인식할 것을 고려하여야 한다. 금융자산·금융부채를 적용하여 손상차손의 발생에 대한 객관적인 증거가 있는지를 평가하고 그러한 증거가 있는 경우에는 자산손상에 따라 손상차손을 인식한다. 회수가능액은 지분법적용투자주식을 매각한다면 예상되는 순현금유입액과 사용가치 중 큰 금액으로 한다. 손상차손금액은 당기손실(예: 지분법적용투자주식손상차손)로 인식한다.

회수가능액 산정시 고려되는 사용가치는 다음의 ① 또는 ②의 금액으로 측정한다.

① 지분법피투자기업이 사업 등을 통하여 창출할 것으로 기대되는 미래순현금흐름과 청산가치의 현재가치 중 투자기업의 지분액

② 지분법적용투자주식의 보유기간 동안 기대되는 미래배당현금흐름과 보유기간 종료시 당해 지분법적용투자주식의 처분가치의 현재가치

지분법적용투자주식에 대하여 손상차손을 인식할 때 미상각된 투자차액이 있는 경우에는 투자차액을 우선 차감한다.

손상차손을 인식한 후에 지분법적용투자주식의 회수가능액이 회복된 경우에는 이전에 인식하였던 손상차손금액을 한도로 하여 회복된 금액을 당기이익으로 인식한다. 이 경우 회복 후 지분법적용투자주식 장부금액이 당초에 손상차손을 인식하지 않았다면 회복일 현재의 지분법적용투자주식 장부금액이 되었을 금액을 초과하지 않도록 한다. 다만, 투자차액에 해당하는 손상차손의 회복을 인정하지 아니하므로 이에 대한 회계처리는 하지 아니한다.

(I) 지분법적용투자주식의 처분 등

지분법적용투자주식의 일부 또는 전부를 처분하는 경우 처분된 당해 지분법적용투자주식과 관련한 기타포괄손익누계액(예: 지분법자본변동)은 당해 투자주식의 처분손익으로 인식한다.

지분법피투자기업이 유상감자(유상증자, 무상증자, 무상감자 포함)를 실시한 결과로 투자기업의 지분율이 감소하는 경우, 다음 ①과 ②의 차액을 처분손익으로 회계처리한다.

① 지분감소 대가로 수령하는 금액

② 유상감자전의 투자기업의 지분금액에서 유상감자후의 투자기업의 지분금액을 차감한 잔액

(J) 유의적인 영향력의 상실

지분법적용투자주식의 처분에 의한 투자기업의 지분율 하락 등으로 인하여 피투자기업에 대한 유의적인 영향력을 상실하는 경우, 당해 투자주식에 대하여는 지분법 적용을 중단하고 금융자산・금융부채에 따라 회계처리한다. 이 경우 유의적인 영향력을 상실하게 된 시점의 장부금액을 당해 투자주식의 취득원가로 한다.

(K) 종속기업에 대한 지분법 적용

지분법피투자기업이 종속기업인 경우 당해 지분법적용투자주식에 대하여 투자계정의 잔액이 영(0)이 되어 지분법 적용을 중지하게 되는 경우를 제외하고는 지배기업 개별재무제표의 당기순손익 및 순자산이 연결재무제표의 당기순손익 및 순자산에 대한 지배기업의 지분과 일치되도록 회계처리한다. 종속기업에 대한 지분법 적용시 고려할 사항을 예시하면 다음과 같다.

① 투자기업이 종속기업에 대하여 자산을 매각한 거래(하향판매거래)로 인하여 발생한 손익에 대하여는 보고기간종료일 현재 보유자산의 장부금액에 반영되어 있는 부분을 전액 제거한다.

② 종속기업주식의 추가 취득시 취득대가와 연결재무상태표상 종속기업의 순자산 중 추가지분취득분과의 차액은 자본잉여금(또는 자본조정)으로 처리한다.

③ 투자기업이 종속기업 주식의 일부를 처분한 후에도 당해 종속기업이 계속하여 연결대상

에 속하는 경우에는 그 처분금액과 장부금액의 차액은 당기손익으로 인식하지 아니하고 자본잉여금(또는 자본조정)에 포함한다.

④ 종속기업이 유상증자 등을 실시함에 따라 투자기업의 지분율이 변동된 경우에는 다음 ㉮와 ㉯의 차액을 자본잉여금(또는 자본조정)에 포함한다.

㉮ 유상증자 등으로 인하여 취득한 주식의 취득원가

㉯ 유상증자 등을 실시한 후 지배기업의 지분금액에서 유상증자 등을 하기전 지배기업의 지분금액을 차감한 잔액

⑤ 투자기업이 종속기업에 대하여 채권을 소유하고 있으며 이에 대하여 대손충당금을 설정한 경우 당해 회계기간에 인식한 대손상각비는 지분법적용투자주식에 가산하고 당기이익(예: 지분법이익)에 반영한다.

⑥ 종속기업이 중소기업 회계처리 특례를 적용하여 재무제표를 작성한 경우에는 단서규정을 적용하지 아니한다.

⑦ 종속기업에 속하지 아니하던 피투자기업(지분법피투자기업 포함)이 투자기업의 지분 추가취득 등으로 인해 종속기업으로 되는 경우 사업결합에 따라 투자차액을 산정하여 지분법을 적용한다.

(L) 재무제표 표시

지분법적용투자주식은 투자자산 중 별도의 과목으로 재무상태표에 표시한다. 투자기업이 소유하고 있는 지분법적용투자주식이 2종목 이상인 경우 지분법적용에 의한 지분법손익, 기타포괄손익누계액(예: 지분법자본변동) 또는 지분법이익잉여금변동은 각각 총액으로 표시한다. 예를 들면, 지분법이익과 지분법손실, 지분법자본변동과 부(-)의 지분법자본변동 또는 지분법이익잉여금변동과 부의지분법이익잉여금변동은 서로 상계하지 아니하고 각각 표시한다.

(M) 주석공시

투자기업은 다음의 사항을 주석으로 기재한다.

① 지분법피투자기업에 대한 소유 지분율 현황

② 지분율이 20% 이상이지만 지분법을 적용하지 않는 경우 그 이유와 관련 지분법피투자기업명

③ 지분율이 20% 미만이지만 지분법을 적용하는 경우 그 이유와 관련 지분법피투자기업명

④ 지분법을 적용할 때 사용한 지분법피투자기업의 재무제표의 보고기간종료일이 투자기업의 보고기간종료일과 다른 경우 그 이유와 내용

⑤ 지분법피투자기업의 자산총액, 부채총액, 매출액 및 당기손익을 포함한 요약 재무정보

⑥ 지분법피투자기업이 충당부채로 인식하지 아니한 우발부채에 대한 투자기업의 지분상당액
⑦ 시장성 있는 지분법적용투자주식의 경우, 보고기간종료일 현재의 시장가격
⑧ 지분법피투자기업이 중단사업손익 및 전기오류수정손익을 구분하여 손익계산서에 표시한 경우, 각각에 대한 투자기업의 지분상당액
⑨ 종속기업에 대한 투자계정의 잔액이 영(0)이 되어 지분법 적용을 중지한 경우, 지배기업의 개별재무제표상 당기순손익 또는 순자산과 연결재무제표상당기순손익 또는 순자산에 대한 지배기업의 지분이 일치하지 않는 그 이유와 내용
⑩ 단서규정에 해당하는 경우 그 내용
⑪ 투자계정의 잔액이 영(0)이 되어 지분법적용의 중지로 인하여 인식하지 못한 당기의 지분변동액과 전기이전의 지분변동액 누적액
⑫ 약정 또는 규제 등에 의하여 지분법피투자기업이 투자기업에 자금을 이전하는 데 유의적인 제약이 있는 경우 그 내용

4) 장기대여금

장기대여금(long-term loans)은 유동자산에 속하지 아니하는 장기의 대여금으로 회수약정일이 재무상태표일로부터 1년 이후에 도래하는 대여금을 말한다. 따라서 재무상태표일로부터 1년 이내에 회수약정일이 도래하는 대여금은 당좌자산의 단기대여금에 계상하여야 한다.

① 주주·임원·종업원 장기대여금

주주·임원·종업원장기대여금(long-term loans to stockholders, officers and employees)은 유동자산에 속하지 아니하는 주주·임원·종업원에게 재무상태표작성일로부터 1년을 초과하여 장기대여하는 채권을 말한다. 그리고 주주나 임원에 장기적으로 거액을 대여한 경우에는 회사의 경영자는 이의 회수가능성과 이러한 거액의 장기대여가 회사의 재무상태에 어떠한 불이익을 주는가를 고려하여 재무상태표 계상금액을 결정하여야 한다.

② 관계회사대여금

관계회사대여금(long-term loans to affiliated companies)은 관계회사에 대여한 채권을 처리하는 계정이다.

5) 기타의 투자자산

(가) 장기성매출채권

장기성매출채권(long term accounts receivable)은 유동자산에 속하지 아니하는 일반적인

상거래에서 발생한 장기의 외상매출금 및 받을어음을 처리하는 계정이다. 이 계정은 일반적 상거래에서 발생한 매출채권 중 만기일이 재무상태표일로부터 1년 후에 도래하는 매출채권을 말한다.

(나) 보증금

보증금(guarantee deposit)은 타인의 부동산 또는 동산을 월세 등의 조건을 사용하기 위한 것과 그 외의 사용조건으로 지급하는 보증금으로 전세권·전신전화가입권·임차보증금·영업보증금 등으로 한다.

① 전세권

전세권(leasehold right)은 전세금을 지급하고 타인의 부동산을 그 용도에 따라 사용할 수 있는 권리를 말한다. 이 경우의 전세권은 민법상의 권리로서 전세금은 그의 용도에 따라 사용·수익하는 용익물권으로 전세권이 소멸하면 전세권자는 전세금을 반환받게 된다. 따라서 전세권은 감가상각을 하지 않는다.

② 전신전화가입권

전신전화가입권(telegraph and telephone right)은 전신전화를 사용하는 권리를 말한다. 전신전화의 취득으로 인해서 발생한 제비용은 전신전화가입권이란 자산계정으로 처리하지 않고 비용계정으로 처리하는 경우도 있다.

③ 임차보증금

임차보증금(guarantee deposit)은 월세 등의 조건으로 타인의 부동산 또는 동산을 사용한다는 점에서 전세금을 지급하고 타인의 부동산을 그 용도에 따라 사용·수익하는 전세권과는 상이하다. 임차보증금의 예로서는 사무실용 빌딩의 임차 또는 컴퓨터, 복사기 등의 동산의 임차 등을 들 수 있다.

④ 영업보증금

영업보증금(key money)은 영업목적을 위해서 제공한 거래보증금·입찰보증금 및 하자보증금 등을 처리하는 계정이다. 원료 또는 상품을 계속적으로 외상매입 하기 위해서 공급자에게 예치하는 거래보증금, 건설업자가 예치하는 입찰보증금, 제공한 물품 또는 건조물에 장차 발생할지도 모를 하자를 보증하기 위해서 예치하는 하자보증금 등은 영업보증금계정에서 처리한다.

(다) 이연법인세자산

이연법인세자산은 과세소득에 근거하여 세무당국에 납부하여야 할 법인세와 손익계산서의 법인세비용차감전이익에 근거한 회계상의 법인세 비용 사이에 차이가 나는데 이 차이를 이연법인세(deferred taxes)라 하는데 법인세가 법인세 비용보다 크면 그 차이를 이연법인세자산이라고 한다.

6) 조인트벤처 투자

(A) 조인트벤처의 정의

조인트벤처는 둘 이상의 당사자가 공동지배의 대상이 되는 경제활동을 수행하기 위해 만든 계약상 약정을 말한다.

공동지배는 계약상 약정에 의하여 경제활동에 대한 지배력을 공유하는 것을 말하며, 경제활동에 관련된 전략적 재무정책과 영업정책에 관한 의사결정에 지배력을 공유하고 있는 당사자(참여자) 전체의 동의가 필요할 때에만 존재한다.

조인트벤처는 다양한 형태를 가진다. 이 장은 조인트벤처를 공동지배사업, 공동지배자산 그리고 공동지배기업이라는 세 가지 유형으로 분류한다. 모든 조인트벤처는 다음의 두 가지 공통적인 특징을 가지고 있다.

① 참여자가 계약상 약정에 의하여 구속받는다.

② 계약상 약정에 의하여 공동지배가 성립한다.

(B) 공동지배사업

공동지배사업은 이를 운영하기 위해 법인, 파트너십이나 그 밖의 실체 또는 참여자와 분리된 별개의 재무적 조직 등으로 설립되지 아니하고 참여자의 자산과 그 밖의 자원을 사용하여 운영된다. 각 참여자는 자신의 유형자산을 사용하고 자신의 재고자산을 보유한다. 또 참여자는 비용과 부채를 발생시키며 자금을 조달함으로써 자체적으로 채무를 부담한다. 조인트벤처의 활동은 참여자의 유사한 활동과 함께 참여자의 종업원이 수행하기도 한다. 조인트벤처의 합의에는 통상 공동생산제품의 판매로 발생한 수익과 공통적으로 발생한 비용을 참여자간에 분배하는 방법에 대한 조항이 있다.

참여자는 공동지배사업 투자지분에 대하여 다음의 사항을 재무제표에 인식한다.

① 참여자가 지배하는 자산과 발생시킨 부채

② 참여자가 발생시킨 비용과 조인트벤처의 재화나 용역의 판매수익 중 참여자에 대한 분배금액

(C) 공동지배자산

조인트벤처에서는, 조인트벤처의 목적으로 출자되거나 취득되고 조인트벤처의 목적에 사용되는 하나 이상의 자산을 참여자가 공동지배하고 흔히 공동소유하는 경우를 포함한다. 공동지배자산은 참여자를 위하여 효익의 획득에 사용된다. 각 참여자는 자산으로부터의 산출물을 분배받고 발생비용 중 합의된 부분을 부담한다.

참여자는 공동지배자산 투자지분에 대하여 다음 사항을 재무제표에 인식한다.

① 자산의 성격에 따라 분류된 공동지배자산 중 참여자의 지분

② 참여자가 발생시킨 부채

③ 조인트벤처와 관련하여 다른 참여자와 공동으로 발생시킨 부채 중 참여자의 지분

④ 참여자의 지분에 해당하는 조인트벤처의 산출물을 판매하거나 사용하여 발생한 수익과 조인트벤처가 발생시킨 비용 중 참여자의 지분

⑤ 조인트벤처에 대한 참여자의 지분과 관련하여 참여자가 발생시킨 비용

(D) 공동지배기업

공동지배기업은 법인, 파트너십 또는 각 참여자가 지분을 소유하는 그 밖의 형태의 기업으로 설립된 조인트벤처이다. 공동지배기업은 참여자 사이의 계약상 약정을 통하여 경제활동에 대한 공동지배가 성립된다는 것을 제외하고는 다른 기업과 동일하게 운영된다. 한편, 공동지배기업에 대하여 공동지배를 상실한 참여자는 이전 공동지배기업이 종속기업이나 관계기업이 되는 경우가 아니라면, 그때부터 금융자산·금융부채에 따라 회계처리한다. 공동지배기업이 투자자의 종속기업이 된 때부터 투자자는 투자지분을 연결재무제표와 사업결합에 따라 회계처리한다. 공동지배기업이 투자자의 관계기업이 된 때부터 투자자는 그 투자지분을 지분법에 따라 회계처리한다. 이 경우 공동지배를 상실하게 된 시점의 보유 투자지분의 장부금액을 취득원가로 본다.

㉮ 참여자의 공동지배기업 투자에 대한 지분법적용

참여자는 공동지배기업에 대한 투자지분에 대하여 '지분법'을 적용한다.

벤처캐피탈, 뮤추얼펀드, 기타 이와 유사한 기업이 소유하고 있는 공동지배기업에 대한 투자지분 중, 공정가치로 평가하여 공정가치 변동을 당기손익으로 회계처리하기로 최초 인식시 지정하거나 단기매매증권으로 분류하여 회계처리하는 투자지분에 대하여는 이 장을 적용하지 아니한다. 그러한 투자지분은 금융자산·금융부채를 적용하여 공정가치로 평가하여 공정가치 변동을 당기손익으로 처리한다.

㉯ 참여자와 조인트벤처와의 거래

참여자가 조인트벤처에 자산을 출자하거나 매각하는 경우, 그 거래에서 발생하는 손익의 일부분을 인식할 때 거래의 실질을 반영한다. 조인트벤처가 자산을 보유하고 참여자가 소유에 따르는 유의적인 위험과 보상을 이전하였다면, 참여자는 손익 중 다른 참여자의 지분에 해당되는 금액만큼만 인식한다. 출자나 매각거래가 자산의 순실현가능가치 감소나 자산손상의 증거를 제공하는 경우에는 참여자는 손실을 전액 인식한다.

참여자가 조인트벤처로부터 자산을 구입하는 경우, 참여자는 그 자산을 제3자에게 재매각하기 전까지는 조인트벤처의 이익 중 참여자의 지분에 해당하는 금액을 인식하지 아니한다. 참여자는 이러한 거래에서 발생하는 손실 중 참여자의 지분에 해당하는 금액도 이익의 경우와 동일한 방법으로 인식한다. 그러나 그러한 손실이 자산의 순실현가능가치 감소나 자산손상의 증거를 제공하는 경우에는 참여자는 손실을 즉시 인식한다.

참여자가 공동지배기업에 비화폐성자산을 출자한 경우, 이로부터 발생하는 손익 중 당해 다른 참여자의 지분에 해당하는 부분은 당기손익으로 인식한다. 다만, 참여자의 비화폐성자산의 출자가 다음 중 하나에 해당하는 경우 손익은 발생되지 않은 것으로 보아 인식하지 아니한다.

① 출자된 비화폐성자산의 소유에 따른 유의적인 위험과 보상이 공동지배기업에 이전되지 않은 경우

② 비화폐성자산의 출자와 관련된 손익을 신뢰성 있게 측정할 수 없는 경우

③ 비화폐성자산의 출자거래에 상업적 실질이 결여되어 있는 경우

㉰ 조인트벤처 투자자의 재무제표에서 조인트벤처 투자지분 보고

조인트벤처 투자자는 공동지배기업에 대한 투자지분을 금융자산·금융부채에 따라 회계처리하되, 조인트벤처에 유의적인 영향력을 행사할 수 있는 경우에는 지분법에 따라 회계처리한다.

(E) 조인트벤처 운영 및 관리

조인트벤처의 운영자 또는 관리자는 받은 보수를 수익에 따라 회계처리한다.

(D) 공시

참여자는 손실의 발생가능성이 희박하지 않다면 다음의 우발부채 총액을 다른 우발부채 금액과 구분하여 주석으로 기재한다.

① 조인트벤처 투자지분과 관련하여 참여자가 발생시킨 우발부채와 다른 참여자와 공동으로 발생시킨 우발부채 중 참여자의 지분에 해당하는 금액

② 참여자에게 우발적 의무가 있는 조인트벤처 자체의 우발부채 중 참여자의 지분에 해당하는 금액

③ 다른 참여자의 부채에 대하여 참여자에게 우발적 의무가 있기 때문에 발생하는 우발부채 참여자는 조인트벤처 투자지분과 관련된 다음의 약정금액 총액을 다른 약정금액과 구분하여 공시한다.

④ 참여자의 출자약정금액과 다른 참여자와 공동으로 발생시킨 출자약정금액 중 참여자의 지분에 해당하는 금액

⑤ 조인트벤처 자체의 다른 투자대상에 대한 출자약정금액 중 참여자의 지분에 해당하는 금액

참여자는 유의적인 조인트벤처의 목록과 내용 및 공동지배기업에 대한 지분율을 주석으로 기재한다. 또한 참여자는 공동지배기업에 대하여 이 장에서 정하고 있는 주석사항 이외에 지분법에서 정하고 있는 주석사항을 추가적으로 기재한다.

3. 유형자산

(1) 유형자산의 정의

유형자산은 재화의 생산, 용역의 제공, 타인에 대한 임대 또는 자체적으로 사용할 목적으로 보유하는 물리적 형체가 있는 자산으로서, 1년을 초과하여 사용할 것이 예상되는 자산을 말한다.

천연자원의 회계처리에는 적용하지 아니한다. 다만, 천연자원의 개발, 탐사 및 채굴 활동에 사용되는 구축물과 기계장치 등의 유형자산에 대한 회계처리는 이 장을 적용한다.

(2) 유형자산의 특성

1) 보유목적

유형자산은 정상적인 영업활동에 사용할 목적으로 보유하는 영업자산(營業資産, operational assets)이다. 예를 들어, 공장부지나 본사건물의 부지는 영업용으로 사용하는 자산이므로 토지라는 유형자산으로 분류된다. 다른 점에서는 유형자산과 동일하지만 보유목적이 영업에 사용하는 것이 아니기 때문에 유형자산으로 분류되지 않는 것이 있다. 예컨대, 부동산사업을 하지 않는 기업이 투기용으로 취득한 토지와 건물은 유형자산이 아니라 투자자산의 일종인 투자부동산으로 분류된다. 반면에 부동산사업을 주된 영업활동을 하는 기업이 재판매용으로 보유하는 토지와 건물, 건설회사가 개발하여 판매할 목적으로 보유하는 토지는 재고자산에 속한다.

영업활동을 목적으로 보유한다는 것은 그 목적으로 계속 사용되어야 한다고 의미하지는 않는다. 고장으로 수리중인 영업용 기계장치는 여전히 유형자산이며 취득 후 영업활동에 사용하기 위하여 준비중인 건물, 토지 등도 유형자산에 속한다. 만약 사용하다가 내용연수 도중 사용을 중단하였지만, 장래 사용을 재개할 예정인 것은 여전히 유형자산으로 분류한다. 그러나 내용연수 도중 사용을 중단한 후 처분 또는 폐기할 예정인 유형자산은 사용을 중단한 시점을 장부가액을 평가금액으로 하여 투자자산으로 재분류한다.

2) 내구성

유형자산은 내용연수(耐用年數, useful life)가 1년을 초과하는 내구성 자산이다. 내구성이란 자산의 효익(效益, benefits), 즉 현금 창출력(또는 이익창출력)이 1년을 초과하여 지속되어야 함을 의미한다. 따라서 유형자산은 사용으로 인한 가치감소를 대응원칙에 의하여 경제적 효익을 얻는 내용연수에 걸쳐 배분하는데 이를 감가상각이라 한다. 유형자산 중에서 토지는 사용으로 인하여 가치감소가 없다고 보아 감가상각 하지 않는다.

3) 물리적 실체

유형자산은 물리적 실체(physical substance)를 가진 자산이다. 그러나 물리적 형태가 없이 영업에 사용하는 내구성 자산인 산업재산권(특허권, 의장권 등), 저작권, 어업권 등은 무형자산(無形資産, intangible assets)으로 분류된다.

유형자산은 다음과 같은 특징을 갖고 있다.

첫째, 유형자산은 주된 영업활동에 사용할 목적으로 취득한 자산이다. 따라서 투자목적으로 취득한 투자자산과 판매목적으로 취득한 재고자산과 구분된다.

둘째, 유형자산은 장기간 기업에 효익을 제공하는 용역잠재력을 지닌 자산이다. 따라서 유형자산은 고정자산으로 분류되며, 수익·비용대응의 원칙에 의거 내용연수동안 감가상각을 통하여 비용으로 배분된다.

셋째, 유형자산은 물리적 실체가 있는 자산이다. 따라서 물리적 실체가 없는 무형자산과 구분된다.

(3) 유형자산의 인식

유형자산으로 인식되기 위해서는 다음의 인식조건을 모두 충족하여야 한다.

① 자산으로부터 발생하는 미래경제적효익이 기업에 유입될 가능성이 매우 높다.

② 자산의 원가를 신뢰성 있게 측정할 수 있다.

특정 유형자산을 구성하고 있는 항목들을 분리하여 개별 유형자산으로 식별해야 할지 아니면 구성항목 전체를 단일의 유형자산으로 인식해야 할지는 기업의 상황과 업종의 특성을 고려하여 판단한다. 예를 들면, 예비부품과 수선용구의 경우 다음과 같은 점을 고려하여 판단한다.

① 대부분의 경우 예비부품과 수선용구는 재고자산으로 계상하고 사용되는 시점에서 당기손익으로 처리한다.

② 중요한 예비부품이나 대기성 장비로서 기업이 1년 이상 사용할 것으로 예상하는 경우에는 이를 유형자산으로 분류한다.

③ 예비부품과 수선용구라도 내용연수가 1년 이상이고, 특정유형자산에 부속되어 사용되며, 사용빈도가 불규칙적인 것이라면 유형자산으로 분류하고 관련 자산의 내용연수를 초과하지 않는 범위 내에서 감가상각한다.

내용연수가 서로 다른 항공기 동체와 항공기 엔진과 같이, 특정 유형자산을 구성하는 개별자산의 내용연수나 경제적효익의 제공형태가 다른 경우에는 상각률과 상각방법을 달리 적용할 필요가 있을 수 있다. 이 경우에는 유형자산의 구입과 관련된 총지출을 그 유형자산을 구성하고 있는 항목별로 배분하여 개별 유형자산으로 회계처리한다.

(4) 유형자산의 분류

유형자산은 일반적으로 공장 또는 판매시설로 사용하기 위하여 취득한 건물이나 토지 그리고 제품생산을 목적으로 구입한 기계장치, 구축물, 차량운반구, 선박, 비품, 건설중인 자산 등으로 구분한다. 그러나 업종의 특성 등을 반영하여 과목을 신설하거나 통합할 수 있다.

1) 토 지

대지 · 임야 · 전답 · 잡종지 등으로 한다.

2) 건 물

건물과 냉난방 · 조명 · 통풍 및 기타의 건물부속설비로 한다.

3) 설비자산

① 구축물

선거 · 교량 · 안벽 · 부교 · 궤도 · 저수지 · 갱도 · 굴뚝 · 정원설비 및 기타의 토목설비 또는 공작물 등으로 한다.

② 기계장치

기계장치 · 운송설비(컨베이어 · 호이스트 · 기중기 등)와 기타의 부속설비로 한다.

③ 선 박

선박과 기타의 수상운반구 등으로 한다.

④ 차량운반구

철도차량 · 자동차 및 기타의 육상운반구 등으로 한다.

3) 건설중인 자산

유형자산의 건설을 위한 재료비 · 노무비 및 경비로 하되, 건설을 위하여 지출한 도급금액 또는 취득한 기계 등을 포함한다.

4) 기타의 유형자산

위에 속하지 아니하는 유형자산으로 한다.

주) 매매목적으로 보유하는 토지는 재고자산, 비업무용 토지는 투자자산에 해당한다.

(5) 유형자산의 취득원가

유형자산은 최초에는 취득원가로 측정하며, 현물출자, 증여, 기타 무상으로 취득한 자산의 가액은 공정가치를 취득원가로 한다. 취득원가는 구입원가 또는 제작원가 및 경영진이 의도하는 방식으로 자산을 가동하는 데 필요한 장소와 상태에 이르게 하는 데 직접 관련되는 원가인 ① 내지 ⑨와 관련된 지출 등으로 구성된다. 매입할인 등이 있는 경우에는 이를 차감하여 취득원가를 산출한다.

① 설치장소 준비를 위한 지출

② 외부 운송 및 취급비

③ 설치비

④ 설계와 관련하여 전문가에게 지급하는 수수료

⑤ 유형자산의 취득과 관련하여 국·공채 등을 불가피하게 매입하는 경우 당해 채권의 매입금액과 일반기업회계기준에 따라 평가한 현재가치와의 차액

⑥ 자본화대상인 차입원가

⑦ 취득세, 등록세 등 유형자산의 취득과 직접 관련된 제세공과금

⑧ 해당 유형자산의 경제적 사용이 종료된 후에 원상회복을 위하여 그 자산을 제거, 해체하거나 또는 부지를 복원하는 데 소요될 것으로 추정되는 원가가 충당부채의 인식요건을 충족하는 경우 그 지출의 현재가치(이하 복구원가라 한다)

⑨ 유형자산이 정상적으로 작동되는지 여부를 시험하는 과정에서 발생하는 원가. 단, 시험과정에서 생산된 재화(예: 장비의 시험과정에서 생산된 시제품)의 순매각금액은 당해 원가에서 차감한다.

자산의 취득, 건설, 개발에 따른 복구원가에 대한 충당부채는 유형자산을 취득하는 시점에서 해당 유형자산의 취득원가에 반영한다. 그러나 법규의 신설, 계약조항의 변경 등으로 인하여 자산을 사용하는 도중에 책임을 부담하게 되는 경우에는 당해 복구원가에 대한 충당부채를 인식하는 시점에서 해당 유형자산의 장부금액에 반영한다. 다만, 복구원가가 자산의 내용연수에 걸쳐 발생하는 경우에는 해당기간의 비용 또는 제조원가로 처리한다.

유형자산의 원가가 아닌 예는 다음과 같다.

① 새로운 시설을 개설하는 데 소요되는 원가
② 새로운 상품과 서비스를 소개하는 데 소요되는 원가(예: 광고 및 판촉활동과 관련된 원가)
③ 새로운 지역에서 또는 새로운 고객층을 대상으로 영업을 하는 데 소요되는 원가(예: 직원 교육훈련비)
④ 관리 및 기타 일반간접원가

유형자산이 경영진이 의도하는 방식으로 가동될 수 있는 장소와 상태에 이른 후에는 원가를 더 이상 인식하지 않는다. 따라서 유형자산을 사용하거나 이전하는 과정에서 발생하는 원가는 당해 유형자산의 장부금액에 포함하여 인식하지 아니한다. 예를 들어 다음과 같은 원가는 유형자산의 장부금액에 포함하지 아니한다.

① 유형자산이 경영진이 의도하는 방식으로 가동될 수 있으나 아직 실제로 사용되지는 않고 있는 경우 또는 가동수준이 완전조업도 수준에 미치지 못하는 경우에 발생하는 원가
② 유형자산과 관련된 산출물에 대한 수요가 형성되는 과정에서 발생하는 가동손실과 같은 초기 가동손실
③ 기업의 영업 전부 또는 일부를 재배치하거나 재편성하는 과정에서 발생하는 원가

자가건설에 따른 내부이익과 자가건설 과정에서 원재료, 인력 및 기타 자원의 낭비로 인한 비정상적인 원가는 취득원가에 포함하지 않는다.

건물을 신축하기 위하여 사용중인 기존 건물을 철거하는 경우 그 건물의 장부금액은 제거하여 처분손실로 반영하고, 철거비용은 전액 당기비용으로 처리한다. 다만 새 건물을 신축하기 위하여 기존 건물이 있는 토지를 취득하고 그 건물을 철거하는 경우 기존 건물의 철거 관련 비용에서 철거된 건물의 부산물을 판매하여 수취한 금액을 차감한 금액은 토지의 취득원가에 포함한다.

1) 취득 후의 원가

유형자산의 취득 또는 완성 후의 지출이 인식기준을 충족하는 경우(예: 생산능력 증대, 내용연수 연장, 상당한 원가절감 또는 품질향상을 가져오는 경우)에는 자본적 지출로 처리하고, 그렇지 않은 경우(예: 수선유지를 위한 지출)에는 발생한 기간의 비용으로 인식한다.

일부 유형자산은 주요 부품이나 구성요소를 정기적으로 교체해야 한다. 예를 들면, 용광로는 일정시간 사용 후에 내화벽돌을 교체해야 하며 항공기의 경우에도 좌석 등의 내부설비를 항공기 동체의 내용연수 동안 여러 번 교체한다. 이와 같이 유형자산을 구성하는 주요 부품이나 구성요소의 내용연수가 관련 유형자산의 내용연수와 상이한 경우에는 별도의 자산으로 처리한다.

부품이나 구성요소의 교체를 위한 지출이 유형자산 인식기준을 충족하는 경우에는 별도 자산의 취득으로 처리한다. 교체된 자산은 재무상태표에서 제거한다.

유형자산의 사용가능기간 중 정기적으로 이루어지는 종합검사, 분해수리와 관련된 지출로서 다음의 요건을 모두 충족하는 경우에는 자본적 지출로 처리한다.

① 종합검사나 분해수리와 관련된 지출을 별개의 감가상각 대상자산으로 인식할 수 있다.

② 유형자산 인식조건을 충족한다.

2) 원가의 측정

유형자산을 장기후불조건으로 구입하거나, 대금지급기간이 일반적인 신용기간보다 긴 경우 원가는 취득시점의 현금가격상당액으로 한다. 현금가격상당액과 실제 총지급액과의 차액은 차입원가자본화에 따라 자본화하지 않는 한 신용기간에 걸쳐 이자로 인식한다.

다른 종류의 자산과의 교환으로 취득한 유형자산의 취득원가는 교환을 위하여 제공한 자산의 공정가치로 측정한다. 다만, 교환을 위하여 제공한 자산의 공정가치가 불확실한 경우에는 교환으로 취득한 자산의 공정가치를 취득원가로 할 수 있다. 자산의 교환에 현금수수액이 있는 경우에는 현금수수액을 반영하여 취득원가를 결정한다.

유형자산의 공정가치는 시장가격으로 한다. 다만, 시장가격이 없는 경우에는 동일 또는 유사자산의 현금거래로부터 추정할 수 있는 실현가능액이나 전문적 자격이 있는 평가인의 감정가액을 사용할 수 있다.

동일한 업종 내에서 유사한 용도로 사용되고 공정가치가 비슷한 동종자산과의 교환으로 유형자산을 취득하거나, 동종자산에 대한 지분과의 교환으로 유형자산을 매각하는 경우에는 제공된 유형자산으로부터의 수익창출과정이 아직 완료되지 않았기 때문에 교환에 따른 거래손익을 인식하지 않아야 하며, 교환으로 받은 자산의 원가는 교환으로 제공한 자산의 장부금액으로 한다. 그러나 취득한 자산의 공정가치에 비추어 볼 때 제공한 자산에 손상차손이 발생하였음을 알 수 있는 경우에는 손상차손을 먼저 인식하고 손상차손 차감 후의 장부금액을 수취한 자산의 원가로 한다. 교환되는 동종자산의 공정가치가 유사하지 않은 경우에는 거래조건의 일부로 현금과 같이 다른 종류의 자산이 포함될 수 있다. 이 경우 교환에 포함된 현금 등의 금액이 유의적이라면 동종자산의 교환으로 보지 않는다.

정부보조 등에 의해 유형자산을 무상 또는 공정가치보다 낮은 대가로 취득한 경우 그 유형자산의 취득원가는 취득일의 공정가치로 한다. 정부보조금 등은 유형자산의 취득원가에서 차감하는 형식으로 표시하고 그 자산의 내용연수에 걸쳐 감가상각액과 상계하며, 해당 유형자산을 처분하는 경우에는 그 잔액을 처분손익에 반영한다.

3) 인식시점 이후의 측정

인식시점 이후에는 원가모형이나 재평가모형 중 하나를 회계정책으로 선택하여 유형자산 분류별로 동일하게 적용한다.

㉮ **원가모형**

최초 인식 후에 유형자산은 원가에서 감가상각누계액과 손상차손누계액을 차감한 금액을 장부금액으로 한다.

㉯ **재평가모형**

최초 인식 후에 공정가치를 신뢰성 있게 측정할 수 있는 유형자산은 재평가일의 공정가치에서 이후의 감가상각누계액과 손상차손누계액을 차감한 재평가금액을 장부금액으로 한다. 재평가는 보고기간말에 자산의 장부금액이 공정가치와 중요하게 차이가 나지 않도록 주기적으로 수행한다.

일반적으로 토지와 건물의 공정가치는 시장에 근거한 증거를 기초로 수행된 평가에 의해 결정된다. 이 경우, 평가는 보통 전문적 자격이 있는 평가인에 의해 이루어진다. 일반적으로 설비장치와 기계장치의 공정가치는 감정에 의한 시장가치이다.

재평가의 빈도는 재평가되는 유형자산의 공정가치 변동에 따라 달라진다. 재평가된 자산의 공정가치가 장부금액과 중요하게 차이가 나는 경우에는 추가적인 재평가가 필요하다. 유의적이고 급격한 공정가치의 변동 때문에 매년 재평가가 필요한 유형자산이 있는 반면에 공정가치의 변동이 경미하여 빈번한 재평가가 필요하지 않은 유형자산도 있다. 즉, 매 3년이나 5년마다 재평가하는 것으로 충분한 유형자산도 있다.

유형자산을 재평가할 때, 재평가 시점의 총장부금액에서 기존의 감가상각누계액을 제거하여 자산의 순장부금액이 재평가금액이 되도록 수정한다. 감가상각누계액을 제거함에 따라 조정되는 금액은 회계처리되는 장부금액의 증감에 포함된다. 특정 유형자산을 재평가할 때, 해당 자산이 포함되는 유형자산 분류 전체를 재평가한다.

유형자산별로 선택적 재평가를 하거나 서로 다른 기준일의 평가금액이 혼재된 재무보고를 하는 것을 방지하기 위하여 동일한 과목분류 내의 유형자산은 동시에 재평가한다. 그러나 재평가가 단기간에 수행되며 계속적으로 갱신된다면, 동일한 분류에 속하는 자산을 순차적으로 재평가할 수 있다.

유형자산의 장부금액이 재평가로 인하여 증가된 경우에 그 증가액은 기타포괄손익으로 인식한다. 그러나 동일한 유형자산에 대하여 이전에 당기손익으로 인식한 재평가감소액이 있다면 그 금액을 한도로 재평가증가액만큼 당기손익으로 인식한다.

유형자산의 장부금액이 재평가로 인하여 감소된 경우에 그 감소액은 당기손익으로 인식한다. 그러나 그 유형자산의 재평가로 인해 인식한 기타포괄손익의 잔액이 있다면 그 금액을 한도로 재평가감소액을 기타포괄손익에서 차감한다.

(6) 유형자산의 감가상각

1) 감가상각대상금액 및 감가상각기간

유형자산의 감가상각대상금액은 내용연수에 걸쳐 합리적이고 체계적인 방법으로 배분한다. 각 기간의 감가상각액은 다른 자산의 장부금액에 포함되는 경우가 아니라면 당기손익으로 인식한다. 예를 들면, 제조공정에서 사용된 유형자산의 감가상각액은 재고자산의 원가를 구성한다.

감가상각대상금액은 원가 또는 원가를 대체하는 다른 금액에서 잔존가치를 차감하여 결정하지만 실무상 잔존가치가 경미한 경우가 많다. 그러나 유형자산의 잔존가치가 유의적인 경우 매 보고기간말에 재검토하여, 재검토 결과 새로운 추정치가 종전의 추정치와 다르다면 그 차이는 회계추정의 변경으로 회계처리한다.

유형자산의 감가상각은 자산이 사용가능한 때부터 시작한다. 즉, 경영진이 의도하는 방식으로 자산을 가동하는 데 필요한 장소와 상태에 이른 때부터 시작한다.

내용연수 도중 사용을 중단하고 처분예정인 유형자산은 사용을 중단한 시점의 장부금액으로 표시한다. 이러한 자산에 대해서는 투자자산으로 재분류하고 감가상각을 하지 않으며, 손상차손 발생여부를 매 보고기간말에 검토한다. 내용연수 도중 사용을 중단하였으나, 장래 사용을 재개할 예정인 유형자산에 대해서는 감가상각을 하되, 그 감가상각액은 영업외비용으로 처리한다.

유형자산의 내용연수는 자산으로부터 기대되는 효용에 따라 결정된다. 유형자산은 기업의 자산관리정책에 따라 일정기간이 경과되거나 경제적효익의 일정부분이 소멸되면 처분될 수 있다. 이 경우 내용연수는 일반적 상황에서의 경제적 내용연수보다 짧을 수 있으므로 유사한 자산에 대한 기업의 경험에 비추어 해당 유형자산의 내용연수를 추정하여야 한다. 자산에 내재된 미래경제적효익의 예상되는 소비형태에 유의적인 변동 등으로 인하여 내용연수에 대한 추정이 변경되는 경우 회계추정의 변경으로 보아 회계처리한다.

토지와 건물을 동시에 취득하는 경우에도 이들은 분리된 자산이므로 별개의 자산으로 취급한다. 건물은 내용연수가 유한하므로 감가상각 대상자산이지만, 토지는 일반적으로 내용연수가 무한하므로 감가상각 대상이 아니다. 건물이 위치한 토지의 가치가 증가하더라도 건물의 내용연수에는 영향을 미치지 않는다.

2) 감가상각방법

유형자산의 감가상각방법은 자산의 경제적효익이 소멸되는 형태를 반영한 합리적인 방법이어야 한다.

감가상각방법은 매기 계속하여 적용하고, 정당한 사유 없이 변경하지 않는다. 새로 취득한 유형자산에 대한 감가상각방법도 동종의 기존 유형자산에 대한 감가상각방법과 일치시켜야 한다. 다만, 자산에 내재된 미래경제적효익의 예상되는 소비형태에 유의적인 변동이 있는 경우, 변동된 소비형태를 반영하기 위하여 감가상각방법을 변경하여야 하며 회계추정의 변경으로 회계처리한다. 한편, 신규사업의 착수나 다른 사업부문의 인수 등의 결과로 독립된 새로운 사업부문이 창설되어 기존의 감가상각방법으로는 그 자산에 내재된 미래경제적효익의 예상되는 소비형태를 반영할 수 없기 때문에 다른 방법을 사용하는 경우에는 회계변경으로 보지 아니한다.

유형자산의 감가상각방법에는 정액법, 체감잔액법(예를 들면, 정률법 등), 연수합계법, 생산량비례법 등이 있다. 정액법은 자산의 내용연수 동안 일정액의 감가상각액을 인식하는 방법이다. 체감잔액법과 연수합계법은 자산의 내용연수 동안 감가상각액이 매기간 감소하는 방법이다. 생산량비례법은 자산의 예상조업도 혹은 예상생산량에 근거하여 감가상각액을 인식하는 방법이다. 감가상각방법은 해당 자산으로부터 예상되는 미래경제적효익의 소멸형태에 따라 선택하고, 소멸형태가 변하지 않는 한 매기 계속 적용한다.

3) 유형자산의 손상

유형자산의 손상에 대해서는 이 장에서 별도로 정하는 사항을 제외하고는 자산손상을 적용한다.

유형자산의 손상징후가 있다고 판단되고, 당해 유형자산의 사용 및 처분으로부터 기대되는 미래의 현금흐름총액의 추정액이 장부금액에 미달하는 경우에는 장부금액을 회수가능액으로 조정하고 그 차액을 손상차손으로 처리한다. 다만, 차기 이후에 감액된 자산의 회수가능액이 장부금액을 초과하는 경우에는 그 자산이 감액되기 전의 장부금액의 감가상각 후 잔액을 한도로 하여 그 초과액을 손상차손환입으로 처리한다.

4) 손상에 대한 보상

손상, 소실 또는 포기된 유형자산에 대해 제3자로부터 보상금을 받는 경우가 있다. 이 경우 보상금은 수취할 권리가 발생하는 시점에 당기손익으로 반영한다.

㉮ 제거

유형자산은 처분하거나, 영구적으로 폐기하여 미래경제적효익을 기대할 수 없게 될 때 재무상태표에서 제거한다. 유형자산의 처분시점을 결정할 때에는 수익인식 중 재화의 판매에 관한 수익인식기준을 적용한다.

유형자산의 폐기 또는 처분으로부터 발생하는 손익은 처분금액과 장부금액의 차액으로 결정하며, 손익계산서에서 당기손익으로 인식한다. 유형자산의 재평가와 관련하여 인식한 기타포괄손익의 잔액이 있다면, 그 유형자산을 폐기하거나 처분할 때 당기손익으로 인식한다.

(7) 유형자산 취득 후 지출

일반적으로 자산을 취득한 후 보유기간중에 발생하는 지출에 대한 회계처리지침은 당해 지출이 유형자산의 내용연수를 증가시키거나 용역잠재력을 증가시키는 것이면 자본적 지출로 처리하고, 당해 지출이 유형자산의 원상회복이나 능률유지를 위한 것이면 수익적 지출로 처리한다.

1) 증 설

증설이라 함은 건물의 증축, 설비의 용량확대 등과 같이 규모나 생산능력의 증대를 가져오는 지출을 말한다. 증설을 한 경우에는 당해 증설에 소요된 지출액을 자본적 지출로 처리하여야 한다.

2) 개량 및 대체

개량이라 함은 유형자산의 일부를 구성하고 있는 기존 부품보다 효율성이 높은 부품으로 교체하는 것을 말하며, 대체란 기존 자산과 동일한 효율성을 갖는 자산으로 교체하는 것을 말하는데, 이러한 대체는 내용연수의 연장을 가능하게 한다.

개량과 대체는 기존자산의 용역잠재력을 증가시키거나, 내용연수를 연장시키므로 자본적 지출로 처리하여야 한다.

3) 이전 및 재배치

때때로 기업은 보다 효율적인 생산을 위하여 설비 등을 다른 곳으로 이전하기도 하며, 기존 설비라인을 재배치하기도 한다. 이러한 이전이나 재배치를 하는 것은 종업원들의 작업능률을 증대시키거나, 제조원가 및 판매비와 관리비 등을 절감하기 위해서이다. 따라서 이전이나 재배치에 소요되는 지출액이 중요하고, 이전이나 재배치로 인하여 미래의 경제적 효익이 상당히 증대될 것으로 판단되는 경우에는 당해 지출비용을 자본화하고 그 효익이 지속되는 기간 동안

상각한다. 그러나 이전이나 재배치에 소요되는 지출액이 소액이거나 미래효익이 증대될 것으로 예상되지 않는다면, 그 금액을 당기의 비용으로 처리하여야 한다.

4) 수선비

수선비는 수익적 지출이므로 발생기간의 비용으로 인식한다. 다만, 유형자산의 사용가능기간 중 정기적으로 발생하는 종합검사나 분해수리와 관련된 지출로서, 이를 별개의 감가상각 대상자산으로 인식할 수 있고, 자산의 인식요건을 충족하는 경우에는 자본적 지출로 처리한다. 이 경우 미래 지출될 관련 수선비의 기간배분을 위하여 그 예상지출액의 일부를 매기비용으로 인식하고, 이를 수선충당부채(구, 수선충당금)로 계상하는 관행은 더 이상 인정되지 않는다. 수선충당부채가 경제적 효익관에 입각한 부채의 정의에 합당치 않기 때문이다.

5) 기타 취득 또는 완성 후 지출

① 감액손실이 장부에 이미 반영되어 있는 경우에는 추후 경제적 효익의 원상회복을 위한 지출은 회수가능가액 범위내에서 자본적 지출로 처리한다.

② 중고자산의 취득시 예상된 비용이 지출된 경우에는 취득시점의 용역잠재력을 더 높은 수준으로 향상시키기 위한 지출로 보아 자본적 지출로 처리한다.

③ 정기적으로 주요 부품이나 구성요소를 교체하여야 하는 경우에는 특정유형자산을 구성하는 주요 부품이나 구성요소의 내용연수가 관련 유형자산의 내용연수와 상이한 경우에는 별도자산으로 처리한다. 부품이나 구성요소의 교체를 위한 지출이 자산인식조건을 모두 충족한 경우에는 별도자산의 취득으로 처리하고, 교체된 자산을 폐기손실로 인식하여야 하며 이를 교체된 자산의 취득원가에 산입하여서는 안 된다.

(8) 유형자산의 처분

유형자산의 처분형태는 여러 가지의 유형으로 구분된다. 예컨대 매각 · 교환 · 기부 또는 폐기 등과 같은 자발적인 처분도 있고, 화재나 홍수 등의 자연재해나 정부기관의 개입에 의한 강제적 처분 등과 같은 비자발적인 처분도 있다.

이하 유형자산의 처분유형에 따른 회계처리에 대하여 살펴보기로 한다.

1) 매각(=처분)

기업은 유형자산을 매각(=처분)하게 되면 매각(=처분)시점에서 처분자산의 장부가액(취득원가-감가상각누계액)을 제거시키고, 처분가액과의 차액을 유형자산처분손익으로 처리하여야 한다.

여기서 유의할 점은 회계기간 중에 처분이 이루어진 경우에 처분시점의 장부가액은 기초시점부터 처분일까지의 감가상각비를 고려한 후의 금액이어야 한다는 것이다. 따라서 회계기간 중에 처분이 이루어진 경우에는 처분일까지의 감가상각비를 먼저 계상한 후에 처분에 관한 회계처리를 하여야 한다. 그리고 유형자산의 처분시점에서 처분자산의 장부가액과 처분가액이 차이가 나면 유형자산처분손익으로 인식하는데, 기업회계기준에서는 유형자산처분손익을 영업외손익으로 분류하도록 규정하고 있다.

2) 비자발적 처분

비자발적 처분이라 함은 홍수, 화재 등의 재난이나 정부기관에 의한 수용·몰수 등으로 유형자산의 용역잠재력이 소멸하는 것을 말한다. 이러한 경우에는 기업이 이러한 비자발적 처분에 대비하여 보험에 가입하고 있는지의 여부에 따라 다른데 이를 살펴보면 다음과 같다.

즉, 기업이 당해 유형자산에 대하여 보험을 가입하고 있지 아니한 경우에는 장부가액을 재해손실로 처리하고, 보험에 가입한 경우에는 보험회사로부터 받은 보험금이 소멸된 자산의 장부가액을 초과하여 보험차익이 발생한 경우에는 이를 보험차익으로 처리하고, 보험회사로부터 받은 보험금이 소멸된 자산의 장부가액보다 작다면 그 차액은 재해손실로 처리한다.

(9) 유형자산의 감액 손실

1) 감액손실의 인식여부 검토

① 유형자산의 시장가치의 현저한 하락
② 유형자산의 사용강도나 사용방법에 현저한 변화가 있거나, 심각한 물리적 변형이 있는 경우
③ 법률이나 기업환경의 변화, 또는 규제 등으로 해당 유형자산의 효용이 현저하게 감소된 경우
④ 해당 유형자산으로부터 영업손실이나 순현금유출이 발생하고, 미래에도 지속될 것이라고 판단된 경우

2) 감액손실의 인식시기

유형자산의 감액가능성이 있다고 판단되고 당해 유형자산의 사용 및 처분으로부터 기대되는 미래의 현금흐름 총액의 추정액 회수가능가액이 장부가액에 미달하는 경우에는 장부가액을 회수가능가액으로 조정하고, 그 차액을 감액손실로 처리한다.

3) 감액손실의 환입

감액된 유형자산의 회수가능가액이 장부가액을 초과하는 경우 그 자산이 감액되기 전의 장부가액의 감가상각후 잔액을 한도로 하여 그 초과액을 감액손실환입으로 처리한다.

4) 감액손실 및 감액손실환입의 회계처리 및 표시방법

감액손실은 영업외비용으로 처리하고, 감액손실누계액은 해당자산의 취득원가에서 차감하는 형식으로 표시한다. 또한, 감액된 유형자산의 회수가능가액이 장부가액을 초과하는 경우 그 자산이 감액되기 전의 장부가액의 감가상각 후 잔액을 한도로 하여 환입한다.

구체적 분개는 다음과 같다.

· 감액시

(차)유형자산감액손실*　×××　(대)감액손실누계액　×××

* 유형자산감액손실＝감액전 장부가액-회수가능가액

· 회복시

(차)감액손실누계액　×××　(대)유형자산감액손실환입액*　×××

* 감액손실환입액＝회수가능가액-장부가액(감가상각후)

(10) 분류와 표시

유형자산은 영업상 유사한 성격과 용도로 분류한다. 유형자산의 과목 분류의 예는 다음과 같다.

① 토지

② 건물: 건물, 냉난방, 전기, 통신 및 기타의 건물부속설비 등

③ 구축물: 교량, 궤도, 갱도, 정원설비 및 기타의 토목설비 또는 공작물 등

⑤ 건설중인자산: 다음을 포함한다.

㉮ 유형자산의 건설을 위한 재료비, 노무비 및 경비(건설을 위하여 지출한 도급금액 등 포함)

㉯ 유형자산을 취득하기 위하여 지출한 계약금 및 중도금

⑥ 기타자산: ① 내지 ⑤ 이외에 차량운반구, 선박, 비품, 공기구 등 기타자산

다만, 투자부동산은 투자자산으로 분류한다.

유형자산은 원가에서 감가상각누계액과 손상차손누계액을 차감하는 형식으로 재무상태표에 표시한다.

(11) 공시

유형자산 과목별로 다음의 사항을 주석으로 기재하고, 토지(유형자산의 토지, 투자자산의 투자부동산)에 대해서는 공시지가를 주석에 추가한다.

① 감가상각방법, 내용연수 또는 상각률

② 다음에 열거하는 장부금액의 당기 변동내용

㉮ 취득(자본적 지출 포함)

㉯ 처분

㉰ 기업결합을 통한 취득

㉱ 재평가에 의한 증가 또는 감소

㉲ 손상차손과 손상차손환입

㉳ 감가상각액

㉴ 기타 장부금액의 증감

③ 소유권이 제한되거나 담보로 제공된 유형자산의 내용과 금액

④ 유형자산과 관련된 추정 복구원가의 내용, 추정방법, 금액 및 회계처리방법

⑤ 건설중인 자산에 대한 당기 지출액

⑥ 유형자산을 취득하기 위한 약정액

⑦ 차입원가자본화에 의해 자본화된 금액

다음의 내용은 재무제표이용자에게 추가로 주석으로 공시할 수 있다.

① 일시 운휴중인 유형자산의 장부금액

② 감가상각이 완료되었으나 아직 사용중인 유형자산의 잔존가치 또는 비망 금액의 총액

③ 사용이 중지되어 처분예정인 유형자산의 장부금액

유형자산을 재평가하는 경우 다음과 같은 사항을 공시한다.

① 재평가기준일

② 독립적인 평가인이 평가에 참여했는지 여부

③ 해당 자산의 공정가치 추정에 사용한 방법과 유의적인 가정

④ 해당 유형자산의 공정가치가 시장에서 관측가능하거나 독립적인 제3자와의 최근 시장거래가격에 직접 기초하여 결정된 정도 또는 다른 가치평가기법을 사용하여 추정된 정도

⑤ 재평가된 유형자산의 분류별로 원가모형으로 평가되었을 경우 장부금액

⑥ 재평가관련 기타포괄손익의 변동

4. 무형자산

(1) 무형자산의 정의

무형자산(intangible assets)이란 재화의 생산이나 용역의 제공, 타인에 대한 임대 또는 관리에 사용할 목적으로 기업이 보유하고 있으며, 물리적 실체가 없지만 식별가능하고, 기업이 통제하고 있으며, 미래 경제적 효익이 있는 비화폐성자산이다.

(2) 무형자산의 인식요건

자산의 정의를 충족하고 자산으로부터 발생하는 미래 경제적 효익이 기업에 유입될 가능성이 매우 높으며, 자산의 취득원가를 신뢰성 있게 측정할 수 있는 경우에 한하여 자산으로 인식한다. 이러한 요건을 모두 충족시키지 못한다면 그 지출에 대하여 발생기간의 비용으로 인식하여야 한다.

(3) 무형자산의 특성

무형자산의 세 가지 특성이 열거되어 있는데 이들은 식별가능성, 자원에 대한 통제, 미래 경제적 효익의 존재이다.

1) 식별가능성(identifiability)

무형자산의 정의에서는 영업권과 구별하기 위하여 무형자산이 식별가능할 것을 요구한다. 사업결합으로 인식하는 영업권은 사업결합에서 획득하였지만, 개별적으로 식별하여 별도로 인식하는 것이 불가능한 그 밖의 자산에서 발생하는 미래경제적효익을 나타내는 자산을 의미한다.

자산은 다음 중 하나에 해당하는 경우에 식별가능성 조건을 충족하는 것으로 본다.

① 자산이 분리가능하다. 즉, 기업의 의도와는 무관하게 기업에서 분리하거나 분할할 수 있고, 개별적으로 또는 관련된 계약, 식별가능한 자산이나 부채와 함께 매각, 이전, 라이선스, 임대, 교환할 수 있다.

② 자산이 계약상 권리 또는 기타 법적 권리로부터 발생한다. 이 경우 그러한 권리가 이전가능한지 여부 또는 기업이나 기타 권리와 의무에서 분리가능한지 여부는 고려하지 아니한다.

무형자산이 분리가능하지 않더라도 다른 방법으로 무형자산을 식별할 수 있는 경우가 있다. 예를 들면, 제조설비를 제조공정에 대한 특허권과 함께 일괄취득한 경우에는 그 특허권은 분리가능하지는 않지만 식별가능하다. 또한, 어떤 자산이 다른 자산과 결합해야만 미래경제적효익을 창출하는 경우에도 그 자산으로부터 유입되는 미래경제적효익을 확인할 수 있다면 그 자산은 식별가능한 것이다.

2) 통제

무형자산의 미래경제적효익을 확보할 수 있고 그 효익에 대한 제3자의 접근을 제한할 수 있다면 자산을 통제하고 있는 것이다. 무형자산의 미래경제적효익에 대한 통제는 일반적으로 법적 권리로부터 나오며, 법적 권리가 없는 경우에는 통제를 입증하기 어렵다. 그러나 권리의 법적 집행가능성이 통제의 필요조건은 아니다.

3) 미래경제적효익

무형자산의 미래경제적효익은 재화의 매출이나 용역수익, 원가절감, 또는 자산의 사용에 따른 기타 효익의 형태로 발생한다.

(4) 무형자산의 종류

무형자산은 사업상 비슷한 성격과 효용을 가진 종류로 분류하여 표시한다. 다만, 재무제표 이용자에게 보다 유용한 정보를 제공할 수 있다면 무형자산의 종류는 더 큰 단위로 통합하거나 더 작은 단위로 구분할 수 있다. 무형자산의 종류의 예는 다음과 같다.

① 영업권

② 산업재산권(특허권, 실용신안권, 의장권, 상표권, 상호권, 상품명)

③ 라이센스와 프렌차이즈

④ 저작권

⑤ 컴퓨터소프트웨어

⑥ 개발비(제조비법, 공식, 모델, 디자인 및 시작품 등의 개발)

⑦ 임차권리금

⑧ 광업권, 어업권 등

무형자산은 사업상 비슷한 성격과 효용을 가진 종류로 분류하여 표시한다. 다만, 재무제표 이용자에게 보다 유용한 정보를 제공할 수 있다면 무형자산의 종류는 더 큰 단위로 통합하거나 더 작은 단위로 구분할 수 있다. 예를 들어, 무형자산이 통합된 산업재산권에는 특허권, 실용신안권, 의장권, 상표권, 상호권 및 상품명 등이 포함되는데, 그 구성하는 개별 항목의 중요성이 산업적 또는 영업적 특성에 의해 중요하다면, 분리공시하는 것도 가능하다. 개발비의 경우에도 금액적 중요도와 계정의 정보효과에 비추어 개발비 과목을 좀 더 세분할 수도 있다. 특히 최근 그 중요성이 증가되고 있는 소프트웨어개발비(내부개발비이며 외부구입이 아님)의 금액이 중요한 경우에는 다른 개발비와 분리하여 공시하는 것이 바람직하다.

(5) 무형자산의 인식과 최초측정

다음의 조건을 모두 충족하는 경우에만 무형자산으로 인식한다.

① 자산에서 발생하는 미래경제적효익이 기업에 유입될 가능성이 매우 높다.

② 자산의 원가를 신뢰성 있게 측정할 수 있다.

미래경제적효익이 기업에 유입될 가능성은 무형자산의 내용연수 동안의 경제적 상황에 대한 경영자의 최선의 추정치를 반영하는 합리적이고 객관적인 가정에 근거하여 평가하여야 한다.

자산의 사용에서 발생하는 미래경제적효익의 유입에 대한 확실성 정도에 대한 평가는 무형자산을 최초로 인식하는 시점에서 이용 가능한 증거에 근거하며, 외부 증거에 비중을 더 크게 둔다.

무형자산을 최초로 인식할 때에는 원가로 측정한다.

1) 개별 취득시 취득원가

개별 취득하는 무형자산의 원가는 다음 항목으로 구성된다.

① 구입가격(매입할인과 리베이트를 차감하고 수입관세와 환급받을 수 없는 제세금을 포함한다)

② 자산을 의도한 목적에 사용할 수 있도록 준비하는 데 직접 관련되는 원가

2) 사업결합으로 인한 취득시 취득원가

사업으로 취득한 무형자산의 원가는 사업결합에 따라 취득일의 공정가치로 한다.

3) 정부보조 등에 의한 취득시 취득원가

정부보조 등에 의해 무형자산을 무상 또는 공정가치보다 낮은 대가로 취득한 경우에는 정부보조금의 회계처리에 따라 무형자산의 원가를 결정한다.

4) 자산교환에 의한 취득시 취득원가

다른 종류의 무형자산이나 다른 자산과의 교환으로 무형자산을 취득하는 경우에는 무형자산의 원가를 교환으로 제공한 자산의 공정가치로 측정한다. 다만, 교환으로 제공한 자산의 공정가치가 불확실한 경우에는 교환으로 취득한 자산의 공정가치를 원가로 할 수 있다. 자산의 교환에 현금수수액이 있는 경우에는 현금수수액을 반영하여 원가를 결정한다.

동일한 업종 내에서 유사한 용도로 사용되고 공정가치가 비슷한 동종 자산과의 교환으로

무형자산을 취득하거나, 동종 자산에 대한 지분과의 교환으로 무형자산을 매각할 수 있다. 이러한 경우에는 수익창출과정이 완료되지 않았기 때문에 교환에 따른 거래손익을 인식하지 않아야 하며, 교환으로 취득한 자산의 원가는 교환으로 제공한 자산의 장부금액으로 한다. 그러나 취득한 자산의 공정가치에 비추어 볼 때 제공한 자산에 손상차손이 발생하였음을 알 수 있는 경우에는 손상차손을 먼저 인식하고 손상차손 차감 후의 장부금액을 취득한 자산의 원가로 한다.

5) 내부적으로 창출한 영업권

미래경제적효익을 창출하기 위하여 발생한 지출이라도 이 장의 인식기준을 충족하지 못하면 무형자산으로 인식할 수 없다. 그러한 지출은 대부분 내부적으로 영업권을 창출하지만, 내부적으로 창출한 영업권은 원가를 신뢰성 있게 측정할 수 없을 뿐만 아니라 기업이 통제하고 있는 식별가능한 자원도 아니기 때문에 자산으로 인식하지 않는다.

6) 내부적으로 창출한 무형자산

내부적으로 창출한 무형자산이 인식기준에 부합하는지를 평가하기 위하여 무형자산의 창출과정을 연구단계와 개발단계로 구분한다.

무형자산을 창출하기 위한 내부 프로젝트를 연구단계와 개발단계로 구분할 수 없는 경우에는 그 프로젝트에서 발생한 지출은 모두 연구단계에서 발생한 것으로 본다.

㉮ 연구단계

프로젝트의 연구단계에서는 미래경제적효익을 창출할 무형자산이 존재한다는 것을 입증할 수 없기 때문에 연구단계에서 발생한 지출은 무형자산으로 인식할 수 없고 발생한 기간의 비용으로 인식한다. 연구단계에서 수행하는 활동의 예는 다음과 같다.

① 새로운 지식을 얻고자 하는 활동

② 연구결과나 기타 지식을 탐색, 평가, 최종선택, 응용하는 활동

③ 재료, 장치, 제품, 공정, 시스템이나 용역에 대한 여러 가지 대체안을 탐색하는 활동

④ 새롭거나 개선된 재료, 장치, 제품, 공정, 시스템이나 용역에 대한 여러 가지 대체안을 제안, 설계, 평가, 최종선택하는 활동

㉯ 개발단계

개발단계에서 발생한 지출은 다음의 조건을 모두 충족하는 경우에만 무형자산으로 인식하고, 그 외의 경우에는 발생한 기간의 비용으로 인식한다.

① 무형자산을 사용 또는 판매하기 위해 그 자산을 완성시킬 수 있는 기술적 실현가능성을

제시할 수 있다.

② 무형자산을 완성해 그것을 사용하거나 판매하려는 기업의 의도가 있다.

③ 완성된 무형자산을 사용하거나 판매할 수 있는 기업의 능력을 제시할 수 있다.

④ 무형자산이 어떻게 미래경제적효익을 창출할 것인가를 보여줄 수 있다. 예를 들면, 무형자산의 산출물, 그 무형자산에 대한 시장의 존재 또는 무형자산이 내부적으로 사용될 것이라면 그 유용성을 제시하여야 한다.

⑤ 무형자산의 개발을 완료하고 그것을 판매 또는 사용하는 데 필요한 기술적, 금전적 자원을 충분히 확보하고 있다는 사실을 제시할 수 있다.

⑥ 개발단계에서 발생한 무형자산 관련 지출을 신뢰성 있게 구분하여 측정할 수 있다.

7) 내부적으로 창출한 무형자산의 원가

내부적으로 창출한 무형자산의 원가는 인식기준을 최초로 충족한 이후에 발생한 지출금액으로 한다.

내부적으로 창출한 무형자산의 원가는 그 자산의 창출, 제조, 사용준비에 직접 관련된 지출과 합리적이고 일관성있게 배분된 간접 지출을 모두 포함한다.

(6) 비용의 인식

다음에 해당하지 않는 무형자산 관련 지출은 발생한 기간의 비용으로 인식한다.

① 무형자산의 인식기준을 충족하여 원가의 일부가 되는 경우

② 사업결합에서 영업권으로 인식하는 경우

무형자산에 대한 지출로서 과거 회계연도의 재무제표나 중간재무제표에서 비용으로 인식한 지출은 그 후의 기간에 무형자산의 원가로 인식할 수 없다.

(7) 취득 또는 완성 후의 지출

무형자산의 취득 또는 완성 후의 지출로서 다음의 요건을 모두 충족하는 경우에는 자본적 지출로 처리하고, 그렇지 않은 경우에는 발생한 기간의 비용으로 인식한다.

① 관련 지출이 무형자산의 미래경제적효익을 실질적으로 증가시킬 가능성이 매우 높다.

② 관련된 지출을 신뢰성 있게 측정할 수 있으며, 무형자산과 직접 관련된다.

(8) 무형자산의 상각

1) 상각기간

무형자산의 상각대상 금액은 그 자산의 추정내용연수 동안 체계적인 방법에 의하여 비용으로 배분한다. 무형자산의 상각기간은 독점적·배타적인 권리를 부여하고 있는 관계 법령이나 계약에 정해진 경우를 제외하고는 20년을 초과할 수 없다. 상각은 자산이 사용가능한 때부터 시작한다.

무형자산의 미래경제적효익은 시간의 경과에 따라 소비되기 때문에 상각을 통하여 장부금액을 감소시킨다. 무형자산의 공정가치 또는 회수가능액이 증가하더라도 상각은 원가에 기초한다. 무형자산의 추정내용연수를 결정하기 위해서 다음과 같은 요인을 종합적으로 고려한다.

① 예상되는 자산의 사용방식과 자산의 효율적 관리여부

② 해당 자산의 제품수명주기 및 유사한 자산의 추정내용연수에 관한 정보

③ 기술적, 공학적 상업적 또는 기타 유형의 진부화

④ 자산으로부터 산출되는 제품이나 용역의 시장수요 변화

⑤ 기존 또는 잠재적인 경쟁자의 예상 전략

⑥ 예상되는 미래경제적효익의 획득에 필요한 자산 유지비용의 수준과 그 수준의 비용을 부담할 수 있는 능력과 의도

⑦ 자산의 통제가능 기간 및 자산사용에 대한 법적 또는 유사한 제한

⑧ 자산의 내용연수가 다른 자산의 내용연수에 의해 결정되는지의 여부

예외적으로 무형자산의 내용연수가 법적 또는 계약상 20년을 초과한다는 명백한 증거가 있는 경우에는 다음과 같이 처리한다.

① 자산은 최적 추정내용연수 동안 상각한다.

② 자산의 내용연수가 법적 또는 계약상 20년을 초과한다는 명백한 증거와 내용연수를 결정하는 데 중요한 역할을 한 요인들을 공시한다.

일정 기간 동안 보장된 법적 권리를 통해 무형자산의 미래경제적효익에 대한 통제가 획득된 경우에는 법적 권리가 갱신될 수 있고 갱신이 실질적으로 거의 확실한 경우를 제외하고는 내용연수가 그 법적 권리의 기간을 초과할 수 없다.

무형자산의 내용연수는 경제적 요인과 법적 요인의 영향을 받는다. 경제적 요인은 자산의 미래경제적효익이 획득되는 기간을 결정하고, 법적 요인은 기업이 그 효익에 대한 제3자의 접근을 통제할 수 있는 기간을 제한한다. 내용연수는 이러한 요인에 의해 결정된 기간 중 짧은 기

간으로 한다.

특히 다음의 조건을 모두 만족하는 경우는 법적 권리의 갱신이 실질적으로 확실한 것으로 본다.

① 무형자산의 공정가치가 최초로 설정된 만기일이 되어도 감소하지 않거나, 감소한 금액이 갱신에 필요한 비용을 초과하지 않는다.

② 갱신원가가 갱신으로 인하여 유입될 것으로 기대되는 미래경제적효익과 비교하여 유의적이지 않다.

③ 과거 경험 등에 비추어 법적 권리가 갱신될 것이라는 객관적인 증거가 있다.

④ 법적 권리 갱신을 위해 필요한 조건들이 충족될 것이라는 증거가 있다.

2) 상각방법

무형자산의 상각방법은 자산의 경제적 효익이 소비되는 행태를 반영한 합리적인 방법이어야 한다. 무형자산의 상각대상금액을 내용연수 동안 합리적으로 배분하기 위해 다양한 방법을 사용할 수 있다. 이러한 상각방법에는 정액법, 체감잔액법(정률법 등), 연수합계법, 생산량비례법 등이 있다. 다만, 합리적인 상각방법을 정할 수 없는 경우에는 정액법을 사용한다.

3) 잔존가치

무형자산의 잔존가치는 없는 것을 원칙으로 한다. 다만, 경제적 내용연수보다 짧은 상각기간을 정한 경우에 상각기간이 종료될 때 제3자가 자산을 구입하는 약정이 있거나, 그 자산에 대한 거래시장이 존재하여 상각기간이 종료되는 시점에 자산의 잔존가치가 거래시장에서 결정될 가능성이 매우 높다면 잔존가치를 인식할 수 있다.

무형자산의 잔존가치는 유사한 환경에서 사용하다가 매각된 동종 무형자산의 매각가격을 이용하여 추정할 수 있다. 잔존가치를 결정한 후에는 가격이나 가치의 변동에 따라 증감시키지 않는다.

(9) 상각기간과 상각방법의 변경

상각기간과 상각방법은 매기 계속하여 적용하고 정당한 사유 없이 이를 변경할 수 없다. 상각기간과 상각방법의 변경에 따른 회계처리는 회계정책, 회계추정의 변경 및 오류를 적용한다.

무형자산을 사용하는 동안 내용연수에 대한 추정이 적절하지 않다는 것이 명백해지는 경우가 있다. 예를 들면, 취득 또는 완성 후의 지출로 인하여 자산의 성능이 향상되거나 손상차손을 인식하는 경우에는 상각기간의 변경이 필요할 수 있다.

(10) 손상차손

무형자산의 손상 여부를 결정하기 위해서는 자산손상을 적용한다.

(11) 폐기와 처분

무형자산은 다음의 각 경우에 재무상태표에서 제거한다.

① 처분하는 때

② 사용이나 처분으로부터 미래경제적효익이 기대되지 않을 때

(12) 공시

1) 일반사항

무형자산은 각 종류별로 다음 사항을 재무제표의 주석으로 기재한다.

① 무형자산 상각에 관련된 회계정책: 상각방법, 내용연수 또는 상각률 및 잔존가치

② 기초와 기말의 총장부금액, 상각누계액 및 손상차손누계액

③ 무형자산의 상각액이 포함되어 있는 포괄손익계산서의 계정과목과 상각금액

④ 다음과 같은 무형자산 장부금액의 변동내용

㉮ 당기중 증가금액: 사업결합으로 인한 증가액과 그 외의 증가액으로 구분

㉯ 폐기와 처분

㉰ 상각액

㉱ 손익계산서에 당기손익으로 인식하거나 환입한 손상차손

㉲ 기타 장부금액의 증감

⑤ 중요한 개별 무형자산의 내용, 장부금액 및 잔여상각기간

⑥ 내용연수가 20년을 초과하는 경우 그 근거 및 내용연수 결정에 고려한 중요요소

⑦ 권리가 제한되어 있는 무형자산과 담보제공 무형자산의 장부금액

⑧ 무형자산의 취득에 대한 약정사항 및 금액

⑨ 재무제표를 표시통화로 환산할 때 발생하는 순 외환차이와 해외사업장을 기업의 표시통화로 환산할 때 발생하는 순 외환차이

무형자산은 사업상 비슷한 성격과 용도를 가진 종류별로 분류하여 표시한다. 다만, 재무제표 이용자에게 더 목적적합한 정보를 제공할 수 있다면 무형자산의 종류는 더 큰 단위로 통합하거나 더 작은 단위로 구분할 수 있다.

5. 기타비유동자산

기타비유동자산은 비유동자산중 투자자산, 유형자산, 무형자산에 속ㅎ지 아니하는 기타의 자산을 말한다.

기타유동자산에는 이연법인세자산, 보증금, 장기매출채권, 장기미수금 등이 포함된다.

이연법인세자산(deferred tax assets)은 기업회계와 세무회계의 손익 인식시점 차이에 대한 법인세효과로 기업회계상 이익이 세무회계상 과세소득보다 작은 경우에 나타난다. 반대로 기업회계상 이익이 세무회계상 과세소득보다 큰 경우에는 이연법인세부채(deferred tax liabilities)가 발생한다. 한국채택국제회계기준에 따르면 이연법인세자산과 이연법인세부채는 모두 비유동 항목으로 구분한다.

제4절 감가상각

1. 감가상각의 의의

자산의 가치감소는 사용에 의한 감모, 사용하지 않아도 시간이 경과에 따라서 생기는 감가와 신발명, 개량 등 자산의 진부화로 인한 감가 등이 있다. 이와 같이 규칙적이고 계속적으로 발생하는 유형자산의 가치감소를 회계학상 감가라고 한다. 이 감가는 취득원가에서 폐기시의 잔존가액(매각예상가액)을 차감한 금액을 그 내용연수 동안에 배분하는 것을 목적으로 하는 회계시스템이다. 이 시스템의 절차에 따라 비용화하는 것을 감가상각(depreciation)이라고 한다. 감가상각은 유형자산의 원가를 일정한 내용연수 동안에 체계적이고 합리적인 방법으로 배분하는 계산과정이며, 제품원가에 감가액을 산입시켜 판매함으로써 당해 유형자산에 투하된 자본을 회수하는 절차이다.

매기의 감가를 추정하여 감가액을 유형자사의 가액에서 차감함과 동시에 원가배분의 원칙에 의하여 공정하게 감가액을 용역을 받은 각 연도에 배분하는 절차인 것이다. 감가상각은 원가배분의 원칙에 따라서 계산되기 때문에 감가상각한 결과로서의 장부가액은 그 자산의 시가 또는 능률가치를 표시하는 것이 아니라 순수한 계산기술의 결과로 생긴 가액에 불과하다.

2. 감가상각의 목적

감가상각의 목적으로는 적정한 기간손익계산, 유형자산의 적정한 평가와 적정한 원가계산 그리고 기업자본의 유지 등을 들고 있다.

(1) 적정한 기간손익계산

적정한 손익계산을 하기 위해서는 감가상각이 필요하다. 즉 수익과 비용의 합리적인 대응을 위해서는 감가가 발생한 기간에 감가된 금액만큼 비용으로서 계상되어야 하는데 이것을 감가상각비라 한다.

감가상각을 하지 않고 감가총액을 자산이 폐기된 연도에만 부과시키면 그 연도는 부당하게 과대한 비용을 부담하게 된다. 반대로 자산취득시 일시에 감가상각을 하여도 당해 연도의 비용이 과대계상되므로 각 기간의 적정한 손익계산이 불가능하다.

기간손익을 적정하게 측정하기 위해서는 수익과 감가상각비를 포함한 모든 비용을 대응시킬 것이 필요하다. 특히 주식회사제도에 있어서는 일시에 감가상각을 하는 경우 감가상각을 하는 연도에만 막대한 비용이 계상되므로 배당액 또한 감소된다. 그러므로 적정한 손익계산을 위해서 조직적이고 합리적인 배분(systematic and rational allocation)에 의한 감가상각을 하여야 한다.

(2) 유형자산의 적정한 평가

유형자산의 적정한 평가를 하기 위해서 감가상각이 필요하다. 감가상각에 의한 매기의 감가액을 자산의 장부가액에서 차감함으로써 그 자산의 현재액을 표시하게 되는 것이다. 만일 감가상각을 하지 않고 폐기된 연도에만 일시에 전체의 감가액을 장부가액에서 차감한다면, 자산은 그 연도에는 부당하게 과소 계상되며 다른 회계연도에는 부당하게 과대 계상한 결과가 된다. 따라서 유형자산은 감가상각에 의하여 간접적으로 매년 적정하게 평가되는 것이다.

(3) 적정한 원가계산

적정한 원가계산을 위하여는 감가상각이 필요하다. 제품을 제조하는 데에는 원재료가 필요하며, 이를 가공하기 위하여 기계나 기구를 사용한다. 기계와 같은 유형자산은 사용 및 기타 원인에 의하여 그 가치의 일부가 제품원가를 형성한다. 감가상각비는 제품의 원가구성요소로서 중요한 지위를 차지하고 있으므로 감가상각비를 체계적이고 조직적인 방법으로 계산하여 각 제품에 배분함으로써 적정한 제품의 원가를 산정할 수 있다.

(4) 기업자본의 유지

기업자본의 유지를 위해서 감가상각이 필요하다. 유형자산에 투하된 자본은 제품판매를 통해서 현금으로 회수된다. 그러나 감가상각비는 당기의 비용으로 계상되지만 실질적으로 현금이 지출되는 것이 아니므로 그것만큼 유동화되어 기업내부에 유보된다.

감가상각을 통해서 동종의 유형자산을 재조달하기 위한 자금이 기업에 축적되는 결과가 되므로 투하자본이 유지되는 것이다. 그러나 인플레이션이 진행되는 경우에는 감가에 의해 회수된 자금으로서는 장차 동종의 신설비로 유형자산을 조달하지 못한다.

3. 감가의 발생원인

고정자산은 여러 가지 원인으로 말미암아 가치가 감소된다. 이것은 유형자산 · 무형자산이 시간의 경과 또는 사용에 따른 감모로 가치가 감소되는 것을 의미하는 것이다.

그리고 기술의 발달로 말미암아 가치의 감소를 초래하는 경우도 있다. 이러한 물리적 감가 및 기능적 감가를 경상적 감가라 하고 또한 예측할 수 없는 불의의 임시사고에 의하여 그 이용가치를 상실하는 것을 우발적 감가라고 한다. 일반적으로 감가발생의 원인은 다음과 같이 분류하고 있다.

- 감가발생의 원인
  - 경상적 감가
    - 물리적(기술적) 감가
      - 사용
      - 시간의 경과
    - 기능적(경제적) 감가
      - 부적응성
      - 구식진부화
  - 우발적 감가:자연적 원인, 사회적 원인

(1) 경상적 감가

경상적 감가(normal depreciation)는 경영상 필연적, 규칙적, 계속적으로 발생하는 경상적인 감가를 말하는데 물리적 감가와 기능적 감가로 분류한다.

1) 물리적 감가

물리적 감가(physical depreciation)는 토지 이외의 유형자산이 시간의 경과(elapse of time) 또는 사용(use)에 의하여 물리적으로 감모되어 수선에 의해서도 원상회복이 곤란하여 폐기하여야 하는 경우를 말한다. 유형자산의 감가는 사용에 의해서만 발생될 경우도 있고 또한 시간의 경과에 따라서만 발생되는 경우도 있으나 일반적으로는 사용과 경과의 두 가지 복합적인 원인에 의하여 발생되는 경우가 많다.

2) 기능적 감가

기능적 감가(functional depreciation)는 경제적 감가(economic dereciation)라고도 하며 물리적으로는 앞으로 더 사용할 수 있으나 경제적으로 이용가치를 상실하는 경우를 말한다. 진부화(obsolescence)란 유형자산이 낡거나 시대에 뒤떨어져 가치가 감소하는 것으로 유행의 변천이나 신발명, 신발견 등에 의하여 종전의 자산을 사용하는 것이 도리어 비경제적으로 되는 경우이다. 부적응화(inadequacy)란 물리적으로는 감모 또는 진부화가 되지 않았으나 법률적, 사회적 환경 등의 변화로 인하여 이용가치를 상실하는 경우를 말한다.

(2) 우발적 감가

우발적 감가(accidental or contingent depreciation)란 예측하기 곤란한 돌발적인 사고로 말미암아 가치의 감소를 초래하는 것을 말한다. 천재, 지변 등의 자연적 원인인 수해, 화재, 전쟁, 도난 등과 사회적, 정치적 원인에 의한 노동쟁의, 폭동 등이 있다.

4. 감가상각비의 계산요소

감가상각은 일반적으로 당해 유형자산의 내용연수와 잔존가액을 추정하여 취득원가에서 잔존가액을 차감하고 그것을 내용연수의 각 기간에 일정한 방법에 의해서 배분하는 것이다. 따라서 매기의 상각액을 계산하려면 취득원가(기초가액), 잔존가액, 내용연수의 세 가지를 결정하여야 한다. 그러나 그 중 정확한 것은 취득원가뿐이고 잔존가액, 내용연수는 어디까지나 추정에 불과하다.

(1) 취득원가(aquisition cost)

유형자산을 구입했을 경우 구입대금과 구입에 수반하여 발생된 제비용을 가산한 것을 말하며, 자가제조의 경우는 제조원가에다 모든 부대비용을 가산한 것을 말한다.

(2) 잔존가액(scrap value)

사용불능의 자산을 처분할 경우의 처분예상 가격으로서 잔존가액이 소액일 경우에는 계상을 하지 않는 것이 일반적이다. 잔존가액의 결정은 기업의 종류, 당해 자산의 성질 등을 충분히 고려해서 결정해야 하며, 법인세법은 잔존가액을 일률적으로 0으로 규정하고 있다.

(3) 내용연수(useful life)

내용수명이라고도 하며, 상각액의 대소를 좌우하고 상각률 결정의 기초가 된다. 내용연수는 자산의 사용방법, 취급방법, 수선 등에 의하여 동일자산이라 할지라도 현저하게 상이하다. 내용연수를 정확하게 추정하기란 사실상 어려워 실제의 수명은 추정한 내용연수보다 길거나 짧을 경우가 허다하다. 그러므로 내용연수를 정확하게 추정한다는 것은 중요하며, 그것을 결정함에 있어서는 물리적 감가(기술적 감가)뿐만 아니라 기능적 감가(경제적 감가)의 발생도 고려하고 경영방법이나 경영사정의 변화에 의한 이용가치의 감소 등에도 유의하여야 한다.

5. 감가상각비의 계산방법

감가상각 계산법에는 경과시간기준에 따라서 정액법, 정률법, 이중체감법, 연수합계법이 있고 비례법으로서 작업시간비례법, 생산량비례법이 있다. 기타 상각계산법으로는 재고법, 폐기법, 갱신법, 조별상각법, 종합상각법 등이 있다. 우리나라 기업회계기준에서는 정액법, 정률법, 생산량비례법 및 기타 합리적인 방법으로 상각할 것을 규정하고 있다.

감가상각법의 계산방법을 분류하면 다음과 같다.

감가상각비계산방법
- 연수법: 정액법, 정률법, 연수합계법
- 비례법: 작업시간비례법, 생산량비례법
- 복리상각법: 상각기금법, 연금법
- 기타계산법: 재고법, 폐기법, 갱신법
  조별상각법, 종합상각법

1) 연수법

내용연수를 기초로 하여 상각액을 계산하는 방법으로서 정액법, 정률법, 연수합계법 등이 있다.

(가) 정액법

정액법(equal installment method)은 직선법(straight line method)이라고도 하며, 취득원가에서 잔존가액을 차감한 잔액을 내용연수로 나누어 계산한 것이 상각액이 된다.

정액법은 사용보다는 시간의 함수로, 사용에 의한 마멸보다는 시간의 경과에 따른 진부화 질의 저하를 유형자산의 감소 요인으로 생각하는 논리이다. 감가상각비는 다음과 같이 산출된다.

상각액 = (취득원가-잔존가액) ÷ 내용연수

이 방법은 매년 동액의 감가상각비가 계상되며 감가상각의 진행상태를 도표로 표시하면 직선이 되므로 직선법이라고 하는 것이다.

정액법은 계산이 간단하고 이해하기 쉽고 비용부담이 매년 균등하기 때문에 재무회계상에서도 타당성이 있다고 할 수 있다. 그러나 모든 유형자산은 구입 초기보다 후년에 이르면 수선을 하여야 하며 능률유지를 위해서는 많은 비용이 든다.

(나) 정률법

정률법(fixed percentage method)은 미상각잔액법이라고 하며, 유형자산의 미상각잔액에 일정률을 곱하여 각 연도의 상각액을 산출하는 방법이다. 상각률은 항상 일정하지만 미상각액의 감소에 따라서 상각액이 점차 감소한다. 그러므로 초년도에 많은 금액의 상각을 하고 그 다음해로 갈수록 상각액이 적어진다.

감가상각비는 다음과 같이 산출된다.

$$\text{정률} = 1 - \sqrt[n]{\text{잔존가액} \div \text{기초가액}}$$

$$n = \text{내용연수}$$

$$\text{상각액} = (\text{취득원가} - \text{감가강각누계액}) \times \text{정률}$$

이 방법은 능률이 좋은 초년도에 다액을 상각하고 후년에 능률이 저하하고 수선유지비가 증가될 때에는 오히려 상각액이 감소되기 때문에 조기상각의 목적에는 적합한 방법이라 할 수 있다. 이 방법은 비교적 잔존가액이 크다든가 조속한 시일 내에 상각이 필요하다든가 또는 기능적 감가의 가능성이 많은 기계장치 등에는 적합하다. 그러나 기업은 경영의 초기에는 많은 비용이 드는 데 반하여 이익은 근소하므로 다액의 상각비마저 계상한다면 배당은 더욱 적어지게 된다.

(다) 연수합계법

연수합계법(sum of years digits method)은 산술급수법이라고도 하며 정률법과 같이 초년에 가급적 많은 감가상각액을 계상하고 연차적으로 감소시켜 가는 방법이다. 그리고 이 방법은 정률법의 상각액이 기하급수에 의한 것이므로 그 체감의 비율이 급격히 높아지기 때문에 이것을 완화하는 의미로서 산술급수에 의한 체감상각법이 고안된 것이다.

$$\text{감가상각비} = (\text{취득원가} - \text{잔존가액}) \times \frac{\text{잔여연수}}{\text{내용연수의 합계}}$$

2) 비례법

비례법(proportional method)은 변동비법(variable charge method)이라고도 하며, 유형, 무형자산의 사용기간 또는 생산량에 비례해서 감가상각비를 계산하는 방법이다. 비례법은 물리적 마멸이 경제적 진부화보다 더 비중이 높을 경우에 적합한 방법으로서 작업시간비례법과 생산량비례법으로 나누어진다.

(가) 작업시간비례법

작업시간비례법(working hour method) 또는 기계시간비례법은 이용도비례법이라고도 하며, 내용연수 대신작업시간 또는 기계운전시간에 비례하여 감가상각을 하는 방법이다.

작업시간비례법은 이용횟수 또는 작업횟수가 유형자산의 감모와 대체적으로 비례관계가 있는 기계장치 등에 적합하다. 그러나 실제면에서 볼 때 기계장치의 총이용횟수 또는 추정작업시간을 정확히 산정한다는 것은 곤란한 경우가 많다.

$$\text{상각액} = \text{실제작업시간} \times \frac{(\text{취득원가} - \text{잔존가액})}{\text{추정총작업시간}}$$

(나) 생산량비례법

생산량비례법(production use method)은 생산수량을 기준으로 감가상각비를 계산하는 방법으로서 제조공업에 있어서는 생산량을, 광산업이나 산림에 있어서는 채굴량, 벌채량 등을 기준하여 계산하는 방법이다. 이것은 추정생산량에 대한 실제의 생산량에 비례해서 상각하는 것을 말하는 것이다

광산이나 산림과 같이 광석의 채굴이나 입목의 벌채량 등에 의해서 그 가치가 감소되는 자산을 특히 감모자산 또는 소모자산(wasting assets)이라 한다.

$$상각액 = 채굴량(실제생산량) \times \frac{(취득원가 - 잔존가액)}{채굴추정총량}$$

일반적으로 광산 등의 매장자원이나 산림 등의 보유자원을 채취하는 기업의 채굴권, 벌채권 및 그 부대설비는 그 생산량(조업도)에 비례해서 상각하는 것이 합리적이다.

3) 복리상각법

복리상각법(compound interest method)은 감가상각비계산에 자본이자의 요소를 도입한 방법으로서, 유형자산의 원가 또는 상각액을 일종의 투자로 간주하여 그 투자에 대한 이자 상당액도 감가상각비계산에 고려하는 방법이다. 다시 말해서 화폐의 시간적 가치를 고려하여 미래 현금흐름의 현가(present value)를 기준으로 투자이익률이 일정하게 되도록 감가상각비를 계산하는 방법이다. 이 방법에 의하면 내용연수의 초년도보다 후년도로 갈수록 감가상각비가 더 많이 계상되므로, 이를 체증상각법(increasing charge method)이라고도 한다.

복리상각법에는 상각기금법과 연금법이 있다.

(가) 상각기금법

상각기금법(sinking fund method)은 내용연수의 말에 가서 자산을 대체할 경우에 소요되는 자금에 충당하기 위해서 매기 기금으로 적립해야 할 금액을 감각상각비로 계상하는 방법이다. 즉 일정금액을 상각비(기금편입액)로 계상함과 동시에 그 상각비에 상당하는 자금을 일정한 이자율로 외부에 투자하여 거기서 발생하는 이자와 투자원금의 합계액이 상각총액과 동일하게 하는 방법이다.

$$감가상각비 = (취득원가 - 잔존가액) \times \frac{r}{(1+r)^n - 1}$$

(기금편입액) r : 이자율, n : 내용연수

일반적으로 유형자산은 고가인 경우가 대부분인데, 그것을 대체할 때 일시에 많은 자금이 소요되므로 이를 기업의 운영자금에서 지출한다면 재무상태에 큰 영향을 미치게 된다. 따라서 대체에 소요되는 자금을 기금의 형태로 적립함으로써 기업의 자금운영에 안정성을 확보하려고 하는 방법이 상각기금법이다.

(나) 연금법

연금법(annuity method)은 매기의 감가상각비 중에는 유형자산에 투하된 자본의 이자가 포함되어 회수되는 것으로 생각하는 것이다. 즉 유형자산에 투하된 자금만큼 외부에 투자하였다면 투자분에 해당하는 만큼은 이자수입이 발생하므로 그것을 기업 내에 투자하였다고 가정하여 매기 일정액의 이자에 해당하는 수익이 발생한 것처럼 처리하는 방법이다. 이 방법은 감가상각을 하는 데 연금계산의 방법을 응용한 것으로서 다음과 같은 공식에 의하여 계산된다.

$$감가상각비 = \frac{(취득원가 - 잔존가액)}{(1+r)^n - 1} + 취득원가 \times r$$

이 방법에 의한 상각액은 그 연도의 상각액 외에 매년 장부가액에 대한 이자를 가산하기 때문에 상각 말기에 가서는 상각액이 증가하게 되고, 이자에 대한 상각비가 계산됨으로써 자산의 감가계상은 사실상 적게 된다.

4) 기타의 방법

(가) 재고법

재고법은 기말에 유형자산을 평가한 후 이를 기초장부가액과 기중구입액의 합계액에서 차감하여 감가상각비를 구하는 방법으로서, 공구나 용기 등 비교적 저가이면서 대량으로 보유하고 있는 유형자산에 이용할 수 있는 방법이다. 한편, 재고법은 감가상각누계액계정을 사용하지 않고, 바로 감가상각비만큼 해당 자산계정을 직접 감액한다. 또한, 자산을 구입하거나 처분한 때는 바로 당해 자산계정에서 가감한다.

(나) 폐기법과 갱신법

폐기법은 자산이 처분되는 연도에 폐기된 자산의 원가에서 잔존가액을 차감한 금액을 감가상각비로 하는 방법이다. 이러한 폐기법은 먼저 구입된 자산이 먼저 비용화되므로 선입선출법과 유사하며, 자산계정에는 현재 사용되고 있는 자산의 원가 전액이 항상 남아 있게 된다.

한편, 갱신법은 구자산이 처분되고 신자산이 구입되는 연도에 신자산의 원가에서 구자산의 잔존가액을 차감한 금액을 감가상각비로 하는 방법이다. 이러한 갱신법은 나중에 구입된 자산이 먼저 비용화되므로 후입선출법과 유사하며, 자산계정에는 최초로 구입된 자산의 취득가액이 항상 남아 있게 된다.

(다) 조별상각법과 종합상각법

조별상각법은 성격이 유사한 자산들로 구성된 자산군을 대상으로 감가상각을 하는 방법이고, 종합상각법은 보유하고 있는 유형자산을 하나의 자산인 것처럼 간주하여 감가상각을 하는 방법이다. 조별(종합)상각법하에서의 감가상각비를 계산하는 절차는, 먼저 각 자산군에 대한 상각률('종합상각률'이라 한다)을 구하고, 그 다음에 이 종합상각률을 그 자산군에 있는 자산들의 취득원가에 곱해서 감가상각비를 구한다. 조별(종합)상각법에 의한 매기 감가상각비와 종합 내용연수는 다음과 같이 계산된다.

$$감가상각비 = 취득원가 \times 종합상각률\ \frac{(각\ 자산의\ 연간감가상각비합계)}{각\ 자산의\ 취득원가의합계}$$

$$종합내용연수 = \frac{(취득원가 - 잔존가액)의\ 합계}{각\ 자산의\ 연간감가상각비\ 합계}$$

한편, 조별(종합)상각법으로 감가상각할 경우에는 유형자산처분시 개별자산에 대한 감가상각누계액을 알 수 없기 때문에 처분자산의 취득원가와 처분가액의 차액을 감가상각누계액에 차기하여 처분손익을 인식하지 않는다.

5) 감가상각과 관련된 기타의 고려사항

(가) 기중취득자산의 감가상각비

유형자산을 회계연도 중에 취득하여 취득일로부터 회계연도 종료일까지의 기간이 1년 미만인 경우에는 일단위, 월단위 또는 6월 단위(동 기간이 6월 이하인 경우 6월로 하며, 동 기간이 6월을 초과하는 경우 1년으로 한다)로 상각률을 적용할 수 있으며, 이 경우 이를 동일 과목의 유형자산에 대하여 동일한 방법으로 계속 적용하여야 한다.

(나) 운휴중인 유형자산에 관한 회계처리

기업회계기준에서는 운휴중인 유형자산은 그대로 유형자산으로 분류하고 감가상각도 원래대로 하여야 하는데, 장기운휴자산의 경우에는 감가상각비를 영업외비용으로 처리하고, 단기운휴자산에 대해서는 제조원가로 처리하도록 규정하고 있다.

(다) 감가상각의 회계변경

감가상각방법은 매기 계속하여 적용하고, 정당한 사유없이 변경하지 않는다. 새로 취득한 유형자산의 감가상각방법도 동종의 기존유형자산에 대한 감가상각방법과 일치시켜야 한다. 다만, 신규사업의 착수나 다른 사업부문의 인수 등의 결과로 독립된 새로운 사업 부문이 창설되어 기존의 감가상각법으로는 그 사업의 특성을 반영할 수 없기 때문에 다른 방법을 사용하는 경우에는 회계변경으로 보지 아니한다.

6) 사용중단 유형자산에 대한 감가상각

내용연수 도중 사용을 중단한 유형자산은 다음과 같이 구분하여 회계처리한다.

구 분	사용중단 후 폐기·처분 예정	사용중단을 하였으나 장래 사용을 재개할 예정
자산분류	사용중단 시점의 장부가액을 투자자산으로 재분류	유형자산으로 계속 유지
비용인식	감가상각을 하지 않는 대신 매회계연도 말에 감액손실 인식여부 판단	감가상각을 계속하되, 영업외비용으로 처리

6. 감가상각비의 기장방법과 재무제표상의 표시

(1) 기장방법

1) 직접법

직접법(direct method)은 감가상각액을 직접 당해 유형자산의 장부가액에서 차감하여 처리하는 기장방법이다. 이 방법에 의하면 장부잔액은 각 유형자산이 현재액을 일괄해서 알 수 있는 장점이 있고, 유형자산의 취득원가 및 상각누계액을 알 수 없는 단점이 있다.

2) 간접법

간접법(indirect method)은 유형자산의 가액을 취득원가로 내용연수까지 원시 기입액대로 이월시키고, 상가액은 감가상각누계액계정(allowance for depreciation account)의 대변에 기입한다. 그리고 상각누계가 상각총액에 도달하면 이것을 당해 자산계정과 반대기입하여 상계한다. 이 방법에 의해서 유형자산의 장부가액을 계산하려면 유형자산계정의 금액(취득원가)에서 감가상각누계액계정의 누계액을 차감하면 된다.

감가상각누계액계정과 같이 유형자산계정이란 특정계정에 종속되어 주계정을 평가할 때에 이것을 평가계정(valuation account)이라 한다. 간접법은 유형자산의 취득원가와 상각누계가 별도로 표시되는 장점이 있다. 기업회계기준에 의하면 유형자산가액은 간접법에 의해 기장하도록 규정하고 있다.

(2) 재무제표상의 표시

기업회계기준서에서는 유형자산에 대한 감가상각을 간접법에 의하여 계상하는 것을 원칙으로 하고 있다. 이는 재무제표에 유형자산의 취득가액과 감가상각누계액을 모두 표시하는 것이 이들을 차감한 잔액만을 표시하는 직접법보다 이해관계자들에게 보다 나은 정보를 제공할 수 있기 때문이다.

1) 손익계산서상의 표시

감가상각비는 판매비와 관리비로 하여 표시된다. 다만 제조원가 성질의 감가상각비는 제조경비로 한다.

2) 재무상태표상의 표시

유형자산에 대한 감가상각누계액은 그 자산과목에서 차감하는 형식으로 표시하여야 한다.

재무상태표

Ⅱ. 비유동자산		
(2) 유형자산		
건 물	×××	
감가상각누계액	(-)×××	×××
비 품	×××	
감가상각누계액	(-)×××	×××

7. 감가상각방법이 재무제표에 미치는 영향

감가상각방법의 선택은 기업의 결정에 따른다. 감가상각방법에 따라 연도별 감가상각비가 달라지고 법인세비용도 달라지기 때문에 당기순손익도 영향을 받는다. 감가상각비는 원가계산과 관련된 의사결정에도 영향을 미친다. 설비자산의 감가상각비가 제품제조원가에 반영되기 때문에 어떤 감가상각방법을 적용했는가에 따라 단위당 제품제조원가도 달라진다. 따라서 실제로는 수익성이 있는 제품임에도 불구하고 수익성이 없는 것으로 원가자료가 산출되어 잘못된 의사결정을 내릴 수도 있다. 회사는 자사의 생산성격에 가장 적합한 감가상각방법을 적용할 필요가 있다. 기업이 어떤 감가상각방법을 선택했는가에 따라 기간간 재무제표 비교분석 뿐만 아니라 기업간 재무제표 비교분석에도 영향을 미친다.

기업이 가속상각법을 사용하게 되면 내용연수 초기에 보다 많은 감가상각비를 인식하게 되므로 정액법을 사용하는 경우에 비해 내용연수 초기의 당기순이익이 낮게 계상되며, 재무상태표에 표시되는 유형자산의 장부가액도 낮아진다. 한편, 당기순이익이 낮게 계상됨으로써 법인세를 적게 부담하기 때문에 재무상태표의 현금 및 순운전자본은 상대적으로 높게 계상된다. 그러나 내용연수 후기로 갈수록 감가상각비는 적게 계상되어 법인세를 상대적으로 많이 부담하게 된다. 결국, 어떤 감가상각방법을 적용하든 총감가상각비가 동일하기 때문에 회사가 납부하게 되는 법인세 총액은 동일하다. 가속상각법을 사용하면 총법인세 지출액의 현재가치가 정액법의 경우보다 작으므로 그만큼 법인세절감효과를 얻게 된다.

1) 손상차손

각 보고기간 말마다 개별 자산별로 손상징후(indication of impairment)를 검토한다. 손상징후가 있으면 손상검사를 실시한다. 손상검사(impairment test)란 손상차손 측정을 실시하는 과정이다.

손상징후가 없으면 손상검사를 실시하지 않는다. 다만, (가) 내용연수가 비한정인 무형자산, (나) 아직 사용할 수 없는 무형자산, (다) 영업권의 경우에는 손상징후 유무에 관계없이 각 보고기간 말에 혹은 보고기간 중의 한 시점을 일관되게 선정하여 반드시 손상검사를 실시한다. 그 미래 경제적 효익에 대한 불확실성이 상대적으로 높은 자산들이기 때문에 최소한 매년 검사를 실시하는 것이다. 그리고 회계연도 중에 이러한 자산을 최초로 인식한 경우에는 당 회계연도 말 전에 검사를 실시하여야 한다.

손상징후 검토시, 최소한 다음을 고려하여 그 하나라도 해당하면 손상징후가 있는 것이다.

〈외부정보〉

① 자산의 시장가치가 정상적인 수준보다 중요하게 더 하락함.

② 경영환경과 판매시장에서의 불리하고 중요한 변화가 발생함.*

③ 시장이자율 상승에 따른 할인율 상승으로 회수가능액이 중요하게 감소할 가능성이 있음.

④ 순자산 장부금액이 시가총액보다 큼.

〈내부정보〉

① 자산의 진부화나 물리적 손상의 증거가 있음.

② 자산 사용범위·사용방법의 제한에** 따라 불리한 변화가 나타남.*

③ 자산의 경제적 (예상)성과가 기대에 못 미친다는 내부보고가 있음.

* 혹은 가까운 미래시점에서의 발생이 예상됨.

** 제한사례 : 유휴화, 영업중단·계획, 조기처분 계획.

손상차손(impairment losses)은 자산(혹은 현금창출단위)의 회수가능액이 그 장부금액보다 작은 경우의 그 차액이다. 구체적으로 손상차손액은 다음과 같이 측정하는데, *max*는 둘 중 큰 금액을 선정한다는 의미이다.

> 손상차손 = 장부금액 - 회수가능액
> =장부금액 - max(순매각가액, 사용가치)

연 습 문 제

1. 자산에 관한 여러 견해를 말하고 각자의 정의를 내려보아라.

2. 자산을 우리나라 기업회계기준상의 종류를 열거하고 설명하여라.

3. 자산평가의 목적을 열거하고 설명하여라.

4. 자산평가기준에 대해 열거하고 설명하여라.

5. 부의영업권에 대하여 설명하여라.

6. 감가상각이란 무엇이며, 감가상각의 목적에 대해 설명하고 감가의 발생원인을 설명하여라.

제 3 장

부채회계이론

제 1 절 부채회계

1. 부채의 본질

(1) 부채의 의의

부채에는 매입채무와 같이 상품이나 서비스를 외상으로 구입한 결과 발생하는 것도 있고 미지급금과 같이 장기적으로 사용할 목적의 자산을 구입하는 과정에서 생기기도 하며, 차입금과 같이 자금을 차입하는 것으로부터 발생하는 부채도 있다. 이들 부채는 신용의 제공과 관련된 부채인데 반해 미지급법인세, 예수금, 판매보증채무 등은 신용제공과 상관이 없다. 그러나 각각은 발생원천이 달라도 금전으로 갚아야 할 채무라는 점에서 공통점이 있다. 한편 상품이나 서비스를 판매하기로 하고 미리 받는 경우에 생기는 선수금은 상품을 인도하거나 서비스를 제공함으로써 의무가 이행된다는 점에서 금전채무와 차이가 있다. 한편, 전환사채, 신주인수권부사채와 같이 지분증권으로 전환이 가능하여 부채와 자본의 양면적인 성격을 가지는 경우도 있다.

이와 같이 부채는 다양한 측면을 가지고 있기 때문에 이러한 여러 가지 성격을 지닌 부채를 포괄할 수 있도록 정의하기란 쉽지 않다. 재무회계개념체계에서는 부채를 과거 거래나 사건의 결과로서 현재 기업실체가 부담하고 있고 미래에 자원의 유출 또는 사용이 예상되는 의무로 정의하고 있다. 즉, 부채는 다음의 3가지 특성을 가지는 것으로 정리할 수 있다.

(2) 부채의 특성 및 성격

1) 부채의 특성

① 현재의 의무

미래에 현금 등을 양도하여 결제하여야 하는 현재의 의무이어야 한다. 여기서 현재의 의무란 재무상태표일 현재 의무의 이행을 회피할 수 없는 법적의무(legal obligation) 혹은 의제의무(constructive obligation)를 말한다. 법적의무는 명시적, 묵시적 계약이나 법률의 규정에 의해 발생하는 의무를 말하고, 의제의무는 과거의 관행이나 기업의 정책, 또는 구체적이고 유효한 약속 등을 통해 기업이 특정 책임을 부담한다는 것을 표명함으로써 제3자가 그 책임을 이행할 것이라는 정당한 기대를 가질 때 발생하는 의무이다. 전자의 예로는 이미 제공된 재화와 용역에 대한 지급의무를 들 수 있으며, 후자의 예로는 보증기간이 경과한 후에 발생하는 제품하자에 대해서도 보수하기로 회사방침을 정한 경우 보증기간이 경과한 후에 지출될 것으로 예상되는 금액 등을 들 수 있다.

일반적으로 미이행계약(executory contracts)은 재무제표상 부채로 인식되지 않으나 법적 강제력이 보장되고 계약불이행시 위약금 등 불이익이 발생하는 경우 이러한 의무가 부채의 정의에 부합하고, 특정 상황 하에서 인식기준을 충족하는 경우에는 부채로 인식된다.

② 미래 경제적 효익의 희생

기업이 현재의 의무를 이행하기 위해서는 일반적으로 미래 경제적 효익의 희생이 수반된다. 현재의 의무는 주로 미래에 현금이나 기타 자산의 이전, 용역의 제공, 다른 의무로의 대체 등의 방법으로 이행된다. 경우에 따라서는 자본으로 전환되어 소멸되거나 채권자의 권리의 포기나 상실로 소멸되기도 한다.

③ 과거의 사건이나 거래의 결과

미래에 발생이 예상되는 대규모 수선비와 같이 장래에 자원의 유출이나 사용이 예상된다 하더라도 과거의 거래나 사건에서 기인하지 않은 것은 부채가 아니다.

2) 부채의 성격

회계상 부채의 본질적 성격은 회계주체이론의 발전과 결부되어 변천되어 왔다. 여기서 회계주체이론이란 회계처리 및 그 기초가 되는 회계상의 판단을 누구의 입장에서 행할 것인가를 추구하는 이론영역이며, 그것은 회계이론의 출발점이기도 하다.

회계주체이론의 대표적인 것은 자본주이론과 기업주체이론인데, 부채가 계상되는 재무상태표의 대변항목(자본포함)의 본질에 대해서 이 양 이론은 상이한 관점에서 다음과 같은 대립적

성격으로 변천되어 왔다.

(가) 부채자본설

부채도 자기자본과 같이 자본으로 보는 학설이다. 즉, 부채 및 자본은 자산에 대한 청구권이며, 다만 자본이 출자자의 청구권인데 반하여 부채는 채권자의 청구권이라고 생각한다.

따라서 재무상태표의 구조는

자산 = 자본
= 채권자지분(타인지분)+출자자지분(자기자본)
= 부채 + 자본

이라는 등식으로 표현된다.

이 이론은 기업자체가 자산의 소유자이며 부채의 부담자라는 기업실체이론(entiry theory)을 반영하고 있다. 부채도 자본으로 인정하는 점에서 이를 부채자본설이라 한다.

(나) 부채재산설

부채를 자산과 동질적인 것으로 이해하고, 자산은 자본주가 소유하는 재산이며, 부채는 자본주가 채권자에게 진 채무를 의미하며, 자산과 부채와의 차액은 자본주에게 귀속될 순재산이라고 생각한다. 이 이론은 회계주체는 자본주이며, 회계상의 처리나 판단은 모두 자본주의 관점에서 이루어져야 한다는 자본주이론(proprietary theory)을 반영하고 있다.

자본주이론의 견해는 부채는 소극적 재산이기는 하나 자산과 같이 그 재산성을 인정하는 점에서 이를 부채재산설이라 한다.

2. 부채의 종류

(1) 유동부채와 비유동부채

부채는 1년 기준에 의하여 유동부채(current liabilities)와 비유동부채(non-current liabilities)로 구분하며, 구체적인 종류로는 다음과 같은 것들이 있다.

부채의 종류

유 동 부 채	매입채무, 단기차입금, 유동성장기부채, 단기미지급금, 선수금, 예수금, 미지급비용, 선수수익, 단기충당부채, 미지급법인세, 미지급배당금
비유동부채	사채, 장기차입금, 장기매입채무, 장기미지급금, 장기충당부채, 이연법인세부채

유동성장기부채(current liabilities of long-term debts)는 비유동부채중 1년 이내에 상환해야 할 금액을 유동부채로 재분류하기 위하여 사용하는 부채과목이며, 미지급배당금은 주주총회에서 이익처분을 하면서 발생했다가 배당금을 실제로 지급할 때 소멸되므로 기말 재무상태표에는 거의 나타나지 않는 부채과목이다.

대부분의 유동부채는 앞에서 자산을 공부하면서 함께 배웠으므로 이 장에는 주로 비유동부채에 대하여 다루기로 한다.

(2) 확정부채와 추정부채

부채의 존재여부, 지급금액의 측정가능성, 지급시기의 확정여부에 따라 부채를 확정부채와 추정부채로 구분할 수도 있다.

확정부채(determinable liabilities)는 매입채무나 차입금과 같이 부채가 확실하게 존재하고 지급금액과 지급시기가 모두 확정된 부채를 말한다. 이에 반하여 추정부채(estimated liabilities)는 부채의 존재는 확실하지만 지급해야 할 금액이나 시기가 확정되지 않아 추정을 필요로 하는 부채로서 곧 설명하게 될 충당부채와 우발부채가 이에 해당한다.

(3) 금융부채와 비금융부채

한국채택국제회계기준에 의하면 부채를 금융부채와 비금융부채로 구분할 수도 있다.

금융부채(financial liabilities)는 현금 등 금융자산으로 상환해야 하는 계약상 의무로써 매입채무, 장·단기차입금, 미지급비용, 사채 등이 포함된다. 반면에 비금융부채(non-financial liabilities)로는 상환금액이 확정되지 않는 장·단기충당부채, 계약상 의무가 아니라 법률상 의무인 미지급법인세와 이연법인세부채, 금융자산이 아닌 재화나 용역의 제공의무를 나타내는 선수금과 선수수익 등이 있다.

일반적으로 금융부채는 비금융부채에 비하여 상대적으로 신뢰성이 높다는 특징이 있다.

3. 부채의 평가

부채는 환율변동 등 시장의 변화에 영향을 받기는 하지만, 일반적으로 자산과 달리 시장가격의 변화에 민감하지 않기 때문에 평가가 중요한 과제로 대두되지는 않는다.

기업회계기준에 의하면 유동부채는 만기에 지급할 명목금액과 현재가치의 차이가 중요하지 않으므로 재무상태표에 명목금액으로 보고하도록 하고 있다(중요성). 따라서 유동부채는 환율

변동의 영향을 받는 외화표시부채가 아니라면 일반적으로 부채의 평가문제가 발생하지 않는다.

그러나 장기연불조건의 매매거래와 장기금전대차거래 그리고 이와 유사한 거래에서 명목금액과 현재가치의 차이가 중요할 경우에는 현재가치(present value)로 평가하도록 정하고 있다. 그 이유는 명목금액과 현재가치의 차이가 중요한 비유동부채를 재무상태표에 명목금액으로 그대로 보고한다면 적정한 재무상태의 표시가 이루어지지 못하기 때문이다.

4. 부채의 인식과 측정

(1) 부채의 인식

부채는 부채의 정의를 만족하고 기업실체가 현재의 의무를 미래에 이행할 때 경제적 효익이 유출될 가능성이 매우 높고 그 금액을 신뢰성 있게 측정할 수 있을 때 재무상태표에 부채로 인식한다. 어떤 경우에는 부채가 현재 의무가 불확실한 미래 사건의 발생 여부에 의해 그 존재여부가 결정된다. 이때에는 이용가능한 모든 증거를 고려할 때 보고기간말일 현재 의무가 존재할 가능성이 높고, 그 금액을 신뢰성있게 추정할 수 있는 경우 이를 재무상태표상의 부채로 인식한다.

(2) 부채의 측정

부채는 역사적 현금수취액(historical proceeds), 이행가액(settlement value) 또는 현재가치(present value)로 측정된다. 역사적 현금수취액이란 그 부채를 부담하는 대가로 수취한 현금 또는 현금등가액을 말한다. 이행가액이란 정상적인 경영활동과정에서 미래에 당해 부채가 상환될 때 지급되어야 할 현금 또는 현금등가액에 그러한 상환에 직접 소요될 비용을 가산한 가액을 말한다. 이것은 현재가치로 환산하지 않은 금액이다. 현재가치는 정상적인 경영활동과정에서 당해 부채를 상환할 때 필요한 미래 순현금유출액을 일정한 할인율로 할인한 가액을 말한다.

일반적으로 유동부채는 역사적 현금수취액이나 이행가액으로 측정된다. 예를 들어 선수금은 역사적 현금수취액으로 측정하고, 매입채무, 미지급금은 이행가액으로 측정된다. 유동부채는 만기까지의 기간이 짧아서 현재가치와 이행가액 간의 차이가 크지 않은 경우가 일반적이므로 이행가액으로 보고하는 것이 합리적이다. 따라서, 일반적으로 단기부채는 이행가액으로 측정하고 장기부채는 현재가치로 측정된다.

한편, 현재 의무가 미래사건의 발생여부에 따라 결정되는 불확실한 채무를 부채로 인식한 경우에는 보고기간말일 현재 의무이행에 소요되는 지출에 대한 최선의 추정치로 측정한다. 이것은 보고기간말일 현재 그 의무를 직접 이행하거나, 제3자에게 이전시키는 경우에 지급해야 하는 금액을 말한다. 이 경우에도 추정된 의무이행에 소요되는 예상 지출액의 명목가액과 현재가치의 차이가 중요한 경우에는 현재가치로 평가한다.

원화부채의 경우에는 장·단기의 구분에 따라 이와 같이 평가하면 되나 외화부채일 경우에는 원화로 환산하는 과정이 필요한데 이때는 화폐성·비화폐성법에 의하여 화폐성부채는 보고기간말일 현재의 환율(현행 환율)을, 비화폐성부채는 당초 부채부담 당시의 환율(역사적 환율)을 적용하여 환산한다.

〈표 3-1〉 기업회계기준상 부채의 평가기준

구분	분류	평가(환산)기준
원화표시부채	유동부채	기업이 부담하는 채무액
	비유동부채	장래 지급할 금액의 현재가치
외화표시부채	화폐성 외화부채	보고기간말일 현재의 환율(현행환율)
	비화폐성 외화부채	부채부담 당시의 환율(역사적 환율)

제2절 유동부채

1. 유동부채의 의의

유동부채는 1년 혹은 정상영업주기 이내에 상환될 것으로 기대되는 채무를 말한다. 유동부채와 비유동부채의 구분은 일반적으로 1년을 기준으로 하고 있다. 자산과 부채는 1년을 기준으로 하여 유동자산 또는 비유동자산, 유동부채 또는 비유동부채로 구분하는 것을 원칙으로 한다라고 규정하고 있다.

정상영업주기가 1년을 초과하는 경우에는 정상영업주기를 구분기준으로 생각해 볼 수 있다. 정상영업주기는 제조를 위해 원재료 등을 취득한 시점부터 제품을 판매하여 대금을 회수하기까지 걸리는 기간을 말한다. 대부분의 제조업은 정상영업주기가 1년 이내이기 때문에 1년을 기준으로 하여 유동부채와 비유동부채로 구분하는 것이 적절하다.

그러나 포도주 제조와 같이 숙성을 요하는 산업이나 장기건설공사, 선박이나 항공기 건조산업 등의 경우에는 정상영업주기가 1년을 넘을 수도 있다. 이러한 경우에 자산분류에 있어서 1

년 기준을 사용하면 원재료 등의 재고자산을 유동자산으로 분류할 수 없게 된다. 일반적 상거래에서 발생한 채권이나 소비목적 또는 판매목적으로 보유하는 자산의 경우 그것이 현금화되기까지 걸리는 기간이 1년을 초과하더라도 이를 매출채권 및 재고자산으로 계상하고 유동자산으로 분류하게 된다. 예를 들어 아파트 분양사업자가 보유하는 미분양주택과 부속토지는 실현되는데 걸리는 기간이 1년을 넘더라도 재고자산으로 계상하고 유동자산으로 분류하는 것을 볼 수 있다. 즉, 재고자산과 매출채권의 경우 현금화되기까지 걸리는 기간이 아니라, 그 보유목적과 성격에 따라 유동성 분류를 한다.

2. 유동부채의 종류

유동부채는 매입채무, 단기차입부채, 미지급비용, 미지급금, 선수금, 선수수익, 예수금, 기타의 유동부채로 분류한다.

(1) 매입채무

매입채무는 일반적인 상거래에서 발생한 외상매입금과 지급어음으로 구분한다.

1) 외상매입금

외상매입금(accounts payable)은 거래처와의 상거래의 결과로 발생한 채무로서 상품 또는 원재료의 매입대금의 미지급액 및 미지금가공비 등이 있으며 외상매입 후에 매입에누리 및 환출 등이 있는 경우에는 그에 해당한 금액을 외상매입금에서 차감하다. 그리고 영업목적 이외의 기계구입대금의 미지급액이나 건설자재 또는 도급대금의 미지급액은 미지급금계정으로 처리한다. 외상매입금은 총계정원장상의 총괄계정이기 때문에 각 거래처별의 명세는 보조부인 매입처원장에 자세하게 기록한다.

2) 지급어음

지급어음(notes payable)은 상거래에 의하여 발생한 매입처에 대한 어음상의 채무이다. 따라서 차입금의 성질을 가지고 있는 금융어음상의 채무는 어음차입금으로 처리하며 일반적인 상거래에서 발생한 상업어음은 이자부어음과 무이자부어음으로 구분할 수 있다. 이자부어음은 지급만기일까지의 특정지급이자를 가산하여 액면금액과 같이 상환하는 정상적인 어음이고 무이자부어음은 액면가액에 이자를 가산하지 않은 어음으로써 지급일에 액면가액만을 지급하면 되는 어음이다.

어음의 종류에는 약속어음과 환어음이 있으며, 회계상으로는 어음의 종류에 관계없이 어음의 채권, 채무에 따라서 받을어음과 지급어음으로 처리한다. 어음채무는 상품매입대금, 외상매입금에 대하여 약속어음을 발행했을 경우 또는 환어음을 인수했을 경우에 발생하며, 어음채무의 소멸은 만기일에 그 어음금액이 지급되었을 때에 이루어진다.

어음차입금은 금전을 차입하기 위하여 차용증서 대신 어음을 발행한 경우의 어음채무를 처리하는 계정으로서 상거래의 결과로써 발생한 매입처에 대한 어음상의 채무와는 구별하여야 한다. 차입금을 위해 발행한 어음을 융통어음(accommodation bill)이라 한다.

(2) 단기차입부채

차입부채는 은행 등에서 자금을 조달한 것으로 이자를 부담하는 채무를 말한다. 유동부채에 속하는 차입부채에는 당좌차월, 단기차입금, 유동성장기부채가 있다. 기업은 은행과 당좌차월 약정을 맺고 당좌예금계정에 잔액이 없더라도 일정한 한도까지 당좌수표를 발행할 수 있다. 이렇게 당좌예금잔액을 초과하여 발행된 당좌수표에 의해 인출된 금액을 당좌차월이라 한다. 당좌차월은 단기차입금에 포함하여 보고하는데 여러 은행에 당좌거래를 하고 있는 경우, 어느 한 은행에서 당좌차월이 생긴 경우에는 이를 다른 은행의 당좌예금과 상계하지 않고 총액으로 보고한다. 단기차입금은 1년 이내에 상환될 차입금을 말한다. 단기차입금과 당좌차월은 만기 상환가액으로 측정하여 보고한다.

유동성장기부채는 장기부채 중 1년 내에 만기일이 도래하는 부분을 유동부채로 분류한 것을 말한다. 장기부채 중 1년 내에 만기일이 도래하는 부분을 유동부채로 분류하는 이유는 일반적으로 이러한 부채는 유동자산을 사용하여 상환되거나 새로운 유동부채를 발생시켜 차환하기 때문이다. 그러나 이를 동일한 조건으로 차환하거나 새로운 장기부채를 조달하여 상환하는 경우에도 이를 유동부채로 재분류하여야 하는가 하는 문제가 생긴다. 이 경우에도 보고기간말일까지 차환을 위한 자금조달 계약을 체결하였을 경우에는 이를 계속 고정부채로 분류할 수 있다고 본다.

(3) 미지급비용

미지급비용(accrued expenses)은 이미 발생된 비용으로서 당기에 귀속될 미지급된 비용항목이다. 즉, 미지급임금, 미지급급여, 미지급이자, 미지급임차료, 미지급외주가공비 등이다. 이것들은 발생주의 원칙에 따라서 기말결산시 비용액을 그 기의 손익계산에 계상함과 동시에 미지급비용으로 차기에 이월 처리한다.

(4) 미지급금

미지급금(accounts payable-others)은 경상적 상거래 이외의 거래에서 일시적으로 발생된 채무로 미지급비용을 제외한 것을 말하는데, 외상매입금과 같은 경상적 상거래로 인해서 발생되는 채무와는 구별된다. 영업목적이 아닌 토지, 건물 등의 구매대금의 미지급금 등을 말한다.

(5) 선수금

선수금(advances received)이란 수주품 또는 수주공사 등에 대한 착수금으로 받은 것을 말한다. 회계처리는 거래처에서 주문을 받은 상품 또는 제품 등과 특정공사에 대한 착수금이나 선수금을 받았을 경우 이 계정의 대변에 기입한다. 상품의 인도나 공사완료의 경우에는 매출계정 또는 당해 수익계정에 대체된다. 선수금은 대개 현금으로 반제하는 것이 아니라 물품이나 용역의 인도에 의해 채무가 소멸된다.

(6) 선수수익

선수수익(advance receipts revenue)은 받은 수익 중 차기 이후에 속하는 금액으로 한다. 즉, 일정기간 동안 지속적으로 용역을 제공하기로 하고 이에 앞서 대가를 받았을 때 수입된 수익 중 차기 이후에 속하는 금액으로서 선수수익은 당기의 이익이 아니라 보고기간말일 이후 즉, 차기에 속하는 이익을 말하는데 이미 현금수입으로 되어 기장처리된 수익 가운데서 차기 이후의 수익에 속하는 선수부분으로서 선수이자, 선수임대료, 선수수수료 등이 있다.

(7) 예수금

예수금(deposit received)은 현금으로 반제하여야 할 영업상의 예수금과 일시적인 영업 외의 예수금을 말한다. 영업상의 예수금으로는 예수보증금, 예수보증유가증권 등이 있다. 예수보증금은 거래처에서 받은 이행보증금 또는 건물 등의 임대보증금으로 수입한 금액을 말한다. 예수보증유가증권은 보증금 대신 받은 유가증권이므로 장차 반환해야 하며, 또는 수입한 현금은 통상 자기소유의 현금과 혼동하여 사용하는 경우가 있으므로 이를 피하기 위해서 예수보증금계정을 두어 처리해야 한다. 그리고 현금으로 반제해야 할 성질의 일반 상거래상 일시적으로 발생한 제예수액은 가수금 또는 선수금으로 처리하지 않고 예수금으로 처리해야 한다. 영업 외의 예수금으로는 회사가 임원 또는 종업원으로부터 원천징수한 근로소득세 및 수입보증금, 의료보험료, 국민연금 등이 있다.

(8) 기타의 유동부채

기타의 유동부채(current liabilities)는 위에서 열거되지 아니한 유동성 부채로서 1년 이내에 지급 또는 상환될 채무나 현금의 수입은 있으나 계정과목이 확정되지 않은 부채를 말한다.

1) 가수금

가수금(suspense receipt)은 현금의 수입이 있었으나 그것을 처리할 계정 과목이나 금액이 확정되지 않아 일시적으로 처리하는 가계정으로 계정 또는 금액이 확정되면 해당 계정에 대체 정리하여야 한다. 이와 같은 임시계정은 재무상태표에는 그 성질을 잘 나타낼 수 있는 적절한 과목으로 표시하여야 한다.

2) 상품권

상품권(coupon or ticket)을 발행하였을 때에는 후일에 상품권에 해당하는 금액에 상당한 상품을 인도하여야 할 의무를 가지는 부채계정으로 상품권을 발행한 때에는 대변에, 발행된 상품권에 대한 상품을 인도한 때에는 차변에 기입한다.

제3절 비유동부채

1. 비유동부채의 특징

비유동부채는 만기가 1년 이후에 도래하는 부채로서 여기에는 장기차입금, 사채, 장기성매입채무, 퇴직급여충당부채 등이 있다. 이 중에서 가장 대표적인 비유동부채 항목은 장기차입금, 사채 등 장기차입부채이다. 장기차입부채는 일반적으로 채무증권을 발행하여 자금을 조달하게 된다. 채무증권은 만기에 채권자에게 원금을 지급하고 이자를 정기적으로(또는 일시에) 지급하게 된다.

장기자금의 조달이라는 측면에서 장기차입부채와 유사한 성격을 가지는 것으로 지분증권이 있다. 지분증권의 발행회사는 상환의무가 없으므로 만기가 없다. 이 점이 지분증권과 채무증권간의 가장 핵심적인 차이이다. 또한 지분증권에 대해서는 배당금이 지급되나, 배당금의 지급은 주주총회의 결의에 의하여 결정되며 부채에 대한 이자지급과는 달리 강제적이지 않다는 차이가 있다. 반면에 채무증권의 소유자는 경영에 참가할 권리가 주어지지 않지만 지분증권의 소유자인 주주에게는 경영참가권(의결권)이 주어지는 것이 일반적이다. 한편, 기업의 입장에서는 이자비용은 세금절감효과가 있으나 배당은 이익의 처분으로 지출되므로 세금절감효과가 없다.

채무증권과 지분증권간에는 이러한 차이가 있기 때문에 채무증권을 발행한 경우에는 이를 부채로 분류하는 반면에, 지분증권을 발행한 경우에는 이를 자본으로 분류하게 된다.

2. 비유동부채의 종류

비유동부채는 만기가 1년 이후에 도래하는 부채로서 여기에는 장기차입금, 사채, 장기성매입채무, 퇴직급여충당부채 등이 있다.

(1) 사채

사채(bonds)는 주식회사가 사채권을 발행하여 자금을 조달하는 방법으로서 장기간에 걸쳐 거액의 장기자금을 조달하기 위하여 차입하는 것을 말한다. 회사는 발행된 사채에 대하여 일정한 이자를 지급함과 동시에 일정시기에 상환하여야 한다. 그리고 사채는 주식과 더불어 주식회사에 있어서 자본조달상 중요한 위치를 차지하고 있는 것이다. 즉 자본의 증권화에 의해서 자기자본이 주식의 형태를 취하는데 대하여, 사채는 타인자본으로서 거액으로 자본을 집결시켜 회사가 장기적으로 자본을 조달하는 방법이다.

사 채
- ① 발행주체별－금융채와 사채업
- ② 담보의 유무－담보부사채와 무담보부사채
- ③ 모집지역별－국내채와 외국채
- ④ 소유자표시별－기명식사채와 무기명식 사채
- ⑤ 이윤분배의 유무－이익참가사채와 기타의 사채
- ⑥ 상환기간의 여부－영구사채와 유기사채
- ⑦ 이자지급조건여부－소득사채와 기타의 사채
- ⑧ 공모여부－공모사채와 비공모사채
- ⑨ 주식전환권의 유무－전환사채와 일반사채
- ⑩ 신규발행여부－신규사채와 차환사채
- ⑪ 의결권 행사여부－의결권부사채와 기타의 사채

1) 사채의 발행과 가격결정

사채의 발행에는 액면발행, 할인발행, 할증발행의 세 가지가 있으나 대부분은 할인 발행을 한다. 일반적으로 사채의 발행형태는 액면이자율과 시장이자율의 차이에 따라 달라지며 사채의 발행가격은 사채의 액면이자율과 사채구입자가 일반시장에서 실제 얻을 수 있는 시장이자율과 비교하여 결정된다.

> 표시이자율=시장이자율 → 액면가액=발행가액 → 액면발행
> 표시이자율〈 시장이자율 → 액면가액〉발행가액 → 할인발행
> 표시이자율〉시장이자율 → 액면가액〈 발행가액 → 할증발행

(가) 액면발행

평가발행이라고도 하며 사채를 액면가액으로 발행하는 것이다. 평가발행인 경우에는 표시이자율과 시장이자율이 동일하다. 사채의 청약증거금을 미리 받았을 경우 사채청약증거금 계정의 대변에 기입하였다가 사채가 배정되면 사채계정에 대체한다.

(나) 할인발행

사채의 액면이자율이 시장이자율(일반금리)보다 낮은 경우에 사채를 액면가액보다 낮은 가격으로 발행하는 것을 말한다. 이때의 액면가액과 발행가액과의 차액을 사채할인발행차금이라 하고 사채할인발행차금계정의 차변에서 처리한다.

(다) 할증발행

사채의 액면가액을 초과하여 사채를 발행하는 것을 말한다. 할증발행은 사채의 액면이자율이 실제이자율보다 높은 경우에 발행되며, 그 차액은 사채 할증발행차금계정의 대변에 기입한다. 재무상태표에 표시할 때는 사채에서 부가하는 형식으로 기장한다.

사채의 발행가격은 사채를 매입하는 자와 사채를 발행하는 자 사이의 수요공급에 의하여 결정된다. 회사가 사채의 발행으로 미래에 지급할 금액은 사채의 만기일에 지급해야 하는 액면금액과 사채의 발행기간 동안에 지급해야 하는 사채이자를 합계한 금액이다. 사채의 발행가격은 사채의 만기일에 지급할 액면금액과 사채이자 지급액의 두 가지 요소의 현재가치에 따라 결정된다.

① 사채액면금액의 현가

만기일에 지급할 액면급액은 현재에 지급되는 금액이 아니므로 사채의 발행시점에서 현재가치로 할인되어야 한다.

② 사채이자지급액의 현가

사채이자는 사채의 발행기간 동안 액면금액에 표시된 이자율에 다라 이자지급일에 일정액으로 지급하여야 하므로 연금에 해당된다. 따라서 매기간별로 지급되는 사채이자는 발행시점에서 현재가치로 할인되어야 한다.

2) 사채발행차금의 상각방법과 사채발행비

사채할인발행차금은 사채발행시에 액면가액보다 낮게 발행한 경우로 사채의 차감적 성격이다. 따라서 재무상태표에서 사채의 액면금액에 차감하는 형식으로 기재한다. 사채할인발행차금은 시장이자율이 사채의 액면이자율보다 높기 때문에 발생하는 관계로 사채의 발행회사는 사채의 발행기간 동안 현금으로 지급하는 이자비용 이외에 추가적으로 부담해야 할 이자비용이 된다. 따라서 사채할인발행차금은 사채상환기간동안에 걸쳐서 결산시나 사채이자 지급시에 상각하여 이자비용에 가산한다.

사채할증발행차금은 액면가액보다 높게 발행한 경우로 사채에 대한 부가적성격이다. 따라서 대차대조표의 사채의 액면금액에 가산하는 형식으로 표시한다. 사채할증발행차금은 시장이자율보다 높은 수익을 얻게 되므로 사채의 발행기간 동안에 환입하여 이자비용에서 차감한다.

사채발행차금을 상각하는 방법에는 정액법과 유효이자율법이 있다.

(가) 정액법

사채할인(할증)발행차금을 사채의 상환기간동안에 균등액으로 배분하여 결산기 또는 사채이자 지급시마다 상각(환입)하는 것을 말한다. 매기간의 총사채이자는 일정하나 사채의 장부가액은 점점 증가(감소)하므로 실질이자율은 다르다.

(나) 유효이자법

사채의 장부가액에 유효이자율을 곱하여 계산한 이자비용(장부가액×시장이자율)을 사채이자로 계상하고, 이 이자비용에서 액면이자율에 의하여 계산된 이자비용(액면가액×액면이자율)을 차감한 금액만큼을 사채할인발행차금 상각액으로 하는 방법이다. 유효이자율은 사채발행당시의 시장이자율로서 사채발행가액과 사채의 현재가치를 일치시키는 이자율이다.

사채이자(유효이자) = 사채의 장부가액 × 유효이자율
사채할인발행차금상각 = 사채이자 - 현금지급이자(표시이자)
사채할증발행차금환입 = 현금지급이자(표시이자) - 사채이자

사채발행비는 사채를 발행하는데 든 제비용을 말하는데, 이들 사채인쇄비, 모집광고비, 사채등기비, 금융기관 취급수수료 등을 사채발행비계정에서 처리한다. 기업회계기준에서는 사채발행차금에 포함하여 상각하도록 규정하고 있다. 사채발행비는 사채를 발행하여 조달한 금액에서 차감하므로 사채할인발행차금을 그만큼 증가시키게 된다.

3) 사채의 상환

발행된 사채를 회수하기 위하여 대금을 지급하는 것을 사채의 상환이라 한다. 사채의 상환방법에는 만기상환과 수시상환이 있다. 사채상환시에는 사채할인발행차금, 사채발행비, 사채이자에 대한 회계처리를 동시에 해야 한다.

(가) 만기상환

만기상환은 사채발행시 약정된 만기일에 사채전액을 한꺼번에 액면금액으로 상환하는 방법이다.

(나) 분할상환

분할상환은 상환기일 이전에 발행회사가 상환하는 것으로서 상환방법에 따라 추첨상환과 매입상환이 있다. 추첨상환은 액면가액에 의하여 상환되고 매입상환은 매입가액인 증권시장의 시가에 의하여 상환하게 된다.

① 추첨상환 : 추첨상환은 사채만기이전에 추첨에 의하여 당첨된 번호의 사채를 상환하는 방법으로 액면가액으로 상환한다. 이때 사채할인발행차금과 사채발행비의 미상각분은 상각처리해야 한다.

② 매입상환 : 사채발행회사가 사채의 만기일 이전에 증권시장에서 시가로 사채를 매입하여 상환하는 것을 매입상환이라 한다. 이때 사채의 시가와 액면가액과의 차액이 생기면 사채상환손익계정으로 처리한다. 사채를 매입상환하는 경우에는 사채할인발행차금이나 사채발행비계정의 잔액이 있으면 상환된 부분에 해당하는 금액은 상각처리한다.

4) 전환사채와 신주인수권부 사채

(가) 전환사채

전환사채는 사채권자들에게 일정한 기간 후에 그 회사의 주식으로 전환을 청구할 수 있는 권리를 부여한 특수사채이다. 상법에서는 전환사채가 발행되면 사채가 주식으로 전환되어 회사의 부채가 자본으로 전환되는 결과를 가져오므로 평가발행(액면발행)에 한하여 이사회의 결의가 있도록 규정하고 있다.

(나) 신주인수권부 사채

신주인수권부 사채는 사채권자에게 회사가 발행하는 신주를 구입할 수 있는 권리가 부여되어 있는 사채를 말한다. 신주인수권부 사채는 신주인수권이 행사되어도 사채는 그대로 존속한다.

5) 사채상환을 위한 감채기금과 감채적립금

사채의 상환에는 다액의 자금이 소요되므로 이에 대비하여 미리 자금을 확보할 필요가 있는데 이렇게 사채를 상환할 자금을 조달하기 위한 방법에는 감채기금을 설정하는 방법과 감채적립금을 설정하는 방법 또는 감채기금과 감채적립금을 동시에 설정하는 방법이 있다.

(가) 감채기금

사채를 상환하기 위한 자금을 일반 영업자금과 구별하여 정기예금, 유가증권, 금전신탁 등의 특정자금으로 충당할 수 있다. 이러한 목적으로 운영되는 특정자산을 감채기금이라 한다.

(나) 감채적립금

사채를 상환하기 위하여 매기 이익을 처분할 때 순이익의 일부를 사내에 적립하는 방법이다. 그리고 감채적립금과 감채기금을 동시에 설정하는 방법이 있는데 이는 회계기말에 순이익의 일부를 감채적립금으로 적립하는 동시에 동액의 자산을 별도 감채기금으로 운영하여 사채의 상환에 대비하는 방법이다.

(2) 장기차입금

장기차입금(long-term debts)은 은행이나 그 밖의 금융기관으로부터의 차입금 중 상환기한이 1년 이상의 것을 말한다. 이것은 장기 운영자금, 설비자금 등에 충당하기 위해서 차입하며 토지, 건물 등 부동산이나 유가증권을 담보로 하여 차입하는 것이 일반적이다. 장기차입금에는 계약기일에 원리금을 반제하는 방법과 연부상환에 의해 상환하는 방법이 있다.

(3) 장기성 매입채무

장기성매입채무는 유동부채에 속하지 아니하는 일반적 상거래에서 발생한 장기성 외상매입금 및 장기성지급어음으로 구분하며 대차대조표일로부터 1년 이후에 지급일이 도래하는 부채이다. 토지, 건물 등의 주거래상품 이외의 자산을 구입할 때 발생하는 장기부채는 장기미지급금으로 분류한다.

(4) 퇴직급여충당부채

퇴직급여충당부채는 기업의 퇴직금 제도에 의해서 인식하는 부채이다. 퇴직급여충당부채란, 임직원이 퇴직할 경우에 지급할 퇴직금을 임직원이 노동력을 제공한 시점에 인식하는 부채를 말한다.

임직원이 이미 제공한 노력에 대한 대가로서 임직원의 입장에서는 확정된 권리이다. 따라서 회사의 입장에서 퇴직급여는 임직원이 미래에도 계속 노동력을 제공하는 것과 무관하게 인식해야 할 미지급채무인 것이다.

(5) 이연법인세부채

회계이익에 근거하여 계산하였더라면 지급할 법인세 즉, 법인세비용과 세법에 의하여 실제로 세무당국에 지급하는 법인세 사이에 차이가 생기는데 이 차이를 이연법인세(deferred taxes)라 하고, 법인세비용이 법인세보다 크면 그 차이를 이연법인세부채라고 한다. 이것은 국가에 대한 채무로서 기업이 부담하여야 하는 것이다.

(6) 기타비유동부채

1) 장기매입채무

지금까지 살펴본 비유동부채 외에도 장기선수금, 장기매입채무, 이연법인세부채 등이 있으나 여기서는 장기매입채무를 중심으로 다루기로 한다.

장기매입채무는 지급기일이 보고기간종료일로부터 1년 이후에 도래하는 외상매입금 또는 지급어음을 포함한다. 장기매입채무는 원칙적으로 미래에 발생하게 될 현금지출액을 시장이자율로 할인한 현재가치로 평가하고, 명목금액과 현재가치의 차이는 현재가치할인차금(現在價値割引差金)으로 계상하여 장기매입채무에서 차감하는 형식으로 기재하는 것이 보통이다. 현재가치할인차금의 성격은 사채할인발행차금과 동일하며 상각방법도 유효이자율법을 사용한다. 또한 현재가치할인차금상각 금액을 이자비용으로 처리하는 것도 마찬가지다.

회수기일이 보고기간종료일로부터 1년 이후에 도래하는 외상매출금 또는 받을어음을 포함하는 장기매출채권 또한 장기매입채무와 동일한 회계처리를 한다.

2) 장기외화부채

장·단기 외화부채를 기말현재의 환율(현행환율)로 평가함으로써 장부금액과 차이가 날 경우 외화환산손익(外貨換算損益)으로 처리하고 당기손익(영업외손익)에 포함시킨다. 그리고 외화부채를 장부금액과 다른 금액으로 상환할 경우에는 외환차손익(外換差損益)으로 처리한다. 외환차손익 계정 역시 당기손익(영업외손익)으로 보고한다.

* 부외자산과 부외부채

부외자산(簿外資産, off-balance sheet assets)은 재무상태표에 계상되지 않는 자산을 말한다. 모든 자산은 빠짐없이 재무상태표에 표시되어야 하지만 예외적으로 부외자산이 인정되는 경우가 있다. 예를 들면, 소모품이나 소모성공구기구 등 그 금액이 중요하지 않은 경우에는 구입한 시점에서 전부 소비된 것으로 가정(수익적 지출)하여 비용으로 처리할 수 있다. 따라서 비용으로 처리된 금액 중 미사용분은 부외자산이 된다. 또한 내용연수가 경과되어 감가상각이 완료된 유형자산을 아직 영업활동에 계속 사용하고 있을 경우 이 또한 재무상태표에는 나타나지 않는 부외자산이 된다.

부외부채(簿外負債, off-balance sheet liabilities)는 재무상태표에 계상되지 않는 부채를 말한다. 그러나 모든 부채는 빠짐없이 재무상태표에 표시해야 하므로 어느 경우에도 부외부채는 인정될 수 없다. 부외부채는 금융기관에서 자금을 조달할 수 없어서 채권자가 나타날 수 없는 사채(私債)를 이용하는 경우에 생길 수 있다. 이처럼 사채시장에서 자금을 조달하게 되면 재무상태표에 부채를 나타내지 못하는 것은 물론 그에 대한 이자비용도 계상하지 못하게 되어 손익계산서까지 크게 왜곡시키게 된다.

제4절 충당부채

충당부채(provisions)는 과거사건이나 거래의 결과에 의하여 현재 의무로서 지출의 시기 또는 금액이 불확실하지만 당해 의무를 이행하기 위하여 자원이 유출될 가능성이 매우 높고 그 의무의 이행에 소요되는 금액을 신뢰성 있게 추정할 수 있는 의무이다.

1. 충당부채의 인식과 측정

(1) 인식

충당부채는 다음의 요건을 모두 충족하는 경우에 인식한다.

① 과거사건이나 거래의 결과로 현재의무가 존재한다.

② 당해 의무를 이행하기 위하여 자원이 유출될 가능성이 매우 높다.

③ 그 의무의 이행에 소요되는 금액을 신뢰성 있게 추정할 수 있다.

이에는 일반적으로 장기충당부채로 분류되는 제품보증충당부채, 퇴직급여충당부채, 유동부채로 분류될 수도 있는 경품충당부채와 반품충당부채가 있다.

(2) 측정

충당부채로 인식하는 금액은 현재의무의 이행에 소요되는 지출에 대한 보고기간말 현재 최선의 추정치이어야 한다. 충당부채의 금액에 대한 최선의 추정치는 관련된 사건과 상황에 대한 불확실성이 고려되어야 한다.

충당부채의 명목금액과 현재가치의 차이가 중요한 경우에는 의무를 이행하기 위하여 예상되는 지출액의 현재가치로 평가한다. 현재가치 평가에 사용하는 할인율은 그 부채의 고유한 위험과 화폐의 시간가치에 대한 현행 시장의 평가를 반영한 세전 이율이다. 이 경우, 만기까지의 기간이 유사한 국공채이자율에 기업의 신용위험을 반영한 조정 금리를 가산하여 산출한 이자율을 할인율로 사용할 수 있다. 이 할인율에 반영되는 위험에는 미래 현금흐름을 추정할 때 고려된 현금흐름 자체의 변동위험은 포함되지 아니한다.

현재의무의 이행하기 위하여 소요되는 지출 금액에 영향을 미치는 미래사건이 발생할 것이라는 충분하고 객관적인 증거가 있는 경우에는 그러한 미래사건을 감안하여 충당부채 금액을 추정한다. 충당부채를 발생시킨 사건과 밀접하게 관련된 자산의 처분차익이 예상되는 경우에 당해 처분이익은 충당부채 금액을 측정하면서 고려하지 아니한다.

2. 충당부채의 변제

대부분의 경우 기업은 전체 의무 금액에 대하여 책임이 있으므로 제3자가 변제할 수 없게 되면 기업은 그 전체금액을 이행할 책임을 진다. 이 경우 기업은 의무금액을 부채로 인식하고, 제3자가 변제할 것이 확실한 경우에 한하여 그 금액을 자산으로 인식한다. 다만, 자산으로 인식하는 금액은 관련 충당부채 금액을 초과할 수 없다. 이 경우 제3자의 변제에 따른 수익에 해당하는 금액은 충당부채의 인식에 따라 손익계산서에 계상될 관련 비용과 상계한다.

3. 충당부채의 변동

충당부채는 보고기간말마다 그 잔액을 검토하고, 보고기간말 현재 최선의 추정치를 반영하여 증감조정한다. 이 경우 당해 충당부채의 현재가치 평가에 사용한 할인율은 변동되지 않는 것으로 보고 당초에 사용한 할인율이나 매 보고기간말 현재의 추정치를 반영한 할인율 중 한 가지를 선택하여 계속 적용하도록 한다. 충당부채를 현재가치로 평가하여 표시하는 경우에는 장부금액을 기간 경과에 따라 증가시키고 해당 증가 금액은 당기비용으로 인식한다. 상황변동으로 인하여 더 이상 충당부채의 인식요건을 충족하지 아니하게 되면, 관련 충당부채는 환입하여 당기손익에 반영한다.

4. 충당부채의 사용

충당부채는 최초의 인식시점에서 의도한 목적과 용도에만 사용하여야 한다. 다른 목적으로 충당부채를 사용하면 상이한 목적을 가진 두 가지 지출의 영향이 적절하게 표시되지 못하기 때문이다.

5. 인식과 측정의 특수한 상황

손실부담계약을 체결한 경우에는 관련된 현재의무를 충당부채로 인식한다. 구조조정에 대한 의제의무는 다음의 요건을 모두 충족하는 경우에 발생된다.

① 구조조정에 대한 공식적이며 구체적인 계획에 의하여 적어도 아래에 열거하는 내용을 모두 확인할 수 있어야 한다.

㉮ 구조조정 대상이 되는 사업

㉯ 구조조정의 영향을 받는 주사업장 소재지

㉰ 구조조정에 소요되는 지출 내용

㉱ 구조조정계획의 이행시기

② 기업이 구조조정 계획의 이행에 착수하였거나 구조조정의 주요내용을 공표함으로써 구조조정의 영향을 받을 당사자가 기업이 구조조정을 이행할 것이라는 정당한 기대를 가져야 한다.

구조조정충당부채로 인식할 수 있는 지출은 구조조정과 관련하여 직접 발생하여야 하고 다음의 요건을 모두 충족하여야 한다.

① 구조조정과 관련하여 필수적으로 발생하는 지출

② 기업의 계속적인 활동과 관련 없는 지출

6. 주석공시

충당부채는 유형별로 다음의 내용을 주석에 기재한다.

① 기초와 기말 장부금액 및 당기 증감 내용

당기 증감 내용에는 현재가치로 평가한 충당부채의 기간 경과에 따른 당기 증가 금액, 환입금액 및 사용금액을 포함한다. 전기재무제표상의 증감 내용은 비교표시하지 아니할 수 있다.

② 충당부채의 성격과 자원의 유출이 예상되는 시기

③ 유출될 자원의 금액과 시기에 대한 불확실성 정도(필요한 경우, 관련된 미래사건에 대한 중요한 가정 포함)

④ 제3자에 의한 변제 기대금액 및 그와 관련하여 인식한 자산 금액

⑤ 현재가치로 평가한 충당부채의 기간 경과에 따른 당기 증가금액 및 할인율 변동에 따른 효과

7. 충당부채의 종류

(1) 제품보증충당부채

제품보증(product warranty)은 제조회사가 제조된 제품 등의 품질이나 성능에 결함이 있는 경우, 무상으로 수리 또는 교환해 주는 약정으로 판매촉진의 수단으로 이용되는 기법이다. 제품보증은 판매시점 이후에 발생하기 때문에 제품보증의 시기, 금액이 확정되지 않지만 보증비용이 발생하리라는 것은 확실하기 때문에 금액을 합리적으로 추정할 수 있다면 이를 제품보증충당부채(product warranty provisions)로 인식하여야 한다.

제품을 판매한 연도의 제품보증비용예상액은 차기 이후에 무상수리나 무상교환으로 인한 지출액을 추정하며 일반적으로 매출액의 일정비율로 추정한다. 판매한 이후의 회계연도에는 제품보증충당부채를 실제로 발생한 제품보증비 지출액과 상계처리하고, 제품보증의무가 종료하는 시점에도 제품보증충당부채의 잔액이 남아 있게 되면 환입하여 당기이익으로 처리한다.

제품보증충당부채의 회계처리는 판매를 인식한 기간에 수익비용대응의 원칙을 지켜 이에 대한 보증행위로 인한 비용을 판매가 이루어진 당해연도에 기록하는데 그 의의가 있다. 단, 제품보증비가 판매와 밀접하게 연관되어 있는가(발생법) 혹은 보증행위 자체가 독립적인 행위인가(이연법)에 따라 회계처리방법이 둘로 나뉘게 된다. 한편, 제품판매와는 독립적으로 제품보증이 이루어졌다고 가정한다면, 다음과 같이 이연법으로 회계처리해야 한다. 인연법에서도 손익에 미치는 영향은 발생법과 같지만 분개 및 재무제표상의 계정과목명칭 등에 차이가 발생하게 된다.

(2) 퇴직급여충당부채

1) 퇴직급여를 충당부채로 처리해야 하는 이유

퇴직금이란 근로의 제공이라는 과거의 사건 결과로서 발생하는 현재의 의무이다. 즉, 전 임직원이 일시에 퇴직시 지급해야 할 퇴직금상당액(퇴직금추계액)을 합리적으로 추정하여 이 금액을 매년 비용처리함과 동시에 재무상태표에는 퇴직급여충당부채로 인식하는 회계처리가 요구된다.

우리나라의 다수 회사들은 임직원이 퇴사를 할 때 퇴직금을 부여하는 제도를 두고 있다. 그런데, 사실상 이 퇴직금은 기업이 임직원에게 지급했어야 할 금액 중 일부를 적립함에 따라 지급하는 것이다. 세부적인 지급액수는 따로 정하게 되지만 1년 근속한 임직원에게는 대략 1개월치 정도의 퇴직금이 적립되는 것이 일반적이다.

예를 들어, 10년 뒤 시점에 계산해서 거의 10개월어치 월급에 비례하는 금액이 퇴직금으로 지급되는 것이다. 중요한 것은 이 금액은 장래에 임직원에게 지급될 것이 보류되어 있는 것으로서 기업이 다른 용도로 써서는 안되는 금액이다. 즉, 기업 입장에서 부채이며, 반드시 임직원이 퇴직할 때 지급되어야 하는 금액이다.

따라서 기업은 매년 지급되는 급여 중 일부를 적립하고 '퇴직급여충당부채'라는 계정의 부채로 기록하여야 한다. 다시 말해서 지급되어야 하는 급여 중 일부가 지급되지 않았으므로 기업의 현금이 그만큼 자산의 '현금'계정에 남아 있을 것이다. 이 금액만큼 부채에 '퇴직급여충당부채'를 기록해야 한다. 물론, 퇴직 시점에 일시불로 지급되면 '퇴직급여충당부채'계정은 재무상태표에서 삭제해도 된다. 이때 회계처리상 이 퇴직금이 어느 시점의 것인지에 대하여 분명히 해둘 필요가 있다.

예를 들어 2011년 모든 임직원이 퇴직한다면 지급해야 할 금액 ₩10,000, 2012년은 ₩20,000이라 하고, 실제 2012년에 퇴직한 임직원에게 지급한 퇴직금 ₩5,000이라 하자. 이때, 분개는 다음과 같다. 2012년말 퇴직급여충당부채 잔액이 ₩5,000이므로 ₩15,000을 보충해 주는 분개를 해야 한다.

• 2011년 연말분개	(차)	퇴 직 급 여	10,000	(대)	퇴직급여충당부채	10,000
• 2012년 퇴직시분개	(차)	퇴직급여충당부채	5,000	(대)	현 금	5,000
• 2012년 연말분개	(차)	퇴 직 급 여	15,000	(대)	퇴직급여충당부채	15,000

퇴직급여충당부채는 매 회계연도 말 현재 모든 임직원이 일시에 퇴직할 경우 지급하여야 할

퇴직금에 상당하는 금액으로 기록되어야 한다. 즉, 회사입장에서 볼 때는 임직원이 퇴직할 경우, 일시에 거액의 퇴직금이 지급되어야 한다. 이때, 회사입장에서 자금스케줄의 조정은 가능하지만, 일시에 거액의 비용(퇴직급여)이 손익계산서에 발행할 경우 당기순손실이 보고될 가능성이 높아지면서 손익계산서의 연도간 비교가능성이 상실될 수 있다. 또한, 매년 일한 대가로 급여처리 되어야 할 것이 지급시점에 일시 비용처리된다면 이는 수익비용대응의 원칙에도 어긋나게 된다. 즉, '퇴직급여'라는 계정은 임직원이 매년 제공한 노동력제공에 대한 매년의 대가로서 퇴직시 일시에 지급되는 것과는 별도로 임직원이 노동력을 제공한 매 기간의 비용으로 인식하여야 하며, 퇴직금 지급시 일시에 비용으로 인식하여서는 안된다.

결국, 퇴직금은 지급시기를 예측하기 곤란하지만, 미래지출될 것이 확실하므로 우발부채는 아니더라도 충당부채 처리를 통한 장기미지급부채(퇴직급여충당부채)로 처리해야 한다.

퇴직급여 금액의 규모는 근로기준법, 기타의 법령, 사내 퇴직금지급규정 등에 의하여 법적, 제도적으로 확정되어야 하며, 당기 말 퇴직금추계액(근로기준법 등과 사내규정에 따른 추계액 중 큰 금액)에서 기존의 퇴직급여충당부채의 장부가액을 차감한 금액을 매년 추가로 인식한다.

2) 퇴직자 보호를 위한 제도(퇴직보험제도)

전술한 바와 같이 퇴직하는 임직원에게 퇴직금을 받을 권리가 있으며, 이를 회사가 다른 곳으로 유용하면 안된다.

그러나 퇴직급여충당부채는 퇴직금으로 미래에 지급할 부채일 뿐이고 퇴직시에 실제로 지급할 자금을 확보하는 자금의 적립액을 의미하지 않는다. 즉, 기업이 청산시 별도의 퇴직금에 해당하는 자금을 적립하지 않으면 아무리 퇴직급여충당부채가 설정되어 있다고 하더라도 임직원의 퇴직금 수령을 보장하지 않음을 의미한다.

따라서 퇴직금 지급을 실질적으로 보장하기 위해서 임직원을 수혜자로 하는 기금 또는 보험에 가입하여야 한다. 즉, 퇴직금지급을 어느 정도 보장하기 위한 제도로 퇴직보험제도가 시행되고 있다. 세법에서, 기업이 손익계산서상 '퇴직급여'로 비용처리한 금액 중 40%는 손금으로 인정하지만 나머지 60%는 회사가 '퇴직보험'에 가입하여 앞으로 퇴직할 임직원들에 대한 퇴직금지급에 대한 보장이 있을 경우에만 손금으로 인정하도록 하였다. 이로써 기업들은 퇴직급여를 손금으로 인정받아 세금을 감면받기 위해서 퇴직보험에 가입할 수밖에 없었다. 회사가 부실화될 경우 퇴직금을 안전하게 퇴직자에게 전달할 수 있는 방법이 없었기 때문에 퇴직보험에 따른 손금인정 제도를 통하여 임직원의 퇴직시 안전한 지급을 어느 정도 보장하고자 하였다. 즉, 기업입장에서는 퇴직급여를 세법상 손금으로 인정받기 위하여 퇴직보험에 가입하게 되고, 이로써 임직원들의 퇴직금이 보호되는 것이다.

회사가 퇴직보험에 가입한 경우 발생하는 퇴직보험예치금에 대한 재산권을 행사할 수 없으므로 이를 회사의 자산으로 인식할 수 없다. 퇴직보험예치금은 퇴직급여충당부채의 차감계정으로 표시하며 퇴직보험예치금이 퇴직급여충당부채를 초과하는 경우에 한하여 동 초과액을 투자자산으로 분류한다.

3) 퇴직연금제도

퇴직연금제도 역시 퇴직자를 보호하기 위한 것으로써, 퇴직보험제도에 비해 퇴직금 누적액을 더 효과적으로 운용할 수 있는 근거를 마련한 제도이다. 이에는 두 가지 형태가 있다.

(가) 확정급여형 퇴직연금제도

종업원은 확정된 퇴직금을 퇴직시 받게 되는 제도이다. 기업은 퇴직누계액을 금융기관을 통하여 운용하게 되고, 만일 운용 중의 금액이 확정된 퇴직금에 모자라게 되면 추가부담을 해야한다.

이때, 기업의 회계처리는 계속 '퇴직급여충당부채'로 누적시키다가 일부가 퇴직하면 그들의 정해진 확정퇴직금(미래 지급될)의 현재가치[현금지급 대신 연금운용]에 상당하는 부분을 '퇴직연금미지급금'계정으로 대체한다. 즉, 이들 금액의 범위 내에서 퇴직연금운용자산 계정이 나타나게 된다. 이들 금액은 이전의 퇴직보험제도에 의한 퇴직보험예치금과 함께 자산 항목이 된다. 다만, 사용이 제한된 자산이므로 퇴직급여충당부채에서 차감하는 형식으로 재무상태표에 기록된다.

(나) 확정기여형 퇴직연금제도

확정기여형 퇴직연금제도에서 기업은 확정된 금액을 부담한다. 이 금액에 대해서 종업원(노조 등)이 운용을 하게 되는데, 만일 운용과정에서 손해를 보더라도 기업입장에서 추가부담은 없게 된다. 따라서 기업 입장에서 분개처리는 매우 간단해지며, 퇴직급여충당부채계정 조차도 사라지게 된다.

(3) 경품충당부채

백화점이나 할인매장과 같은 소비성 제품을 판매하는 기업은 판매촉진정책의 하나로 고객에게 경품권을 제공하고 고객이 경품권을 제시하는 경우 경품과 교환하여 주는 경우가 있다. 이와 같은 판촉활동과 관련하여 발생하는 비용은 과거의 사건으로 인하여 미래에 현금유출가능성이 매우 높으므로 금액을 합리적으로 추정할 수 있다면 이를 충당부채로 인식하여야 한다. 경품권 제공을 일회성 행사로 취급하는 경우에는 우발항목으로 볼 수 있으나 지속적인 경품권 제공을 통한 판매촉진 정책을 꾀하는 기업에 있어서는 반드시 관련되는 금액을 추정하여 매출시에 충당부채로 인식해야 한다.

경품권을 제공한 회계연도에는 일반적으로 과거의 경험을 기초로 한 회수율에 의하여 경품충당부채를 인식하며 이와는 별도로 추후에 고객이 경품권을 제시할 때 제공하게 될 경품을 미리 구입하며 이때 경품재고자산의 과목으로 하여 별도 관리한다. 경품충당부채는 차기 이후의 기간에 고객이 경품권을 제시하는 시점에 경품과 상계처리하며 경품제공의무가 종료되는 회계연도에 경품충당부채의 잔액이 남아있는 경우에는 환입하여 당기이익으로 처리한다.

(4) 반품충당부채

거래 이후에도 판매자가 소유에 따른 위험의 대부분을 부담하는 반품가능판매의 경우에 있어서 수익인식요건을 충족시키지 못하는 경우에는 구매자가 상품의 인수를 수락하거나 반품기간에 종료되는 시점까지 매출수익을 유보시킨다. 이에 반하여 수익인식요건을 충족시키는 경우에는 판매시점에 매출수익을 인식하며 동시에 반품이 예상되는 부분의 매출액과 매출원가를 각각 차감하고 매출총이익에 해당하는 금액은 충당부채(반품충당부채)로 계상한다.

이는 미래 반품으로 인한 경제적 자원의 유출에 대하여 현재 의무를 부담하는 것이므로 그 의무이행에 소요되는 금액을 충당부채로 인식하는 것이다. 이 경우 의무이행에 소요될 지출액을 합리적으로 추정하여 충당부채를 인식해야 하므로 반품예상매출의 매출총이익과 반품관련비용을 추정하여 이를 충당부채로 회계처리한다.

(차)	매　　　출	×××1)	(대)	매 출 원 가	×××1)
(차)	반 품 비 용	×××3)	(대)	반품충당부채	×××2)

1) 반품이 예상되는 부분의 매출액과 매출원가
2) 반품예상매출의 매출총이익반품관련비용
3) 반품관련비용의 부분이 반품재고자산의 감액손실과 관련성이 있고 그 금액이 중요한 경우에는 매출원가로 처리하고, 그 밖의 것은 판매비와관리비로 처리한다.

제5절 우발채무

1. 우발상황의 개념

우발상황(contingencies)이란 미래에 어떤 사건이 발생하거나 발생하지 않음으로서 궁극적으로 확정될 손실 또는 이득의 발생여부가 불확실한 현재의 상태 또는 상황을 말한다. 우발상황의 대표적인 예가 계류중인 소송사건으로 이는 현재의 상황을 말하며 미래 소송의 판결결과가 불확실하여 확정될 손실 또는 이득의 발생여부를 알 수 없으며, 이러한 불확실성은 최종판결이라는 미래사건에 의하여 결정된다. 여기서 최종판결에서 결정될지도 모를 배상액은 현재시점에서 원고의 입장에서는 우발이득이 되며 피고의 입장에서는 우발손실이 된다. 일반적으로 우발이득은 보수주의 개념에 근거하여 확정될 때까지 인식하지 않으나 우발손실은 일정한 요건을 갖추게 되면 반드시 인식하여야 한다. 우발손실을 인식하게 되면 우발부채를 대기하므로 우발부채라는 용어를 일반적으로 사용한다. 우발부채는 부채로 인식하지 아니한다. 의무를 이행하기 위하여 자원이 유출될 가능성이 아주 낮지 않는 한 우발무채를 주석에 기재한다.

2. 우발부채와 충당부채

우발부채는 과거의 경제적사건이 발생하였으나 기업이 전적으로 통제할 수 없는 미래 사건의 발생 여부에 의해서만 의무이행을 위한 지출시기와 지출금액에 대한 불확실성이 해결되는 의무이다. 우발부채의 성격을 가진 항목을 인식하기 위하여는 채무의 발전가능성과 금액의 추정가능성을 고려해야 하는데 이에 관하여 [기업회계기준서(17호)]에서는 다음과 같이 재무제표에 인식하는 충당부채와 잠재적 부채로서 주석 공시를 필요로 하는 우발부채로 나누어 규정하고 있다.

충당부채는 ① 과거사건이나 거래의 결과로 기간보고말일 현재 의무가 존재하며 ② 당해 의무를 이행하기 위하여 자원이 유출될 가능성이 매우 높고 ③ 그 의무의 이행에 소요되는 금액을 신뢰성 있게 추정할 수 있는 경우에 한하여 부채로서 인식한다.

이에 반하여 우발부채는 다음의 ① 또는 ②에 해당하는 잠재적인 부채를 말하며, 부채로 인식하지 않는다.

① 과거 사건은 발생하였으나 기업이 전적으로 통제할 수 없는 하나 또는 그 이상의 불확실한 미래사건의 발생여부에 의해서만 그 존재여부가 확인되는 잠재적인 의무

② 과거 사건이나 거래의 결과로 발생한 현재 의무이지만 그 의무를 이행하기 위하여 자원이 유출될 가능성이 높지 않거나, 또는 그 가능성은 높으나 당해 의무를 이행하여야 할 금액을 신뢰성 있게 추정할 수 없는 경우

위의 규정은 우발항목의 발생가능성과 금액의 추정가능성에 따라 회계처리방법을 달리하도록 규정하고 있다. 즉, 다음의 표와 같이 우발항목의 발생가능성에 따라 자원의 유출 가능성을 '가능성이 높음', '가능성이 어느 정도 있음', '가능성이 거의 없음'으로 구분하고, 우발항목 금액

의 추정가능성에 따라 '합리적으로 추정이 가능'한 경우와 '합리적으로 추정이 불가능'한 경우로 나누어 재무제표에 인식 및 공시요구를 달리하고 있다.

의무를 이행하기 위하여 자원이 유출될 가능성이 아주 낮지 않는 한, 우발부채는 유형별로 그 성격을 주석에 설명하고 가능하면 다음의 내용을 주석에 기재한다.

① 우발부채의 추정금액

② 자원의 유출금액 및 시기와 간련된 불확실성 정도

③ 제3자에 의한 변제의 가능성

의무를 이행하기 위한 자원의 유출 가능성이 거의 없더라도 다음의 경우에는 그 내용을 주석으로 기재한다.

① 타인에게 제공한 지급보증 또는 이와 유사한 보증

② 중요한 계류중인 소송사건

상황별 우발항목의 처리

금액 추정가능성 / 발생 가능성	합리적 추정가능	합리적 추정 불가능
가능성이 높음(80% 이상)	충당부채로 인식	우발부채로 주석에만 공시
가능성이 어느 정도 있음	우발부채로 주석에만 공시	우발부채로 주석에만 공시
가능성이 거의 없음	공시하지 않음	공시하지 않음

주 : 주석공시내용은 우발부채의 내용, 금액, 또는 금액추정불가능 사유

3. 우발부채의 종류

일반적으로 발생하는 대표적인 우발손실의 종류와 이들에 대한 부채의 인식여부를 요약하면 다음과 같다.

우발손실 및 부채의 인식

우발손실의 종류	재무제표 인식여부	종류
계류중인(제소가능성 있는) 소송사건	인식가능	충당부채(우발부채)
타인에 대한 채무보증	인식가능	충당부채(우발부채)
자산의 수용 및 몰수가능성	인식가능	충당부채(우발부채)
일반적인 자연재해손실 가능성	인식불가능	×
손해보험에 가입한 자산의 재해 가능성	인식불가능	×

주석으로 공시하는 우발부채인 '계류 중인 소송사건', 손해배상청구, 타인에 대한 채무보증 중 앞에서 설명한 표의 "발생가능성이 높음"과 "금액이 합리적으로 추정이 가능"한 경우에 해당되면 재무제표에 부채로 인식되며 이때 그 명칭을 충당부채로 한다.

우발상황의 대표적 예인 '계류중인 소송사건'의 경우에 있어 최종판결 결과 피고가 패소할 가능성이 높으나 그 금액을 합리적으로 추정할 수 없는 경우나 패소할 가능성이 어느 정도 있는 경우에는 재무상태표에 부채로 인식하지 않고 우발부채로 주석에 공시한다. 하지만 패소할 가능성이 매우 높고, 패소시 배상해야 할 금액을 합리적으로 측정할 수 있다면 최종판결 이전이라도 우발손실을 인식해야 하며, 이때 우발상황이 확전되면 감소하게 될 순자산의 추정치인 충당부채의 과목으로 하여 재무상태표에 인식한다.

일반적인 자연재해손실은 우발손실의 성격을 갖지만 회계상으로 인식하기에는 불확실성이 너무 높으므로 회계처리 목적상으로 인식할 필요가 없다. 손해보험에 가입한 자산의 재해위험은 실제 발생시 보험에 의하여 보전되므로 이를 이중으로 인식할 필요는 없다.

(1) 우발상황

(주)여주는 2011년 12월 31일 현재 다음과 같은 독립적인 우발상황에 처해 있다. 필요한 회계처리를 하시오.

① 공장폐수의 유출로 인하여 2011년 10월 1일 지역주민들에 의하여 손해배상이 제기되어 소송중에 있으며 담당변호사는 패소할 가능성이 거의 확실하고, 패소시 보상비용을 ₩500,000~₩600,000으로 추정하고 있다.

② 협력회사인 (주)이천이 2011년 11월 1일 자금부족으로 최종 부도처리되어 회생할 가능성이 없다. 다행히 (주)이천과의 채권/채무관계는 없지만 2011년 2월 (주)이천의 은행권 단기자금 대출 ₩700,000에 대하여 지급보증을 한 사실이 있다.

③ 2011년 12월 1일 상표법위반으로 (주)용인을 상대로 ₩800,000의 소송을 제기하였으며 담당변호사는 승소할 가능성이 확실하며 승소시 ₩800,000을 배상 받을 수 있으리라고 추정하고 있다.

우발상황	분 개					
(1)	(차)	손해배상손실	500,000[1)]	(대)	손해배상충당부채	500,000
(2)	(차)	지급보증손실	700,000	(대)	지급보증충당부채	700,000
(3)			-[2)]			

1) 최소금액을 인식함.
2) 우발이득은 보수주의에 근거하여 회계처리 대상이 되지 않음. 다만 승소할 가능성이 높고 금액을 합리적으로 추정가능한 경우에는 주석에 공시함.

제6절 채권 · 채무조정

1. 채권 · 채무조정의 정의

채권 · 채무조정은 채무자의 현재 또는 장래의 채무변제능력이 크게 저하된 경우에 채권자와 채무자간의 합의 또는 법원의 결정 등의 방법으로 채무자의 부담완화를 공식화하는 것을 말한다.

회사정리절차의 개시, 화의절차의 개시 또는 거래당사자간의 합의 등으로 인하여 채권 · 채무의 원리금, 이자율 또는 만기 등 계약조건이 채무자의 부담이 경감되도록 변경된 경우의 회계처리에 적용한다.

유가증권으로 보유하고 있는 채권에 대한 투자자의 채권 · 채무조정회계는 이 절의 적용대상이 아니며, 유가증권에 따라 회계처리한다.

2. 채권 · 채무조정 시점

채권 · 채무조정이 실질적으로 완성되는 시점이 채권 · 채무조정시점이다. 채권 · 채무조정은 채무의 만기일 이전 또는 이후에 이루어질 수 있으며, 자산 또는 지분증권을 이전하거나 새로운 계약조건이 확정되는 시점에서 채권 · 채무조정이 완성된다. 일반적으로 합의에 의한 채권 · 채무조정의 경우에는 합의일, 법원의 인가에 의한 채권 · 채무조정의 경우에는 법원의 인가일이 채권 · 채무조정시점이 된다. 그러나 채권자와 채무자간에 약정한 조건이 충족되지 않아서 합의일 또는 법원의 인가일에 자산 또는 지분증권의 이전, 새로운 계약조건의 시행 등의 사건이 이루어지지 않는 경우에는 그 조건이 충족되어 실질적으로 채권 · 채무조정이 완성되는 시점이 채권 · 채무조정시점이다.

3. 채무자의 회계

(1) 자산이전에 의한 채무의 변제

채무자가 채무를 변제하기 위하여 제3자에 대한 채권, 부동산 또는 기타의 자산을 채권자에게 이전하는 경우에는 변제되는 채무의 장부금액과 이전되는 자산의 공정가치와의 차이를 채무조정이익으로 인식한다.

(2) 지분증권의 발행 등에 의한 채무변제

채무자가 채무를 변제하기 위하여 채권자에게 지분증권을 발행하는 경우(이하 '출자전환'이라 한다)에는 지분증권의 공정가치와 채무의 장부금액과의 차이를 채무조정이익으로 인식한다. 다만, 시장성이 없는 지분증권의 공정가치를 신뢰성 있게 측정할 수 없는 경우에는 발행되는 지분증권을 조정대상 채무의 장부금액으로 회계처리하고 채무조정이익을 인식하지 않는다.

출자전환을 합의하였으나 출자전환이 즉시 이행되지 않는 경우에는 조정대상채무를 출자전환채무의 과목으로 하여 자본조정으로 대체한다. 출자전환채무는 전환으로 인하여 발행될 주식의 공정가치로 하고 조정대상채무의 장부금액과의 차이는 채무조정이익으로 인식한다. 다만, 시장성이 없는 지분증권의 공정가치를 신뢰성 있게 측정할 수 없는 경우에는 조정대상 채무의 장부금액으로 출자전환채무를 회계처리하고 채무조정이익을 인식하지 않는다.

(3) 조건의 변경

조건변경으로 채무가 조정되는 경우에는 채권 · 채무조정에 따른 약정상 정해진 미래 현금흐름을 채무 발생시점의 유효이자율로 할인하여 계산된 현재가치와 채무의 장부금액과의 차이를 채무에 대한 현재가치할인차금과 채무조정이익으로 인식한다. 조정대상채무에 대하여 전환사채나 채무증권을 발행하는 형식으로 채권 · 채무조정이 이루어지는 경우에는 이를 채무의 변제로 보지 않고 채무의 조건변경으로 회계처리한다. 따라서 채권 · 채무조정으로 인하여 발행되는 전환사채에 대해 전환권을 인식하지 않고 전환사채의 만기까지 발생할 미래 현금흐름을 채무 발생시점의 유효이자율로 할인하여 계산된 현재가치와 조정대상채무의 장부금액과의 차이를 채무조정이익으로 인식한다.

동종 또는 유사한 채권 · 채무에 대하여 적용할 이자율보다 더 낮은 이자율로 만기를 연장하는 경우에 해당하며, 경제환경의 변동으로 동일한 신용도에 대한 채무 발생시점의 시장이자율과 채권·채무조정시점의 시장이자율에 현저한 차이가 있는 경우에는 채권·채무조정시점의 적절한 이자율로 할인하여 채무조정이익을 인식한다. 채권·채무조정시점의 적절한 이자율은 채권·채무조정시점의 기초이자율에 당해 채무 발생시점과 동일한 신용상태에 대한 채권·채무조정시점의 신용가산이자율을 합산하여 산정한다. 신용가산이자율은 채무 발생시점의 채무자 신용상태가 채권·채무조정시점까지 유효하다고 가정할 경우 채권·채무조정시점에서 산정된 이자율을 말한다.

(4) 각 방법의 결합에 의한 채권·채무조정

채무의 일부에 대해서는 채무자가 채권자에게 자산을 이전하거나 지분증권을 발행하여 변제하고 나머지 채무에 대해서는 조건변경을 통하여 채무를 경감시키는 채권·채무조정의 경우에는 다음과 같이 회계처리한다.

① 이전되는 자산과 발행되는 지분증권의 공정가치를 측정하여 자산과 지분증권의 공정가치만큼 채무의 장부금액을 감소시킨다.

② 나머지 채무에 대해서는 채무의 조건변경으로 회계처리한다.

(5) 기타 및 주석공시

채권·채무조정에 따른 지분증권의 발행과 관련하여 직접적으로 발생한 비용은 지분증권의 발행금액에서 차감한다. 채권·채무조정을 실시하기 위하여 채무자에게 발생된 기타의 모든 비용은 채무조정이익에서 차감한다.

채무자는 채권·채무조정시점이 속하는 회계연도에 다음의 사항을 주석으로 공시한다.

① 채권·채무조정으로 인한 조건변경 및 변제액

② 채권·채무조정과 관련하여 발생한 자산처분손익

③ 채무자의 재무상황이 정해진 기간 내에 향상되는 것을 전제로 원금이나 이자로 정해진 금액이 추가되는 약정이 있는 경우 조정된 만기까지 발생 할 미래 현금흐름에 추가되는 금액

④ 채권·채무조정 후에 부수적으로 발생할 가능성이 있는 채무금액과 그러한 채무가 부가되거나 면제될 수 있는 조건

⑤ 출자전환채무

4. 채권자의 회계

(1) 자산의 양수를 통한 채권의 회수

채권·채무조정시점에서 채무자에 대한 채권의 전부 또는 일부에 대하여 제3자에 대한 채권, 부동산 또는 기타의 자산을 받거나 채무자의 지분증권 등을 받은 채권자는 동 자산을 공정가치로 회계처리한다. 받은 자산의 공정가치가 채권의 대손충당금 차감전 장부금액보다 작은 경우에는 채권의 대손충당금 차감전 장부금액을 대손충당금과 우선 상계하고 부족한 경우에는 손상차손으로 인식한다.

출자전환을 합의하여 출자전환으로 인하여 발행될 주식수가 결정된 경우에는 채권의 대손충당금 차감전 장부금액을 출자전환채권으로 대체하고 출자전환이 이루어질 때까지 출자전환채권의 대손충당금 차감전 장부금액과 전환으로 발행될 주식의 공정가치 중 낮은 금액으로 평가하며 이로 인한 평가손익은 출자전환채권에 대한 대손충당금과 손상차손에 반영한다.

(2) 채권의 조건변경

채권자는 채권·채무조정을 통하여 조건이 변경된 채권에 대하여 공식적인 채권·채무조정 이전이라도 인식조건이 충족되면 손상차손을 인식해야 하며 공식적인 채권·채무조정시점까지 손상차손의 인식을 지연할 수 없다.

채권·채무조정을 통하여 조건이 변경된 채권에 대한 손상차손은 채권·채무조정에 따른 약정상 정해진 미래 현금흐름을 채권 발생시점의 유효이자율로 할인하여 계산된 현재가치와 채권의 대손충당금 차감전 장부금액과의 차이로 계산하며 채권에 대한 대손충당금과 손상차손을 다음과 같이 조정한다. 이미 설정된 대손충당금이 채권·채무조정에 따라 결정된 손상차손 금액보다 작은 경우에는 부족분에 대해서 대손충당금을 추가로 설정하며, 이미 설정된 대손충당금이 채권·채무조정에 따라 결정된 손상차손 금액보다 큰 경우에는 초과분에 대하여 대손충당금을 환입한다. 다만, 관측가능한 활성시장에서 거래되는 채권의 시장가격이 있는 경우에는 그 채권의 시장가격, 담보로 제공된 자산이 있고 그 자산의 처분을 통하여 채권을 회수할 가능성이 매우 높은 경우에는 그 자산의 공정가치에 근거하여 손상차손을 측정할 수 있다. 손상차손의 측정방법은 각 채권별로 일관성 있게 적용하여야 하며 측정방법의 변경은 상황이 변하는 경우에만 정당화될 수 있다.

(3) 각 방법의 결합에 의한 채권·채무조정

채권의 일부에 대해서는 채무자가 채권자에게 자산을 이전하거나 지분증권을 발행하여 변제하고 나머지 채권에 대해서는 조건변경을 하는 채권·채무조정인 경우에는 다음과 같이 회계처리한다.

① 자산의 양수를 통한 채권의 회수에 따라 이전되는 자산과 발행되는 지분증권의 공정가치를 측정하여 자산과 지분증권의 공정가치만큼 채권의 대손충당금 차감전 장부금액을 감소시킨다.

② 감소된 채권의 대손충당금 차감전 장부금액에 대해서는 채권의 조건변경에 따라 회계처리한다.

(4) 주석 공시

채권·채무조정이 발생한 채권의 대손충당금에 대해서 다음과 같은 변동내용을 주석으로 공시한다.

① 당기 발생한 손상차손

② 채권과 직접 상계한 금액

③ 시간의 경과에 따라 이자수익으로 인식한 금액

④ 환입을 비롯한 기타 변동액

채권·채무조정이 발생한 채권의 채무자에게 추가적으로 자금을 대여하기로 한 약정이 있는 경우 동 약정의 내용을 주석으로 공시한다.

자산의 양수를 통한 채권의 회수에 따른 출자전환채권의 내용을 주석으로 공시한다.

연 습 문 제

1. 부채란 무엇이며, 우리나라 기업회계기준상 종류를 열거하고 설명하여라.

2. 사채란 무엇이며 발행형태는 어떤 것들이 있는지 열거하고 설명하여라.

3. 다음에 대하여 설명하여라.

① 유효이자율법	② 전환사채
③ 신주인수권부사채	④ 감채기금과 감채적립금
⑤ 이연법인세대	⑥ 충당부채

4. 충당금과 적립금을 비교 설명하여라.

5. 우발채무에 대하여 약술하여라.

제 4 장

자본회계이론

제 1 절 자본회계

1. 자본의 의의

자본이란 기업이 소유하고 있는 자산이 소유주 또는 주주의 지분권을 말한다. 그러므로 자본은 기업주 자신이 영업활동을 위하여 출자한 출자액과 기업이 영업활동의 결과 벌어들인 이익 중에서 사외로 유출시키지 않고 사내에 유보시킨 유보이익의 합계액을 말한다.

기업의 자산에 대하여 청구권을 행사할 수 있는 자는 채권자와 소유자(주주)로 구분할 수 있다. 채권자가 보유한 청구권을 채권자지분이라고 하며, 소유자가 보유하고 있는 청구권은 소유자지분이라고 한다.

기업의 대표적 형태는 주식회사이므로 소유자본은 일반적으로 주주지분이라고 불리어지는데 기업회계기준에서는 이를 자본이라고 한다.

자본은 특정자산에 대한 청구권을 의미하는 것이 아니고 총자산 중 일정비율에 대한 청구권을 의미하는 것이다.

자본의 본질에 대하여는 많은 학설이 있다. 그 대표적인 것을 살펴보면 다음과 같다.

(1) 총재산설의 자본

총재산설은 니크리쉬(H. Nicklisch) 교수가 제창한 계정이론에서 논의된 것으로서, 현대회계이론에 있어서 중요한 지위를 확보하고 있다. 이 설은 재무상태표는 기업이 운영하는 총자본의 2개 측면을 표시하는 것으로서 좌측은 자본의 운용형태인 구체적인 개개의 재산가치를 나타내고, 우측은 자본의 조달원천을 나타낸다. 이를 공식화하면 다음과 같다.

재산 = 자본

자본은 다시 기업주 자신이 출자한 자기자본과 외부에서 조달된 타인자본으로 구분되므로 다음과 같은 방정식이 성립된다.

재산(자산) = 타인자본 + 자기자본

이는 재무상태표방정식 또는 재무상태표등식이라 한다. 총재산설에서는 자본은 기업의 총재산이라고 보며, 이 총재산은 다시 타인자본(부채)과 자기자본(기업주자본 내지 소유주지분)으로 구분된다고 주장한다.

(2) 순재산설의 자본

쉐어(F. J. Schar) 교수를 대표하는 순재산설은 기업재산은 '+'의 성질을 가지는 적극적 재산과 '-'의 성질을 가지는 소극적 재산으로 구성되며, 양자의 차액은 순재산이 자본이라고 주장한다. 전자는 자산, 후자는 부채이므로 다음과 같은 방정식으로 표현할 수 있다.

적극적 재산 - 소극적 재산 = 순재산 자산 - 부채 = 자본

이를 자본방정식 또는 자본등식이라고도 한다.

(3) 지분이론의 자본

순재산설에 의한 자본개념은 자본을 자본주의 입장에서 이해하고자 하는 소위 자본주이론에 입각한 것이다. 그런데 이 자본주이론은 개인기업이나 조합기업에서는 적합한 이론인데 현대 주식회사와 같이 소유와 경영이 분리된 기업형태에서는 자본내용을 합리적으로 파악할 수 없는 것이다. 기업주체이론에서는 회계적 판단의 주체를 기업자체로 보고, 모든 기업은 이해관계자의 집단으로서 조직된 하나의 사회적 제도이며, 이 기업에 대한 이해자집단의 이해가 기업지분(equity)을 구성한다고 본다. 지분이란 기업에 자금, 물가, 노동, 서비스를 제공함으로써 이들의 경제가치제공자가 획득하는 기업에 대한 권리, 특히 자산적 권리를 의미하는 개념으로서 부채와 자본을 통일적으로 규명하려는 이론이다. 지분이란 기업의 이해자집단과의 거래에서 발생하는 모든 청구권을 의미하므로 다음과 같은 방정식으로 표현된다.

자산 = 자본

이 지분의 분류에는 여러 가지가 있으나, 일반적으로는 주주(자본주)지분, 채권자지분, 기업체지분으로 구분되며, 주주지분과 채권자지분을 이해자지분이라 한다.

지분이론상의 자본개념은 위의 주주 내지 자본주지분을 의미한다.

2. 자본의 분류

자본은 그 조달원천과 귀속관계에서는 자기자본과 타인자본, 기업의 재무상의 견지에서는 장기자본과 단기자본, 자본의 증식기능에 따라서는 설비자본과 경영자본으로 구분된다.

〈표 4-1〉 자본의 분류

- 자 본
  - 자본금
    - 보통주 자본금
    - 우선주 자본금
  - 자본잉여금
    - 주식발행초과금
    - 감자차익
    - 기타 자본잉여금
      - 국고보조금
      - 공사부담금
      - 자기주식처분이익
      - 자산수증이익
      - 채무면제이익
  - 자본조정
    - 미교부주식배당금
    - 자기주식, 주식할인발행차금, 배당건설이자
  - 기타포괄손익누계액
    - 매도가능금융자산평가손익
    - 해외사업환산손익, 현금흐름위험회피 파생상품평가손익, 지분법자본변동
  - 이익잉여금
    - 이익준비금
    - 기타 법정적립금
      - 기업합리화적립금
      - 재무구조개선적립금
    - 임의적립금
      - 감채적립금
      - 사업확장적립금
      - 배당평균적립금
      - 결손보전적립금
      - 자가보험적립금
      - 우발손실적립금
      - 퇴직급여적립금
      - 별도적립금
    - 차기이월이익잉여금
      - 이월이익잉여금
      - 당기순이익

제2절 자본금

자본의 개념은 상법상의 자본과 기업회계기준상의 자본으로 구분되는데 상법상 주식회사의 자본은 발행주식의 액면총액으로 규정하고 있으며 기업회계기준상의 자본은 자본금, 자본잉여금, 이익잉여금으로 구성되어 있다. 자본금은 보통주자본금, 우선주자본금 등으로 분류하고 회사가 발행한 주식 총수는 수권자본금이라 하고, 1주의 금액 및 발행한 주식의 수에 의한 자본금은 납입자본금이라고 한다. 그리고 해당 회계연도중에 증자, 감자, 주식배당 또는 기타의 사유로 자본금이 변동할 경우에는 그 내용을 주석으로 기재한다.

보통주 자본금(common stock capital)은 기업이 상이한 종류의 주식을 발행할 때 특별한 권리가 부여되지 않은 주식을 말한다. 우선주자본금(preferred stock capital)은 보통주에 비하여 이익배당과 청산으로 인한 재산분배에 있어서 우선청구권은 있으나 일반적으로 자기권리가 침해되지 않는 상황에는 의결권이 없다. 또한 우선주도 주주지분이므로 배당이 매년 보장되는 것이 아니고 주주총회에서 배당금지급이 결의되었을 때에만 보통주에 우선하여 배당을 받을 수 있다.

1. 개인기업의 자본금

개인기업은 개인의 무한책임하에서 경영이 되므로 경영의 결과 발생된 순손익은 모두 개인에 귀속된다. 결산의 결과 발생된 손순익은 주식회사와 같이 이익처분의 절차를 밟을 필요도 없으므로 자본금계정에 대체되고, 따라서 결산기마다 자본금은 증감된다.

경영기간 도중에 기업주가 기업으로부터 금전 및 기타 자산을 사용으로 인출했을 경우 그때마다 자본금계정의 차변에 기입한다면 자본금계정은 복잡하고 불명료하게 하는 결과를 가져오게 되므로 인출금계정(drawing account) 또는 점주계정을 설정하여 그 차변을 기입하였다가 기말에 인출금계정의 합계액을 일괄해서 자본금계정에 대체한다.

2. 조합기업의 자본금

조합기업은 2인 이상이 공동으로 출자하여 설립되는 것이다. 각 조합원의 출자에 관해서는 그 인명을 붙인 출자금 또는 자본금계정을 설정하여 처리한다. 조합원이 다수일 경우에는 일개의 출자금 또는 자본금계정으로 총괄 처리하고, 그 자세한 출자 내역은 보조부인 조합원출자원장에 의해서 명백히 한다. 순손익은 조합규약에 의한 배당률에 따라서 각 조합원에 분배하고, 그것을 그 개인계정에 대체한다.

3. 합명・합자회사의 자본금

합명회사는 사원전체가 기업의 채무에 관해서 무한책임을 지고, 합자회사는 일부의 사원은 무한책임을 지며 나머지 사원은 유한책임을 진다.

합명・합자회사의 자본금계정 또는 출자금계정은 사원갑자본금계정 혹은 사원을자본금계정 등 사원의 인명을 붙여서 처리한다. 따라서 이들 합계액이 회사의 자본금을 표시하는 것으로 된다. 사원이 다수일 경우에는 단일의 출자금계정 또는 자본금계정이라는 총괄계정으로 처리하고, 각 사원의 자세한 출자내역은 보조부인 사원원장에 기재한다. 출자는 일반적으로 금전 또는 그 밖의 자산이 목적물로 되는데 합명회사의 사원이나 합자회사의 무한책임사원에 한해서 노무 및 신용을 출자의 목적물로 하는 것을 인정하고 있다.

노무출자란 사원이 회사를 위해서 정신적 또는 육체적 노무를 제공함으로써 출자가 되는 것을 말하며, 실제에 있어서는 장기근속한 사용인이나 경영상에 필요한 기술자를 사원으로 할 경우에 생긴다.

신용출자란 사원의 개인적 신용을 회사를 위해서 사용하여 신용을 얻게 되며, 회사는 신용을 금융 또는 그 밖의 편의를 제공받는 데에 활용하는 것을 목적으로 한다.

노무출자자는 자산출자자와 같이 출자액에 대한 배당을 받을 뿐만 아니라 퇴사의 경우에는 지분의 환급을 받을 권리가 있다. 노무출자나 신용출자는 자산을 출자하는 경우와는 달리 어떠한 자본의 실체를 직접 증가시키는 것은 아니므로 자본금계정에 계상할 수도 없다. 다만 이익 및 자본배분의 기준으로 삼기 위해서 사원명부에 기재하는 경우도 있다.

합명, 합자회사에서는 총사원의 동의를 얻어 신사원이 입사하고 또한 출자를 하는 것이다. 신사원의 입사는 일반적으로 회사자본의 보충을 위해서 이루어지는 것이다. 때로는 구사원의 지분을 신사원이 양수하여 입사하는 경우도 있다.

합명, 합자회사의 사원이 퇴직할 경우에는 정관의 변경 및 등기를 하고 임시결산을 하여 퇴사하는 사원의 지분을 계산하여 환급한다. 경영성적이 양호하여 영업권이 존속하는 경우에는 이를 평가하여 적립금 및 이익금 이외에 영업권에 대한 평가액도 환급하여야 한다. 합명, 합자회사가 해산할 경우의 청산절차는 주식회사와 같은 법정청산에 의하지 않고 임의 청산에 의할 수 있다. 임의청산은 정관 또는 총사원의 동의에 의해서 결정된 방법에 의한 청산절차이다. 법정청산은 청산인에 의하여 법정절차에 따라서 행하여지는 청산절차이며, 채권의 추심, 채무의 반환, 자사의 평가, 배분 등의 절차가 필요하다.

4. 유한회사의 자본금

유한회사는 2인 이상 50인 이하의 사원으로 구성되는 회사이다. 회사의 자본총액은 ₩10,000,000 이상으로 한다. 출자금 1좌의 금액은 ₩5,000 이상으로 균일하여야 하며 현물출자를 인정하고 있다.

사원은 출자의 일부 또는 전부를 다른 사원에게 양도할 수 있으나 사원 이외의 사람에게 양도할 경우에는 그 요지를 회사에 통지하여야 하고, 사원은 각자의 출자를 한도로 해서 책임을 진다. 회계처리는 주식회사회계에 준하여 처리한다. 다만 주식회사와는 달리 재무상태표의 공개를 요하지 않는다. 유한회사의 특징은 ① 설립절차가 간단한 점, ② 사원의 자격을 정관에 정함으로써 설립 또는 자본증자시에 사원을 공모할 수 없다는 점, ③ 사원의 지분 양도에는 사원총회의 특별결의를 요하고, 자분의 유가증권화가 인정되지 않는 점, ④ 재무상태표의 미공개, 건설이자배당의 제도가 없다는 점, ⑤ 사채의 발행을 할 수 없다는 점 등을 들 수 있다.

5. 주식회사의 자본금

주식회사의 자본금은 주주에 의해서 각출된 주금납입액 중에서 상법의 규정에 따라 강제적으로 계상된 부분을 말한다. 그래서 자본금을 법정자본금이라 한다. 자본금은 주식의 발행에 의해서 주주불입자본의 중요부분이며 주식회사에 있어서 자본의 주요기본이 되는 부분이다. 주식회사는 다수의 출자자에 의해서 대자본이 형성되고, 출자자인 주주는 출자 한도 내에서 유한책임을 지며, 주식은 자유로이 양도할 수 있다. 주식회사의 자본금은 정관에 규정되며 증자 또는 감자가 법절차에 따라서 행해진다.

주식회사의 설립은 3인 이상의 발기인에 의해서 설립되며, 설립방법에는 설립시 발행주식총수를 발기인이 모두 인수하는 발기 설립과 발기인이 일부만을 인수하고 잔여분에 대해서는 모집설립하는 두 가지 방법이 있다. 우리나라의 상법은 수권자본제도(authorized capital stock system)를 채택하고 있다. 수권자본이란 정관에 정해져 있는 주식회사가 발행할 주식의 총수를 말한다. 즉, 설립 당시에는 회사가 발행할 주식총수의 1/4 이상을 발행하고 미발행주식의 발행권한을 이사회에 위임하는 제도이다. 기업회계기준에서 자본금은 다른 계정과 달리 수권주식수 등에 관한 정보를 표시하도록 하고 있다. 자본금은 보통주자본금, 우선주자본금 등으로 분류한다. 회사가 발행할 주식의 총수, 1주의 금액 및 발행한 주식의 수와 당해 회계연도중에 증자, 감자, 주식배당 또는 기타의 사유로 자본금이 변동할 경우에는 그 내용을 주석으로 기재한다라고 하였다. 상법에는 최저자본금제도를 도입하여 자본금을 5천만원 이상으로 규정하고 있다. 신주의 발행은 이사회의 결의로서만 가능하게 하여 회사의 자본조달을 용이하게 하고 있다. 자본금은 주식의 발행에 의해서 조달되고 주식회사의 자본금은 발행주식의 액면총액으로 규정하고 있다.

(1) 보통주 자본금

재무상태표의 대변 항목들을 자산에 대한 청구권으로 볼 때, 부채가 가장 우선 변제되고 그 다음 우선주에 대한 배분이 이루어지고 난 후 남은 잔여지분은 모두 보통주에 귀속된다. 부채에 대한 원리금 지급은 회사의 수익성 등에 관계없이 정해진 기일 내에 이루어져야 하고, 우선주는 보통주보다 배당의 우선권을 가진다. 따라서 보통주에는 이익배당이나 청산배당이 보증되어 있지 않다. 그러나 보통주는 회사의 경영에 참여할 수 있는 권리가 있으며, 이익이 생기면 부채에 대한 원리금이나 우선주에 대한 배당을 제외하고는 모두 보통주에 귀속된다.

특별한 제한규정이 있는 경우를 제외하고는 보통주 주주는 다음과 같은 기본적인 권리를 가진다.

- 의결권
- 이익배당권
- 잔여재산 분배청구권
- 신주인수권

(2) 우선주자본금

우선주는 보통주의 네 가지 기본적 권리 중에서 의결권이 배제되고 추가적인 이익배당에 참여할 권리도 배제되는 것이 일반적이다. 대신 우선주에는 계약에 의해 보통주에 앞서 우선적으로 이익을 배당받을 수 있는 권리가 주어진다.

우선주는 이익배당청구권의 누적여부에 따라 누적적 우선주와 비누적적 우선주로, 추가적인 이익배당에의 참가여부에 다라 참가적 우선주와 비참가적 우선주로 나누어진다.

첫째, 누적적 우선주는 특정연도에 이익배당을 받지 못한 경우에는 차후연도에 보통주에 대한 이익배당을 지급하기 전에 받지 못한 배당을 우선적으로 받을 수 있는 권리가 부여된 우선주를 말한다. 우선주가 비누적적인 경우 한 회계연도에 배당을 선언하지 않으면 당해 연도분 배당은 영원히 받지 못하게 되므로 배당에 대한 우선권을 부여한 취지가 없어지기 때문에 특별한 규정이 없는 한 우선주는 누적적 우선주로 본다.

둘째, 참가적 우선주는 정해진 우선주 배당률의 배당을 초과하여 보통주와 함께 일정한 한도까지 이익배당에 참여할 권리가 부여된 우선주를 말한다. 참가적 우선주는 다시 추가적인 이익배당에 참여할 수 있는 권리의 정도에 따라 완전 참가적 우선주와 부분 참가적 우선주로 구분된다.

한편 우선주 주주에게 미리 약정한 비율로 우선주를 보통주로 전환할 수 있는 선택권을 부여한 우선주(전환우선주)를 발행할 수도 있다. 우선주는 의결권과 추가적인 이익배당에 참여할 권리가 배제되므로 보통주보다 불리하고 그 가치도 보통주에 비해 낮게 평가된다. 따라서 우선주를 통한 자본조달을 보다 쉽게 하기 위해 보통주로의 전환권을 부여하는 것이다.

이와 같이 우선주 주주에게 추가적인 권리를 부여하는 것과는 반대로 주식을 발행한 회사가 미리 약정한 가격으로 우선주를 상환할 수 있는 권리를 가지는 경우가 있다(상환우선주). 이것은 보통주 발행이 곤란한 경우에 우선주를 발행하여 자본조달을 용이하게 하는 대신, 이후에 여유자금이 생기면 이를 상환하여 배당압박을 피하고 자금을 효율적으로 운영하기 위해서 발행된다.

우선주가 누적적이고 상환가능한 경우에는 부채의 성격이 강한 반면, 전환가능하거나 참가적인 경우에는 보통주에 가깝다고 할 수 있다. 현행 회계기준에서는 우선주의 성격을 구분하지 않고 모두 자본으로 분류하고 있다. 따라서, 부채의 성격이 강한 우선주를 발행하여 자본을 조달하게 되면 주주의 소유권에 침해를 받지 않고도 부채비율을 개선시키는 효과가 생긴다.

(3) 액면주식

액면주식(par value stock)이란 액면금액이 주권에 명시된 주식을 말하며 발행된 주식의 이 금액을 합계한 것이 자본금이 된다. 우리나라상법에서는 액면금액이 균일하고 1주 ₩5,000 이상으로 규정하고 있다. 그래서 주식회사의 자본금은 액면금액에다 발행주식수를 곱한 금액과 일치하게 된다. 액면주식을 액면 이상의 가액으로 발행했을 경우 그 초과액을 주식발행초과금 계정으로 처리한다. 액면 이하의 가액으로 발행하는 것은 원칙적으로 금지되어 있다. 주가가 상승하여 주당 시장가가 너무 높으면 투자자들이 주식을 거래하는 데 불편을 느끼게 되어 주식의 유동성이 떨어지는 불편을 완화시키고자 주식을 분할하는 것을 주식분할(stock splits)이라 한다. 주식분할은 기존 주주로부터 주식을 반환받아 주식의 총액면가와 동일한 액면가가 되도록 주식을 발행하되 각 주식의 액면가를 일정한 비율로 감소시키고 그 대신 주식수를 그와 반비례적으로 증가시켜 기존주주에게 교부하는 것을 말한다.

(4) 무액면주식

무액면주식(non-par value stock)은 주권에 액면표시가 없고 단지 주주만을 기재한 주식이다. 무액면주식은 그 기준액이 없기 때문에 발행가액은 그 전액을 자본에 전입함을 원칙으로 하지만 그중에 일부는 자본잉여금에 계입할 수 있는 것이다. 이것은 회사 자본금의 조달을 용이하게 하기 위해서 채용되는 제도로서, 미국과 일본 등은 이 제도가 보편화되어 있다.

(5) 현물출자

현금 이외의 비화폐성 자산을 수취한 대가로 주식을 발행하는 경우 이를 현물출자라고 한다. 주식회사의 출자 목적물은 자산에 한정되며, 자산출자는 금전출자와 금전 이외의 자산에 의한 현물출자로 구별된다. 현물출자는 기업설립시 발기인이 출자하거나 다른 기업을 합병하는 경우나 개인기업이나 합명, 합자회사를 주식회사로 조직변경할 경우에 이루어진다.

현물출자는 개개의 자산인 특허권, 광입권이 단독으로 출자되는 것과 같은 경우도 있으나, 합병이나 조직변경에 있어서 구기업의 자산이 포괄적으로 출자의 목적물로 되는 경우가 많다. 신기업은 구기업의 자산 전체를 그대로 현물출자로 간주하여 인수하는 것으로 된다. 개개의 자산이 단독으로 출자되는 경우에는 그 자산의 시가로서 평가할 수 있기 때문에 평가는 비교적 단순하여 별문제가 생기기 않지만 합병, 조직변경 등의 경우에는 평가를 둘러싸고 여러 가지 문제가 발생할 경우가 있다.

현물출자에 대해서 교부되는 주식은 그 출자의 목적물에 대한 정확한 평가액을 표시하는 것이어야 한다. 현물출자 자산이 과대하게 평가되어 주식이 과대 교부된다면 이런 자본을 혼수자본(watered stock)이라 한다. 이와 같이 현물출자가 과대평가됨으로써 혼수주가 발행되는 경우에는 현금출자자의 이익을 침해하게 되고 출자자간의 공정을 기할 수 없게 된다. 전에는 회사 설립시의 현물출자는 발기인만이 할 수 있었으나 발기인이 아니라도 현물출자를 할 수 있게 하였다. 이는 신주 발행의 경우에 현물출자자의 제한이 없는 것과 균형을 맞추어 창업을 용이하게 하기 위함이다.

(6) 증자

증자란 회사가 주식의 총수 즉, 납입자본금을 증가시키는 것을 의미한다. 주식회사는 사업을 확장하기 위해서나 부채를 반제하기 위해서 또는 사업의 운영자금을 조달하기 위해서 자본금을 증가시키는 증자를 한다.

1) 형식적 증자

무상증라고도 하는 것인데 주금의 납입이 없이 신주를 발행하는 경우로서, 장부상의 잉여금이나 전환사채를 자본금에 대체하고 발행한 주식을 주주들에게 무상으로 교부하는 것을 말한다. 즉, 자본금은 증가하나 회사자산은 증가하지 않고 단지 재무상태표의 대변측의 변동에 지나지 않는 증자이다. 따라서 자산에는 실질적으로 아무런 증감이 없고 잉여금이 감소하고 자본금이 증가하는 것이다.

① 전환주사채(convertible bond)는 주식으로 전환할 수 있는 청구권을 부여한 사채를 말한다. 일정기간 후에 사채권자의 청구에 의해서 사채를 주식으로 전환하는 경우 발행된 주식의 발행가액은 일반적으로 전화사채의 발행가액과 같다. 전환의 청구가 있어 전화사채를 보통주로 전환했을 경우는 차변에는 전환사채가 되며, 대변에는 자본금으로 되어 차변자산에는 아무런 변동이 없게 된다.

② 전환우선주의 전환(convertible preferred stock)은 소유주의 청구에 의해 일정한 조건에 의해 보통주로 전환할 수 있는 우선주를 말한다. 전환우선주가 보통주로 전환되면 주식들 사이의 전환이므로 자본구성과 기존주주 지분율에는 변화가 있지만 자산의 유입이 없어 전환우선의 장부상의 발행가를 보통주의 발행가로 한다.

③ 주식배당(stock divedend)은 화사의 이익을 주주들에게 금전으로 배당하는 대신 배당금액에 해당하는 주식을 발행하여 주주에게 주는 제도이다. 우리나라 상법에서는 이익배당금 총액의 2분의 1을 초과하지 않는 범위내에서 주주총회의 결의에 의하여 주식배당을 할 수 있도록 규정하고 있다. 이것은 현금지급에 의한 배당 때문에 자금이 사외에 유출되는 것을 방지하려고 할 때나, 자본금을 증가시켜 재무상태를 견고히 하여 기업의 신뢰도를 증대시키기 위하여 이루어지는 것이다.

주식배당을 하는 목적을 보면 법정자본금을 증가시키고 배당압력을 회피하면서도 회사의 자금유출을 억제하는 한편 주식수를 늘려 주가를 낮추고 주식의 유통을 확대하기 위한 목적이 있으며 회사의 채권자들에게는 자본이 증가하기 때문에 유리하고, 주주는 그 주식을 증권시장에서 현금화할 수 있기 때문에 편리하다.

④ 이익준비금의 자본전입은 주주총회의 결의에 의하여 준비금의 전부 또는 일부를 자본에 전입함과 동시에 동액의 무상주를 발행하여 기존주주에게 소유하고 있는 주식수에 비례하여 분배하는 제도이다. 이익준비금의 자본전입은 법정준비금이 현저하게 증가하여 자

본금과의 균형을 취할 수 없는 경우에 행해지는 것이다.

2) 실질적 증자

실질적 증자는 신주발행에 의해서 외부로부터 자금을 조달하는 것을 말한다. 자금이 유입되어 자산이 증가되기 때문에 실질적으로 자기자본액이 증가하는 유상증자를 말한다.

① 신주의 발행가액은 우량회사에 있어서는 액면가 이상으로, 즉 프리미엄(premium)이 붙은 가격으로 발행할 수 있다. 그러나 부실기업은 신주를 프리미엄을 붙여서 발행할 수 없음은 물론, 액면가액으로 발행한다 하더라도 이에 응하는 자가 없을 수 있다. 더욱이 주식의 할인발행을 금지하고 있을 경우에는 할인발행에 대신해서 신주의 응모자를 우대하는 우선주가 발행된다.

② 우선주(preferred stock)는 회사의 성적이 불량하여 신주를 발행하려 하여도 그 기업의 장래성을 의심하여 일반인이 응하지 않을 때 발행된다. 우선주는 보통주와 비교해서 이익배당이나 잔여재산의 분배 등에 우선권을 갖는 주식을 말한다. 또한 우선주에는 회사의 장기적인 배당부담을 피하고자 보통주로 전환될 전환우선주나 일정기간 후에 상환하는 상환우선주가 있다.

③ 전환주식(convertible stock)은 주주가 인수한 주식을 다른 종류의 주식으로 전환을 청구할 수 있는 권리가 부여된 것이다. 주식의 전환은 자본이 증가되는 경우에 정관에다 주주가 인수한 주식을 즉, 보통주를 우선주로 전환청구를 할 수 있는 취지를 정할 수 있다. 이 전환주는 주주의 모집을 쉽게 하고 금융의 원활을 기할 수 있으며, 전환으로 인하여 발행할 주식수는 전환주식의 발행가액을 기준으로 하여 결정한다.

④ 상환주식(callable stock)이란 회사가 일정한 요건하에서 이익으로 소각할 수 있는 주식이다. 상법은 이익배당을 우선하는 주식은 상환주식으로 할 수 있도록 규정하였다. 이러한 상환주식은 회사가 일시적 자금조달을 용이하게 하기 위하여 일단 우선주를 발행하나 일정기간 후에는 필요에 따라 이 주식을 소멸시키는 경우에 이용된다.

(7) 감자

감자는 주식회사의 결손금을 보전하거나 경영을 축소하기 위하여 상법이 정하는 절차에 따라 자본금을 감소시키는 것을 말한다. 주식회사는 결손금이 계속 발생할 경우에는 결손을 보전하여 이익배당을 정상화하여야 한다. 또한 자기자본이 기업경영에 있어서 불필요한 정도로 과다해서 이익률이 떨어질 경우에 하는 것이다.

감자는 회사 또는 채권자에게 중대한 영향을 미치는 것이기 때문에 주주총회의 특별결의에 의하여야 하고, 이를 공고하여야 한다. 감자는 형식적 감자와 실질적 감자로 구분된다.

1) 형식적 감자

형식적 감자는 자본금을 법적인 절차에 의하여 주식수나 액면금액을 무상으로 감소시켜 결손보전을 하고 장래의 이익배당을 가능하게 하기 위해서 이루어지는 것이다. 형식적 감자는 결손금과의 대체에 의해서 자본금의 표시금액이 감소될 따름이며, 실질적으로 회사의 자산에는 아무런 증감이 생기지 않는다. 이것은 회사가 다액의 결손금이 발생하여 이익금으로서 보전할 가능성이 없을 때 취하는 것이다. 만일 감자를 하지 않고 이익으로써 결손을 보전한다고 하면 이익금은 항상 결손금의 보전만을 하게 되어 무배당의 상태를 계속하지 않으면 안 되게 된다. 그러므로 주주에게 대가를 지급하지 않고 자본금을 감소시키는 방법을 취하게 되며, 이것을 무상감자라 한다. 이것은 주당금액이 감소되는 것과 주식수의 감소로 대별된다.

주당금액의 감액은 납입부분을 주주의 손실로서 계산하는 방법으로서 그 잔액이 신주의 금액으로 된다. 예를 들면, ₩10,000 납입의 액면주식을 ₩5,000의 주식으로 액면을 감소시키는 경우이다. 주식수감소의 예로서는 주식의 병합의 경우를 들면 ₩5,000주식 2주로써 ₩5,000의 주식 1주로 하는 것인데, 이런 경우 병합된 주수만큼 자본금이 감소되는 것이다. 또한 주식의 일부를 무상으로 회사에 제공시켜 주식을 소각하는 방법도 있다.

2) 실질적 감자

회사의 자본금을 감소시키기 위하여 자본금 감소액을 주주에게 환급하여 주는 것을 말한다. 자본금이 감소하는 동시에 동액의 자산도 감소하여 회사의 규모도 축소된다.

주당금액의 감소에 의한 방법과 주식수의 감소에 의한 방법을 병용해서 감자하는 경우도 있다. 주당금액의 감소에 의한 경우는 주당금액의 일부를 주주에게 환급해서 감자하는 것이다. 즉, 주당액면 ₩10,000 중 ₩5,000을 현금으로 환급하고 주당액면을 ₩5,000으로 하는 방법이다. 주식수의 감소에 의한 경우는 회사가 주식의 일부를 시가로 매입하여 그 주식수를 감소시킨다. 즉, 매입소각에 의해서 감자를 하는 것을 의미하는 것이다. 손실이 계상되는 회사의 주식은 시가가 저가인 경우가 대부분이며, 액면과 매입액은 차액이 있게 되며, 기업에 유리하면 감자차익을 얻게 된다.

(8) 상환우선주의 상환(이익소각)

상환우선주는 주식발행시점에 발행자가 이익의 소각으로 임의로 상환할 수 있는 권리가 부여된 주식을 말한다. 상환우선주는 회사의 입장에서 상환하는 것이 유리하다고 판단되는 경우에는 이를 매입하여 소각시킬 수 있다. 기업회계기준에서는 상환우선주를 취득했을 때 자기주식으로 처리하고, 상환절차를 완료했을 때 상환금액 전액을 이익잉여금의 감소로 처리하도록 규정하고 있다. 상환으로 인해 우선주 발행주식수는 상환주식의 수만큼 감소하며, 이로 인해 우선주자본금은 발행주식의 액면총액과 일치하지 않게 되는데 그 사유를 주석에 기재한다. 상환우선주의 취득 및 상환과 관련된 회계처리는 다음과 같다.

• 상환우선주를 취득한 경우

(차) 자 기 주 식	×××	(대) 현 금	×××

• 상환절차를 완료한 경우

(차) 상환주식상환액*	×××	(대) 자 기 주 식	×××

* 여기서 상환주식상환액은 이익잉여금 처분항목이 됨

상환주식을 상환하면 그 주식은 소멸하여 그 수만큼 발생주식의 총수가 감소하나, 상법상 자본감소의 절차에 따른 것이 아니므로 자본은 감소되지 않는다.

상환주식의 상환을 이익처분으로 회계처리하되 자본금을 감소시키지 않는다는 점에서 보통주의 소각과 다르다. 상법에서는 이익으로써 상환한다고 규정하고 있으나 구체적인 규정이 없다. 다만, 상법에서 이를 법정자본의 감소가 아닌 것으로 볼 때, 회계처리에서도 자본금을 감소시키지 않고 이익잉여금을 감소시키는 것이다. 이로 인해 상환에 소요된 금액만큼 배당재원이 감소하므로 동액은 향후 이익배당에 사용하지 못하게 된다.

(9) 자기주식의 취득

자기주식은 자기회사가 발행한 주식을 재취득하여 보관하고 있는 것으로서 회사가 자기주식을 취득했다는 것은 실질적으로 자본을 환급하는 것과 동일한 효과를 가져온다. 따라서, 자본유지의 원칙에 반하므로 상법에서는 자기주식의 취득을 원칙적으로 금지하고 있다.

자기주식을 일시적으로 보유하였다가 재발행하면 현금이 유입되기 때문에 미래 경제적 효익이 있다고 보아 과거에는 자기주식을 유동자산에 계상하도록 한 적이 있었다. 그러나, 자기주식의 취득은 실질적으로 자본이 환급되는 효과를 가지므로 자본조정항목으로 분류하는 것으로 개정되었다. 기업회계기준에서는 자기주식은 취득가액을 자본의 차감항목으로 표시하고, 그 취득경위와 향후처리계획 등을 주석으로 기재하도록 하고 있다.

1) 자기주식의 회계처리

자기주식은 이를 취득한 후 재발행할 수도 있고, 소각하여 자본을 감소시킬 수도 있다. 자기주식의 취득목적을 어떻게 보는가에 따라 다음과 같은 두 가지의 회계처리를 생각해 볼 수 있다.

① 원가법

자기주식의 취득목적을 재발행하기 위한 것으로 보는 경우에는 원가법으로 회계처리한다. 원가법에서는 자기주식의 취득에 소요된 금액을 취득원가로 하여 자기주식계정의 차변에 기록하고, 재발행시에도 취득원가로 자기주식계정의 대변에 기록한다. 보유중인 자기주식은 자본의 차감항목으로 보고한다. 이때 수차례의 취득거래를 통해 자기주식이 취득되고 각각의 취득원가가 다른 경우에는 개별법, 평균법 등을 적용하여 원가를 결정한다.

② 액면가액법

자기주식의 취득목적을 소각하여 자본을 감소시키기 위한 것으로 보는 경우에는 액면가액법으로 회계처리한다. 액면가액법에서는 액면가액으로 자기주식계정에 차변기록하고, 이를 같은 종류 주식의 자본금계정에서 차감하는 형식으로 보고한다. 만약, 최초발행시에 주식을 할증발행하였다면 취득한 주식수에 비례하여 주식발행초과금을 감소시킨다. 취득원가와 최초발행가액을 비교하여 취득원가가 더 큰 경우에는 그 차액을 이익잉여금의 차변에 기록하고, 그 반대의 경우에는 그 차액을 자본잉여금의 대변에 기록한다. 즉, 액면가액법에서는 자기주식 취득시에 소각의 회계처리를 하는 것이다.

자기주식을 재발행하면 원칙적으로 신주발행과 같이 회계처리한다. 따라서, 할증발행되는 경우에는 자기주식과 주식발행초과금의 대변에 기록한다.

③ 기업회계기준에 따른 자기주식 회계처리

기업회계기준에서는 자기주식거래를 원칙적으로 원가법에 따라 회계처리하는데 이와 관련된 회계처리를 요약하면 다음과 같다.

• 취득시점

(차) 자 기 주 식 ××× (대) 현 금 ×××

• 재발행시점

재발행가액 〉 취득원가인 경우

(차) 현 금 ××× (대) 자 기 주 식 ×××

자기주식처분이익 ×××

재발행가액 〈 취득원가인 경우

(차) 현 금 ××× (대) 자 기 주 식 ×××

자기주식처분손실*	×××		

* 자기주식처분손실은 자기주식처분이익이 있는 경우에는 우선적으로 상계하고 잔액은 자본조정으로 계상한 후, 결손금의 처리순서에 따라 처리

• 소각시점

액면가액〉취득원가인 경우

(차) 자 본 금	×××	(대) 자 기 주 식	×××
		감 자 차 익	×××

액면가액〈 취득원가인 경우

(차) 자 본 금	×××	(대) 자 기 주 식	×××
감 자 차 손*	×××		

* 감자차손은 감자차익과 우선적으로 상계하고 그 잔액은 자본조정으로 계상한 후, 결손금의 처리순서에 따라 처리

2) 자기주식의 수증

어떤 경우에는 회사가 대주주 등으로부터 자기주식을 무상으로 증여받을 수도 있다. 이 경우에는 증여받은 자기주식의 취득에 대해 별도의 회계처리를 하지 않고, 증여받은 주식수, 향후 처리계획 등을 주식으로 기재한다.

기업회계기준에서 자기주식은 원가법에 따라 취득가액으로 인식한다. 자기주식을 무상으로 증여받은 경우에는 취득에 따른 자산의 유출이나 부채가 생기지 않으므로 자기주식으로 인식할 금액이 없다. 또한, 자산을 무상으로 취득한 경우 취득원가를 공정가액으로 인식하나, 자기주식은 자산이 아닌 자본의 차감항목이므로 자산과 부채의 평가 등의 결과로 그 가액이 결정되는 것으로 자본항목 자체는 평가의 대상이 아니다. 따라서, 자기주식의 무상 수증시점에서는 별도의 회계처리를 하지 않고, 그 자기주식을 처분하는 경우에 처분에 따른 현금 등의 유입액에서 처분 직접비용을 차감한 잔액을 자기주식처분이익으로 인식한다.

(10) 주식분할과 주식병합

주식분할이나 주식병합은 자본금의 변동이 없이 발행주식수를 증가시키거나 감소시키는 자본거래를 말한다. 주식분할은 자본금의 증가없이 발행주식수를 증가시키는 것을 말한다. 따라서 주식의 액면가액은 증가된 발행주식수에 비례하여 낮아진다. 이것은 주식의 시가가 너무 높게 형성된 경우에 유동성이 떨어지는 것을 막기 위해 주식수를 증가시킴으로써 주된 시가를 낮추기 위해 이용된다. 반면에 주식병합은 자본금의 감소없이 발행주식수를 감소시키는 것을

말한다. 따라서, 주식의 액면가액은 감소된 발행주식수에 비례하여 높아진다. 이것은 주식의 시가가 너무 낮게 형성된 경우에 주식수를 감소시킴으로써 주당 시가를 적정한 수준으로 높이기 위해 이용된다.

주식분할이나 주식병합은 자기자본의 실질적인 변동이 없다는 점에서 무상증자나 주식배당과 동일하나 무상증자나 주식배당은 자기자본의 구성을 변경시키는데 반해 주식분할이나 주식병합은 자기자본구성의 변동이 없다는 점에 차이가 있다. 따라서, 주식분할과 주식병합은 발행주식수와 1주당 액면가액을 수정하여 표시하는 외에는 별도의 회계처리사항이 없다.

제3절 자본잉여금

자본잉여금은 증자나 감자 등 자본거래에서 발생한다. 따라서 영업활동에서 생기는 이익잉여금과 대비되며 손익계산서를 거치지 않고 자본에 직접 가산된다. 기업회계기준에서는 자본잉여금을 주식발행초과금, 감자차익 및 기타자본잉여금(자기주식처분이익 등)으로 구분하고 있다. 자본잉여금은 주식발행초과금, 감자차익 및 자기주식처분이익 등이 생기는 경우에 발생한다.

자본잉여금은 그 사용과 처분이 엄격히 제한되는데 원칙적으로 자본금으로의 전입(무상증자)과 자본조정에 있는 감자차손과 자기주식처분손실의 상계와 누적된 이월결손금의 보전을 위해서만 사용될 수 있다. 자본잉여금을 감소시키는 주요한 원인을 살펴보면 다음과 같다.

첫째, 자본잉여금은 무상증자를 통해 자본으로 전입하는 경우에 감소된다. 이 경우 자본잉여금이 감소되면서 자본금이 액면가액기준으로 발행주식수만큼 증가하므로 자본의 총액은 변동하지 않는다.

둘째, 자본잉여금은 결손금을 보전하는 경우에 감소된다. 당기순손실이 발생하면 처분전이익잉여금이 음(-)의 금액으로 나타낼 수가 있다. 이를 결손금이라고 하며, 기업회계기준에서는 결손금을 임의적립금, 기타법정적립금, 이익준비금, 자본잉여금의 순서대로 보전하도록 하고 있다.

셋째, 자본잉여금은 감자차손이나 자기주식처분손실을 상계하는 경우에 감소된다. 취득원가 미만으로 자기주식을 처분하여 자기주식처분손실이 발생한 경우 또는 자본의 감소액보다 감자대가가 많아서 감자차손이 생긴 경우, 자본잉여금에 있는 각각의 대응 항목인 자기주식처분이익 또는 감자차익과 상계하고 남은 잔액은 이를 결손금처리순서에 준하여 이익잉여금과 자본잉여금으로 상각한다.

(1) 주식발행초과금

주식발행초과금(premium on capital stock)은 주식을 액면 이상의 가액으로 발행할 경우 초과한 금액을 말하며, 주식액면초과액을 주식프리미엄이라고도 하는데 주식프리미엄은 유망한 장래성을 가진 회사의 신설 또는 경영성적이 우수한 회사가 사업확장을 위해서 신주를 발행하였을 때 발생하는 것이다.

주식발행초과금은 주금의 납입으로 인해서 생긴 잉여금이다. 따라서 기업의 경영활동에 의해서 생긴 잉여금과는 상이하기 때문에 영업이익과 혼용해서 주주에게 배당하는 것을 허용하지 않는 것이다.

(2) 감자차익

감자차익이란 자본의 감소와 수반하여 발생한다. 유상감자인 경우에는 자본감소액을 주식의 매입소각액이나 주금의 반환에 소요된 금액과 비교하여 전자가 후자를 초과하는 경우 그 금액이 감자차익이 된다. 무상감자의 경우에는 자본감소액과 결손에 충당할 금액(이월결손금)을 비교하여 전자가 후자를 초과하는 경우 그 금액이 감자차익이 된다.

감자의 경우에 감자차익이 아닌 감자차손이 발생할 수도 있는데, 감자차손은 감자차익이 있는 경우에 감자차익에서 우선적으로 차감하고 나머지는 결손금의 처리순서에 준하여 처리한다. 이후에도 잔액이 남는 경우에는 처분가능잉여금이 생길 때까지 자본조정과목으로 처리한다.

(3) 기타자본잉여금

기타자본잉여금으로는 보험차익, 자기주식처분이익, 자산수증이익, 채무면제이익 등이 있다.

1) 보험차익

보험차익(gains on insurance claims)은 건설, 선박, 기계장치 등이 고정자산의 전부 또는 일부가 화재 기타의 원인에 의해서 소멸 또는 손상되었을 경우 그 보험금수령액이 당해 고정자산의 장부가액을 초과할 때에 보험차익이 생긴다. 보험차익의 발생은 때로는 현저한 물가등귀의 결과로서 생기는 수도 있다. 즉 손해보험은 당해 고정자산의 재조달을 목표로 한 시가에 접근한 보험금액을 계약하기 때문이다. 따라서 보험차익은 주로 화폐가치변동에 의한 자본의 팽창이 현금화된 것에 불과하며 더욱이 멸실한 고정자산의 재건설 때문에 재투자된다면 그것은 단순한 손실의 보충에 그치고 만다. 그러므로 이것은 통상의 이익과는 구별하여 자본잉여금으로 취급된다.

2) 자기주식처분이익(gain on sales of treasury stock)

상법에는 회사가 자기주식을 네 가지 경우에 취득할 수 있다고 규정하고 있다. 즉, 첫째, 주식을 처분하기 위한 때, 둘째, 회사의 합병 또는 다른 회사의 영업 전부의 양수로 인한 때, 셋째, 회사의 권리를 실행함에 있어 그 목적을 달성하기 위하여 필요한 때, 넷째, 단주의 처리를 위하여 필요한 때 등이다. 이렇게 취득한 자기주식을 지체 없이 또는 상당한 기간 내에 처분할 때 발행한 처분이익은 자본잉여금으로 본다. 현행 법인세법의 규정은 자기주식처분이익을 이익금으로 본다.

3) 자산수증이익

자산수증이익(donated surplus)은 화사가 임원, 주주로부터 현금 또는 기타 재산의 무상제공을 받을 경우에 발생하는 것이다. 즉, 회사의 경영부진으로 인해서 결손이 발생하고 따라서 배당을 할 수 없을 경우에, 또는 시설확장을 할 경우에 임원 또는 대주주가 현금 또는 기타의 사채를 제공한다든가 배당을 사양하여 일반주주의 배당재원으로 하는 경우도 있다. 그러나 자산증여는 증여자의 의사에 따라서 그 처리방법에 구분이 생긴다. 즉, 증여자가 증여자산을 영구히 사용할 목적으로 제공했을 경우에는 자본잉여금으로 처리하고, 일시적인 영업조성, 이익보조, 배당보조 등의 목적을 위해서 제공한 경우에는 이익잉여금으로 처리한다. 그리고 현금 이외의 자산의 증여를 받는 경우에는 공정한 가액으로 평가하여야 한다.

4) 채무면제이익(remissions of debts)

회사의 재무구조가 극도로 악화되어 지급능력이 현저하게 약화되고 추가자금조달능력도 거의 없을 때 특정이익관계에 있는 채권자가 자산에 대한 회사의 부채의 상환을 면제해 주든가 일부만을 지급받고 잔액을 포기하는 경우가 있다. 이 경우 해당 채무의 면제가 기업자본의 보전을 위한 것이면 이를 자본잉여금으로 처리하여 기업의 영구자본으로 계속 유지해 가야 한다. 그런 채무면제이익 중에도 채권자가 행방불명이나 소멸시효의 만료 등의 사유로 지급의무가 없어지므로 인하여 발생한 것은 자본잉여금이 아니고 영업외수익으로 처리함이 타당하다.

제4절 자본조정

자본조정(capital adjustments, contra stockholders' equity)이란 당해 항목의 성격상 자본거래에 해당하는 최종 납입된 자본으로 볼 수 없거나 자본의 차감 성격으로 자본금이나 자본잉여금으로 분류할 수 없는 항목이다.

자본조정에는 주식할인발행차금 · 배당건설이자 · 자기주식 · 주식매수선택권 · 출자전환채무 · 감자차손 및 자기주식처분차손 등이 속한다. 이중 자기주식은 별도 항목으로 구분하여 표시하며, 그 외의 항목들을 기타자본조정으로 통합하여 표시할 수 있다. 한편, 청약기일이 경과된 신주청약증거금 중 신주납입금으로 충당될 금액도 속한다.

1) 주식할인발행차금

주식할인발행차금(discounts on stock issuance)은 주식발행가액이 액면가액에 미달하는 경우 그 미달하는 금액으로 한다. 주식할인발행차금은 주식연도부터 또는 증자연도부터 3년 이내의 기간에 매기 균등액을 상각하고 동 상각액은 이익잉여금처분으로 한다(여기에서의 상각방법은 정액법이 아니다). 다만, 처분할 이익잉여금이 부족하거나 결손이 있는 경우에는 차기 이후 연도에 이월하여 상각할 수 있다. 이의 상각과 관련하여 주의할 점은 기업이 임의대로 3년을 넘지 않는 기간을 정하여 상각할 수 있기 때문에 발생한 회계연도에 전액 상각할 수도 있으며, 2년 또는 3년 동안에 매기 균등액을 상각할 수도 있다는 것이다.

2) 배당건설이자

배당건설이자(pre-operation dividends)는 개업전 일정한 기간 내에 주주에게 배당한 건설이자로 한다. 개업후 연 6% 이상의 이익을 배당하는 경우에는 그 6%를 초과한 금액과 동액 이상을 상각하고, 동 상각액은 이익잉여금처분으로 한다.

3) 자기주식과 자기주식처분손익

회사가 이미 발행하여 유통되고 있는 주식을 주주로부터 취득한 경우를 말한다. 자기주식(treasury stock)의 취득은 자본충실의 원칙에 위배되므로 상법에서는 원칙적으로자기주식의 취득을 엄격히 제한하고 있다. 또한 자기주식은 회계이론적 관점에서 볼 때 미발행주식설이 타당한 것으로 인정되고 있다.

4) 감자차손

감자차손은 감자차익의 반대 경우에 발생한다.

5) 주식매수선택권

주식매수선택권(stock option)이란 회사의 임 · 직원 또는 기타 외부인(이하 '임 · 직원 등'이라 한다)이 행사가격으로 주식을 매입하거나 보상기준가격과 행사가격의 차액을 현금 등으로 받을 수 있는 권리를 말한다.

6) 출자전환채무

금융기관과의 합의에 의하여 회사의 차입금을 자본으로 전환하는 과정에서 아직 주식이 발행되지 않았다면 출자전환채무로 하고 자본조정에 가산시키기 위한 회계처리를 한다.

7) 신주청약증거금

청약(subscription)에 의한 주식발행이란 주식청약시에 계약금만 지급하고 잔액은 미래 일정 시점까지 지불할 것을 서명·날인하고 청약대금이 완전히 납입된 후에 주식이 발행되는 것을 말한다. 이때 청약기일이 경과한 신주청약증거금(capital stock subscribed) 중 신주납입금으로 충당할 금액은 신주청약증거금의 과목으로 하여 자본조정으로 분류한다.

제 5 절 기타포괄손익누계액

기타포괄손익누계액(accumulated other comprehensive income)은 보고기간말일 현재의 기타포괄손익 잔액이다.

기타포괄손익에는 매도가능증권평가손익·해외사업환산손익·현금흐름 위험회피 파생상품 평가손익, 지분법자본변동, 만기보유증권평가차손익(매도가능증권에서 만기보유증권으로 분류 변경시에 발생됨) 등의 변동액이 속한다.

(1) 매도가능증권평가손익

시장성 있는 매도가능증권 및 만기보유 목적이 아닌 채무증권을 시가로 평가하는 경우에 발생된 평가손익은 일종의 미실현손익이므로 이를 당기의 손익에 반영하지 않고 자본항목(평가이익은 가산, 평가손실은 차감)으로 나타낸다. 공정가액(시가)이 하락하여 회복할 가능성이 없는 경우에는 매도가능증권손상차손으로 하여 당기손익(영업외비용)으로 처리하며 매도가능지분증권중 지분법적용투자주식(주식소유비율이 20% 이상인 경우 등)을 지분법으로 평가하는 경우에 발생되는 손익은 지분법손익으로 계상하여 영업외손익에 포함시킨다.

(2) 해외사업환산손익

해외지점, 해외사업소 또는 해외소재 지분법적적용대상회사의 외화표시 자산·부채를 원화로 환산하는 경우에는 원칙적으로 화폐성·비화폐성법(monetary/nonmonetary method)으로 한다. 다만, 영업·재무활동이 본점과 독립적으로 운영되는 해외지점, 해외사업소 또는 해외소재 지분법적용대상회사의 경우에는 당해 자산·부채는 보고기간말일 현제의 환율을, 자본은 발생당시의 환율을 적용하며, 손익항목은 거래발생당시의 환율이나 당해 회계연도의 평균환율을 적용하여 일괄환산할 수 있다(현행환율법의 적용). 이에 의하여 발생하는 환산차손익은 이를 상계하여 그 차액을 해외사업환산손익의 과목으로 한다. 해외사업환산손익은 차기 이후에 발생하는 해외사업환산손익과 상계하여 표시하고 관련지점, 사업소 또는 지분법적용대상회사가 청산, 폐쇄 또는 매각되는 회계연도의 특별손익으로 처리한다.

(3) 현금흐름 위험회피 파생상품평가손익

특정 위험으로 인한 자산, 부채 및 예상거래의 미래 현금흐름 변동위험을 상계하기 위하여 파생상품(derivatives)을 이용하는 것이다. 여기에서는 현금흐름 위험회피를 목적으로 하는 파생상품의 회계처리만을 요약하고자 한다. 파생상품은 당해 계약에 따라 발생된 권리와 의무를 자산·부채로 계상하여야 하며, 공정가액으로 평가한 금액으로 평가한 금액을 재무상태표가액으로 한다. 이때 파생상품에서 발생한 평가손익 중 위험회피에 효과적이지 못한 부분은 당기손익으로 인식하고, 위험회피에 효과적인 부분은 기타포괄손익누계액으로 계상한다. 이후 예상거래의 종류에 따라 향후 예상거래가 당기손익에 영향을 미치는 회계연도에 당기손익으로 인식하거나, 예상거래 발생시 관련 자산·부채의 장부가액에서 가감한다.

(4) 지분법자본변동

1) 피투자회사의 불균등 유상감자시 지분법 적용

회사는 지분법적용대상 피투자회사가 실시한 불균등 유상감자에 참여하지 않아 지분율이 높아지고 지분변동차액이 발생하였는바, 이 지분변동차액은 지분법자본변동(기타포괄손익누계액)으로 회계처리한다.

2) 지분율 변동으로 인한 지분법 적용 배제

회사가 피투자회사의 지분을 취득하여 지분법을 적용하게 된 후 피투자회사의 1차 유상증자에 참여하지 않아 지분율이 감소되어 관련 지분변동차액을 기타포괄손익누계액으로 계상하였다. 그 후 회사가 피투자회사의 2차 유상증자에 참여하지 않아 지분율이 하락하여 투자주식의 회계처리를 지분법에서 원가법(또는 공정가액법)으로 전환하게 되었을 경우, 이미 계상되어 있는 기타포괄손익누계액 계정은 어떻게 처리하여야 하는지?→그 투자지분증권 처분시까지 기타포괄손익누계액을 그대로 남겨두는 것이 타당하다.

(5) 만기보유증권평가차손익

매도가능증권에서 만기보유증권으로 분류변경한 경우에 만기보유증권평가차손익이 발생된다.

제6절 이익잉여금과 결손금

이익잉여금은 손익계산서와 재무상태표의 연관관계에서 중추적인 역할을 한다. 손익계산서상의 수익과 비용은 마감절차를 통해 이익잉여금계정으로 대체된다. 당기의 모든 수익과 비용을 발생시마다 재무상태표상의 자본에 증감변동을 기록할 수도 있다. 그러나 이것은 너무 번잡스럽기 때문에 손익계산서라는 도구를 이용하여 수익과 비용에 관련된 모든 거래를 집계한 후에 수익에서 비용을 차감한 순액인 당기순이익(당기순손실)만을 이익잉여금에 대체시키는 방법을 사용한다. 여기서 손익계산서와 재무상태표를 연결시키는 항목이 바로 이익잉여금이다.

(1) 이익잉여금의 변동

이익잉여금은 법정적립금, 임의적립금 및 이월이익잉여금으로 구성된다. 이익잉여금은 당기순이익으로 인해 증가하고 주로 당기순손실과 배당(현금배당, 주식배당)으로 인해 감소된다. 그 외에도 이익잉여금은 상환우선주를 상환하거나 자본조정항목의 상각을 통해 감소된다.

이익잉여금은 주주에게 배당하거나 사내에 유보시켜 영업활동에 사용할 수 있다. 대부분의 회사는 일정 수준의 배당률을 유지하여 이익의 일부는 배당으로 지급하고, 나머지는 사내에 유보시킨다.

(2) 이익잉여금처분계산서

이익잉여금처분계산서(statement of appropriation retained earnings)는 이익잉여금의 처분사항을 명확히 보고하기 위하여 이월이익잉여금의 총변동사항을 표시하여야 한다. 이익잉여금처분계산서(안)은 회계기간이 종료하고 결산재무제표가 작성되면 회계기간 종료 후 3개월 이내에 주주총회를 개최하여 이에 대한 승인을 받고 미처분이익잉여금의 처분내역을 확정시킨다.

이익잉여금처분계산서의 작성순서는 다음과 같다.

① 전기이월미처분이익잉여금에 회사처리기준의 변경으로 인한 누적효과, 전기오류수정손익, 중간배당액 및 당기순이익(손실)을 더하여 처분전이익잉여금을 산출한다.

② 당기에 이입할 임의적립금 등을 기재한다.

③ 이익잉여금 처분내용을 기재한다. 이때 이익준비금, 기타법정적립금, 배당금, 임의적립금 등의 순서로 처분하고, 배당금은 현금배당과 주식배당으로 나누어 각각의 주당배당금을 보통주와 우선주별로 기재한다.

④ 처분전이익잉여금에 임의적립금 등의 이입액을 더하고, 이익잉여금처분액을 차감하여 차기이월이익잉여금을 구한다.

이익잉여금처분계산서와 결손금처리계산서는 동일한 재무제표 구성요소로서의 지위를 갖지만 사용하는 명칭은 그 구성내용에 따라 달라진다. 이익잉여금처분계산서 또는 결손금처리계산서의 명칭은 이익잉여금의 실질적인 처분여부를 기준으로 구분한다. 따라서, 당기말 미처리결손금이 계상되었으나 이를 보전하고도 배당금, 잉여금의 처분이 있는 경우에는 재무제표 명칭을 이익잉여금처분계산서를 사용하고, 당기말 미처리결손금의 일부만 보전하는 경우에는 결손금처리계산서라는 명칭을 사용한다.

또한, 직전연도에는 결손금처리계산서를 작성하고 당해연도에는 이익잉여금처분계산서를 작성한 경우(반대의 경우 포함)에는 당해연도를 기준으로 명칭을 사용한다.

(3) 이익잉여금 처분

1) 이익준비금

이익준비금은 상법의 규정에 따라 매결산기의 금전배당액의 10분의 1 이상의 금액을 적립하는 금액을 말한다.

상법상 이익준비금은 자본금의 2분의 1에 달할 때까지 적립하도록 하고 있다. 그러나, 상법상 이익준비금의 적립한도액을 초과하는 이익준비금을 설정한 경우에는 이를 어떻게 보아야 할 것인지에 대한 논란이 있다. 기업회계상 이익준비금은 상법의 규정에 따라 적립된 금액이라고 이해하는 재무제표이용자들의 예측과 다른 금액을 이익준비금으로 계상한다면 배당가능이익에 대한 회계정보가 왜곡될 수 있다. 따라서, 상법상의 적립한도를 초과하는 금액은 실질적인 임의적립금이므로 법정준비금인 이익준비금과 구분할 필요가 있다. 처분이 제한되는 금액과 임의로 처분할 수 있는 금액이 구분되지 않고 혼재하게 되면 이해관계자를 혼동시킬 수 있으므로 자본금의 2분의 1을 초과하는 금액은 임의적립금으로 분류하여야 할 것이다.

이익준비금은 제도의 취지상 그 처분에 제한을 받게 되며, 상법상 그 처분이 인정되는 것은 결손의 보전과 자본전입에 한정된다.

2) 기타법정적립금

기타의 법령에 의해 의무적으로 적립하여야 하는 금액이다. 여기에는 기업합리화적립금과 재무구조개선적립금이 있다. 기업합리화적립금은 조세특례제한법의 규정에 의해 세액공제, 세액감면 또는 소득공제를 적용받는 기업이 그 공제받은 세액만큼을 의무적으로 적립해야 하는 금액이다. 재무구조개선적립금은 증권거래법에 의해 금융감독위원회가 정한 재무관리기준에서 상장법인에게 일정금액 이상을 적립하도록 의무화한 금액이다.

기업합리화적립금과 재무구조개선적립금은 이월결손금의 보전 또는 자본전입 외에는 사용할 수 없다. 한편, 조세특례제한법에 의한 각종 준비금은 이것이 의무적으로 적립해야 하는 것이 아니라, 기업의 선택에 따라 적립되는 것이므로 법정적립금과 성격이 다르다. 즉, 처음부터 적립하지 않거나 과거에 적립한 금액은 필요에 따라 조기 환입할 수도 있기 때문에 그 적립이 반드시 의무화되고 사용이 제한된 법정적립금과는 구별된다.

3) 배당금

배당금은 영업활동의 결과 발생한 이익을 주주들에게 보상하기 위해 지급하는 것을 말한다. 배당은 항상 이익잉여금을 그 지급 원천으로 하며 납입자본에서 지급될 수 없다. 따라서 배당은 회사의 자본을 유지하면서 주주들에게 이익의 일부를 되돌려 준다는 의미에서 투자에 대한 보상이다.

배당의 실시와 관련하여 배당기준일과 배당선언일이 중요한 의미를 가진다. 배당기준일은 배당을 받을 권리가 있는 주주를 확정하는 날로서 이날 이후에 주식을 취득한 주주는 배당에 대한 권리가 없다. 배당선언일은 주주총회에서 배당이 결의된 날로서 이 날에 배당금 지급의무가 생기기 때문에 이때 배당에 관련된 부채를 인식한다. 우리나라는 배당의결은 주주총회의 결의사항이므로 재무상태표일 후에 결의된 배당금은 재무상태표일 현재의 거래가 아니므로 결산에 반영하지 않는다.

대부분의 배당은 현금으로 이루어지지만 경우에 따라서는 주식으로 배당할 수도 있다. 주식배당은 자금의 유출 없이 주주들의 배당욕구를 충족시킬 수 있기 때문에 빈번히 이용되고 있다. 배당금은 현금배당과 주식배당을 구분하여 기재하고 주식의 종류별 주당배당금액과 액면배당률을 당기와 전기로 구분하여 주기한다. 이와 함께 배당수익률, 배당성향 및 배당액의 산정내역을 주석으로 기재한다.

4) 임의적립금

임의적립금은 기업이 임의로 적립한 금액이다. 이익을 내부에 유보함으로써 장차 재투자 재원으로 활용, 뜻밖의 손실에 대비, 재무구조 개선 등의 목적으로 적립한다. 이것은 임의로 적립한 것이므로 과목명도 제한 없이 사용할 수 있으며, 가장 적합한 명칭을 사용하면 된다.

임의적립금은 이를 이입하는 경우에도 제한이 없다. 기업의 자유로운 의사에 따라 언제라도 이입할 수 있는데, 예를 들어 사업확장적립금을 결손보전의 목적이나 배당의 목적으로 이입하는 것도 무방하다.

5) 기타의 이익잉여금처분액

이익준비금, 기타법정적립금, 배당금, 임의적립금 외의 처분항목을 기재한다. 여기에는 주식할인발행차금과 배당건설이자의 상각, 자기주식처분손실 잔액, 상환주식의 상환액 등이 기재된다. 처분과목은 항목의 특성을 가장 잘 나타내는 명칭으로 선택하여 사용하되, 중요하지 않은 금액은 기타의 처분액으로 처리할 수 있을 것이다.

한편 기업이 주주외의 자에게 귀속될 소득을 이익처분의 형식으로 지급하는 경우가 있다. 예를 들어 법인이 그 임원이나 사용인에게 이익처분에 의해 상여금을 지급하는 경우가 있다. 그러나 상여금은 이익처분의 형식으로 지급되었다 하더라도 그 실질은 임원이나 사용인에 대한 급여이므로 해당년도의 비용이나 제조원가로 인식하는 것이 타당하다. 즉, 그 상여금은 그것이 발생한 회계연도의 손익계산서에 반영되어야 할 항목이므로 손익계산서상의 당기순이익에 반영하고 이익잉여금처분계산서에는 표시하지 않는다.

(4) 결손금

결손금은 기업이 영업활동을 수행한 결과 순자산이 오히려 감소한 경우에 그 감소분을 누적하여 기록한 금액이다. 결손금은 소유주의 입장에서 보면 투자원본의 잠식으로서 자본의 차감요소이나 이를 자본금이나 자본잉여금에서 직접 감소시키지 않고 결손금이란 별도의 과목으로 부(-)의 수치로 표시한다. 이것은 자본거래와 손익거래를 구분하기 위한 것으로 결손금의 발생은 손익거래에서 생긴 것이므로 납입자본과 구분하여 표시함으로써 정보의 유용성을 증대하고 회사의 채권자를 보호할 수 있는 것이다. 즉, 결손금은 나중에 이익이 생길 때 우선적으로 이익과 상계해야 하는 것으로 나중에 생긴 이익은 결손금을 모두 보전한 다음에 이익배당 등으로 사외에 유출할 수 있는 것이다.

1) 결손금 표시방법

이익잉여금이 있는 상태에서 당기순손실이 생긴 경우에는 일반적으로 상계하여 결손금을 보전한다. 만약 이때 이익잉여금과 결손금을 상계하지 않고 각각을 별도로 표시하면 회계정보 이용자들에게 혼란을 유발할 것이다. 따라서, 임의적립금 등을 이입하여 결손금을 보전하고 결손금이 재무제표에 표시되지 않도록 한다.

2) 결손금 처리순서

결손금의 처리순서는 아래와 같다. 임의적립금이 있음에도 불구하고 기타법정적립금이나 이익준비금을 이입하여 처리할 수 없고, 이익준비금이 있음에도 불구하고 자본잉여금을 이입하여 처리할 수 없는 것이다.

- 임의적립금이입액
- 기타법정적립금이입액
- 이익준비금이입액
- 자본잉여금이입액

연 습 문 제

1. 자본의 특징을 열거하고 설명하여라.

2. 실질적 증자와 형식적 증자에 대하여 설명하여라.

3. 실질적 감자와 형식적 감자에 대하여 설명하여라.

4. 자본잉여금과 이익잉여금에 대하여 설명하여라.

5. 자본조정 항목을 열거하고 설명하여라.

6. 다음을 설명하여라.

① 보험차익	② 채무면제이익
③ 자산수증이익	④ 감자차익
⑤ 무액면주식	⑥ 수권자본제도
⑦ 기업체지분	

제 5 장

손익회계이론

제 1 절 손익계산

기업의 경영활동은 이익확보를 목적으로 하는 계속사업(going concern)의 활동이다. 기업은 회계정보 이용자에게 올바른 경영성과를 판단하여 의사결정을 할 수 있게끔 유용하고 정확한 손익정보를 제공해 줄 의무가 있다. 따라서 손익계산은 기업의 수익성을 명확하게 해야 하는 것이며, 오늘날 기업회계에 있어 손익계산은 계속기업으로서 기업의 경영활동을 일정한 기간마다 인위적으로 구분하여 기간 손익계산으로 계산되어야 한다.

1. 손익계산의 유형

손익계산의 유형에는 일반적으로 개별손익계산, 전체손익계산, 기간손익계산 등 세 가지가 있다.

(1) 개별손익계산

개별손익계산은 개별적인 거래 또는 활동에 대한 수익, 비용을 비교하여 손익계산을 하는 것이다. 이를 개별회계제도(lot accounting system)라고 한다.

(2) 전체손익계산

전체손익계산은 기업의 전 존속기간을 일괄하여 손익계산을 하는 것이다. 기업활동의 최종적인 결과는 기업의 전 생존기간을 통한 전체손익계산에 의하여 확정된다고 볼 수 있다. 그러나 오늘날과 같은 계속기업(going concern)하에서는 기업이 폐쇄될 때까지 기다려 손익계산을 한다는 것은 무의미하다. 따라서 일정기간을 구분하여 행해지는 기간 손익계산을 취하지 않을 수 없게 되었다.

(3) 기간손익계산

기간손익계산은 계속기업이 영위되는 현대적 손익계산의 형태로서 이를 연도손익계산이라고도 한다. 이는 기업이 비록 영속하는 것이라 전제되어도 손익계산은 인위적 기간으로 구분하여 이루어지는 것이다. 기간손익계산의 형태에서 일기간의 기간총수익과 기간총비용을 파악하여 그 차액으로서 순이익이 산정되는데, 그 중심문제는 수익과 비용의 흐름을 기간적으로 구분하여 기간적 및 기간외적 대응을 시키는 것이다.

기간손익계산은 일반적으로 일기간의,

기간손익의 합계 + 기간외 손익의 합계 + 임시손익 = 전체수익

이라는 등식에 의해서 표시된다.

2. 손익계산의 방법

손익계산의 방법에는 재산법과 손익법이 있다.

(1) 재산법

재산법(assets and liabilities method)이란 기초와 기말에 있어서 순재산(자기자본)의 차액으로써 당해기간의 손익을 계산하는 방법이다. 그 원리를 구체적인 등식으로 표시하면 정상적인 경우는 다음과 같다. ① 기초자산-기초부채=기초자본 ② 기말자산-기말부채=기말자본 ③ 기말자본-기초자본=순이익 그리고 비정상적인 경우에는 순손실이 계산될 것이며, 만일 기중에 자본의 추가납입이나 환급(인출)에 의해 자본에 변동이 있는 경우에는 다음과 같이 수정해야 한다.

④ 순재산증가액-기중의 추가투자+기중의 자본환급=순이익

1) 재산법의 특징

(가) 재무상태표 중심의 손익계산

재산법은 재무상태표에 중심을 두는 손익계산의 방법이다. 재무상태표는 손익계산의 결과로서 유도되는 것이 아니고 재무상태표의 재산의 실제계산에 의해서 이루어진다.

(나) 재고조사법(inventory method)에 의한 손익계산

부가기록을 행하지 않고 재산의 실제 재고조사에 따라 재고조사표를 작성하고, 이를 재무상태표에 표시하여 손재산으로서의 자본액을 산출해서 기초 자본액과 대비하여 그 변동액으로서의 손익액을 확정한다.

(다) 시점계산의 손익계산

기초와 기말의 두 시점에서의 순재산(자본)의 비교계산이다.

(라) 기말순재산의 간접계산

자산・부채의 기말재고액에서 출발하여 간접적으로 기말순재산액을 산출한다.

(마) 가장 확실한 손익계산

현실적으로 존재하는 재산의 시가를 통하여 손익계산이 이루어지므로 가장 확실한 계산이 된다.

(바) 예측능력이 보다 큼

기업의 재무상태가 그 기업의 미래를 예측하는데 보다 더 많은 시사를 한다.

(사) 이익에 관한 원가기록의 결여

재산법에 의하면 계속기록에 의하지 아니하므로 단지 이익의 결과만을 알 뿐이며, 이익의 발생원인과 경과과정을 알 수 없다.

(아) 자본과 이익의 불완전한 분리

재산법적 이익계산에 있어서 비교요소 중에는 미실현평가이익 등과 같은 것이 포함될 수 있다. 따라서 자본과 이익과의 구분이 불완전한 일면이 있다.

(바), (사)는 장점이 되고 (가), (아)는 단점이 되는 것이다.

(2) 손익법

손익법(profit and loss method)이란 일정기간에 발생한 수익의 총액과 비용의 총액을 비교하여 그 차액으로서 당해기간의 손익을 확정하는 손익계산방법으로서 손익계산서적 이익계산법(income statment approach)이라고도 한다. 그 원리를 구체적 등식으로 표시하면 정상적인

경우는 다음과 같다.

기간총수익 - 기간총비용 = 순이익

그리고 기간총비용이 기간총수익보다 클 경우에는 순손실이 산출된다.

1) 손익법의 특징

(가) 손익계산서중심의 손익계산

손익법은 손익계산서에 중심을 두는 손익계산의 방법이다. 그것은 기업실체설(business entity theory)을 바탕으로 하는 손익계산방법이다.

(나) 유도법(derivative method)에 의한 손익계산

손익법에 있어서는 수익과 비용은 조직적인 부기기록에서 유도되어 계산된다.

(다) 기간계산의 손익계산

1시점에서 다른 1시점까지 일정기간의 총수익과 총비용과의 차액계산이다.

(라) 원인계산과 직접계산

원인계산이란 이익발생의 원인을 나타내는 계산이란 뜻이다. 따라서 그 경과과정도 상대적으로 명백히 알 수 있다는 것이다. 직접계산이란 총수익에서 총비용을 차감하여 직접적으로 산출된다는 뜻이다.

(마) 조직적 · 계통적 손익계산

현대적 회계의 기구 내지 구조는 기간계산의 공준(postulate of accounting period)에 입각하고 있으며, 유용성의 원칙이나 계속성의 원칙 등을 지켜 나가자면 조직적인 부기기록을 요구하게 되며, 또 손익계산은 어디까지나 계통적인 부기를 기초로 하지 않으면 안 된다. 손익법은 이러한 부기의 조직적 내지 계통적인 계산에 입각하고 있다.

(바) 기말재고계산의 결여

기말재고계산은 유도법에 의하므로 장부상의 재고기록을 그대로 이용함으로써 기간 중의 분실이나 도난사고 등에 의한 재고감모손실도 제조 또는 매출원가에 포함되는 수가 있다.

(사) 수입, 지출과 수익, 비용의 기간적 어긋남

손익법은 수입, 지출을 기초로 수익, 비용을 포착하는 계산법이나, 수익과 수입, 비용과 지출은 반드시 동시에 발생하는 것이 아니다. 따라서 기간적 계산으로서는 수익, 비용과 수입, 지출과의 사이에는 소속년도의 어긋남이 발생하며, 그것을 충분히 구분할 보증은 없다.

〈표 5-1〉 재산법과 손익법의 비교(상이점)

비교사항	재산법	손익법
① 손익계산의 목적	기업의 이익을 순재산의 증가로 보아 그 재산을 목적으로 한다.	경영활동에 의한 당기업적으로 성과계산을 목적으로 한다.
② 손익계산의 방식	기말자본액-기초자본액=기간이익	기간수익-기간비용=기간이익
③ 이익의 특징	순재산의 이익이므로 구체적, 객관적이며 확실하다.	수익비용의 차액으로서 추상적, 주관적이며 불확실하다.
④ 이익의 원인분석	이익이 총괄적으로 산출되므로 그 원인 분석이 불가능하다.	이익이 원천별로 산정되므로 이익의 원인분석이 가능하다.
⑤ IS/와 B/S와의 관계	재고조사법에 의하여 B/S가 작성되므로 I/S와는 유기적 관계가 있다.	유도적으로 B/S가 작성되므로 I/S와 밀접한 관계가 없다.
⑥ 수익비용의 인식 기준	권리·의무의 확정에 따른 재산증감의 사실에 의하여 손익을 인식 측정한다.	발생주의, 실현주의, 수익비용대응의 원칙에 따라 손익을 인식 측정한다.
⑦ 재산의 범위	원칙적으로 법률상의 권리, 의무에 한한다.	조직적, 질서적인 장부기록으로부터 유도적으로 산출된 것으로 반드시 법률상의 권리, 의무만이 아니다.
⑧ 평가의 객관성	계속적 기록이 요구되지 않으며 시가주의에 의하므로 그 평가가 곤란하여 주관적이 되기 쉽다.	조직적, 질서적 장부기록에 따라 원칙적으로 취득원가로 평가하므로 그 평가가 용이하고 객관적이다.
⑨ 예측능력의 저하	기업미래를 예측하는 능력이 보다 높다.	기업미래를 예측하는 능력이 약하다.

(아) 예측능력의 취약

경영성과를 나타내는 손익계산서로서는 기업의 미래를 예측하는데 재무상태표보다도 약하다는 지적이 있다.

(라), (마)는 장점이고 (바), (사), (아)는 단점이 된다.

제2절 수 익

1. 수익의 개념

수익은 기업이 종사하는 업종에 따라 다양한 모습을 가진다. 제조기업은 생산과정을 거친 제품을 판매하여 수익을 얻고, 판매기업은 상품을 판매하여 수익을 얻는다. 한편, 재화가 아닌 용역을 제공하는 기업은 수수료를 통해 수익을 얻는다. 이렇게 다양한 모습을 지닌 수익은 공통적으로 기업과 고객간에 가치의 유출과 가치의 유입이라는 두 가지 측면을 가진다.

가치의 유출이란 기업이 고객에게 재화나 용역을 제공하는 측면을 말하고, 가치의 유입이란 고객에게서 기업으로 재화나 용역 제공에 대한 대가가 들어오는 것을 말한다. 가치의 유출 측면에서 수익을 정의하면 기업이 통상적인 경영활동을 통해 고객에게 제공한 재화와 용역의 가치이다. 반대로 가치의 유입 측면에서 수익을 정의하면 기업이 통상적인 경영활동을 통해 고객에게 재화나 용역을 제공하고 반대급부로 받은 현금이나 현금청구권이다.

수익인식 기준서에서는 수익은 통상적인 경영활동에서 발생하는 경제적 효익의 총유입으로 정의하고 있다. 또한, 재무회계개념체계는 수익이란 기업실체의 경영활동과 관련된 재화의 판매, 또는 용역의 제공 등에 대한 대가로 발생하는 자산의 유입, 또는 부채의 감소로 정의하고 있다. 따라서, 기준서나 개념체계는 가치의 유입측면에 따라 수익을 정의하고 있다.

(1) 유입개념

1) 자산의 유입개념(inflow of assets)

전통적인 정의라고 볼 수 있으며, 수익을 재화와 용역의 판매 등에 따라 기업의 유입되는 자산 또는 순자산으로 보는 것이다. 이러한 견해는 일반적인 회계실무에서 널리 받아들여지고 있으나, 수익의 가득과정(reveue process) 자체에 중점을 둔 개념이라기보다는 수익의 측정과 인식(기간귀속)의 기술적 방법을 먼저 염두에 두고 그 방법을 도출하기 위한 편의적 개념이라는 비판을 받고 있다.

2) 주주지분에 미치는 영향에 따른 정의

이는 전통적인 복식부기 체계에 의한 정의이며, 수익을 주주지분을 증가시키는 요인으로 본다. 근본적으로는 1)의 견해와 동일하다.

(2) 유출개념

이는 판매에 따라 이와 교환으로 받은 화폐액, 즉 유입액에 중점을 두는 상기 개념과는 달리, 기업이 창출한 재화나 용역 그 자체의 가치를 관찰하는 개념이다

1) 기업의 생산물 또는 제품물(product of the enterprise)

수익을 기업의 생산물, 즉 기업이 일정기간 창출한 재화와 용역 등의 창조물로 보는 것이며, 수익이 흐름의 과정(생산·판매 등)에 걸쳐 인식된다는 것이다.

2) 재화 · 용역의 유출개념(outflow of goods and services)

수익을 기업이 일정기간 고객에게 이전한 제품 또는 용역의 총계(aggregate)를 화폐로 표시한 금액 즉, 제품의 유출로 보는 것이다. 이는 1)의 견해가 기업의 생산물 또는 기업의 활동과정을 중요시하는데 비해, 유출의 사실을 보다 더 중요시하고 있다.

이상과 같은 수익의 자본에 관한 견해 중 일반적으로 유출의 개념이 보다 더 타당한 것으로 받아들여지고 있다.

2. 수익의 정의

자산유입설과 주주지분증가설을 유입개념, 기업생산과정설과 재화용역유출설을 유출개념으로 포함시킬 수 있으므로, 수익의 본질은 결국 유입개념과 유출개념으로 압축될 수 있다. 일반적으로 유입개념보다 유출개념이 더 타당하다고 여기고 있는데, 그 이유는 후자가 수익의 본질적 성격을 잘 나타내 주고 있으며, 전자는 복식부기시스템에 기조하고 있어 수익의 인식이나 측정에 대해 명쾌하게 설명할 수 없는 결점을 갖고 있기 때문이다. 이에 대해 헨드릭슨(Hendriksen)교수도 생산개념이 유출개념보다 합리적이고, 유출개념은 유입개념보다 더 합리적이라고 주장하고 있음도 이 논리에 입각하고 있는 것이라 하겠다. 이러한 수익(revenue)은 일반적으로 다음과 같이 정의할 수 있다. 즉, 수익이란 기업의 본원적 사명인 생산 및 판매활동(용역제공 포함)을 통해서 이루어진 가치증식을 뜻한다. 다시 말하면 기업이 판매한 재화 또는 제공한 용역의 대가를 말하며, 투하된 비용이 생산과정을 통해서 수익적 생산물(revenue outputs)에 전화된 것이라고 할 수 있다. 이와 같은 수익의 개념은 수입 · 이윤 · 절약이라는 개념과도 약간의 상이점이 있음을 주의해야 한다.

(1) 수익과 수입

수익은 수입(receipt)을 동반한다. 예를 들면 상품을 현금으로 판매하면 곧 그것은 수입이 되며, 수익에 전혀 관계가 없는 수입도 있다. 예를 들면 자본주의에 대한 자본의 납입, 차입금의 차입, 대여금의 회수 등이 그것이다.

(2) 수익과 이윤

수익과 이윤은 이익(income)과 구별된다. 왜냐하면 이익은 수익에서 비용을 차감한 순액(net or result amount)을 의미하며, 비용을 차감하기 전의 총액개념(gross concept)인 수익과 상이하기 때문이다. 그러나 실무상으로는 꼭 이들을 구별하지 않고 있는데, 다만 영업수익과 영업외수익으로 구분하고는 있다. 상품의 매출대금을 전자, 유가증권의 매출이익은 후자를 의미한다.

(3) 수익과 절약

수익은 절약(saving)과도 구별된다. 예를 들면 고정자산을 자가제작을 한 경우 타인으로부터 구입한 경우보다 경비가 적게 들었다면 그 차액은 이익이 된다고는 생각할 수 있어도 현대회계이론상으로는 이익으로 보지 아니한다. 다만 매입상품에 대해서 에누리(매입현금할인)를 받을 것은 매입원가의 감소로 보며, 그 대금(외상대금)의 할인은 재무수익(영업외수익)으로 보고 있다.

3. 수익의 내용

유출개념에 의거 수익을 정의할 경우 수익의 의미는 다소 분명해지나, 어떤 내용이 수익에 포함될 것인지에 대해서는 아직도 논란이 많다. 수익의 구성 내용에 주로 논란의 대상이 되고 있는 점들을 살펴보면 다음과 같다.

(1) 수익과 이득(gains)의 구별(이득의 수익에의 포함여부)

대체로 재화·용역·자산의 판매 등 기업의 정상적인 활동에 의해 창출된 수익과, 이와는 직접적인 관련이 없이 부수적이면서도 주변적인 활동에 의해 발생하는 이득을 상호구별하는 것이 바람직하다고 하겠다. 그러나 실무상 이 두 개념을 명확히 구분하기는 어렵다. 우리나라의 기업회계기준에서는 양자를 뚜렷이 구분하지 않고 모두 수익에 포함시키고 있으나 FASB는 두 개념을 상호 분리시키고 있다.

한편 이득을 특별이익과 혼동하는 수가 있으나, 둘은 그 정의와 목적 자체가 서로 다른 것임에 유의하여야 한다.

(2) 자산 또는 부채의 보유이득(Holding Gains)

화폐가치변동으로 인한 자산·부채의 보유이득은 이론상 수익(또는 이득)의 일부로 볼 수 있을 것이다. 아직은 화폐가치변동회계가 정착되지 않은 단계에 있으며, 보유이득의 계상여부는 좀더 연구되어야 할 과제이다.

4. 수익의 인식과 측정

(1) 수익인식

재화의 판매나 용역의 제공으로부터 발생하는 수익과, 이자 · 배당금 · 로열티와 같이 자산을 타인에게 사용하게 함으로써 발생하는 수익 등의 인식이 있다.

1) 적용범위

다음의 거래나 사건에서 발생하는 수익의 회계처리에 적용한다.

① 재화의 판매

② 용역의 제공

③ 이자수익, 로열티수익 및 배당수익을 창출하는 기업자산에 대한 타인의 사용

다른 일반기업회계기준에서 별도로 정하고 있거나 이 절의 적용이 적절하지 않은 다음의 거래와 회계사건에는 적용하지 아니한다.

① 리스계약

② 지분법으로 회계처리하는 투자자산으로부터의 배당금

③ 보험회사의 보험계약

④ 금융자산과 금융부채의 공정가치 변동 또는 처분

⑤ 건설형 공사계약

⑥ 농산물, 임산물, 가축의 자연적 가치증가

⑦ 광물의 추출

자산을 타인에게 사용하게 함으로써 발생하는 수익의 유형은 다음과 같다.

① 이자수익: 현금이나 현금성자산 또는 받을 채권의 사용대가

② 배당금수익: 지분투자에 대하여 받는 이익의 분배금액

③ 로열티수익: 산업재산권이나 컴퓨터 소프트웨어 등과 같은 무형자산의 사용대가

(2) 수익의 측정

수익은 재화의 판매, 용역의 제공이나 자산의 사용에 대하여 받았거나 또는 받을 대가(이하 '판매대가'라 한다)의 공정가치로 측정한다. 매출에누리와 할인 및 환입은 수익에서 차감한다.

대부분의 경우 판매대가는 현금 또는 현금성자산의 금액이다. 그러나 판매대가가 재화의 판매 또는 용역의 제공이후 장기간에 걸쳐 유입되는 경우에는 그 공정가치가 미래에 받을 금액

의 합계액(이하 명목금액이라 한다)보다 작을 수 있다. 예를 들면, 무이자로 신용판매하거나, 판매대가로 표면이자율이 시장이자율보다 낮은 어음을 받는 경우에는 판매대가의 공정가치가 명목금액보다 작아진다. 이때 공정가치는 명목금액의 현재가치로 측정하며, 공정가치와 명목금액과의 차액은 금융자산·금융부채에 따라 현금회수기간에 걸쳐 이자수익으로 인식한다. 현재가치의 측정에 사용되는 할인율은 신용도가 비슷한 기업이 발행한 유사한 금융상품(예: 회사채)에 적용되는 일반적인 이자율과 명목금액의 현재가치와 제공되는 재화나 용역의 현금판매금액을 일치시키는 유효이자율 중 보다 명확히 결정될 수 있는 것으로 한다.

성격과 가치가 유사한 재화나 용역간의 교환은 수익을 발생시키는 거래로 보지 않는다. 이러한 예로는 정유산업 등에서 공급회사간에 특정지역의 수요를 적시에 충족시키기 위해 재고자산을 교환하는 경우가 있다. 그러나 성격과 가치가 상이한 재화나 용역간의 교환은 수익을 발생시키는 거래로 본다. 이때 수익은 교환으로 취득한 재화나 용역의 공정가치로 측정하되, 현금 또는 현금성자산의 이전이 수반되면 이를 반영하여 조정한다. 만일 취득한 재화나 용역의 공정가치를 신뢰성 있게 측정할 수 없으면 그 수익은 제공한 재화나 용역의 공정가치로 측정하고, 현금 또는 현금성자산의 이전이 수반되면 이를 반영하여 조정한다.

1) 거래의 식별

수익인식기준은 일반적으로 각 거래별로 적용한다. 그러나 거래의 경제적 실질을 반영하기 위하여 하나의 거래를 2개 이상의 부분으로 구분하여 각각 다른 수익인식기준을 적용할 필요가 있는 경우가 있다. 예를 들어, 제품판매가격에 제품 판매 후 제공할 용역에 대한 대가가 포함되어 있고 그 대가를 식별할 수 있는 경우에는 그 금액을 분리하여 용역수행기간에 걸쳐 수익으로 인식한다. 그러나 둘 이상의 거래가 서로 연계되어 있어 그 경제적 효과가 일련의 거래 전체를 통해서만 파악되는 경우에는 그 거래 전체에 대하여 하나의 수익인식기준을 적용한다. 예를 들어, 재화를 판매하고 동시에 그 재화를 나중에 재구매하는 약정을 체결하는 경우는 두 거래의 실질적 효과가 상쇄되므로 판매에 대한 수익인식기준을 적용할 수 없으며 거래 전체를 하나로 보아 그에 적합한 회계처리를 한다.

한 거래에서 판매자가 재화와 용역을 함께 제공하는 경우에는 적합한 회계처리를 위해서 먼저 거래의 주목적을 식별하여야 한다. 거래의 주목적을 식별하기 위한 기준은 다음과 같다.

① 용역의 제공여부가 총거래가격에 영향을 미치지 않고 재화판매에 부수적으로 수반된다는 내용이 계약상 명시되어 있다면 이를 재화판매거래로 분류한다. 예를 들면, 품질보증조건으로 재화를 판매하는 거래는 재화판매거래로 분류한다.

② 재화의 제공여부가 총거래가격에 영향을 미치지 않고, 용역제공에 부수적으로 수반된다

는 내용이 계약상 명시되어 있다면, 이를 용역제공거래로 분류한다. 예를 들면, 부품공급을 포함한 설비유지보수계약이 확정가격으로 체결되는 거래는 용역제공거래로 분류한다.

③ 재화와 용역이 별개로 취급되어 재화 또는 용역의 제공이 각각 총거래가격에 영향을 미치면, 이를 재화판매거래와 용역제공거래로 구분하여 별도로 회계처리한다.

2) 재화의 판매

재화의 판매로 인한 수익은 다음 조건이 모두 충족될 때 인식한다.

① 재화의 소유에 따른 유의적인 위험과 보상이 구매자에게 이전된다.

② 판매자는 판매한 재화에 대하여 소유권이 있을 때 통상적으로 행사하는 정도의 관리나 효과적인 통제를 할 수 없다.

③ 수익금액을 신뢰성 있게 측정할 수 있다.

④ 경제적 효익의 유입 가능성이 매우 높다.

⑤ 거래와 관련하여 발생했거나 발생할 원가를 신뢰성 있게 측정할 수 있다.

3) 용역의 제공

용역의 제공으로 인한 수익은 용역제공거래의 성과를 신뢰성 있게 추정할 수 있을 때 진행기준에 따라 인식한다. 다음 조건이 모두 충족되는 경우에는 용역제공거래의 성과를 신뢰성 있게 추정할 수 있다고 본다.

① 거래 전체의 수익금액을 신뢰성 있게 측정할 수 있다.

② 경제적 효익의 유입 가능성이 매우 높다.

③ 진행률을 신뢰성 있게 측정할 수 있다.

④ 이미 발생한 원가 및 거래의 완료를 위하여 투입하여야 할 원가를 신뢰성 있게 측정할 수 있다.

용역제공거래에서 이미 발생한 원가와 그 거래를 완료하기 위해 추가로 발생할 것으로 추정되는 원가의 합계액이 해당 용역거래의 총수익을 초과하는 경우에는 그 초과액과 이미 인식한 이익의 합계액을 전액 당기손실로 인식한다.

용역제공거래의 성과를 신뢰성 있게 추정할 수 없는 경우에는 발생한 비용의 범위 내에서 회수가능한 금액을 수익으로 인식한다.

용역제공거래의 성과를 신뢰성 있게 추정할 수 없고 발생한 원가의 회수가능성이 낮은 경우에는 수익을 인식하지 않고 발생한 원가를 비용으로 인식한다. 거래의 성과를 신뢰성 있게 추정하는 것을 어렵게 만들었던 불확실성이 해소된 경우에는 수익을 인식한다.

4) 이자수익, 로열티수익 및 배당수익

자산을 타인에게 사용하게 함으로써 발생하는 이자, 배당금, 로열티 등의 수익은 다음 조건을 모두 충족하는 경우에 인식한다.

① 수익금액을 신뢰성 있게 측정할 수 있다.

② 경제적 효익의 유입 가능성이 매우 높다.

이자수익, 배당금수익, 로열티수익은 다음의 기준에 따라 인식한다.

① 이자수익은 원칙적으로 유효이자율을 적용하여 발생기준에 따라 인식한다.

② 배당금수익은 배당금을 받을 권리와 금액이 확정되는 시점에 인식한다.

③ 로열티수익은 관련된 계약의 경제적 실질을 반영하여 발생기준에 따라 인식한다.

재화의 판매, 용역의 제공, 이자, 배당금, 로열티로 분류할 수 없는 기타의 수익은 다음 조건을 모두 충족할 때 발생기준에 따라 합리적인 방법으로 인식한다.

① 수익가득과정이 완료되었거나 실질적으로 거의 완료되었다.

② 수익금액을 신뢰성 있게 측정할 수 있다.

③ 경제적 효익의 유입 가능성이 매우 높다.

(3) 주석공시

수익을 인식하기 위하여 적용한 회계정책(용역제공거래의 진행률의 결정방법을 포함한다)을 재무제표의 주석으로 기재한다.

5. 건설형 공사계약

사전에 확정된 계약에 따라 총공사수익과 총공사원가의 추정이 가능하기 때문에 이익을 공사진행 정도에 따라 인식할 수 있는 건설형 공사계약에 적용한다. 따라서 이 절은 건설업뿐만 아니라 공사계약의 형태가 유사한 경우에는 기타 산업에도 적용할 수 있다.

건설형 공사계약을 적용하지 아니하는 계약의 예는 다음과 같다.

① 구매자가 규격을 정하여 주문한 제품이지만 표준화된 제조공정에서 생산한 후 정상적인 영업망을 통해 판매하고, 수익을 판매기준에 따라 인식할 수 있으며 매출원가가 재고자산의 평가를 통하여 산출될 수 있는 제품의 공급계약

② 규격화된 제품을 일정기간 동안의 반복생산을 통하여 공급하거나 보유 재고를 공급하는 계약

건설형 공사계약은 일반적으로 건물이나 교량, 댐, 파이프라인, 도로, 터널 등의 건설공사계약을 의미하지만, 이외에도 선박이나 항공기, 레이더 · 무기 · 우주장비 등의 복잡한 전자장비의 제작과 같은 특별한 주문생산형 공사계약도 포함한다. 건설형 공사계약은 단일자산의 건설공사를 위해서 체결될 수 있으며, 설계, 기술, 기능 또는 그 최종적 목적이나 용도에 있어서 밀접하게 상호 관련되거나 상호의존적인 복수자산의 건설공사를 위해서도 체결될 수 있다. 이러한 건설형 공사계약의 예로는 제련소, 기타 복잡한 생산설비나 기계장치의 건설형 공사계약이 있다.

건설형 공사계약의 목적 상 건설형 공사계약에는 다음과 같은 유형의 계약 등을 포함한다.

① 공사감리나 설계용역의 계약과 같이 자산의 건설공사와 직접적으로 관련된 용역제공 계약

② 자산의 철거나 원상회복, 그리고 자산의 철거에 따르는 환경의 복구에 관한 계약

② 청약을 받아 분양하는 아파트 등 예약매출에 의한 건설공사계약

(1) 공사계약의 병합과 분할

공사계약별로 적용함을 원칙으로 한다. 그러나 계약내용의 경제적 실질을 올바로 반영하고 기간손익의 왜곡을 방지하기 위하여 문단 동일 계약 내에서도 구분 가능한 부분별로 이 절을 적용하거나, 또는 여러 계약을 하나의 계약으로 보아 이 절을 일괄 적용해야 한다.

여러 자산의 건설공사에 대하여 단일의 계약을 체결하였더라도 다음의 조건을 모두 충족하는 경우에는 여러 자산의 건설공사를 각각 독립된 건설공사로 본다.

① 각 자산에 대하여 별개의 공사제안서가 제출된다.

② 각 자산에 대해 독립된 협상이 이루어졌으며, 발주자와 건설사업자는 각 자산별로 계약조건의 수락 또는 거부가 가능하다.

③ 각 자산별로 원가와 수익의 인식이 가능하다.

다음의 조건을 모두 충족시키는 경우에는 복수계약 전체를 단일 건설형 공사계약으로 본다.

① 복수의 계약이 일괄적으로 협상된다.

② 설계, 기술, 기능 또는 최종용도에서 복수의 계약이 상호 밀접하게 연관되어 사실상 단일 목표이윤을 추구하는 하나의 프로젝트가 된다.

③ 복수의 계약이 동시에 진행되거나 연쇄적으로 이행된다.

다음과 같은 경우에는 발주자의 요구나 계약의 수정에 따라 추가되는 자산의 건설공사를 독립된 건설공사로 본다.

① 추가되는 자산이 설계, 기술, 기능에 있어서 원래의 계약에 포함된 자산과 유의적으로 차

이가 있거나,

② 추가공사의 공사계약금액이 원래 계약상의 공사계약금액과 별도로 협상된다.

(2) 공사수익

공사수익은 다음의 항목으로 구성된다.

① 최초에 합의된 계약금액

② 건설공사내용의 변경이나 보상금 또는 장려금의 지급에 따라 추가될 수익 중 발생가능성이 매우 높고 신뢰성 있는 측정이 가능한 금액

공사수익은 수취하였거나 수취할 대가의 공정가치로 측정한다. 이러한 공사수익의 측정치는 미래 사건의 결과와 관련된 다양한 불확실성에 의해 영향을 받는다. 따라서 공사수익의 측정치는 다음과 같은 사건이 발생하거나 측정 당시의 불확실성이 해소되면 수정되어야 한다.

① 원래의 계약이 합의된 회계연도 후에 발생한 공사내용의 변경이나 보상 합의

② 물가연동조항에 따른 공사계약금액의 변경

③ 건설사업자사 자신이 귀책사유로 완공시기가 지연됨에 따라 위약금을 부담한 결과 계약수익금액이 감소되는 경우

④ 정액계약이 산출물 단위당 고정가격에 기초하여 정해진 경우, 산출량이 증가함에 따라 계약수익이 증가하는 경우

보상금은 건설사업자가 공사계약금액에 포함되어 있지 않은 비용을 발주자나 다른 당사자로부터 보전받는 금액이다. 예를 들면, 발주자에 의한 보상금은 발주자에 의하여 공사가 지체되거나 제시한 설계에 오류가 있을 때, 또는 공사내용의 변경과 관련하여 분쟁이 있을 때 발생할 수 있다. 보상금의 측정은 불확실성이 높으며 협상결과에 따라 달라질 수 있다. 따라서 보상금은 발주자가 지급 요청을 수락하였거나 수락할 가능성이 매우 높고, 그 금액을 신뢰성 있게 측정할 수 있는 경우에 한하여 공사수익에 포함한다.

장려금은 특정 수행기준을 충족하거나 초과할 때 건설사업자가 발주자로부터 수취하는 추가금액이다. 예를 들면, 공사의 조기완료에 대해 건설사업자에게 계약상 정해진 장려금이 지급될 수 있다. 장려금은 특정 수행기준이 충족되거나 초과될 가능성이 매우 높은 정도로 공사가 충분히 진행되었으며, 그 금액을 신뢰성 있게 측정할 수 있는 경우에 한하여 공사수익에 포함한다.

(3) 공사원가

공사원가는 다음의 항목으로 구성된다.

① 특정공사에 관련된 공사직접원가

② 특정공사에 개별적으로 관련되지는 않으나 여러 공사활동에 배분될 수 있는 공사공통원가

③ 계약조건에 따라 발주자에게 청구할 수 있는 기타 특정공사원가

특정공사에 관련된 공사직접원가의 예는 다음과 같다.

① 건설공사에 사용된 재료원가

② 현장감독을 포함한 현장인력의 노무원가

③ 계상한 생산설비와 건설장비의 감가상각비

④ 생산설비, 건설장비 및 재료의 건설현장으로 또는 건설현장으로부터의 운반비

⑤ 생산설비와 건설장비의 임차료

⑥ 공사와 직접 관련된 설계와 기술지원비

⑦ 외주비

⑧ 공사종료시점에서 추정한 하자보수와 보증비용

⑨ 제3자에 대한 보상

⑩ 이주대여비 관련 순이자비용

⑪ 창고보관료, 보험료 등 특정공사 진행과정에서 직접적으로 발생한 기타 비용

특정공사에 배분될 수 있는 공사공통원가에는 보험료, 특정공사에 직접 관련되지 않은 설계와 기술지원비, 기타 공사간접원가 및 자본화될 금융비용 등이 있다. 공통원가는 체계적이고 합리적인 방법에 따라 손익계산단위에 배분되며, 배분방법은 비슷한 성격의 모든 원가에 동일하게 적용한다. 손익계산단위는 수익을 인식하고 원가를 계상하며 손익을 측정하기 위해 구분한 공사손익의 계산단위를 말한다. 일반적으로는 각각의 계약이 손익계산단위가 된다. 그러나 계약의 병합이나 분할의 조건을 충족시키는 계약의 경우에는 여러 개의 계약이 하나의 손익계산단위가 될 수 있으며, 하나의 계약에 여러 개의 손익계산단위가 있을 수도 있다.

계약 조건에 따라 발주자에게 청구할 수 있는 기타 특정공사원가에는 계약에 규정되어 있는 일부 일반관리원가와 연구개발비 등이 있다.

공사활동과 관련이 없거나 특정공사에 귀속시킬 수 없는 다음의 비용은 공사원가에서 제외한다.

① 계약상 청구할 수 없는 일반관리원가

② 규정되어 있는 공사계약전 지출에 해당하지 않는 판매원가

③ 계약상 청구할 수 없는 연구개발원가

④ 일시적이 아닌 장기적인 유휴 생산설비나 건설장비의 감가상각비

계약상의 지출의무자와 실제 지출행위자가 다른 경우에는 다음과 같이 회계처리한다.

① 계약상 건설사업자가 부담해야 할 환경정화비 등을 발주자가 대신 지출하고 건설사업자에게 대금청구를 한 경우, 건설사업자가 발주자로부터 청구받은 원가로서 지급할 가능성이 높은 금액은 건설공사원가에 가산한다.

② 하도급자가 사용한 건설사업자 장비의 사용료에 대해 건설사업자가 하도급자에게 원가청구를 하는 경우와 같이 건설사업자가 부담한 공사원가를 하도급자 등에게 청구한 때는 상대방이 지급요청을 수락하거나 수락할 가능성이 매우 높고, 지급받을 금액을 신뢰성 있게 측정할 수 있는 경우에 건설공사원가에서 차감한다.

1) 공사계약전 지출

공사원가는 계약체결일로부터 계약의 최종적 완료일까지의 기간동안에 당해 공사에 귀속될 수 있는 원가를 포함한다. 그러나 계약에 직접 관련이 되며 계약을 획득하기 위해 공사계약체결 전에 부담한 지출은, 개별적으로 식별이 가능하며 신뢰성 있게 측정될 수 있고 계약의 체결 가능성이 매우 높은 경우에 공사원가의 일부로 포함된다. 공사원가에 포함되는 공사계약전 지출은 경과적으로 선급공사원가로 계상하며, 당해 공사를 착수한 후 공사원가로 대체한다.

(4) 공사수익과 비용의 인식

아래사항 조건을 충족하여 공사결과를 신뢰성 있게 추정할 수 있을 때는 진행기준을 적용하여 공사수익을 인식한다. 당기공사수익은 공사계약금액에 보고기간종료일 현재의 공사진행률을 적용하여 인식한 누적공사수익에서 전기말까지 계상한 누적공사수익을 차감하여 산출한다.

당기공사원가는 당기에 실제로 발생한 총공사비용에 공사손실충당부채전입액(추정공사손실)을 가산하고 공사손실충당부채환입액을 차감하며 다른 공사와 관련된 타계정대체액을 가감하여 산출한다.

정액공사계약의 공사결과는 다음의 조건이 모두 충족된다면 신뢰성 있게 추정할 수 있다.

① 총공사수익 금액을 신뢰성 있게 측정할 수 있다.

② 계약과 관련된 경제적 효익이 건설사업자에게 유입될 가능성이 매우 높다.

③ 계약을 완료하는 데 필요한 공사원가와 공사진행률을 모두 신뢰성 있게 측정할 수 있다.

④ 공사원가를 명확히 식별할 수 있고 신뢰성 있게 측정할 수 있어서 실제 발생된 공사원가를 총공사예정원가의 예상치와 비교할 수 있다.

원가보상공사계약의 공사결과는 다음의 조건이 모두 충족된다면 신뢰성 있게 추정할 수 있다.

① 계약과 관련된 경제적 효익이 건설사업자에게 유입될 가능성이 매우 높다.

② 계약에 귀속될 수 있는 공사원가를 명확히 식별할 수 있고 신뢰성 있게 측정할 수 있다.

공사수익은 건설사업자가 발주자로부터 지급받을 공사계약금액에 근거하여 계상함을 원칙으로 한다. 다만, 건설사업자가 실질적으로는 단순한 관리자로서 용역보수 또는 수수료만을 받는 경우에는 공사계약금액 중 건설사업자에게 실제로 귀속될 금액만을 공사수익으로 계상한다.

진행기준하에서 공사수익은 그 공사가 수행된 회계기간별로 인식한다. 공사원가도 일반적으로 공사가 수행된 회계기간의 비용으로 인식한다. 그러나 잔여 공사기간 중에 발생이 예상되는 공사원가의 합계액이 동 기간 중 인식될 공사수익의 합계액을 초과할 경우에는 당해 초과액을 당기의 비용으로 인식하고 공사원가에 포함하여 보고한다.

공사수익(결과)은 그 공사와 관련한 경제적 효익이 기업에 유입될 가능성이 매우 높은 경우에만 신뢰성 있게 측정할 수 있다. 계약과 관련된 경제적 효익이 기업에 유입될 가능성이 낮은 경우에는 현금의 수입이 있을 때까지 공사수익을 인식하지 아니한다. 그러나 이미 공사수익으로 손익계산서에 인식된 금액의 회수가능성에 불확실성이 발생하는 경우에도 공사수익을 수정하지 않는다. 공사수익으로 인식된 공사미수금이 추후 회수불가능하게 되면 기존의 공사수익을 수정하는 것이 아니라 대손비용으로 처리한다.

건설형 공사계약의 당사자들이 공사수익과 공사원가를 신뢰성 있게 추정하기 위해서는 건설형 공사계약 대상자산에 대한 각 당사자의 구속력있는 권리, 교환되는 대가, 결제의 방법과 조건 등이 명시된 계약이 있어야 한다. 또한, 건설사업자는 효율적인 재무예산 및 보고체제를 갖추어야 한다. 건설사업자는 공사의 진행에 따라 공사수익과 공사원가의 추정치를 재검토하고 필요한 경우에는 추정치를 수정한다. 공사진행중 추정치를 수정한다고 해서 그것이 계약의 결과를 신뢰성 있게 추정할 수 없다는 것을 의미하는 것은 아니다.

공사진행률은 실제공사비 발생액을 토지의 취득원가와 자본화대상 금융비용 등을 제외한 총공사예정원가로 나눈 비율로 계산함을 원칙으로 한다. 다만 공사수익의 실현이 작업시간이나 작업일수 또는 기성공사의 면적이나 물량 등과 보다 밀접한 비례관계에 있고, 전체공사에서 이미 투입되었거나 완성된 부분이 차지하는 비율을 객관적으로 산정할 수 있는 경우에는 그 비율로 할 수 있다.

공사진행률을 발생원가 기준으로 결정할 경우에는 실제로 수행된 작업에 대한 공사원가만 발생원가에 포함한다. 따라서 공사원가에는 포함되나 공사진행에 따라 직접 발생한 지출은 아니므로, 공사진행률 계산의 기준이 되는 발생원가에서 제외되는 공사원가의 예는 다음과 같다.

① 공사현장에 투입되었으나 아직 공사수행을 위해 이용 또는 설치되지 않은 재료 또는 부품의 원가. 다만 당해 공사를 위해 특별히 제작되거나 조립된 경우는 발생원가에 포함한다.

② 아직 수행되지 않은 하도급 공사에 대하여 하도급자에게 선급한 금액

③ 토지의 취득원가

④ 자본화대상 금융비용

⑤ 재개발 등의 이주대여비 관련 순이자비용

⑥ 공사손실충당부채전입액

공사결과를 신뢰성 있게 추정하기 위해 필요한 정액공사계약의 공사결과 또는 원가보상 공사계약의 공사결과의 조건을 충족시키지 못해 진행기준을 적용할 수 없는 예외적인 경우에는 공사수익과 비용을 다음과 같이 인식한다.

① 공사수익은 회수가능성이 매우 높은 발생원가의 범위 내에서만 인식한다.

② 공사원가는 발생된 회계기간의 비용으로 인식한다.

③ 공사원가가 공사수익을 초과할 가능성이 매우 높은 경우에는 추정공사손실을 공사손실충당부채전입액으로 하여 즉시 비용으로 인식한다.

공사초기단계와 같이 공사결과를 신뢰성 있게 추정할 수 없는 상황이 바뀌어 공사결과를 신뢰성 있게 추정할 수 있게 되고 이에 따라서 진행기준을 적용하게 되는 경우에는 이를 회계추정의 변경으로 본다.

다음과 같은 계약의 경우에는 공사원가의 회수가능성이 낮으므로 관련 공사원가는 즉시 비용으로 인식한다.

① 충분한 구속력이 없어서 그 이행가능성이 상당히 의심되는 공사계약

② 공사의 완료가 계류중인 소송이나 입법결과에 좌우되는 공사계약

③ 수용되거나 몰수당하기 쉬운 자산에 대한 공사계약

④ 발주자가 그 의무를 이행할 수 없는 공사계약

⑤ 건설사업자가 공사를 완료할 수 없거나 계약상의 의무를 이행할 수 없는 공사계약

공사의 완성시기는 도급공사와 관련하여 건설사업자가 이행하기로 한 계약상 주된 의무를 완료한 때로서, 일반적으로 공사의 목적물이 준공된 때로 한다. 다만, 동 공사와 관련된 추가공사비 또는 하자보수비 등을 합리적으로 예측하여 충당부채를 설정한 경우에는 동 공사의 목적물을 실질적으로 사용할 수 있는 때로 할 수 있다.

(5) 추정공사손실의 인식

공사와 관련하여 향후 공사손실의 발생이 예상되는 경우에는 예상손실을 즉시 공사손실충당부채로 인식하고 중요 세부내용을 주석으로 기재한다.

① 당기에 계상하는 공사손실충당부채전입액(추정공사손실)은 잔여공사기간중에 발생이 예상되는 공사원가의 합계액이 동기간 중 인식될 공사수익의 합계액을 초과하는 금액이며, 공사 전 기간에 걸쳐 예상되는 총공사손실액에 과거 기간 중에 인식한 공사이익이 있을 경우 이를 합계한 금액과 같다. 공사손실충당부채전입액은 당기의 비용으로 처리하고 실제발생공사원가에 부가하여 공사원가로 보고한다.

② 차기 이후의 공사에서 실제로 손실이 발생한 경우에는 동 손실에 상당하는 금액을 공사손실충당부채 잔액의 범위내에서 환입하고 동 환입액은 해당 회계연도의 공사원가에서 차감하여 보고한다.

공사손실충당부채전입액은 공사착수 여부, 공사의 진행도 또는 단일공사계약으로 취급되지 않는 다른 계약에서 발생할 것으로 기대되는 이익의 금액에 관계없이 결정된다.

여러 개의 공사계약이 단일공사계약으로 병합된 경우에는 병합된 공사 전체를 하나의 단위로 하여 공사손실충당부채를 계산한다. 만약 공사계약이 분할된 경우에는 분할된 계약 각각에 대해 공사손실충당부채를 설정한다.

공사손실충당부채를 계산하기 위해 총공사예정원가를 추정할 때에는 발주자로부터 지급 받을 것으로 예상되는 위약금이나 보상금, 원가보상공사계약에 있어서 청구불능지출, 계약내용 또는 공사계약금액의 변경가능성 등을 고려한다.

(6) 추정의 변경

진행기준하에서는 매 회계기간마다 누적적으로 공사수익과 공사원가를 추정한다. 따라서 공사수익 또는 공사원가에 대한 추정치 변경의 효과는 회계추정의 변경으로 회계처리한다. 변경된 추정치는 변경이 이루어진 회계기간과 그 이후 회계기간의 손익계산서상 인식되는 수익과 비용의 금액 결정에 사용된다.

(7) 공사변경

공사의 설계변경이나 공사기간의 변경과 같이 계약상 정해진 공사내용의 변경이 이루어질 수 있다. 공사내용의 변경에 따른 수익은 발주자가 공사변경을 승인하고 그 변경에 따른 추가공사금액을 승인할 가능성이 매우 높으며, 금액을 신뢰성 있게 측정할 수 있을 때 인식한다.

(8) 하자보수충당부채

공사종료 후에 하자보수 의무가 있는 경우에는 합리적이고 객관적인 기준에 따라 추정된 금액을 하자보수비로 하여 그 전액을 공사가 종료되는 회계연도의 공사원가에 포함하고, 동액을 하자보수충당부채로 계상한다.

설정된 하자보수충당부채는 이후 실제로 발생한 하자보수비와 상계하고, 그 잔액은 실질적으로 하자보수의 의무가 종료한 회계연도에 환입하며, 하자보수충당부채를 초과하여 발생한 하자보수비는 당해 연도의 비용으로 처리한다.

(9) 생산설비와 건설장비 또는 가설재의 회계처리

생산설비와 건설장비는 유형자산으로 계상한 후 다음과 같이 회계처리한다.

① 당해 장비가 특정공사에만 사용가능한 경우에는 공사기간과 동 장비의 경제적 내용연수 중 짧은 기간 동안 감가상각하고 상각비를 공사원가에 산입한다.

② 당해 장비를 여러 공사를 위하여 사용하는 경우에는 동 장비의 경제적 내용연수동안 감가상각하고 상각비를 각각의 공사원가에 배분한다.

③ 처분예정인 유형자산은 장부금액을 투자자산으로 회계처리하고 감가상각을 하지 아니하며, 손상차손 발생여부를 매 보고기간말에 검토한다.

가설재중 내용연수가 장기인 철재 또는 이와 유사한 내구재는 유형자산으로 계상하여 회계처리하고 그 이외의 가설재는 재고자산으로 계상한 후 다음과 같이 회계처리한다.

① 당해 가설재가 특정공사에만 사용가능한 경우에는 사용기간 동안 합리적인 방법으로 배분된 금액을 공사원가에 산입한다.

② 당해 가설재가 여러 공사에 사용가능한 경우에는 당해 연도에 감모된 가액을 합리적으로 계상하여 공사원가에 산입한다.

③ 처분예정인 가설재는 유형자산으로 회계처리되어 온 경우에는 장부금액을 투자자산으로 회계처리하고 감가상각을 인식하지 아니하며, 손상차손 발생여부를 매 보고기간말에 검토한다. 재고자산으로 회계처리되어 온 가설재는 저가기준으로 평가한다.

(10) 주석공시

건설사업자는 건설형 공사계약과 관련된 다음의 사항을 주석으로 기재한다.

① 중요한 회계처리방법

㉮ 공사손익의 인식방법

㈏ 공사진행률의 계산방법

② 당기 중 공사수익으로 인식된 금액

③ 보고기간종료일 현재 진행중인 공사와 관련된 다음의 내용

㉮ 누적공사원가와 누적손익

㈏ 공사대금 선수금

㈐ 공사대금 미수금 및 공사대금 미수금 중 발주자에게 청구된 부분과 청구되지 않은 부분

㈑ 회수보류액(공사대금 청구액 중에서 계약에서 정해진 조건이 모두 충족되거나 공사내용상의 문제가 해결될 때까지 지급이 보류되고 있는 금액)

㈒ 진행중인 모든 공사들로부터 공사 전 기간에 걸쳐 실현이 예상되는 총공사손실예상액

④ 공사계약이행과 관련하여 예치한 보증금 또는 지급보증 등이 있는 경우에는 그 내용

⑤ 하자보수비용, 발주자에 의한 보상금, 위약금이나 손실가능액 등과 관련하여 우발적인 사항이 있는 경우 그 내용

제3절 비 용

1. 비용의 본질

FASB는 1980년 12월에 발표한 SFAC No. 3에서 비용을 다음과 같이 정의하고 있다. 비용이란 지속적이면서도 주요한 혹은 중심적인 영업활동과 관련하여 재화를 생산·공급하고 용역을 제공함으로써, 그 기간동안에 발생하게 되는 자산의 유출 혹은 소비이거나 부채의 생성(혹은 이자의 결합)을 의미하다.

비용은 수익과 마찬가지로 흐름(유량 ; flow)의 개념이며, 수익을 얻는 과정에서 재화와 용역을 사용·소비한 가치를 말한다. 비용의 본질을 기업의 중심으로 유출개념과 유입개념으로 구분해 보면 다음과 같다.

(1) 유출개념

비용을 기업으로부터 일정한 가치 또는 가치를 지닌 재화나 서비스가 유출되는 현상으로 보는 것이다. 이러한 관점에서의 비용개념으로서는 APB Statement No. 4의 정의를 들 수 있다.

비용이란 총자산의 감소 또는 총부채의 증가로서, 일반적으로 인정된 회계원칙에 의거하여 인식되고 측정된 것이며 기업의 소유자지분을 변동시키는 이윤지향적 활동의 결과가 발생한

것이다.

(2) 유입개념

비용에 대한 가장 전통적 정의로서 수익을 얻기 위하여 당해기간 중에 소멸된 원가(expired cost)로 보는 것이다. 수익을 유출개념에서 파악하는 입장에서 보면 비용을 유입개념으로 보는 것이 타당하다 하겠으며, 이는 자산을 미소멸원가(unexpired cost)로 보는 견해와 밀접한 관계가 있다.

그러나 소멸된 원가의 개념 또한 구조적 이론접근방법 측면에서 오히려 비용에 대한 측정문제를 염두에 두고 비용의 본질을 추정하고 있다고 비판을 받고 있다.

2. 비용의 정의

일반적으로는 비용이란 기업의 경영활동을 통해 수익의 획득을 위해서 멸실했거나 희생된 재산가치를 말한다. 다시 말하면 비용이란 기업이 수익을 획득하는 과정에서 재화나 용역의 사용 또는 소비로서 주주에게 불리한 변화(unfavorable changes)를 가져오는 것을 말한다. 따라서 비용은 일정기간에 자산을 유출하거나 부채의 발생을 가져와서 주주지분을 감소시키는 것이다. 그것을 기업의 이해자집단으로부터 기업에 투입(input)된 것, 즉 사회적 총가치 중에서 기업이 생산을 위해 소비한 가치부분이라 할 수 있다.

(1) 비용과 손실

비용(expense)이란 수익의 생산과 대응가능한 관련을 가지는 차감분인데 대하여, 손실(loss)이란 그와 같은 관련을 갖지 않는 차감분을 말한다. 다시 말하면 비용은 수익을 얻기 위하여 쓰여진 경제가치의 소모분이며, 손실은 수익과 관련이 없는 어떤 특정의 차감분 내지 멸실분이다.

(2) 비용과 원가

비용이란 개념은 원가(cost)라는 말과 동의어로 사용되는 수가 많으나 양자는 구분해야 한다. 페이튼(Paton) 교수에 의하면 원가란 자산을 취득해서 이를 취득자가 원하는 목적을 위하여 사용할 수 있는 상태에 두는데 들어간 대가로서의 현금 또는 현금등가물의 모든 지출액을 뜻한다. 즉, 광의의 비용중 자산의 가치를 구성하는 능력이 있는 것이 원가이며, 급부의 생산 및 판매를 위하여 기업이 상실한 가치가 협의의 비용이다.

(3) 비용과 지출

비용은 지출을 동반한다. 비용의 발생이 지출과 동일 연도인 경우뿐만 아니라, 지출을 먼저 행하는 경우도 있고(예를 들면, 건물, 기계 등의 고정자산의 구입), 지출이 다음 연도에 행해지는 경우도 있다(예를 들면 미지급이자, 미지급집세 등). 그런데 드문 일이나 지출이 수반되지 않는 비용도 있다. 즉, 증여를 받은 자산을 감가상각한 경우가 그 예이다.

이와 같이 비용은 원칙적으로 지출을 수반하나, 그 반대로 지출은 비용에 결부되지 않는 것도 있다. 비용에 전혀 관계가 없는 지출의 대표적인 예는 차입금의 상환이나 자본의 환급 등인데, 이와 같은 것을 특히 중성적 지출이라 한다.

(4) 비용과 자산

지출에 의해서 발생한 원가는 곧 전액이 수익에 대응되어 소비되어 비용화되는 것이 아니다. 원가 중에는 미소비부분이 생겨 차기 이후에 수익에 대응되는 것은 차기 이후에 이월되게 된다. 이 미소비원가부분을 회계학상으로서는 자산으로 인식한다(이는 동태론적 사고 방식이다). 이 경우의 자산은 화폐(현금)나 재화와 같은 물적자산과 달리 미소비원가라는 원가의 수단으로 취급되며, 물적 개념으로부터 이탈하여 수위 원가성자산으로 취급된다. 그 전형적인 것은 고정자산(감가상각자산) 재고자산 이연자산 등이다.

3. 비용의 내용

비용의 내용과 관련하여 가장 중요한 것은 비용과 손실(loss)의 구분이다.

손실이란 "이득(gain)의 반대로서, 기업의 정상적인 수익창출활동과는 관계없이 부수적·주변적으로 발생하며, 기업의 자원 또는 이익에 불리한 영향을 주는 것"을 뜻한다. 따라서 비용과 손실은 다같이 기업의 이익결정에 고려될 수 있다. 여기에서의 손실은 반드시 특별항목의 손실을 뜻하는 것은 아니며 영업이익계산에 포함될 수도 있다(예 : 대손상각).

(1) 소멸원가설

이 설은 비용(expense)이란 일정기간 중 원가가 소멸한 소멸원가(expired cost)라고 보는 것이다. 다시 말하면 비용은 수익을 얻기 위하여 재화나 용역을 소비함으로써 발생한 것이라고 보는 것인데, 비용에 관한 이러한 견해를 소멸원가설이라 한다. 이러한 견해는 비용의 본질에 관한 전통적인 정의로 알려져 있는데, 그것은 1957년의 ATB No. 4나 1957년 AAA 보고에서도 볼 수 있다. 비용을 이와 같은 소멸원가설로 정의하려는 견해의 배경에는 비용은 원가배분(cost allocation)과 관련을 가지고 있기 때문이다. 원가배분이란 당해기간에 소멸된 원가(비용)를 특정자산에서 분리하여 원가(비용)로 계상하는 절차를 말한다. 그 전형적인 예로는 고정자산의 감가상각이 있다. 감가상각의 본질은 고정자산의 취득원가를 일종의 선급비용으로 보고 단기에 발생한 비용을 고정자산의 취득원가에서 분리하는 절차로 보는 것이다.

이와 같이 소멸원가설에 있어서 비용의 정의는, 요컨대 기업이 수익을 얻기 위하여 쓰여진 원가(비용)를 적절하게 손익계산에 배분하는 것이라고 규정하는 것이다.

(2) 주주지분감소설

이는 비용을 주주지분에 미치는 영향(effect on stockholder's equity)에 따라 주주지분 또는 순자산이 감소한다고 보는 것인데, 편의상 주주지분감소설이라 해 둔다. 이 견해의 요지는 수익과 비용은 모두 이익을 결정하는 요인이며(수익 - 비용 = 이익), 수익은 주주지분에 유리한 영향을 미치는데 반하여, 비용은 불리한 영향을 미쳐, 결국 주주지분의 감소(자산의 감소 및 부채의 증가)를 가져온다는 것이다. 이 견해를 따르는 학자로는 스프라우스(Sprouse) 교수 등이 있고, 1970년에 AICPA의 APB Statement No. 4에서도 이를 지지하고 있다.

그런데, 이 견해는 주주지분의 불리한 영향 내지 주주지분의 감소는 비용만이 아니라 그 불리한 요소 중에 손실도 포함될 수 있으므로, 주주지분에 대한 소극적 영향, 즉 감소요인만으로 비용을 정의한다는 것은 비용의 본질을 충분히 표현하지 못하고 있다. 또 이 견해는 순자산을 결정하는 요소로서의 자산·부채의 변동으로 비용을 정의하기도 하지만, 모든 자산과 부채의 변동은 비용을 나타내는 것은 아닌 점에서 그 견해의 미흡함을 찾을 수 있다.

4. 비용의 측정과 인식

(1) 비용의 측정

비용의 측정이란 당기에 배분할 수 있는 금액은 당기의 비용으로, 미래기간에 배분될 부분은 차기 이후로 이연시킬 금액을 결정하는 과정을 뜻한다. 이러한 비용측정의 목적이 궁극적으로 기업의 기간이익 결정에 있다고 볼 때, 이익개념의 적용·해석에 따라 각각 그 측정 내용이 달라질 수 있다.

일반적으로 가장 중요시되고 있는 비용의 측정기준으로서는 다음의 두 가지가 있다.

1) 역사적 원가(historical cost)에 의한 비용측정

전통적인 비용의 측정방법이며, 비용을 소멸원가로 보는 견해가 이 방법의 논리적인 근거가 된다. 이때의 비용은 포기한 경제적 자원의 역사적 가치 또는 기업활동에 사용·소비하기 위해 재화·용역을 획득할 때 교환으로 포기한 화폐액으로 측정된다.

2) 현행가격(current prices)에 의한 비용측정

1)과는 대조적으로 자산취득당시의 측정방법에 관계없이 비용화하는 시점에서 현행가격으로 측정하는 방법이다. 이때 사용되는 현행가격으로는 대체원가(replacement cost)와 순실현가치 등이 있다.

(2) 비용과 손실의 구분

비용은 기업의 주요·중심적인 영업활동과 관련하여 발생되는데 반해서, 손실은 기업의 부수적·주변적인 영업활동과 관련하여 발생된다는 점에서 서로 구별되며 다른 요인은 모두 동일하다고 볼 수 있다(SFAC No. 3). 비용을 자발적인 원가의 소멸(voluntary expiration) 혹은 계획적·의도적인 원가의 소멸(planned expiration)이라 부르고, 손실은 비자발적인 원가의 소멸(involuntary expiration) 혹은 우발적·비의도적인 원가 소멸(unplanned expiration)이라고 부르는 이유도 여기에 있다.

1) 대손상각비에 대한 견해

(가) 비용의 견해

수익을 창조하기 위해서 기업활동의 수행시 필연적으로 발생하는 원가이다. 더욱이 대손비를 줄이기 위해서는 채권관리활동을 강화하여야 하는 바, 채권관리비의 대체항목이므로 현금지출을 수반해야 하는 채권관리비가 비용이 되는 한 대손상각비도 비용이다.

(나) 손실의 견해

대손상각은 어느 기업도 원치 않는 비자발적·비계획적 원가의 소멸(상실)이다. 또한 구체적인 자산의 사용이나 유출을 수반하지 않는다.

(다) 수익차감의 견해

수익을 일정기간동안 기업이 창출한 가치의 총계라고 한다면 기업이 창출한 순가치는 대손상각비를 차감한 순액이다. 또한 수익은 최종적으로 기업이 재화 혹은 비용의 유출에 따라 반대급부로서 기업이 종국적으로 수취한 화폐액을 말한다.

(3) 비용의 인식

수익의 인식과 마찬가지로 비용이 귀속되는 회계기간을 결정하는 것이다.

전통적인 회계에서는 일반적으로 다음의 3단계별로 비용을 인식하고 있다(APB Statement No. 4).

1) 원인과 결과의 직접대응(associating cause and effect)

매출원가, 판매원수수료 등과 같이 관련수익에 직접대응이 가능한 경우에는 해당 수익에 직접 대응한다. 여기서 대응(matching)이란 AAA(1964)에 의하면 보고된 수익과의 인과관계(cause-and-effect relationship)를 기초로 비용을 보고하는 과정이다. 수익과 비용을 인과관계를 상대적으로 명확히 파악할 수 있는 경우 직접대응(direct matching) 혹은 제품대응(product matching)이라 하고, 그러한 인과관계를 명확히 알 수 없어 일정기간에 획득한 수익에 모두 기여한 것으로 간주하여 비용으로 인식하는 것을 간접대응(indirect matching) 혹은 기간대응(period matching)이라 한다.

2) 합리적이고 체계적인 방법에 의해 배분(systematic and rational allocation)

재고자산의 기간별 배분, 감가상각비 등과 같이 원인과 결과를 직접적인 방법에 의해 적절히 대응시키지 못할 때에는 그 원가가 장래의 특정시기 혹은 미래의 회계기간과 관련될 수 있는지를 확인한다. 특히 원가가 미래수익과 관련이 있을 경우에는 당기의 비용으로 인식해서는 안되며 해당되는 미래기간에 대해 합리적이면서 체계적인 방법에 의해 기간별로 배분시켜야 할 것이다.

배분(allocation)이란 일정한 공식이나 절차에 따라 일정한 금액 또는 가치를 여러 기간에 인위적으로 할당하는 회계과정을 말한다.

3) 기간대응

사무직 급료, 광고선전비 등은 수익과 직접 대응되지 않는다. 이 비용 항목들도 수익의 창출에 기여했지만 그 수익을 직접적으로 식별할 수가 없기 때문이다. 이러한 경우에는 그 활동이 나타난 기간에 비용으로 인식한다. 이러한 비용을 기간비용(period expense)이라고 한다. 기간비용은 전액을 발생된 기간의 비용으로 인식한다.

5. 비용 · 수익대응의 의의와 목적

(1) 비용 · 수익대응의 의의

손익계산(손익법)이 비용에 대해서는 발생주의를, 수익에 대해서는 발생주의보다 제약되고 시간적으로도 보다 때늦게 인식되는 실현주의를 채용하고 있으므로, 그 실현수익과 발생비용과의 사이에는 기간적으로 어긋남이 생기게 된다. 이와 같은 기간적 어긋남을 수정하여 적정한 기간 손익을 산정하기 위한 기본적 문제의 하나가 비용효익대응의 원리이며, 기간손익산정의 원리 중 가장 중요한 원칙의 하나가 비용수익대응의 원칙이다.

AAA에서는 대응을 보고된 수익과의 인과관계(cause-and-effect realitionship)를 기초로 하여 비용을 보고하는 과정이라고 하고 있다.

수익과 비용은 달성된 성과(accomplishments)와 그것을 달성하기 위한 노력(efforts)의 관계, 즉 결과와 원인의 관계로서 이해될 수 있다. 이와 같은 인과관계에서 수익과 비용을 파악하고 양자의 차액으로서 손익계산을 산출하는 것, 다시 말해서 수익과 비용간에 존재하는 인과관계를 비용수익의 대응(matching costs with revenue)이라고 한다. 그리고 일정기간에 실현된 수익에 대하여 소비된 비용을 계산하여 정확하게 산정하기 위한 회계처리의 기준을 비용수익대응의 원칙(principle of matching costs with revenues)이라고 한다.

이와 같은 비용수익대응의 원칙에는 다시 계산원칙으로서의 비용 수익대응의 원칙과 보고원칙으로서의 비용수익대응의 원칙이 있다.

1) 계산원칙으로서의 비용수익대응의 원칙

실현주의에 따라 인식된 수익과 발생주의에 의해 인식된 비용이 서로 대응되어 일정기간의 정확한 기간손익이 산정되기 위해서는 계산원칙으로서의 비용수익대응의 원칙에 입각하지 않으면 아니된다.

우리나라 기업회계기준에는 기업의 경영성과를 명확히 보고하기 위하여 그 회계기간에 속하는 모든 수익과 이에 대응하는 모든 비용을 적절하게 표시하여야 한다(34조 1항)라고 규정하고 있는데, 이 문언은 곧 이 계산원칙으로서의 비용수익대응의 원칙을 규정한 것으로 해석된다.

2) 보고원칙으로서의 비용수익대응의 원칙

역시 우리나라 기업회계기준의 손익계산서작성원칙 중의 하나는 수익과 비용은 그 발생 원천에 따라 명확하게 분류하고 각 수익항목과 이에 관련되는 비용항목을 대응 표시하여야 한다"(35조 2항)라고 규정하고 있는데, 이 문언은 곧 보고원칙으로서의 비용수익대응의 원칙"을 표상 하는 것이라 하겠다.

(2) 비용수익대응의 목적(필요성)

수익과 비용을 대응시키는 중요 목적 내지 필요성은 다음과 같다.

1) 시간적 조절

수익은 실현주의, 비용은 발생주의에 의해 인식하게 되면 기간적(혹은 시간적)으로 불일치가 발생한다. 따라서 기간적으로 일치시키기 위해서 양자를 대응시켜야 한다.

2) 손익계산의 정확성

발생한 비용에 대하여 기간적 배분을 받은 비용을 다시 수익을 기준으로 하여 재분배하기 위한 회계처리기준이 비용수익대응의 원칙인 만큼, 이와 같은 대응절차는 곧 손익계산의 정확성을 위해서 필요하다.

6. 비용 · 수익대응의 방법

(1) 순서 대응법

이 방법에는 수익과 비용을 대응시키는데 있어서 시간적 순서에 따라 분류하는 방법으로서 다음 두 가지가 있다.

1) 선수익결정 후 비용확정방법

이 방법은 먼저 수익을 결정하고 그에 따라 대응되는 비용을 확정하는 방법이다. 실현주의에 의해 수익을 인식하는 경우에는 일반적으로 이 방법을 취한다. 예를 들면, 상품의 경우 그 순매출액(수익)에 대해 매출원가(비용)를 대응시키는 경우이다.

2) 선비용결정 후수익확정방법

이는 위의 경우의 반대 방법이다. 발생주의에 의해 수익을 인식하는 경우에는 비용의 발생액을 기초로 수익을 확정지음으로 이 방법에 의한다.

예를 들면, 장기공사계약의 경우이다. 즉, 결산기말에 그 공사진행률(도)을 측정하고 이를 총공사액에 곱하여(이것이 곧 비용의 결정이다) 그 기의 수익실현액을 손익계산에 계상하게 된다.

(2) 개제식 대응법

이는 비용수익대응을 ① 직접대응, ② 간접대응, ③ 보조대응, ④ 특별대응의 네 단계로 구분하는 방법이다. 직접대응(direct matching)은 이것은 비용을 제품과 직접관계시켜 수익과 대응시키는 것이다.

또 간접대응(indirect matching)과 보조대응을 '기간대응'(period matching)이라고도 하며, 특별대응을 '기간의 대응'이라고도 한다.

〈표 5-2〉 비용수익 대응 표시의 방법

손익계산서

차변	금액	대변	금액
매출원가	×××	순매출액	×××
※ 매출총이익	×××		×××
판매비와 관리비	×××	매출총이익	×××
※ 영업이익	×××		
	×××		×××
영업외비용	×××	영업이익	×××
※ 법인세비용차감전 계속사업손익	×××	영업외 수익	×××
	×××		×××
계속사업손익 법인세비용	×××	법인세비용차감전 계속사업손익	×××
※ 계속사업손익			
	×××		
	×××		×××
중단사업손익		계속사업손익	×××
※ 당기순이익	×××		
			×××

(3) 개별대응법과 기간대응법

수익비용의 대응관계는 그 매개물이 무엇인가에 따라 개별대응과 기간대응으로도 구분된다.

1) 개별대응

개별대응이라 함은 직접적 대응 또는 완전대응이라고도 하는데, 어떤 특정제품 단위를 매개체로 하는 대응을 말하며, 학자에 따라서는 원가계산적 대응이라고도 한다. 다시 말해 이 대응은 어떤 제품단위에 집계된 제품원가(또는 제품비용)와 그 제품의 판매에 의해서 획득된 수익과의 개별적 대응을 의미하는 것으로, 그 목적은 생산물의 수익을 명백히 하는데 있다. 또 상품매입에 있어서 대표적인 것은 매출액과 매출원가의 대응이다.

2) 기간대응

이는 일정기간을 매개물로 하는 대응인데, 손익계산적 대응이라고도 한다. 다시 말해 이 대응은 어떤 일정기간에 있어서 제품이나 상품의 판매에 의해서 실현된 수익과, 그 수익은 획득에 공헌한 비용을 기간적으로 비교대응하는 것으로 그 목적은 당기의 순이익을 명백하게 하는데 있다. 즉, 제품의 일정단위에 대해서 그 생산을 위해 발생한 비용은 제품원가로서 파악될 것이다. 그리하여 이 제품원가를 당기에 매출된 제품원가와 아직도 매출되지 않는 제품원가를 구분하여, 전자를 매출원가로서 손익계산서에 계상하게 된다. 또한 예를 들면, 매출총액이익과 판매비 및 일반관리비와의 대응, 영업외비용과의 대응이 이에 속한다. 이러한 대응은 급부단위별로 대응을 행할 수 없으므로 간접적 대응 또는 불완전 대응이라고도 한다.

7. 손익측정과 손익계산서 작성구조

(1) 손익의 측정

손익은 일정기간 동안에 발생한 영업활동의 결과 획득한 수익과 그 수익을 획득하는 과정에서 소모되거나 사용된 비용을 대응시켜서 결정한다. 이러한 손익측정방법을 거래접근법이라고 한다. 거래접근법에서는 한 기간 동안의 손익거래를 크게 수익, 비용, 이득 및 손실 등의 항목으로 구분하고, 수익과 비용의 대응원칙에 따라 순이익을 측정하기 때문에 오늘날의 회계에서 널리 이용되고 있다.

한편 손익은 기초와 기말의 자본을 비교하여 측정할 수도 있다. 즉, 기말의 자본이 기초의 자본을 초과한 부분을 이익으로, 기말의 자본이 기초의 자본에 미달하는 부분을 손실로 측정하는 것이다. 순이익은 기말의 자본에서 기초의 자본을 차감한 것으로 자본의 변동액이 된다. 한편, 기중에 주주에 대한 배당이나 주주의 출자 등이 있을 경우에는 이를 조정한다. 이러한 손익측정방법을 자본유지접근법이라고 한다. 자본유지접근법은 자본의 증감을 유발하는 원천인 수익과 비용의 내용을 구체적으로 파악할 수 없기 때문에 사용되지 않는다.

손익의 측정방법으로 거래접근법이 이용되는 것은 거래접근법이 자본유지접근법에 비해 손익의 구성 요소들에 대한 더 많은 정보를 주기 때문이다. 수익은 매출, 용역수익, 수수료수익, 이자수익, 배당금수익, 임대료 등의 여러 가지 형태를 취하고 있으며, 비용도 재료비, 감가상각비, 임차료, 임금과 급료, 이자비용, 법인세비용 등의 여러 가지 형태를 취한다. 이득과 손실도 투자자산처분손익, 유형자산처분손익, 사채상환손익 등 여러 형태를 취한다. 거래접근법에서는 수익과 비용, 이득과 손실을 그 원천별로 구체적인 거래형태, 성격이나 기능별로 분류한 정보를 손익계산서에 모두 나타내기 때문에 단순히 손익측정의 최종 결과인 당기순이익만 표시하는 것보다 더 유용한 정보를 제공한다. 대부분의 재무제표 이용자들은 손익계산서상의 순이익에 관심을 가지지만 순이익을 올바로 이해하기 위해서는 그 산출과정을 검토하는 것이 중요하다.

회계정보 이용자들이 경영성과에 대한 정보를 보다 잘 이해하기 위해서는 다양한 손익계산의 구성 요소들을 일정한 양식에 따라 체계적으로 정리하여 보고하게 하는 것이 필요하다. 따라서, 일반기업회계기준에서는 거래접근법을 기초로 하여 보고식을 원칙으로 한 손익계산서를 작성하도록 요구하고 있다.

일반기업회계기준 재무제표의 작성과 표시에 따르면, 손익계산서는 매출총손익, 영업손익, 당기순손익으로 구분하여 표시하도록 하고 있다. 중단사업손익과 주당손익을 별도의 항목으로 구분하도록 하고 있다.

① 매출액
② 매출원가
③ 매출총손익
④ 판매비와관리비
⑤ 영업손익
⑥ 영업외수익
⑦ 영업외비용
⑧ 법인세비용차감계속사업손익
⑨ 계속사업손익법인세비용
⑩ 계속사업손익
⑪ 중단사업 손익(법인세효과 차감후)
⑫ 당기순손익
⑬ 주당손익

(2) 손익계산서 구성항목

1) 매출액

판매된 상품(또는 제품)의 판매수익을 보고하는 부분으로서 총매출액에서 매출에누리와 환입 및 매출할인을 차감한 금액으로 보고한다.

2) 매출원가

판매된 상품(또는 제품)의 생산원가나 구입원가를 보고하는 부분으로서 기초재고액 + 당기순매입액(또는 당기제품제조원가) - 기말재고액 형식으로 기재한다. 당기순매입액은 총매입액에서 매입에누리와 환출 및 매입할인을 차감하여 산출한다. 한편, 총매입액에는 매입에 소요된 제비용을 포함하고, 관세환급금 등 기타 매출원가항목으로 차감 또는 부가하는 것은 별도로 구분하여 기재한다.

3) 매출총손익

매출액에서 매출원가를 차감하여 매출총손익에 계산된다.

4) 판매비와 관리비

상품(또는 제품)의 판매행위와 관련하여 발생한 비용들을 구분하여 표시하는 부분으로서, 여기에는 판매사원의 급료, 광고비, 판촉비, 운송비, 영업부서의 감가상각비 등이 포함된다.

일반관리직 업무를 수행하는 부서에서 발생하는 제반경비를 보고하는 부분으로서 인사, 총무, 기획, 재무, 경리 등의 부서에서 발생한 급료 등 제반경비가 여기에 포함된다.

5) 영업손익

매출총손익에서 판매비와 관리비를 차감하면 영업손익이 산출된다.

6) 영업외손익

기업의 부수적 혹은 주변적 활동과 관련하여 발생한 수익 및 비용을 보고하는 부분으로서 비유동자산처분손익, 사채상환손익, 외화환산손익 등 주로 차익과 차손에 관련된 거래로서 순액법으로 보고되는 항목들이 여기에 포함된다. 다만, 이자수익(이자비용), 배당금수익 등은 총액법으로 보고되는 항목이지만 그 성격이 주된 영업활동에서 발생한 수익과 비용이 아니므로 영업외손익에 포함하여 보고한다. 영업외손익은 영업외수익과 영업외비용으로 구성된다.

① 영업외수익

여기에는 이자수익, 배당금수익(주식배당액은 제외), 임대수익, 단기매매금융자산처분이익,

단기매매금융자산평가이익, 외환차익, 외화환산이익, 지분법이익, 투자자산처분이익, 사채상환이익, 법인세환급액 등이 포함된다.

② 영업외비용

여기에는 이자비용, 기타의 대손상각비, 단기매매금융자산처분손실, 단기매매금융사산평가손실, 재고자산평가손실, 외환차손, 외화환산손실, 기부금, 지분법손실, 투자자산처분손실, 유형자산처분손실, 사채상환손실, 법인세추납액 등이 포함된다.

당기순손익 중에서 손익의 성격이 비경상적이고 비반복적인 부분을 별도로 표시함으로써 재무제표이용자에게 더 유용한 정보를 제공할 수 있다.

7) 법인세비용차감전계속사업손익

법인세비용차감전계속사업손익은 영업손익에 영업외수익을 가산하고 영업외비용을 차감하여 산출한다.

8) 계속사업손익

계속사업손익은 법인세비용차감전계속사업손익에서 계속사업손익법인세비용을 차감하여 산출한다. 여기서 계속사업손익은 기업의 계속적인 사업활동과 그와 관련된 부수적인 활동에서 발생하는 손익으로서 중단사업손익에 해당하지 않은 모든 손익을 말한다. 계속사업손익법인세비용은 계속사업손익에 대응하여 발생한 법인세비용이다.

9) 중단사업손익

중단사업손익은 중단사업으로부터 발생한 영업손익과 영업외손익으로서 사업중단직접비용과 중단사업자산손상차손을 포함하며 법인세효과를 차감한 후의 순액으로 보고하고 중단사업손익의 산출내역을 주석으로 기재한다. 이때 중단사업손익에 대한 법인세효과는 손익계산서의 중단사업손익 다음에 괄호를 이용하여 표시한다.

10) 당기순손익

당기순손익은 계속사업손익에 중단사업손익을 가산하여 산출하며 당기순손익에 기타포괄손익을 가감하여 산출한 포괄손익내용을 주석으로 기재한다. 이 경우 기타포괄손익의 각 항목은 관련된 법인세효과가 있다면 그 금액을 차감한 후의 금액으로 표시하고 법인세효과에 대한 내용을 별도로 기재한다.

11) 주당손이익

주당손이익이란 당해 기간 동안 주식 한 주당 청구할 수 있는 순손익금액을 말한다. 주당손익은 당기순손익을 회사가 발행한 주식수로 나누어 계산하므로 기업의 규모를 통제한 성과지표라 할 수 있다. 국제회계기준에서는 주당계속사업손익과 주당손익을 손익계산서의 본문에 표시하고 그 산출근거를 주석으로 기재하도록 요구하고 있다.

8. 비용 · 수익대응의 문제점

기간적 손익계산에 있어서 비용과 수익과의 기간적 대응에는 다음과 같은 문제점이 있다.

(1) 기간의 불확실성

이는 기간적인 비용배분에 대한 객관적인 기준을 확정지우는 것이 곤란한 경우를 말한다. 예를 들면 시험연구비나 개업비를 지출한 경우, 이 지출의 효과가 장래 몇 기간에 미칠 것인가를 예측하기란 대단히 곤란하며, 따라서 비용배분의 객관적인 척도의 결정이 곤란하다는 것이다. 이에 대해 기업회계기준에서는 편의적으로, 가령 개업비에 대해서는 5년, 신주발행비에 대해서는 3년간 균등액을 상각하도록 단순히 기계적으로 규정하고 있다.

(2) 금액의 불확정성

매출품의 애프터 서비스로서 수선보증을 약속한 경우, 어떤 기간의 실현수익에 대해 그 기의 수익으로부터 차감가능한 발생비용의 금액을 기말현재 확정할 수가 없다는 것이다. 다시 말하면 실질적으로 발생한 수선비는 거래처의 요청에 의해 수선을 실시한 때에 결정될 것이나, 위의 경우에는 장래의 수선충당액을 손익계산서에 당기 비용(수선비 계정)으로 추정계상하는 동시에, 수선보증공사충당금 계정을 설정하여 이를 재무상태표의 부채에 계산하는 방법을 취하는 것이 일반적이다.

(3) 전부대응의 곤란성

매출에누리, 매출품환입액 등은 매출액에서 직접 차감해야 할 항목이나, 이러한 항목 등이 당기에 발생하지 아니하고 차기에 발생할 경우, 이 항목과 매출액과의 정확한 기간적 대응은 곤란함을 의미한다. 현재 회계이론상으로는 매기 계속해서 경상적으로 발생한 것은, 또 그 금액이 매기 거의 일정한 경우에는 그 발생한 기간에 매출액의 차감액으로 처리함을 묵인하고 있다.

제4절 중단사업

1. 중단사업의 정의

중단사업이란 다음의 조건을 모두 충족시키는 기업의 일부를 말한다.

① 사업의 중단을 목표로 수립된 단일계획에 따라 기업의 일부를 일괄매각방식 또는 기업분할방식으로 처분하거나, 해당 사업에 속한 자산과 부채를 분할하여 처분 또는 상환하거나, 또는 사업자체를 포기한다.

② 주요 사업별 또는 지역별 단위로 구분할 수 있다.

③ 경영관리와 재무보고 목적상 별도로 식별할 수 있다.

사업중단에 대한 최초공시사건이라 함은 다음 중 먼저 발생한 사건을 말한다.

· 특정 사업에 속하는 대부분의 자산에 대한 구속력 있는 매각계약의 체결

· 기업의 이사회나 또는 이와 유사한 권한을 가진 의사결정기구의 특정 사업에 대한 공식적이며 구체적인 중단계획의 승인 및 발표

공식적이며 구체적인 중단계획에는 다음의 내용이 포함되어야 한다.

· 대상 사업 또는 사업부문

· 대상 사업장의 위치

· 사업중단에 소요되는 비용

· 사업중단계획의 이행시기

특정 사업을 처분하는 경우에는 처분 예정시기가 최초공시 사건일로부터 1년 이내이어야 한다. 다만, 기업이 통제할 수 없는 사건이나 상황 때문에 특정 사업을 처분하는 데 소요되는 기간이 연장되는 경우에는 1년을 초과할 수도 있다.

다음의 경우에는 1년 규정을 적용하지 아니한다.

① 사업중단계획을 발표한 날에 제3자(구매자를 제외한 타인)가 사업의 처분에 대하여 처분완료기간을 연장하는 조건을 부과할 것이라고 합리적으로 기대되는 사건과 상황이 발생하는 경우로서, 다음 조건이 모두 충족되는 경우

· 구속력 있는 매각계약이 체결되어야 그러한 조건에 대응하는 데 필요한 조치를 개시할 수 있다.

· 구속력 있는 매각계약이 1년 이내에 이루어질 가능성이 매우 높다.

② 구속력 있는 매각계약을 체결한 결과, 과거에 중단사업으로 분류하였던 사업의 처분에 대하여 처분완료기간을 연장하는 예기치 못한 조건을 구매자나 제3자가 부과하는 경우로서, 다음 조건이 모두 충족되는 경우

- 그러한 조건에 대응하는 데 필요한 조치를 적시에 취하여 왔다.
- 지연요인의 긍정적인 해결이 기대된다.

③ 과거에는 가능성이 낮다고 판단했던 상황이 최초 1년 동안 발생하고, 그 결과 과거에 중단사업으로 분류하였던 사업이 그 기간 종료시점까지 처분되지 않는 경우로서 다음 조건이 모두 충족되는 경우

- 최초 1년 동안 상황 변화에 대응하기 위해 필요한 조치를 취하였다.
- 변화된 상황에서 사업을 합리적인 가격에 적극적으로 처분하고자 한다.
- 상기요건이 충족된다.

2. 중단사업손익의 인식과 측정

(1) 중단사업손익

중단사업손익은 해당 회계기간에 중단사업으로부터 발생한 영업손익과 영업외손익으로서 사업중단직접비용과 중단사업자산손상차손을 포함한다.

(2) 사업중단 직접비용

사업중단에 대한 최초공시사건이 일어나면 사업중단과 직접적으로 관련하여 발생할 것으로 예상되는 사업중단 직접비용을 중단사업손익에 포함하고 충당부채로 인식한다.

사업중단 직접비용은 다음의 두 가지 요건을 모두 충족하여야 한다.

① 추가적인 퇴직급여, 장기임대자산의 해약으로 인한 해약가산금 등 사업의 중단으로 인해 불가피하게 발생한다.

② 다른 계속적인 사업과 관련되지 않는다.

(3) 중단사업 자산손상차손

사업중단계획을 승인하고 발표하는 경우에는 일반적으로 중단사업에 속하는 자산에 손상차손이 새로이 발생 또는 추가되거나, 드문 경우이지만 과거에 인식하였던 손상차손의 회복이 수반된다. 따라서, 사업중단계획의 발표시점에서 중단사업에 속하는 자산의 회수가능액을 추정하

여 손상차손을 인식하거나 손상전의 장부금액을 한도로 하여 과거에 인식한 손상차손을 환입한다.

3. 중단사업손익의 재무제표상 표시와 공시

중단사업손익은 손익계산서에 법인세효과를 차감한 금액으로 보고하고 법인세효과는 중단사업손익 다음에 괄호를 이용하여 표시한다.

다음의 사항은 중단사업에 대한 최초공시사건일이 속하는 회계기간에 주석으로 기재한다.

① 중단사업의 내용
② 중단사업이 속하는 사업별 또는 지역별 단위
③ 최초공시사건의 일자와 성격
④ 중단사업의 처분예정시기
⑤ 보고기간종료일 후에 처분예정인 자산과 부채의 보고기간종료일 현재 장부금액 합계액
⑥ 중단사업손익의 산출내역
⑦ 영업활동, 투자활동 및 재무활동으로부터 발생한 순현금흐름 중 중단사업에 귀속되는 금액

(1) 보고기간후 사건

보고기간 종료일과 재무제표가 사실상 확정된 날 사이에 중단사업에 대한 최초공시사건이 발생한 경우에는 정하는 사항을 주석으로 기재한다. 이때 재무제표가 사실상 확정된 날은 정기주주총회 제출용 재무제표가 이사회에서 최종승인된 날을 말하며, 주주총회에 제출된 재무제표가 주주총회에서 수정·승인된 경우에는 주주총회일을 말한다.

최초공시사건일이 속하는 회계기간이 종료된 후에 중단사업에 속한 자산과 부채를 처분 또는 상환하거나 그에 관한 구속력 있는 매각계약을 체결한 경우에는 당해 거래나 사건이 발생한 기간의 재무제표의 주석에 구속력 있는 매각계약이 체결된 순자산의 순판매가액의 추정치, 매각대금의 예상회수시기 및 당해 순자산의 장부금액을 기재한다.

공시 이외에도 최초공시사건이 발생한 회계기간 후의 기간에 처분될 자산 또는 상환될 부채와 관련한 현금흐름의 규모나 시기에 중요한 변동이 발생하였을 경우에는 변동내용과 그 원인이 되는 사건의 내용을 주석으로 공시한다.

(2) 사업중단계획의 철회

중단사업으로 보고된 사업중단계획을 철회한 경우에는 전년도의 사업중단직접비용 및 중단사업자산손상차손을 제외한 중단사업손익을 계속사업의 손익으로 재분류한다. 그러나 전년도의 사업중단직접비용과 중단사업자산손상차손은 계속해서 중단사업손익으로 보고하고, 사업중단계획을 철회하기로 한 기간에 환입하여 중단사업손익으로 보고한다. 사업중단을 철회하기로 한 기간의 경영성과는 계속사업에 포함하여 보고한다.

중단사업으로 보고된 사업중단계획을 철회한 경우에는 그 내용과 영향을 주석으로 기재한다. 이 경우 주석에는 전년도에 사업중단계획에 의해 인식한 사업중단직접비용 및 중단사업자산손상차손의 환입에 대한 내용이 포함된다.

(3) 다수의 중단사업

다수의 중단사업이 있는 경우의 주석공시는 중단사업별로 각각 적용한다.

(4) 비교표시 재무제표

최초공시사건일이 속하는 회계기간의 재무제표에 비교목적으로 제시되는 과거기간의 재무제표는 중단사업에서 발생한 손익을 중단사업손익으로 구분하여 보고한다. 이때 중단사업손익의 산출내역은 주석으로 기재한다.

제5절 법인세 회계

1. 법인세 회계의 주요개념

(1) 회계이익과 과세소득

회계이익(accounting income)은 회계기준을 기초로 산출되는 반면, 법인세 산출의 근거가 되는 과세소득(taxable income)은 세법을 기초로 산출된다. 회계이익은 회계기준에 따라 인식하는 수익에서 비용을 차감하여 계산하고, 과세소득은 세법에 따라 인식한 익금에서 손금을 차감하여 계산한다. 세법상의 익금과 손금은 회계기준상의 수익과 비용에 대응되는 개념이지만 서로 일치하지 않는 부분이 많기 때문에 회계이익은 과세소득과 차이가 난다. 회계이익과 과세소득 간에 차이가 생기는 원인은 다음의 네 가지 항목으로 정리할 수 있다.

1) 조세정책적인 목적에 의한 차이

세법은 조세정책적인 목적을 위해 특혜나 불이익을 두는 경우가 있다. 예를 들어 중소기업 등을 육성하기 위하여 세액공제나 준비금제도를 두는 경우가 있다. 한편, 과소비나 소비성 경비의 지출을 억제하기 위하여 일정한도 이상의 접대비를 인정하지 않거나 사회질서에 반하는 행위로 발생하는 벌금이나 과태료 등을 비용으로 인정하지 않는 불이익을 주기도 한다.

2) 손익인식기준에 의한 차이

기업회계에서는 발생주의를 기초로 수익은 실현주의, 비용은 수익·비용대응의 원칙에 의해 인식하는 반면, 세법에서는 권리의무확정주의에 따라 손익을 인식하므로 회계이익과 과세소득은 손익이 인식되는 시점에 차이가 생길 수 있다. 예를 들어 기업회계에서는 판매보증비를 발생기준으로 계상하지만, 세법에서는 현금기준으로 비용을 인식하는 차이가 있다.

3) 자산(부채)평가방법의 차이

세법에서는 일부 자산(부채)의 평가방법을 기업회계와 달리 정하고 있다. 예를 들면 기업회계기준에서는 유가증권을 시가로 평가하는 반면, 세법에서는 원가로 평가하도록 하고 있다.

4) 회계이익과 과세소득의 개념에 의한 차이

기업회계에서는 손익거래에서 발생한 순자산의 증가만 회계이익으로 하지만, 세법에서는 자본거래에서 생긴 순자산증가 중 일부를 포함한 모든 순자산증가를 과세소득에 포함시킨다. 예를 들어 기업회계에서는 자기주식처분손익은 회계이익에 포함되지 않고 자본잉여금으로 처리하지만, 세법에서는 이를 과세소득으로 본다.

2. 자산·부채의 세무기준액

자산의 세무기준액은 해당 자산이 세무상 자산으로 인정되는 금액이다. 부채의 세무기준액은 해당 부채가 세무상 부채로 인정되는 금액이다. 일반기업회계기준에서는 자산·부채로 인식하지 않지만 세무회계상으로는 인식하는 경우가 있다. 이러한 경우에도 일시적차이가 발생한다. 예를 들어, 일반기업회계기준에서는 발생시점에 비용으로 처리하는 항목에 대하여 세법상 이를 이연하여 상각하도록 한 경우에는 자산의 장부금액은 영(0)이지만 그 자산의 세무기준액은 영(0)이 아니다. 일반기업회계기준에서는 부채로 인식하지 아니하는 준비금을 세무회계상 부채로 인식하는 경우에도 장부금액과 세무기준액의 차이가 발생한다.

연결재무제표에서는 연결재무제표상 자산·부채의 장부금액과 관련 세무기준액을 비교하여 일시적차이를 결정한다.

3. 당기법인세부채와 당기법인세자산의 인식

회사가 납부하여야 할 법인세부담액 중 아직 납부하지 않은 금액은 부채(당기법인세부채)로 인식하여야 한다. 그리고 납부하여야 할 금액을 초과해서 납부한 금액은 자산(당기법인세자산)으로 인식하여야 한다.

세무상결손금이 과거에 납부한 법인세액에 소급 적용되어 환급될 수 있다면 결손금이 발생한 기간에 자산(당기법인세자산)으로 인식하여야 한다.

4. 이연법인세부채와 이연법인세자산의 인식

자산·부채의 장부금액과 세무기준액의 차이인 일시적차이에 대하여 원칙적으로 이연법인세를 인식하여야 한다.

(1) 가산할 일시적차이

모든 가산할 일시적차이에 대하여 이연법인세부채를 인식하여야 한다. 다만 다음의 경우에는 이연법인세부채를 인식하지 아니한다.

① 영업권의 상각이 과세소득을 계산할 때 손금으로 인정되지 않는 경우

② 자산·부채가 최초로 인식되는 거래가 ㉠ 사업결합거래가 아니고 ㉡ 회계이익이나 과세소득에 영향을 주지 아니하는 경우

1) 사업결합

사업결합에서 이전대가는 취득한 식별가능한 자산·부채에 그 공정가치로 배분된다. 만일 이 사업결합의 결과 인식되는 장부금액이 해당 자산·부채의 세무기준액과 다른 경우에는 일시적차이가 존재한다. 예를 들어 합병 후 재무상태표에 자산이 피취득자의 장부금액보다 높은 공정가치로 인식되고 세무기준액은 피취득자의 장부금액으로 유지된다면, 가산할 일시적차이가 존재하게 된다. 따라서 취득자는 동 차이에 대하여 이연법인세부채를 인식하여야 하고 이 이연법인세부채는 영업권의 크기에 영향을 미친다.

2) 공정가치로 평가된 자산

금융자산·금융부채 등 어떤 자산은 공정가치로 평가하여야 한다. 그러나 이러한 자산의 세무기준액은 변동되지 않을 수 있다. 이 경우 향후에 회사가 당해 자산을 경제적효익의 형태로 회수하면 이때 유입되는 경제적효익의 금액과 이에 대응하여 세무상 손금으로 차감하는 금액이 다르므로 일시적차이가 존재한다. 만일 공정가치로 평가된 자산의 장부금액이 세무기준액보다 크다면 그 차이가 가산할 일시적차이이며 이에 대하여 이연법인세부채를 인식하여야 한다.

3) 영업권

사업결합에서 발생하는 영업권은 이전대가에서 취득한 식별가능한 순자산의 공정가치를 차감한 잔여금액으로 결정된다. 그런데 영업권의 상각액이 세무상 손금으로 인정받을 수 없다면 영업권의 장부금액과 세무기준액(0)의 차이가 가산할 일시적차이에 해당한다. 그러나 영업권은 잔여금액이기 때문에 만일 영업권과 관련하여 이연법인세부채를 인식하게 되면 순자산이 감소하게 되고 이는 영업권의 증가로 이어져 결국 이연법인세부채를 추가로 인식해야 하며 이런 과정을 순환적으로 반복하게 된다. 따라서 영업권과 관련된 일시적차이에 대해서는 이연법인세부채를 인식하지 않는다.

4) 자산·부채의 최초인식

일시적차이는 자산·부채를 최초로 인식하는 시점에서도 존재할 수 있다. 예를 들어 어떤 자산의 원가의 일부 또는 전부가 세무상자산으로 인정되지 않는 경우에 일시적차이가 존재한다. 이와 같은 일시적차이에 대한 이연법인세 인식 여부는 자산의 최초인식을 유발한 거래의 성격에 따라 다르다.

① 그 거래가 사업결합거래인 경우 회사는 이연법인세자산이나 이연법인세부채를 인식하고 이는 영업권이나 염가매수차익 금액에 영향을 미친다.

② 그 거래가 회계이익이나 과세소득에 영향을 미치는 경우 회사는 이연법인세자산이나 이연법인세부채를 인식하고 이에 따른 이연법인세비용은 손익계산서에 반영한다.

③ 그 거래가 위의 ① 또는 ②에 해당하지 않는 경우에는, 이규정에 따라 그 자산의 최초 인식시점이나 그 이후 기간에 이연법인세자산이나 이연법인세부채를 인식하지 않는다.

금융자산·금융부채에서 전환사채 등의 발행자는 발행가액을 부채요소와 자본요소로 분리하여 인식할 것을 요구하고 있다. 그런데 세무상으로는 기업회계상 부채부분과 자본부분의 합계액인 발행가액이 부채로 인식된다면, 최초 인식시점에 부채의 장부금액과 세무기준액이 차이가 발생하는데, 이로 인한 일시적차이는 부채요소로부터 자본요소를 분리하여 인식함에 따라 발생하게 된 것이므로 예외조항에 해당하지 않는다. 따라서 동 일시적차이에 대하여는 이연법인세부채를 인식하여야 하며 이규정에 따라 법인세효과는 자본요소의 장부금액에 직접 반영된다. 그리고 기간의 경과에 따른 이연법인세부채의 사후 변동액은 손익계산서의 법인세비용에 반영된다.

(2) 차감할 일시적차이

차감할 일시적차이에 대하여 인식하는 이연법인세자산은 향후 과세소득의 발생가능성이 매우 높은 경우에 인식한다. 다만 다음의 경우에는 이연법인세자산을 인식하지 아니한다.

① 염가매수차익이 과세소득을 계산할 때 익금으로 인정되지 않는 경우

② 자산·부채가 최초로 인식되는 거래가 ㉠ 사업결합거래가 아니고 ㉡ 회계이익이나 과세소득에 영향을 주지 아니하는 경우

또한 종속기업, 지분법피투자기업 및 조인트벤처의 지분에 대한 투자자산과 관련된 차감할 일시적차이에 대하여는 이 규정에 따라 이연법인세자산의 인식여부를 결정하여야 한다.

1) 사업결합

사업결합에서 이전대가는 취득한 식별가능한 자산·부채에 그 공정가치로 배분한다. 만일 취득일에 인식한 부채와 관련된 이전대가가 차기연도 이후에 세무상 손금으로 인정된다면 차감할 일시적차이가 존재하며, 사업결합으로 취득한 자산의 공정가치가 세무기준액보다 작은 경우에도 차감할 일시적차이가 존재한다. 이에 대하여 인식하는 이연법인세자산은 영업권의 크기에 영향을 미친다.

2) 공정가치로 평가된 자산

자산의 장부금액을 공정가치로 평가하였지만 세무상으로는 변동되지 않는 경우에 일시적차이가 존재하게 되는데, 만일 공정가치 평가 후 장부금액이 세무기준액보다 작아진 경우에는 차감할 일시적차이가 존재한다.

3) 이연법인세자산의 실현가능성

차감할 일시적차이는 미래기간의 과세소득을 감소시킨다. 그러나 차감할 일시적차이를 활용할 수 있을 만큼 미래기간의 과세소득이 충분할 경우에만 차감할 일시적차이의 법인세효과는 실현될 수 있다. 따라서 차감할 일시적차이가 활용될 수 있는 가능성이 매우 높은 경우에만 이연법인세자산을 인식하여야 한다.

다음의 회계기간에 소멸될 것으로 예상되는 가산할 일시적차이가 충분한 경우에는 차감할

일시적차이가 활용될 가능성이 매우 높으므로, 이러한 경우에는 차감할 일시적차이에 대하여 이연법인세자산을 인식한다.

① 차감할 일시적차이가 소멸될 것으로 예상되는 기간

② 세무상결손금등의 이월공제가 적용되는 기간

만약 가산할 일시적차이가 충분하지 않은 경우에도 다음의 경우에는 차감할 일시적차이에 대하여 이연법인세자산을 인식한다.

① 차감할 일시적차이가 소멸될 기간(또는 세무상 결손금 등의 이월공제가 적용되는 기간)에 과세소득이 충분할 것으로 예상되는 경우

② 미래 적절한 기간에 과세소득이 나타날 수 있도록 세무정책이 가능한 경우

세무정책이란 이월공제가 가능한 세무상 결손금이나 세액공제의 공제가능기간이 소멸되기 이전에 과세소득이 발생하도록 하기 위하여 기업이 택할 수 있는 행동이다. 예를 들어 국채나 공채 등 비과세소득을 발생시키는 자산을 매각하고 과세소득을 발생시키는 다른 투자자산을 취득함으로써 미래기간에 과세소득이 발생하도록 할 수 있다.

최근 회계연도에 회계손실이 발생한 경우에는 이규정에 따라 회계처리한다.

4) 염가매수차익

영업권과 마찬가지로 염가매수차익과 관련된 차감할 일시적차이에 대해서는 이연법인세자산을 인식하지 않는다.

(3) 세무상 결손금과 세액공제

이월공제가 가능한 세무상 결손금과 세액공제에 따라 인식하는 이연법인세자산은 결손금공제 등이 활용될 수 있는 미래의 과세소득이 예상되는 범위 안에서 인식하여야 한다.

세무상 결손금과 세액공제에 대한 이연법인세자산의 인식기준은 차감할 일시적차이로 인한 이연법인세자산의 인식기준과 원칙적으로 동일하다. 그러나 미사용 세무상 결손금이 존재한다는 것은 미래에 과세소득이 발생하지 않을 수 있는 가능성이 높다는 것을 의미한다. 따라서 기업이 최근에 회계손실을 기록한 경우에는 충분한 가산할 일시적차이가 있는 경우나 미래에 과세소득이 발생할 것이라는 확실한 증거가 있는 경우에만 그 범위 안에서 이연법인세자산을 인식하여야 한다. 그리고 이 경우에는 이규정에서 요구하는 것처럼 인식한 이연법인세자산의 금액과 그 인식근거를 주석으로 기재하여야 한다.

세무상 결손금과 세액공제가 활용될 수 있는 미래과세소득의 발생가능성을 평가함에 있어서 다음을 고려하여야 한다.

① 세무상 결손금과 세액공제의 이월공제가능기간이 소멸되기 전까지 이를 활용할 수 있는 충분한 가산할 일시적차이가 있는지의 여부

② 세무상 결손금과 세액공제의 이월공제가능기간이 소멸되기 전까지 활용 가능한 과세소득이 발생할 수 있을 것인지의 여부

③ 세무상 결손금이 비반복적이고 확인 가능한 원인으로 발생하였는지의 여부

④ 세무상 결손금과 세액공제의 이월공제가능기간 내에 과세소득을 창출할 수 있는 세무정책이 활용 가능한지의 여부

법인세법상 최저한세가 적용되어 세액공제 또는 세액감면 등이 적용배제 되었으나 이월공제가 인정되는 경우에도 이월공제가 활용될 수 있는 미래기간에 발생할 가능성이 매우 높은 과세소득의 범위 안에서 이연법인세자산을 인식하여야 한다. 법인세법상 최저한세가 적용되는 회사가 이연법인세자산을 측정할 때에도 역시 이규정을 적용하여야 한다.

(4) 인식되지 않은 이연법인세자산의 재검토

매 보고기간말마다 과거에 실현가능성이 낮아서 인식하지 아니한 이연법인세자산의 인식가능성에 대하여 재검토하여야 한다. 과거에는 인식하지 않았지만 재검토 시점에 활용 가능한 미래과세소득이 발생할 가능성이 매우 높은 경우 그 범위 내에서 이연법인세자산을 인식하여야 한다. 예를 들어 사업 환경이 개선되어 규정된 이연법인세자산의 인식기준을 충족하는 과세소득이 기대될 수도 있다. 또 다른 예로는 사업결합일 또는 그 이후에 이연법인세자산에 대한 재검토를 하는 경우이다.

(5) 종속기업, 지분법피투자기업 및 조인트벤처의 지분에 대한 투자자산

종속기업 등에 대한 투자자산(영업권을 포함한 종속기업 등의 순자산에 대한 지배기업 또는 투자회사의 지분)의 장부금액이 세무기준액과 다를 경우 일시적차이가 발생한다.

다음의 두 가지 조건을 모두 만족하는 경우에는 종속기업, 지분법피투자기업 및 조인트벤처의 지분에 대한 투자자산과 관련된 모든 가산할 일시적차이에 대하여 이연법인세부채를 인식하지 아니한다.

① 지배기업, 투자회사 또는 조인트벤처의 지분투자자가 일시적차이의 소멸시점을 통제할 수 있으며,

② 예측 가능한 미래에는 일시적차이가 소멸하지 않을 가능성이 매우 높은 경우

지배기업은 종속기업의 배당정책을 통제함으로써 투자자산과 관련된 일시적차이의 소멸시점

을 통제할 수 있다. 또한 일시적차이가 소멸되는 시점에 납부하게 될 세액을 결정한다는 것이 실무적으로 매우 어렵다. 따라서 지배기업이 종속기업의 이익을 예측 가능한 미래에 배당하지 않는다는 결정을 내린 경우에는 이연법인세부채를 인식하지 아니 한다.

비화폐성 자산과 부채는 기능통화로 측정된다. 기업의 과세소득 또는 세무상 결손금(그리고 비화폐성 자산과 부채의 세무기준액)이 다른 통화로 결정된다면 환율의 변동은 이연법인세부채 또는 이연법인세자산을 인식하게 하는 일시적차이를 발생시킨다. 그 결과인 이연법인세는 당기손익으로 반영한다.

지분법피투자기업에 투자한 경우는 그 피투자기업을 지배할 수 없으며 그 회사의 배당정책을 결정할 수 있는 위치에 있지 않다. 따라서 지분법피투자기업의 이익을 예측 가능한 미래에 배당하지 않는다는 약정이 없는 경우에는 지분법피투자기업에 대한 투자자산과 관련된 가산할 일시적차이에 대하여 이연법인세부채를 인식하여야 한다.

조인트벤처의 지분투자자들은 통상 이익분배 사항을 논의하고 전원의 동의가 필요한 사안과 일정한 지분율 이상의 동의를 필요로 하는 사안 등을 결정한다. 조인트벤처의 지분투자자가 이익분배방법을 통제할 수 있으며 앞으로 예측 가능한 미래에 이익을 분배하지 않을 것이 예상되는 경우에는 이연법인세부채를 인식하지 않는다.

종속기업, 지분법피투자기업, 조인트벤처의 지분 등에 대한 투자자산과 관련된 모든 차감할 일시적차이에 대하여는 차감할 일시적차이가 예측 가능한 미래에 소멸할 가능성이 매우 높은 경우에만 실현가능성에 따라 이연법인세자산을 인식한다.

(6) 측 정

매기 회사가 납부할 법인세부담액은 각 보고기간말 현재의 세율과 세법을 적용하여 측정한다. 이연법인세자산과 부채는 보고기간말 현재까지 확정된 세율에 기초하여 당해 자산이 회수되거나 부채가 상환될 기간에 적용될 것으로 예상되는 세율을 적용하여 측정하여야 한다.

이연법인세자산(이연법인세부채)은 일시적차이의 소멸 등으로 인하여 미래에 경감될(추가적으로 부담할) 법인세로 측정한다.

이연법인세자산과 부채를 측정할 때에는 보고기간말 현재 회사가 예상하고 있는 자산의 회수 또는 부채의 상환 방식에 따라 나타날 법인세 효과를 반영하여야 한다. 회사가 자산(부채)의 장부금액을 회수(상환)하는 방식에 따라 다음 중 하나 또는 모두에 영향을 줄 수도 있다.

① 회사가 자산(부채)의 장부금액을 회수(상환)하는 시점에 적용되는 세율

② 자산(부채)의 세무기준액

이러한 경우에는 예상되는 자산의 회수방법 또는 부채의 상환방법에 적용되는 세율과 세무기준액을 사용하여 이연법인세를 측정하여야 한다.

이연법인세자산과 부채는 현재가치로 할인하지 않는다. 일시적차이는 자산과 부채의 장부금액과 세무기준액의 차이로 계산한다. 이것은 장부금액 자체가 현재가치로 평가되는 경우에도 동일하게 적용한다.

이연법인세자산의 실현가능성은 보고기간말마다 재검토되어야 한다. 재검토 결과 이연법인세자산의 법인세절감효과가 실현되기에 충분한 과세소득이 예상되지 않는 경우, 자산손상에서 규정한 일반원칙에 따라 처리한다.

(7) 당기법인세와 이연법인세의 인식

특정한 거래나 사건이 가져온 당기 및 이후기간의 법인세효과에 대한 회계처리는 그 사건이나 거래 자체에 대한 회계처리와 일관성을 가져야 한다. 이규정은 이러한 원칙에 따라 법인세효과의 회계처리를 규정하고 있다.

1) 손익계산서

당기법인세부담액(환급액)과 이연법인세는 손익계산서상 법인세비용의 계산에 반영되어야 한다. 이 경우 전기이전의 기간과 관련된 법인세부담액(환급액)을 당기에 인식한 금액(법인세 추납액 또는 환급액)은 당기법인세부담액(환급액)으로 하여 법인세비용에 포함한다. 그러나 다음의 사항으로부터 발생되는 경우는 예외로 한다.

① 당해 기간 또는 다른 기간에 자본에 직접적으로 인식되는 거래나 사건

② 사업결합

이연법인세자산과 부채의 장부금액은, 관련된 일시적차이 금액에 변동이 없더라도, 변경될 수 있는데 그러한 예는 다음과 같다.

① 세율이나 세법이 변경된 경우

② 이연법인세자산의 회수가능성을 재검토하는 경우

③ 자산의 예상되는 회수 방법이 변경된 경우

이로 인한 이연법인세의 변동액은 당초에 자본에 직접 귀속시키는 항목과 관련된 부분을 제외하고는 손익계산서에 반영된다.

2) 자본에 직접 가감되는 항목

자본에 직접 가감되는 항목과 관련된 당기법인세부담액과 이연법인세는 자본에 직접 가감되어야 한다. 회계상의 평가와는 무관하게 세법의 변경 등으로 인하여 세무기준액이 변경되는 경

우에는 그에 따른 법인세효과는 당기손익에 반영한다.

3) 사업결합시에 발생한 이연법인세

사업결합에서 일시적차이가 발생할 수 있다. 취득자는 취득일에 일시적차이에 대하여 이연법인세자산이나 이연법인세부채를 인식하게 되며, 결과적으로 이러한 이연법인세자산과 부채는 영업권이나 염가매수차익에 영향을 미친다. 그러나 이규정에 따라 영업권과 염가매수차익으로부터의 이연법인세는 인식하지 않는다.

사업결합의 결과로서 취득자는 사업결합 이전에는 인식할 수 없었던 자신의 이연법인세자산을 인식할 수 있는 경우도 있다. 예를 들어 취득자는 피취득자의 미래 과세소득으로 인하여 취득자의 세무상결손금등의 활용이 가능하게 될 수도 있는데 이러한 경우에는 이연법인세자산을 인식할 수 있으며, 동 이연법인세자산은 사업결합으로 인해 발생하는 영업권이나 염가매수차익의 결정에 반영되어야 한다.

취득자가 피취득자의 이연법인세자산을 취득일 현재 식별가능한 자산으로 인식하지 않고 사후에 취득자의 재무제표에서 인식하는 경우에는 이로 인한 법인세혜택을 손익계산서에 반영하며 동시에 다음과 같이 회계처리 하여야 한다.

① 취득일에 그 이연법인세 자산이 식별가능한 자산으로 인식되었을 경우의 금액으로 영업권의 장부금액을 감소시키고,

② 영업권 장부금액의 감소분만큼을 비용으로 인식한다. 그러나 취득자는 염가매수차익을 인식하지는 않는다.

(8) 표시

1) 법인세자산과 법인세부채

법인세관련 자산과 부채는 재무상태표의 다른 자산이나 부채와 구분하여 표시되어야 한다. 이연법인세자산과 이연법인세부채는 당기법인세자산과 당기법인세부채로부터 구분되어야 한다.

이연법인세자산(이연법인세부채)은 관련된 자산항목 또는 부채항목의 재무상태표상 분류에 따라 재무상태표에 유동자산(유동부채) 또는 기타비유동자산(기타비유동부채)으로 분류한다. 세무상 결손금에 따라 인식하게 되는 이연법인세자산의 경우처럼 재무상태표상 자산항목 또는 부채항목과 관련되지 않은 이연법인세자산과 이연법인세부채는 세무상 결손금 등의 예상소멸시기에 따라서 유동항목과 기타비유동항목으로 분류한다.

2) 상 계

당기법인세부채와 당기법인세자산 그리고 동일한 유동 및 비유동 구분내의 이연법인세자산과 이연법인세부채가 동일한 과세당국과 관련된 경우에는 각각 상계하여 표시한다.

3) 법인세비용

손익계산서에서 계속사업손익과 관련된 법인세비용은 법인세비용차감전계속사업손익에서 차감하는 형식으로 기재하고, 중단사업손익과 관련된 법인세비용은 해당 손익에 직접 반영한 후 해당 손익항목을 법인세비용 반영후 금액으로 기재한다.

4) 연결재무제표

연결재무제표 작성 시에는 이 장의 다른 규정과 함께 다음의 문단들을 고려하여 법인세효과를 연결재무상태표와 연결손익계산서에 반영하여야 한다.

(가) 미실현손익 제거에 따른 법인세효과의 인식

연결재무제표를 작성할 때 연결실체 내 기업간 자산거래에 포함된 미실현손익을 제거하게 된다. 이때 연결재무제표상에 해당 자산은 거래전의 금액이 장부금액으로 나타나게 되는데 세무기준액은 거래금액으로 그대로 유지되기 때문에 장부금액과 세무기준액 사이에 차이가 발생한다. 이러한 차이에 대하여 이연법인세자산(이연법인세부채)을 인식한다.

(나) 종속기업

종속기업이 중소기업 회계처리 특례에서 규정하는 중소기업이어서 특례규정에 따른 법인세회계를 적용하는 경우에도, 연결재무제표를 작성할 때에는 중소기업인 종속기업이 이 장의 규정에 따른 법인세회계를 적용한 경우에 나타나는 이연법인세를 반영하여 작성한다.

외국에 소재하는 종속기업의 경우에는 당해 해외종속기업이 법인세 기간배분을 고려하여 이연법인세자산(이연법인세부채)을 인식할 경우의 재무제표를 기준으로 연결재무제표를 작성한다.

(9) 공 시

다음 사항은 주석으로 기재한다.

① 계속사업손익법인세비용 또는 법인세비용(중단사업이 없는 경우)의 산출내역

[예시]

당기법인세(법인세추납액・환급액 포함)		×××
± 일시적차이로 인한 이연법인세 변동액	×××	
± 세무상결손금 등으로 인한 이연법인세 변동액	×××	
= 총 법인세효과		×××
± 자본에 직접 반영된 법인세비용	×××	
± 중단사업손익에 직접 반영된 법인세비용	×××	
=계속사업손익법인세비용		×××

② 법인세비용차감전계속사업손익 또는 법인세비용차감전순손익(중단사업손익이 없는 경우)과 법인세비용간의 관계 설명

③ 중단사업손익 법인세효과의 계산근거

④ 일시적차이 및 이연법인세자산(이연법인세부채)의 증감내역

⑤ 모든 차감할 일시적차이 및 세무상

결손금 등에 대한 이연법인세자산 및 이연법인세자산의 실현가능성이 미래 과세소득의 발생여부에 따라 결정되는 경우 실현가능성에 대한 판단에 따라서 인식한 이연법인세자산과 그의 판단근거

⑥ 재무상태표에 이연법인세자산으로 인식되지 아니한 차감할 일시적차이, 미사용 세무상결손금 및 세액공제 등의 금액 및 만기일

⑦ 이연법인세부채로 인식되지 않은 종속기업, 지분법피투자기업, 조인트벤처의 지분에 대한 투자자산 및 사업용 유형자산인 토지와 관련된 일시적차이 총액

⑧ 자본에 직접 부가되거나 차감된 당기법인세와 이연법인세의 내역

⑨ 세법의 변경 또는 실현가능성의 변경에 따른 이연법인세 자산 및 부채의 변동액

⑩ 상계 전 총액기준에 의한 이연법인세자산과 이연법인세부채 및 당기법인세부채와 당기법인세자산

⑪ 세무상 결손금과 관련된 다음 사항

㉮ 세무상 결손금이 발생한 회계연도의 당기순손익에 반영한 법인세효과

㉯ 세무상 결손금에 대한 법인세효과를 당기까지 인식하지 않은 경우 이후 회계연도에 반영가능성 여부

㉰ 이연법인세자산을 인식하지 않고 이월된 세무상 결손금 중 당기에 소멸된 세무상 결손금의 법인세효과

제6절 당기업적주의와 포괄주의

1. 당기업적주의

(1) 당기업적주의의 의의

당기업적주의(current operating performance concept)는 주로 당기의 경영성과나 수익력의 표시에 중점을 두고, 정상적인 영업활동에서 발생한 수익이나 비용만으로 손익계산을 행하고, 임시적인 손익이나 전기오류수정손익 등은 손익계산에서 제외하자는 주장이다.

손익계산서가 정상적인 수익력의 측정을 가능케 하여 이상손익의 개입에 의한 오해를 방지하자는 것이다. 그러므로 후술하는 포괄주의가 손익계산서를 작성함에 있어서 모든 손익항목을 기재하는 역사적 서류라고 보는데 반하여, 당기업적주의는 손익계산서를 정상적 항목만을 기재하는 경영활동표(statement of normal operation)라고 생각하는 것이다.

당기업적주의에 의한 손익계산서는 ① 당기순이익의 계산서이며, ② 계산기능을 중시하며, ③ 정상항목만으로 작성되는 순수표이며, ④ 또 이익잉여금계산서는 이익처분과 이익항목의 수정을 위한 포괄표라고 보는 데 그 특색이 있다.

(2) 당기업적주의의 특징

1) 정상적 수익력표시

손익계산서에는 기업의 정상적인 수익력을 명확히 표시할 수 있다는 것이다. 즉, 투자가의 입장에서는 주로 기업의 수익력에 관심이 있으며, 그 배당금이나 장래의 성장성을 판단하는 예측자료가 손익계산서인데, 그러기 위해서는 손익계산서에는 이상항목을 제외한 것이라야 한다.

2) 투자가중심의 보고필요

회계보고의 중점은 일반 투자대중에게 두어야 한다는 것이다. 즉, 일반투자대중은 회계에 관한 전문가가 아니므로 포괄주의와 같이 이상항목을 손익계산에 포함시키면 그들에게 오해를 주기 쉽다.

3) 경영분석의 용이성

동일 기반에서 행한 경영분석이 용이하다는 것이다. 즉, 당기업적주의는 이상항목이 제외되므로 경영분석상 소위 비교장해가 줄어들며 동일기준에서 기간비교나 경영비교가 용이하다.

4) 이상항목의 평준화 불능

이상항목은 장기 관찰하에서도 반드시 평준화하지 아니한다는 것이다. 포괄주의론자들은 이상항목은 장기적인 관찰하에서는 대체로 평준화한다고 주장하나, 특수 예외를 제외하고는 이상항목을 되풀이되는 것도 아니며 서로 상계되어 평준화된다고는 볼 수 없다.

5) 자의성 개입의 우려

당기업적주의는 자의적인 요소가 개입할 여지가 적으며, 손익계산작성에도 그다지 번잡하지도 않다는 것이다. 즉, 포괄주의론자들이 손익항목의 구분 판단에는 주관적 자의성이 개입되기 쉽다고 하나 반드시 그렇지도 아니하며, 손익계산서의 작성이 복잡하다고 하나 그다지 복잡하지도 아니하다.

2. 포괄주의

(1) 포괄주의의 의의

포괄주의(all-inclusive concept)란 기업활동에서 발생하는 수익과 비용은 그 귀속년도나 성격의 여하를 막론하고 그것이 인식, 기록된 연도의 손익계산서에 포괄적으로 기재해야 된다는 주장이다. 다시 말하면 경영활동에서 발생하는 손익항목은 정상항목이든 비정상항목이든가를 막론하고 그 기의 손익계산서에 포함시켜야 한다는 것이다.

이 주장에 따르면 이익잉여금계산서는 처분기능의 수행만을 담당하게 되므로 이러한 의미에서 순잉여금설(clean surplus theory)이라고 불리어진다. 그러므로 당기업적주의가 손익계산서를 경영활동표라고 보는 데 반하여, 포괄주의에서는 손익계산서는 일체의 손익항목을 기재하는 기업의 역사적 서류(historical document)라고 생각하는 것이다. 이 주의에 의하면 손액계산서는 ① 경영활동의 보고서이며, ② 보고기능을 중시하며, ③ 정상, 비정상항목으로 작성하는 포괄표로, ④ 또 이익잉여금 계산서는 이익처분기능만을 표시하는 순수표로 보는데 그 특징이 있다.

(2) 포괄주의의 특징

1) 수익력의 장기관찰 필요성

기업의 수익력은 수기간의 평균수치를 보지 않으면 정확히 측정할 수 없다는 것이다. 즉, 기업의 수익력이란 당기업적주의자들의 주장과 같이 단순히 1기간의 관찰만으로는 판단할 수 없다는 것이다.

2) 손익항목구분의 곤란성

손익항목을 정상항목과 비정상항목으로 구분한다는 것은 그리 쉬운 일이 아니라는 것이다. 즉, 양 항목의 구분한계는 명백한 기준이 없다는 것이다. 따라서 그 구분에는 자칫하면 주관적 자의성이 개입될 가능성이 있고, 특히 그 구분은 손익항목의 성격이나 금액의 다과에 따라 결정해야 하나 이를 위한 공정타당한 기준이 없다.

3) 손익계산서 작성의 용이성

손익계산서의 작성이 용이하고 또 이해하기도 쉽다. 즉, 포괄주의에 의하면 모든 항목을 한 표에 포괄하는 것이므로 손익계산서의 작성이 간편 용이하며, 또 이해하기 쉬울 뿐 아니라 손익항목의 구분에 있어서 판단의 상이에서 오는 오해를 낳을 여지가 없다.

〈표 5-3〉 당기업적주의와 포괄주의와의 비교

비교사항	당기업적주의	포괄주의
공시의 목적 중점	① 경영자의 관리적 책임수행의 보고를 나타내는 동시에 수익력이나 증권가치를 판단하는 자료를 제공하여 일반 투자가를 보호하는 것	
	② 합리적 자료의 적정표시	② 역사적 기록의 완전한 표시
	③ 열람자의 오해방지	③ 열람자의 정보제공
	④ 기업의 정상적 수익력 표시	④ 기업의 전 경영활동 표시
공시수준	⑤ 저도(일반투자가)	⑤ 고도(경영분석자)
공시태도	⑥ 온정적	⑥ 냉정적
관찰기간	⑦ 단기적	⑦ 장기적
판단의 책임	⑧ 작성자(경영자, 회계담당자)	⑧ 열람자(투자가, 주주 등)
비경상항목	⑨ 반드시 평준화되지는 않는다고 봄	⑨ 대부분 평준화된다고 봄
손익계산서	⑩ 당기순이익의 계산서 ⑪ 계산기능의 중시 ⑫ 순수적(정상항목) 계산서	⑩ 경영활동의 보고서 ⑪ 보고기능의 중시 ⑫ 포괄적(정상, 비정상항목) 계산서
이익잉여금 계산서	⑬ 포괄적 서류(처분, 수정가능)	⑬ 순수적(처분기능)서류

4) 수익력과 과대표시의 방지

당기업적주의에 의하면 수익력을 과대하게 표시하는 인상을 주기 쉽다. 즉, 당기업적주의에 의해 이상항목을 손익계산서에서 제외하여 이익잉여금계산서에 기입하는 경우 이상손실항목이 이상이익항목보다 많은 것이 일반적인 경향이므로 결과적으로 손익계산서는 당해연도의 수익력을 과대하게 표시하는 것과 같은 인상을 주게 된다.

3. 신포괄주의

우리나라 상법에서는 채권자보호와 재산계산의 중시라는 입장이므로 포괄주의에 입각하고 있으며, 1976년 이전의 구 기업회계원칙에는 투자가보호와 손익계산의 중시라는 입장인 당기업적주의에 의하고 있었으므로, 양자가 서로 불일치한 점이 있었다. 그리하여 1982년 이후의 개정된 기업회계기준에서는 포괄주의로 변경하게 되어 양자가 일단 일치되었으나, 그 내용상으로는 종전의 순수 당기업적주의의 수정이며, 또 순수 포괄주의의 수정이었다. 다시 말해 양 주의의 절충형으로서 절충적 손익계산서라는 것에 특징이 있다. 이를 실무상으로는 신포괄주의라고도 부른다.

연 습 문 제

1. 수익이란 무엇인지 설명하여라.

2. 손익계산의 방법에 있어서 재산법과 손익법을 비교 설명하여라.

3. 수익의 인식기준 중 ① 생산기준, ② 판매기준, ③ 회수기준에 대해 설명하여라.

4. 비용이란 무엇인지 설명하여라.

5. 비용의 인식기준에 대하여 약술하여라.

6. 비용의 측정에 대하여 약술하여라.

7. 당기업적주의와 포괄주의를 비교 설명하여라.

제 6 장

재무제표 회계이론

제 1 절 재무제표의 본질

1. 재무제표의 의의

재무제표(financial statement)는 기업이 그 이해관계자에 대하여 재무상태와 경영성적에 관한 회계정보를 제공하는 수단이다. 이 정보는 기업에 관련된 모든 의사결정과 기업회계의 발전에 가장 중요한 자료가 된다. 재무제표는 기업의 경제적 사항, 경제적 활동을 표시할 뿐만 아니라 기업의 여러 이해 관계자들에게 보고되어 정보이용자의 경제적 의사결정을 위한 정보의 원천이 되고 과세를 위한 기초자료가 되며 배당액을 결정하기 위한 중요한 자료가 된다.

그래서 재무제표는 기업실체에 관한 회계정보를 표시한 재무보고서 또는 회계보고서라고도 한다. 재무보고서는 일반적으로 재무상태표, 포괄손익계산서, 자본변동표, 현금흐름표 및 주석 등을 가리킨다.

현대 기업회계는 이해관계자들에게 유용한 정보를 전달하고, 서로의 이해관계를 조정하기 위해서 재무제표가 이용되고 있으며 따라서 현대의 회계학은 재무제표를 중심으로 발전하고 전개되고 있다.

재무제표는 원칙적으로 다수의 정보이용자의 정보욕구를 충족시킬 수 있도록 설계되어야 하며, 특히 기업의 미래현금흐름에 관한 정보를 예측하는 데에 도움을 줄 수 있어야 한다.

2. 재무제표의 목적 및 기능

(1) 재무제표의 목적

재무제표의 목적은 경제적 의사결정을 하는 많은 종류의 정보이용자들에게 유용한 정보, 즉 기업의 재무상태, 경영성과 및 재무상태의 변동에 관한 정보를 제공하는 것이다. 재무제표는 투자자와 채권자 등이 배당이나 이자 또는 자금회수 등과 관련하여 기업실체로부터 받게 될 미래 현금의 크기, 시기 및 불확실성을 평가하는데 유용한 정보를 제공하여야 한다. 기업실체의 재무상태는 당해 실체가 지배하는 경제적 자원재무구조 유동성과 재무건전성 및 환경변화에 적응할 수 있는 능력 등에 의해 결정된다. 기업실체가 지배하는 경제적 자원 및 이의 변화에 관한 정보는 미래 현금창출 능력을 예측하는데 유용하며 재무구조에 관한 정보는 기업실체의 장래 자금차입의 필요성, 이익이나 현금 흐림의 이해관계자 간 배분비율 및 추가금조달 능력을 예측하는데 유용하다. 재무제표는 여러 정보이용자의 공통의 욕구를 만족시키는 것을 목적으로 하고 있지만 그들이 경제적 의사결정을 함에 있어서 필요한 모든 정보를 제공하는 것은 아니다.

재무제표 이용자들이 경제적 의사결정을 하는데 필요한 정보란 한 기업이 현금 혹은 현금과 유사한 재화를 생산할 능력에 대한 정보와 그 생산시기 및 확실성에 대한 정보이다.

재무제표 이용자들에게 한 기업의 재무상태, 경영성과 및 현금흐름의 변화에 초점이 맞추어진 정보가 제공된다면 그 기업의 현금 혹은 현금과 유사한 재화의 생산능력을 보다 잘 평가할 수 있는 것이다.

(2) 재무제표의 기능

재무제표는 회계연도말에 작성된 재무상태표와 손익계산서를 주요 재무제표로 하고 자본변동표, 현금흐름표, 주석 등을 포함하고 있다. 재무제표의 중요한 기능은 다음과 같다.

1) 측정기능

재무제표중 손익계산서는 일정한 회계기간의 경영성과인 당기손익을 측정하고, 재무상태표는 재무상태를 측정한다. 기업회계기준에 있어서는 원가주의가 평가의 기본원칙이 되며, 수익인식계상 기준으로서는 실현주의가 기본원칙이 되기 때문에 경영성과 및 재무상태는 이러한 원가주의와 실현주의에 의해서 제약을 받게 된다.

인플레이션이 진행되고 있을 때는 기업이 소유한 토지가격의 상승이 주가에 크게 영향을 주고 있다고 일반적으로 생각하고 있음에도 불구하고, 원칙적으로는 취득원가주의에 입각하고 있기 때문에, 통상의 재무상태표는 재무상태의 측정에 있어 기능상의 한계를 가지고 있다고 할 것이다. 이러한 제약조건이 있기에 손익계산서와 재무상태표는 각각의 대한 부속명세서가 작성되게 되며 또한 주기와 주석을 첨부하도록 되어 있는 것이다.

2) 공시와 보고기능

공시・보고의 기능을 증권거래법, 상법 등, 제도회계규제의 법령에 의해서 이루어지고 있다. 증권거래법에 따른 유가증권보고서에 의한 간접적 공시방식에 의해서 재무상태표분석의 대상이 되고 있다.

상법 및 상법계산서류 규칙에 정하여진 직접공시제도에 의해서 재무상태표 등의 재무제표는 주주, 채권자의 입장에서 수익력, 재무안정성이 분석되는데 주주 및 채권자보호의 이념에 입각한 공시기능을 수행하고 있다고 할 것이다.

3) 과세소득계산상의 기능

현대경제사회에 있어서는 국가 및 지방공공단체에는 복지, 치안, 소방 등의 공공적 사업을 하기 위해 적정한 과세와 공평한 과세를 부과하기 위해서 재무제표는 과세소득계산상의 기준자료로서 역할을 하고 있다. 우리나라 법인세법은, 세무행정의 견지에서 확정결산기준을 채택하고 있으며, 그 확정결산이란 주주총회 등의 승인을 얻어 확정된 재무제표를 기본으로 하고 있는 것을 의미한다.

3. 재무제표의 유용성 및 한계점

(1) 재무제표의 유용성

재무제표는 기업의 경제적 실체에 대한 재무상태와 경영성과를 기록한 것으로 오늘날 재무회계의 기초가 되고 있다. 이러한 재무제표의 유용성에 대해 살펴보면 다음과 같다.

① 정보이용자의 경제적 의사결정에 유용한 정보가 된다.

② 경영자가 회계정보를 관리적으로 이용하는 데에 도움이 되어 관리회계의 기초가 된다.

③ 정보이용자간의 이해관계의 정정을 위한 정보를 제공한다.

④ 경제통계의 중요자료가 된다.

⑤ 정부의 경제정책수립, 물가관리, 정부규제, 가격결정 등에 도움이 되는 정보를 제공한다.

⑥ 세금결정의 기초자료가 된다.

⑦ 이익배당의 기초자료가 된다.

⑧ 기업의 부채의 차입, 합병, 영업양도, 영업양수, 파산, 회사정리 등에 중요자료가 된다.

⑨ 재무분석, 기업평가의 중요자료가 된다.

(2) 재무제표의 한계점

재무제표는 다음과 같은 한계가 있다.

① 자산의 평가기준(원가주의)의 한계

② 화폐가치의 변동을 무시하고 있다.

③ 많은 질적인 정보와 비계량적인 정보가 무시되고 있다.

④ 많은 추정이 적용되고 있다.

⑤ 대체적 회계방법이 다수 인정되고 있다.

4. 재무제표의 체계

재무보고의 목적을 달성하기 위해서는 다양한 재무정보가 제공되어야 한다. 정보의 다양성으로 인해 여러 종류의 재무보고서 또는 재무제표가 필요하다. 각 회계기간별로 회계기간 말 현재의 재무상태에 관한 정보를 나타내는 재무상태표와 회계기간 동안의 경영성과에 관한 정보를 나타내는 손익계산서가 필요하다. 또한, 회계기간 동안의 현금흐름에 관한 정보를 나타내는 현금흐름표와 자본의 변동에 관한 자본변동표가 필요하다. 이러한 재무제표들은 서로 연관되어 있으며 전체적으로 하나의 체계를 이루고 있다. 지배・종속관계에 있는 회사들의 경우 그 전체를 하나의 기업실체로 보아 작성하는 연결재무제표가 정보이용자들에게 유용할 수 있다. 또한, 우리나라 기업실체의 특이한 지배구조를 고려할 때 기업집단에 대한 결합재무제표도 정보이용자들에게 유용할 수 있다.

재무제표는 주석 및 부속명세서 등의 기타 설명자료를 통하여 재무제표 본문에 표시된 정보를 이해하는데 도움이 되는 추가적 정보 또는 재무제표 본문에 표시되지 않은 자원, 의무 등에 대한 정보를 함께 제공해야 한다.

(1) 「일반기업회계기준」상의 재무제표

우리나라의 일반기업회계기준에 명시된 재무제표의 종류는 다음과 같다.

1) 기본재무제표

① 재무상태표

② 손익계산서

③ 자본변동표

④ 현금흐름표

⑤ 주석

(2) 「상법」상의 재무제표

「상법」에서의 재무제표의 종류로서

① 재무상태표

② 손익계산서

③ 이익잉여금처분계산서(또는 결손금처리계산서)의 3종만 규정하고, 동시에 그 서류(재무제표)의 부속명세서도 함께 작성하여 이사회의 승인을 얻도록 규정하고 있다.

(3) 「법인세법」상의 재무제표

법인세법에서는 법인세의 과세표준액 신고서에 다음의 서류를 첨부하도록 규정하고 있다.

① 재무상태표

② 손익계산서

③ 이익잉여금처분계산서(또는 결손금처리계산서)

④ 세무조정계산서

⑤ 기타 재정경제부령이 정하는 서류

만일 이들 서류 가운데 한 가지라도 법인세 과세표준보고에 첨부되지 아니하는 경우에는 이를 세법상 적법한 신고로 인정하지 아니한다.

법인세법상의 재무제표중 ①, ②, ③은 「기업회계기준」에 의한 재무제표와 동일하나, ④의 세무조정계산서는 기업회계와 세무회계의 정확한 조정 또는 성실한 납세를 확보하기 위하여 필요한 것으로 국세청장이 정하는 일정한 기준에 해당하는 법인에 대하여 요구하는 것으로서 이 세무조정계산서는 공인회계사 또는 세무사가 작성하여야 한다.

〈표 6-1〉 재무제표의 종류와 배열순위

배열순위	상법상의 재무제표 (상법 447조)	일반기업회계기준상의 재무제표	법인세법상의 재무제표 (제26조)
1	재산목록(재무상태표부속 명세서로 갈음할 수 있음)	재무상태표	재무상태표
2	재무상태표	손익계산서	손익계산서
3	영업보고서	자본변동표	이익잉여금처분계산서 (또는 결손금처리계산서)
4	손익계산서	현금흐름표	이익잉여금 및 자본금 명세서
5	준비금과 이익이나 이자의 배당에 관한 의안	주석	세무조정계산서

5. 재무제표 작성과 표시의 일반원칙

(1) 계속기업

경영진은 재무제표를 작성할 때 계속기업으로서의 존속가능성을 평가해야 한다. 경영진이 기업을 청산하거나 경영활동을 중단할 의도를 가지고 있지 않거나, 청산 또는 경영활동의 중단 외에 다른 현실적 대안이 없는 경우가 아니면 계속기업을 전제로 재무제표를 작성한다. 계속기업으로서의 존속능력에 유의적인 의문이 제기될 수 있는 사건이나 상황과 관련된 중요한 불확실성을 알게 된 경우, 경영진은 그러한 불확실성을 공시하여야 한다. 재무제표가 계속기업의 기준하에 작성되지 않는 경우에는 그 사실과 함께 재무제표가 작성된 기준 및 그 기업을 계속기업으로 보지 않는 이유를 공시하여야 한다.

(2) 재무제표의 작성책임과 공정한 표시

재무제표의 작성과 표시에 대한 책임은 경영진에게 있다. 재무제표는 경제적 사실과 거래의 실질을 반영하여 기업의 재무상태, 경영성과, 현금흐름 및 자본변동을 공정하게 표시하여야 하며, 일반기업회계기준에 따라 적정하게 작성된 재무제표는 공정하게 표시된 재무제표로 본다.

재무제표가 일반기업회계기준에 따라 작성된 경우에는 그러한 사실을 주석으로 기재하여야 한다. 그러나 재무제표가 일반기업회계기준에서 요구하는 사항을 모두 충족하지 않은 경우에는 일반기업회계기준에 따라 작성되었다고 기재하여서는 아니 된다.

(3) 재무제표 항목의 구분과 통합표시

중요한 항목은 재무제표의 본문이나 주석에 그 내용을 가장 잘 나타낼 수 있도록 구분하여 표시하며, 중요하지 않은 항목은 성격이나 기능이 유사한 항목과 통합하여 표시할 수 있다.

재무제표의 표시와 관련하여 재무제표 본문과 주석에 적용하는 중요성에 대한 판단기준은 서로 다를 수 있다. 예를 들어, 재무제표 본문에는 통합하여 표시한 항목이라 할지라도 주석에는 이를 구분하여 표시할 만큼 중요한 항목이 될 수 있다. 이러한 경우에는 재무제표 본문에 통합하여 표시한 항목의 세부 내용을 주석으로 기재한다.

일반기업회계기준에서 재무제표의 본문이나 주석에 구분 표시하도록 정한 항목이라 할지라도 그 성격이나 금액이 중요하지 아니한 것은 유사한 항목으로 통합하여 표시할 수 있다.

(4) 비교재무제표의 작성

재무제표의 기간별 비교가능성을 제고하기 위하여 전기 재무제표의 모든 계량정보를 당기와 비교하는 형식으로 표시한다. 또한 전기 재무제표의 비계량정보가 당기 재무제표를 이해하는 데 필요한 경우에는 이를 당기의 정보와 비교하여 주석에 기재한다. 예를 들어, 전기 보고기간 종료일 현재 미해결 상태인 소송사건이 당기 재무제표가 사실상 확정된 날까지 해결되지 않은 경우에는 전기 보고기간종료일에 불확실성이 존재하였다는 사실과 내용, 당기에 취해진 조치 및 결과 등에 대한 정보를 주석으로 기재한다.

(5) 재무제표 항목의 표시와 분류의 계속성

재무제표의 기간별 비교가능성을 제고하기 위하여 재무제표 항목의 표시와 분류는 다음의 경우를 제외하고는 매기 동일하여야 한다.

① 일반기업회계기준에 의하여 재무제표 항목의 표시와 분류의 변경이 요구되는 경우
② 사업결합 또는 사업중단 등에 의해 영업의 내용이 유의적으로 변경된 경우
③ 재무제표 항목의 표시와 분류를 변경함으로써 기업의 재무정보를 더욱 적절하게 전달할 수 있는 경우

재무제표 항목의 표시나 분류방법이 변경되는 경우에는 당기와 비교하기 위하여 전기의 항목을 재분류하고, 재분류 항목의 내용, 금액 및 재분류가 필요한 이유를 주석으로 기재한다. 다만, 재분류가 실무적으로 불가능한 경우에는 그 이유와 재분류되어야 할 항목의 내용을 주석으로 기재한다.

(6) 재무제표의 보고양식

재무제표는 이해하기 쉽도록 간단하고 명료하게 표시하여야 하며, 이 장의 부록 적용사례에 예시된 재무제표의 양식을 참조하여 작성한다. 예시된 명칭보다 내용을 잘 나타내는 계정과목명이 있을 경우에는 그 계정과목명을 사용할 수 있다.

재무제표는 재무상태표, 손익계산서, 현금흐름표, 자본변동표 및 주석으로 구분하여 작성하며, 다음의 사항을 각 재무제표의 명칭과 함께 기재한다.

① 기업명

② 보고기간종료일 또는 회계기간

③ 보고통화 및 금액단위

제 2 절 재무상태표

1. 재무상태표의 본질

(1) 재무상태표의 의의

재무상태표는 일정시점에 기업의 재무상태를 총괄적으로 표시한 재무제표의 하나이다. 여기서 재무상태란 경영자본의 조달원천과 그 자본의 운용상태와의 관계를 의미한다. 재무상태표는 이러한 재무상태를 자산과 부채 및 자본으로 파악하여 대조 · 표시한다.

재무상태표 차변에는 조달된 자본의 구체적인 운용형태의 자산을 표시하여 기업이 어떠한 자산을 경영에 어떻게 운용하고 있는가, 즉 경영수단으로서의 영업활동을 파악하는 측면이고 그 대변에는 이러한 자본의 조달원천인 부채와 자본을 표시하여 기업에 필요한 자금을 어떻게 출자 또는 차입하고 있는가, 즉 재무활동을 파악하는 측면이다.

재무상태표는 자산과 부채 및 자본을 단순히 병렬적으로 표시하는 것이 아니라 이를 기업실체설에 따라 자산=부채+자본이라는 재무상태표 등식으로 표시하여 기업이 지배하고 있는 경제적 자원인 자산과 그 자원에 대한 주주의 채권자의 청구권의 부채와 자본의 상태를 표시하는 것이다.

재무상태표는 기업의 재무상태 즉, 기업이 장래에 이용할 수 있는 경제적 자원과 이러한 자원으로 결제해야 할 채무를 표시함으로써 기업의 지급능력과 유동성은 물론 기업의 자본구조,

재무안전성 등을 분석 · 평가할 수 있고 기업의 수익력 측정의 기초자료를 제공하는 것이다.

(2) 재무상태표의 목적

재무상태표는 일정 시점 현재 기업이 보유하고 있는 경제적 자원인 자산, 경제적 의무인 부채, 그리고 자본에 대한 정보를 제공하는 재무보고서로서, 정보이용자들이 기업의 유동성, 재무적 탄력성, 수익성과 위험 등을 평가하는 데 유용한 정보를 제공한다.

재무상태표는 과거 영업성과의 누적적 결과를 판단하는 목적으로도 활용이 된다. 기업의 영업성과가 배당되지 않고, 기업내에 누적되어 있는 이익잉여금이 얼마나 증가되었는가를 나타내는 것은 결산기말에 주주에게 배당 가능한 재원이 얼마만큼이나 있는지를 나타내 주는 중요한 정보이다.

재무상태표는 기업의 모든 이해관계자들간의 이해조정의 척도 구실을 하기도 하며 기업의 재무상태를 명확히 보고하기 위하여 재무상태표가 작성되는 것이다.

2. 재무상태표의 유용성과 한계점

(1) 재무상태표의 유용성

1) 기업의 경제적 자원과 채권자 지분 및 소유자 지분에 대한 정보제공

기업이 사업활동을 하는데 필요로 하여 구입한 자산의 운용상태와 이러한 자산을 구입하는데 소요된 재원을 어떻게 조달했는가에 대한 정보를 제공한다.

2) 기업의 장 · 단기 부채상환능력에 대한 정보제공

기업의 자산과 부채를 유동성 기준(1년 이내 현금으로 전환할 수 있는 자산과 1년 이내 현금으로 상환해야 하는 부채를 유동자산과 유동부채로 분류하고, 1년을 초과하여 현금으로 전환할 수 있는 자산 및 상환해야 하는 부채를 각각 비유동자산과 비유동부채로 분류하여 작성한다)으로 분류하여 단기적으로 유동부채를 상환할 수 있는 유동자산은 충분한가, 장기적으로 부채를 상환할 수 있는 기업실체의 자산이 충분한가에 대한 정보를 제공한다.

3) 기업의 재무구조의 건전성에 대한 정보제공

기업에서 재원의 조달 방법은 크게 자기자본에 의한 방법(주식발행 등)과 외부로부터의 차입하는 방법(장 · 단기차입금) 두 가지로 생각할 수 있다. 자기자본은 기업이 소멸할 경우까지 상환할 필요가 없는 자금이며, 부채는 일정 시점이 지난 다음 이자를 지급해야 하고 원금을 상환해야 한다. 경영자가 부채로 자금을 조달하는 것은 기업의 경영활동을 통한 이익이 부채를 사용하는 대가인 이자를 충분히 소화할 수 있다고 생각하기 때문이다. 그러나 지나치게 부채가 많을 경우 채권자로부터 차입금 상환의 압력이 강해지고, 제품이 잘 팔리지 않아 차입금 상환이 불가능해질 경우 기업은 채무상환불능의 사태에 빠진다. 재무상태표는 기업이 이윤획득의 수단으로 사용하는 자산을 어떠한 재원으로 조달하고 있으며, 이러한 재원의 조달 방법이 외부의 충격에 어느 정도 견딜 수 있는가에 대한 정보를 제공해 준다.

4) 기업의 장·단기 계획 등에 관한 정보제공

기업의 자산을 유동자산과 고정자산으로 분류하고 유동자산은 당좌자산 및 재고자산으로 고정자산은 투자자산, 유형자산, 무형자산으로 분류한다. 이러한 자산에 각각 얼마씩 투자하여 기업이 자산을 운영하는 가는 앞으로 기업이 어떠한 곳에서 이윤창출을 할 계획인지를 짐작케 한다.

(2) 재무상태표의 한계점

1) 역사적 원가에 의한 재무제표 작성으로 기업의 실제적 가치(현행 원가)를 제공하지 못함

기업의 자산을 화폐적 가치로 평가하여 공고할 경우 구입시점의 취득가액(역사적 원가)으로 평가하여 보고한다. 이는 각종 증빙서류에 의해 정확한 구입시점의 가액을 객관적으로 확인할 수 있으므로 회계정보의 질적 특성 중 검증가능성을 충족시켜 준다. 기업의 자산은 인플레이션 등의 요인으로 구입한 시점의 가격과 보유기간 동안의 가격에 차이가 발생한다. 그러나, 재무상태표를 작성하여 공고할 경우 구입시점의 가격(역사적 원가)으로 보고되므로 재무상태표를 작성하는 시점의 정확한 자산 가액을 표현하지 못하여 목적적합한 정보가 될 수 없는 단점이 있다.

2) 비계량적인 정보가 누락되는 경우가 많음

재무상태표는 화폐적으로 표현하여 기업의 재무상태를 표현한다. 그러나, 경영자 및 종업원의 자질, 우수한 판매망 등 향후 기업의 현금 창출에 지대한 영향을 미치는 정보는 보고되지 못하는 단점이 있다. 이러한 단점을 보완하기 위해 기업회계기준에서는 주기와 주석으로 비계량적인 중요한 정보를 재무상태표에 보완하도록 하고 있다.

3) 주관적 판단이 많이 개입되는 측정치를 사용함

기업회계기준은 재무상태표상 불량채권을 나타내는 대손충당금, 유형자산의 원가배분의 과정인 감가상각 등 특정한 회계처리를 합리적인 방법이라고 생각되는 여러 가지 방법 중 하나를 임으로 선택하여 사용하도록 하고 있다. 이러한 회계처리방법은 자의성이 어느 정도 내포되어 회계정보의 질적 특성 중 신뢰성과 비교가능성에 나쁜 영향을 줄 수 있다.

4) 부외 금융을 포함하지 못함

기업의 재무상태가 좋지 못할 경우 추가적인 차입이 곤란하여 재무상태표에 부채의 일부를 누락하는 경우가 있다. 기업이 부외자산이나 부외부채를 사용하고 있지만 이를 장부에 반영하지 않을 경우 재무상태를 적정히 표현하지 못하는 상황이 발생한다. 또한 리스자산처럼 실질적인 내용은 자금차입에 의한 자산취득거래이나 금융리스로 계약을 하느냐, 운용리스로 계약을 하느냐에 따라서 자산과 부채를 계상할 수 있고, 계상하지 않을 수도 있는 현상이 발생한다.

3. 재무상태표의 기본구조

재무상태표의 구성요소인 자산, 부채, 자본은 각각 다음과 같이 구분한다.

① 자산은 유동자산과 비유동자산으로 구분한다. 유동자산은 당좌자산과 재고자산으로 구분하고, 비유동자산은 투자자산, 유형자산, 무형자산, 기타비유동자산으로 구분한다.

② 부채는 유동부채와 비유동부채로 구분한다.

③ 자본은 자본금, 자본잉여금, 자본조정, 기타포괄손익누계액 및 이익잉여금(또는 결손금)으로 구분한다.

4. 재무상태표의 형식

(1) 보고식 재무상태표

보고식은 자산 · 부채 · 자본을 순서대로 아래로 배열 · 기재하고 좌측에 과목명을, 우측에 금액을 표시하는 양식이다. 보고식은 과거의 재산목록 기재방법에서 유래된 것으로 이러한 보고식 재무상태표는 작성기준에 따라 유동식으로 배열되어 처음에 자산이 유동자산, 비유동자산 순으로 기재되고 다음에 부채가 유동부채, 비유동부채, 그리고 자본의 순으로 기재된다.

(2) 계정식 재무상태표

계정식은 자산 · 부채 · 자본을 재무상태표 등식에 따라 총계정원장의 계정잔액표로 이해하여 재무상태표 차변에 자산을, 대변에 부채와 자본을 대조형식으로 기재한다. 이러한 대조형식의 계정식은 재무상태표상 차변의 자산과목과 대변의 부채와 자본과목을 쉽게 비교할 수 있어 재무상태를 개관하는데 장점이 있다.

5. 재무상태표의 작성기준

자산과 부채는 유동성이 큰 항목부터 배열하는 것을 원칙으로 한다.

(1) 자산과 부채의 유동성과 비유동성 구분

다음과 같은 자산은 유동자산으로 분류한다.

① 사용의 제한이 없는 현금및현금성자산
② 기업의 정상적인 영업주기 내에 실현될 것으로 예상되거나 판매목적 또는 소비목적으로 보유하고 있는 자산
③ 단기매매 목적으로 보유하는 자산
④ ① 내지 ③ 외에 보고기간 종료일로부터 1년 이내에 현금화 또는 실현될 것으로 예상되는 자산

그 밖의 모든 자산은 비유동자산으로 분류한다.

자산은 1년을 기준으로 유동자산과 비유동자산으로 분류한다. 다만, 정상적인 영업주기 내에 판매되거나 사용되는 재고자산과 회수되는 매출채권 등은 보고기간 종료일로부터 1년 이내에 실현되지 않더라도 유동자산으로 분류한다. 이 경우 유동자산으로 분류한 금액 중 1년 이내에 실현되지 않을 금액을 주석으로 기재한다. 또, 장기미수금이나 투자자산에 속하는 매도가능증권 또는 만기보유증권 등의 비유동자산 중 1년 이내에 실현되는 부분은 유동자산으로 분류한다.

다음과 같은 부채는 유동부채로 분류한다.

① 기업의 정상적인 영업주기 내에 상환 등을 통하여 소멸할 것이 예상되는 매입채무와 미지급비용 등의 부채
② 보고기간 종료일로부터 1년 이내에 상환되어야 하는 단기차입금 등의 부채
③ 보고기간 후 1년 이상 결제를 연기할 수 있는 무조건의 권리를 가지고 있지 않은 부채. 이 경우 계약상대방의 선택에 따라, 지분상품의 발행으로 결제할 수 있는 부채의 조건은 그 분류에 영향을 미치지 아니한다.

그 밖의 모든 부채는 비유동부채로 분류한다.

부채는 1년을 기준으로 유동부채와 비유동부채로 분류한다. 다만, 정상적인 영업주기 내에 소멸할 것으로 예상되는 매입채무와 미지급비용 등은 보고기간 종료일로부터 1년 이내에 결제되지 않더라도 유동부채로 분류한다. 이 경우 유동부채로 분류한 금액 중 1년 이내에 결제되지 않을 금액을 주석으로 기재한다. 당좌차월, 단기차입금 및 유동성장기차입금 등은 보고기간 종료일로부터 1년 이내에 결제되어야 하므로 영업주기와 관계없이 유동부채로 분류한다. 또한 비유동부채 중 보고기간 종료일로부터 1년 이내에 자원의 유출이 예상되는 부분은 유동부채로 분류한다.

보고기간 종료일로부터 1년 이내에 상환되어야 하는 채무는, 보고기간 종료일과 재무제표가 사실상 확정된 날 사이에 보고기간 종료일로부터 1년을 초과하여 상환하기로 합의하더라도 유동부채로 분류한다. 보고기간 종료일로부터 1년 이내에 상환기일이 도래하더라도, 기존의 차입약정에 따라 보고기간 종료일로부터 1년을 초과하여 상환할 수 있고 기업이 그러한 의도가 있는 경우에는 비유동부채로 분류한다.

장기차입약정을 위반하여 채권자가 즉시 상환을 요구할 수 있는 채무는, 보고기간 종료일과 재무제표가 사실상 확정된 날 사이에 상환을 요구하지 않기로 합의하더라도 유동부채로 분류한다. 장기차입약정을 위반하여 채권자가 즉시 상환을 요구할 수 있는 채무라도, 다음의 조건을 모두 충족하는 경우에는 비유동부채로 분류한다.

① 보고기간 종료일 이전에 차입약정의 위반을 해소할 수 있도록 보고기간 종료일로부터 1년을 초과하는 유예기간을 제공하기로 합의하였다.
② ①에서의 유예기간 내에 기업이 차입약정의 위반을 해소할 수 있다.
③ ①에서의 유예기간동안 채권자가 즉시 상환을 요구할 수 없다.

보고기간 종료일과 재무제표가 사실상 확정된 날 사이에 발생한 다음과 같은 사건은 주석으로 기재한다.

① 장기채무로의 차환(또는 만기연장)
② 차입약정 위반의 해소
③ 차입약정 위반을 해소할 수 있도록 보고기간 종료일로부터 1년을 초과하는 유예기간을 획득

(2) 자본의 분류

자본금은 법정자본금으로 한다. 자본잉여금은 증자나 감자 등 주주와의 거래에서 발생하여 자본을 증가시키는 잉여금이다. 예를 들면, 주식발행초과금, 자기주식처분이익, 감자차익 등이

포함된다.

자본조정은 당해 항목의 성격으로 보아 자본거래에 해당하나 최종 납입된 자본으로 볼 수 없거나 자본의 가감 성격으로 자본금이나 자본잉여금으로 분류할 수 없는 항목이다. 예를 들면, 자기주식, 주식할인발행차금, 주식선택권, 출자전환채무, 감자차손 및 자기주식처분손실 등이 포함된다. 기타포괄손익누계액은 보고기간 종료일 현재의 매도가능증권평가손익, 해외사업환산손익, 현금흐름위험회피 파생상품평가손익 등의 잔액이다.

이익잉여금(또는 결손금)은 손익계산서에 보고된 손익과 다른 자본항목에서 이입된 금액의 합계액에서 주주에 대한 배당, 자본금으로의 전입 및 자본조정 항목의 상각 등으로 처분된 금액을 차감한 잔액이다.

(3) 재무상태표 항목의 구분과 통합표시

자산, 부채, 자본 중 중요한 항목은 재무상태표 본문에 별도 항목으로 구분하여 표시한다. 중요하지 않은 항목은 성격 또는 기능이 유사한 항목에 통합하여 표시할 수 있으며, 통합할 적절한 항목이 없는 경우에는 기타항목으로 통합할 수 있다. 이 경우 세부 내용은 주석으로 기재한다.

현금및현금성자산은 기업의 유동성 판단에 중요한 정보이므로 별도 항목으로 구분하여 표시한다. 현금및현금성자산은 통화 및 타인발행수표 등 통화대용증권과 당좌예금, 보통예금 및 큰 거래비용 없이 현금으로 전환이 용이하고 이자율 변동에 따른 가치변동의 위험이 경미한 금융상품으로서 취득 당시 만기일(또는 상환일)이 3개월 이내인 것을 말한다.

자본금은 보통주자본금과 우선주자본금으로 구분하여 표시한다. 보통주와 우선주는 배당금 지급 및 청산시의 권리가 상이하기 때문에 자본금을 구분하여 표시한다.

자본잉여금은 주식발행초과금과 기타자본잉여금으로 구분하여 표시한다. 자본조정 중 자기주식은 별도 항목으로 구분하여 표시한다. 주식할인발행차금, 주식선택권, 출자전환채무, 감자차손 및 자기주식처분손실 등은 기타자본조정으로 통합하여 표시할 수 있다.

기타포괄손익누계액은 매도가능증권평가손익, 해외사업환산손익 및 현금흐름위험회피 파생상품평가손익 등으로 구분하여 표시한다. 이익잉여금은 법정적립금, 임의적립금 및 미처분이익잉여금(또는 미처리결손금)으로 구분하여 표시한다. 이익잉여금 중 법정적립금과 임의적립금의 세부 내용 및 법령 등에 따라 이익배당이 제한되어 있는 이익잉여금의 내용을 주석으로 기재한다.

(4) 자산과 부채의 총액표시

자산과 부채는 원칙적으로 상계하여 표시하지 않는다. 기업이 채권과 채무를 상계할 수 있는 법적 구속력 있는 권리를 가지고 있고, 채권과 채무를 순액기준으로 결제하거나 채권과 채무를 동시에 결제할 의도가 있다면 상계하여 표시한다.

매출채권에 대한 대손충당금 등은 해당 자산이나 부채에서 직접 가감하여 표시할 수 있으며, 이는 자산과 부채의 상계에 해당하지 아니한다. 이 장 외의 다른 장에서 달리 정하는 경우를 제외하고는 자산이나 부채의 가감항목을 해당 자산이나 부채에서 직접 가감하여 표시할 수 있다. 이 경우 가감한 금액을 주석으로 기재한다.

제3절 손익계산서

1. 손익계산서의 본질

(1) 손익계산서의 의의

기업회계기준에 의하면 포괄손익계산서(손익계산서)는 기업의 경영성과를 명확히 보고하기 위하여 그 회계기간에 속하는 모든 수익과 이에 대응하는 모든 비용을 적정하게 표시하여야 한다라고 규정되어 있다.

경영성과(results of operations)라 함은 기업의 영업활동의 동태적인 측정치로서 한 회계기간의 제반 경영활동의 결과가 기업자본을 어느 정도 증가 또는 감소시켰는가를 표시해 준다. 또한 모든 수익과 이에 대응되는 비용을 회계기간 단위로 측정 보고함으로써 경영진의 능력평가 수단으로 이용할 수도 있으며, 기업 자체의 수익력 판단의 기준이 되기도 한다.

경영성과의 측정은 기초재무상태표와 기말재무상태표상의 자본계정 중 이익잉여금의 증감액을 구함으로써 손쉽게 행할 수 있다. 즉, 정상적인 생산활동으로부터의 자기자본의 총증가 감소액과 영업활동에 부수되는 기타활동(예, 금융, 투자, 임대, 교환, 증자, 감자 등)으로부터의 총증가 감소액 및 그 밖에 비경상적인 사유들로부터 발생한 총증가 감소액을 명백히 구분 표시함으로써 진정한 기간손익과 기간경영성과를 나타낼 수 있는 것이다.

(2) 손익계산서의 목적

손익계산서는 일정 기간 동안 기업의 경영성과에 대한 정보를 제공하는 재무보고서이다. 손익계산서는 당해 회계기간의 경영성과를 나타낼 뿐만 아니라 기업의 미래현금흐름과 수익창출 능력 등의 예측에 유용한 정보를 제공한다.

2. 손익계산서의 유용성 및 한계점

(1) 손익계산서의 유용성

손익계산서의 본질적 기능 내지 유용성은 다음과 같다.

1) 당기순손익의 계산

손익계산서는 기업의 경영성과를 명시하기 위해 기업의 일정기간에 발생하고 실현된 모든 수익과 그에 대응하는 모든 발생비용을 기재하여 당기의 경영활동의 성과인 순손익을 표시하는 계산서이다.

2) 실현수익과 발생비용의 대응표시

손익계산서는 일정기간에 있어서 실현수익과 발생비용을 그 발생사유와 발생원천별로 구분 분류하여 대응 표시하는 표이다. 다시 말하면 수익은 실현주의(realization basis)에 따라, 비용은 발생주의(accrual basis)에 의해 인식·측정하고 그 원인별로 또한 원천별로 표시하는 것이다.

3) 경영성과의 역사적 과정

손익계산서는 수익·비용을 대응 표시하되 그것을 발생사유와 원천별로 구분·표시함으로써 당기의 기업경영성과의 가득과정을 분명히 하는 역사적 과정을 나타내는 계산서이다.

4) 수익력 판단의 정보제공

손익계산서는 기업의 일정기간의 경영성과를 발생원천·발생원인별로 질서적으로 구분·배열 표시함으로써, 기업을 둘러싼 수많은 이해집단이라는 정보수요자들에게 기업의 수익력 내지 수익성을 판단하게 하는 유용한 정보를 제공하는 수단이 되는 것이다.

5) 잠재적 수익력의 판단

손익계산서는 기업의 역사적인 수익력 뿐만 아니라 미래의 잠재적 수익력(potential earning

power)을 어느 정도 판단하는 중요한 자료가 된다. 이 잠재적 수익력의 판단은 정보이용자에게 증권시장의 증권시세 동향을 예측하게 하며, 그들의 투자에 관한 의사결정에 크게 도움을 준다.

6) 업적평가 · 경영계획 · 배당정책 · 세금결정의 기초자료

손익계산서는 기업의 업적평가는 물론이고 기업의 경영계획이나 신규투자의 수익성 검토를 위한 중요한 자료를 제공하며, 또 이익배당 정책의 결정자료가 되며, 정부당국으로서는 과세표준 계산의 유일한 자료가 된다.

7) 경영능력의 평가

손익계산서는 경영활동을 주도한 경영자의 경영효율(management deficiency in conducting operations) 내지 경영성과를 평가하는 자료가 된다.

(2) 손익계산서의 한계점

손익계산서에 관련되는 정보는 인위적인 회계기간으로서 계속적인 영업활동에 대해 정확하게 나타낸다는 것이 매우 어렵다. 이러한 점 외에도 손익계산서는 다음과 같은 한계를 가지고 있다.

① 손익계산서에 영향을 미치는 모든 정보를 나타내지는 못한다. 손익계산서는 (적절하고 비계량적 정보인 경영자의 능력, 사업의 전망, 종업원태도, 재료공급여부, 신용도 등)을 나타내지 못한다.

② 이익측정의 문제, 즉, 손익계산서는 심리적 이익, 실질이익, 화페이익으로 이익을 구분함으로써 화폐적 이익만 표시되고 있다.

③ 비용과 수익의 잘못된 대응

④ 대체적 회계방법이 다수 허용

⑤ 손익항목의 구분에 문제(경상적인 항목과 특별항목의 구분)

3. 손익계산서의 기본구조

손익계산서는 다음과 같이 구분하여 표시한다. 다만, 제조업, 판매업 및 건설업 외의 업종에 속하는 기업은 매출총손익의 구분표시를 생략할 수 있다.

① 매출액

② 매출원가

③ 매출총손익

④ 판매비와관리비

⑤ 영업손익

⑥ 영업외수익

⑦ 영업외비용

⑧ 법인세비용차감전계속사업손익

⑨ 계속사업손익법인세비용

⑩ 계속사업손익

⑪ 중단사업손익(법인세효과 차감후)

⑫ 당기순손익

매출액은 기업의 주된 영업활동에서 발생한 제품, 상품, 용역 등의 총매출액에서 매출할인, 매출환입, 매출에누리 등을 차감한 금액이다. 차감 대상 금액이 중요한 경우에는 총매출액에서 차감하는 형식으로 표시하거나 주석으로 기재한다.

매출액은 업종별이나 부문별로 구분하여 표시할 수 있으며, 반제품매출액, 부산물매출액, 작업폐물매출액, 수출액, 장기할부매출액 등이 중요한 경우에는 이를 구분하여 표시하거나 주석으로 기재한다.

매출원가는 제품, 상품 등의 매출액에 대응되는 원가로서 판매된 제품이나 상품 등에 대한 제조원가 또는 매입원가이다. 매출원가의 산출과정은 손익계산서 본문에 표시하거나 주석으로 기재한다.

판매비와관리비는 제품, 상품, 용역 등의 판매활동과 기업의 관리활동에서 발생하는 비용으로서 매출원가에 속하지 아니하는 모든 영업비용을 포함한다.

판매비와관리비는 당해 비용을 표시하는 적절한 항목으로 구분하여 표시하거나 일괄표시할 수 있다. 일괄표시하는 경우에는 적절한 항목으로 구분하여 이를 주석으로 기재한다.

영업외수익은 기업의 주된 영업활동이 아닌 활동으로부터 발생한 수익과 차익으로서 중단사업손익에 해당하지 않는 것으로 한다.

영업외비용은 기업의 주된 영업활동이 아닌 활동으로부터 발생한 비용과 차손으로서 중단사업손익에 해당하지 않는 것으로 한다.

계속사업손익은 기업의 계속적인 사업활동과 그와 관련된 부수적인 활동에서 발생하는 손익으로서 중단사업손익에 해당하지 않는 모든 손익을 말한다.

계속사업손익법인세비용은 계속사업손익에 대응하여 발생한 법인세비용이다.

중단사업손익은 중단사업으로부터 발생한 영업손익과 영업외손익으로서 사업중단직접비용과 중단사업자산손상차손을 포함하며, 법인세효과를 차감한 후의 순액으로 보고하고 중단사업손익의 산출내역을 주석으로 기재한다. 이 때 중단사업손익에 대한 법인세효과는 손익계산서의 중단사업손익 다음에 괄호를 이용하여 표시한다.

당기순손익은 계속사업손익에 중단사업손익을 가감하여 산출하며, 당기순손익에 기타포괄손익을 가감하여 산출한 포괄손익의 내용을 주석으로 기재한다. 이 경우 기타포괄손익의 각 항목은 관련된 법인세효과가 있다면 그 금액을 차감한 후의 금액으로 표시하고 법인세효과에 대한 내용을 별도로 기재한다.

(1) 손익계산서의 형식

1) K-IFRS상 양식(단일형식과 분리형식)

한국채택국제회계기준에서는 하나의 포괄손익계산서에 당기순손익과 총포괄손익을 함께 나타내주는 단일형식과, 당기순손익을 별개의 손익계산서에서 구한 다음 총포괄손익을 따로 구함으로써 두 개의 손익계산서를 분리하여 작성하는 분리형식을 허용하고 있다.

2) K-GAAP에서의 손익계산서 양식

K-GAAP에서는 손익계산서 양식을 중단사업손익이 있을 경우와 중단사업손익이 없을 경우로 구분하고 있다.

4. 손익계산서의 작성기준

K-GAAP에서 제시하고 있는 손익계산서의 작성기준을 정리하면 다음과 같다.

(1) 구분표시

손익계산서는 매출총이익, 영업손익, 법인세차감전순손익, 당기순손익 그리고 주당손익으로 구분하여 표시한다. 기업의 경영활동별로 성과를 구분하여 표시함으로서 정보이용자에게 다양한 저보를 제공할 수 있고, 기업의 미래 이익창출능력을 예측하는데 필요한 정보를 제공할 수 있기 때문이다.

(2) 총액표시

수익과 비용은 각각 총액으로 보고하는 것을 원칙으로 하고, 수익항목과 비용항목을 직접 상계함으로써 그 전부 또는 일부를 손익계산서에서 제외하여서는 안 된다. 예를 들면, 매출액과 매출원가를 직접 상계한 후 매출이익만 손익계산서에 계상하여서는 안 된다는 것이다.

제 4 절 자본변동표

1. 자본변동표의 의의와 목적

(1) 자본변동표의 의의

자본변동표는 기업실체에 대한 자본의 크기와 그 변동에 관한 정보를 제공하는 재무보고서이다. 자본변동표에는 소유주의 투자와 소유주에 대한 분배, 그리고 포괄이익(소유주와의 자본거래를 제외한 모든 원천에서 인식된 자본의 변동)에 대한 정보가 포함된다. 소유주의 투자 및 소유주에 대한 분배들에 대한 정보는 다른 재무제표 정보와 더불어 당해 기업실체의 재무적 탄력성, 수익성 및 위험 등을 평가하는데 유용하다.

(2) 자본변동표의 목적

자본변동표는 자본의 크기와 그 변동에 관한 정보를 제공하는 재무보고서로서, 자본을 구성하고 있는 자본금, 자본잉여금, 자본조정, 기타포괄손익누계액, 이익잉여금(또는 결손금)의 변동에 대한 포괄적인 정보를 제공한다.

2. 자본변동표의 필요성과 유용성

(1) 필요성

국제회계기준 또는 미국회계기준 등 국제적인 회계기준에 의하면 자본의 변동내용에 대한 포괄적인 정보를 나타내는 재무제표를 기본 재무제표로 작성할 것을 요구하고 있다. 과거 우리나라의 경우에 이익잉여금처분계산서를 기본 재무제표의 하나로 하고 있는데, 이익잉여금처분계산서는 자본의 이익잉여금 중 이월이익잉여금 항목의 변동내용만을 나타낼 뿐 자본을 구성하는 모든 항목의 변동내용을 포괄적이고 체계적으로 제시하지 못하고 있다. 따라서 회계기준의 국제적 정합성 제고 및 자본의 변동내용의 포괄적인 정보제공을 위하여 자본변동표의 도입이 필요하게 되었다.

(2) 유용성

자본변동표의 유용성은 다음과 같이 요약될 수 있다.

① 자본변동표는 재무상태표에 표시되어 있는 자본의 변동내용을 설명하는 재무보고서로서, 자본을 구성하고 있는 모든 항목의 변동내용에 대한 정보를 제공하게 된다.

② 자본변동표는 재무제표간의 연계성을 제고시키며 재무제표의 이해가능성을 높인다.

③ 자본변동표는 손익계산서를 거치지 않고 재무상태표의 자본에 직접 가감되는 항목에 대한 정보를 제공한다.

3. 자본변동표의 기본구조

자본변동표에는 자본금, 자본잉여금, 자본조정, 기타포괄손익누계액, 이익잉여금(또는 결손금)의 각 항목별로 기초잔액, 변동사항, 기말잔액을 표시한다. 자본금의 변동은 유상증자(감자), 무상증자(감자)와 주식배당 등에 의하여 발생하며, 자본금은 보통주자본금과 우선주자본금으로 구분하여 표시한다.

자본잉여금의 변동은 유상증자(감자), 무상증자(감자), 결손금처리 등에 의하여 발생하며, 주식발행초과금과 기타자본잉여금으로 구분하여 표시한다.

자본조정의 변동은, 자기주식은 구분하여 표시하고 기타자본조정은 통합하여 표시할 수 있다. 기타포괄손익누계액의 변동은, 매도가능증권평가손익, 해외사업환산손익 및 현금흐름위험회피 파생상품평가손익은 구분하여 표시하고 그 밖의 항목은 그 금액이 중요할 경우에는 적절히 구분하여 표시할 수 있다.

이익잉여금의 변동은 다음과 같은 항목으로 구분하여 표시한다.

① 회계정책의 변경으로 인한 누적효과

② 중대한 전기오류수정손익

③ 연차배당(당기 중에 주주총회에서 승인된 배당금액으로 하되 현금배당과 주식배당으로 구분하여 기재)과 기타 전기말 미처분이익잉여금의 처분

④ 중간배당(당기 중에 이사회에서 승인된 배당금액)

⑤ 당기순손익

⑥ 기타: ① 내지 ⑤ 외의 원인으로 당기에 발생한 이익잉여금의 변동으로 하되, 그 금액이 중요한 경우에는 적절히 구분하여 표시한다.

자본변동표에서 전기에 이미 보고된 이익잉여금(또는 결손금)의 금액이 당기에 발생한 회계정책의 변경이나 중대한 전기오류수정으로 인하여 변동된 경우에는 전기에 이미 보고된 금액을 별도로 표시하고 회계정책 변경이나 오류수정이 매 회계연도에 미치는 영향을 가감한 수정 후 기초이익잉여금을 표시한다.

4. 구분표시

일반기업회계기준 '재무제표의 작성과 표시'에 의해 자본금 · 자본잉여금 · 자본조정 · 기타포괄손익누계액 · 이익잉여금(또는 결손금)의 각 항목별로 기초잔액 · 변동사항 · 기말잔액을 구분하여 표시한다.

(1) 자본금의 변동

유 · 무상증자(또는 감자)와 주식배당에 의하여 발생하며, 자본금은 보통주자본금과 우선주자본금으로 구분하여 표시한다.

(2) 자본잉여금의 변동

유 · 무상증자(또는 감자), 결손금처리 등에 의하여 발생하며, 주식발행초과금과 기타자본잉여금으로 구분하여 표시한다.

(3) 자본조정의 변동

주식할인발행차금 · 배당건설이자 · 자기주식 · 주식매수선택권 · 출자전환채무 · 청약기일이 경과된 신주청약증거금 중 신주납입금으로 충당될 금액 · 감자차손 · 자기주식처분차손 등으로 구분하여 표시한다.

(4) 기타포괄손익누계액의 변동

매도가능금융자산평가차손익 · 해외사업환산차손익 · 현금흐름 위험회피 파생상품평가차손익, 지분법자본변동 등으로 구분하여 표시한다.

(5) 이익잉여금의 변동

회계정책의 변경으로 인한 누적효과, 중대한 전기오류수정손익, 연차배당(당기 중에 주주총회에서 승인된 배당금으로 하되 현금배당 및 주식배당으로 구분표시)과 기타 전기말 처분전이익잉여금의 처분, 중간배당(당기 중에 이사회에서 승인된 배당금), 당기순손익 등으로 구분하여 표시한다.

제 5 절 이익잉여금처분계산서 및 결손금처리 계산서

1. 이익잉여금처분계산서

상법 등 관련법규에서 이익잉여금처분계산서(또는 결손처리계산서)의 작성을 요구하는 경우에는 재무상태표의 이익잉여금(또는 결손금)에 대한 보충정보로서 이익잉여금처분계산서(또는 결손금처리계산서)를 주석으로 공시한다.

이익잉여금처분예정액으로서 주식의 종류별 주당배당금액, 액면배당률, 배당액의 산정내역을 주석으로 기재한다.

(1) 이익잉여금처분계산서의 기능

이익잉여금처분계산서는 재무상태표나 손익계산서에서는 나타낼 수 없는 다음과 같은 사항을 보완하는 기능이 있다.

1) 이익배당에 관한 정보제공

이익잉여금처분계산서의 여러 기재항목 중 가장 중요한 것은 이익배당금액이다. 배당금의 액수는 거액인 경우가 일반적이며, 주주는 물론 정보이용자에게 가장 큰 관심사가 되고 있다. 따라서 이익잉여금처분계산서의 가장 큰 기능 내지 유용성은 이익배당에 관한 정보를 제공하는데 있다.

2) 법정적립금과 임의적립금에 대한 정보제공

이익잉여금처분계산서에서는 법정적립금과 임의적립금에 대한 정보를 제공할 수 있다. 법정적립금에는 상법상의 이익준비금과 기타의 법령에 의한 기업합리화적립금 등이 있고 임의적립금에는 사업확장적립금, 감채적립금, 배당평균적립금 등이 있다.

3) 임의적립금이입액 · 당기순이익 · 차기이월이익잉여금에 관한 정보제공

이익잉여금처분계산서에는 임의적립금의 이입액(처분전이익잉여금의 계산)과 당기순이익 처분이 확정된 잔액인 차기이월이익잉여금에 관한 정보도 제공하게 된다.

(2) 이익잉여금처분계산서의 과목과 범위

기업회계기준에 의하면 이익잉여금처분계산서의 과목은 다음과 같다.

1) 미처분이익잉여금

미처분이익잉여금은 다음과 같이 계산한다.

미처분이익잉여금 = 전기이월미처분이익잉여금(전기이월미처분결손금) ± 회계처리기준의 변경으로 인한 누적효과 ± 전기오류수정손익 - 중간배당액 ± 당기순이익(당기순손실)

처분전이익잉여금은 전기이월이익잉여금(전기이월결손금)에 회계변경의 누적효과, 전기오류수정손익, 당기순손익을 가감하고 중간배당액을 차감하여 산출한다.

2) 임의적립금 등의 이입액

임의적립금이입액은 사업확장적립금, 감채적립금 등을 이입하여 당기의 이익잉여금처분에 충당하는 경우에는 그 금액을 처분전이익잉여금에 가산하는 형식으로 기재한다.

3) 이익잉여금처분액

미처분이익잉여금에 임의적립금이입액을 가산한 처분가능이익잉여금을 바탕으로 이익잉여금의 처분을 다음과 같은 과목으로 세분하여 기재한다.

(가) 이익준비금

이익준비금은 상법의 규정에 의하여 금전에 의한 이익배당의 10분의 1 이상의 금액을 적립하는 금액으로 한다. 다만, 이익준비금의 총액이 자본금의 2분지 1에 달한 경우에는 그 이상 적립할 수 없다.

(나) 기타 법정적립금

이익준비금을 적립한 후 여유가 있을 경우 기업합리화적립금, 기업발전적립금, 재무구조개선적립금 등 법령에 의하여 의무적으로 적립하여야 할 적립금으로 한다.

(다) 이익잉여금처분에 의한 상각 등

주식할인발행차금상각, 배당건설이자상각, 자기주식처분손실잔액, 상환주식상환액 등의 이익잉여금처분액으로 한다.

(라) 배당금

배당금은 당기에 처분할 배당금으로 하되 금전에 의한 배당과 주식에 의한 배당으로 구분하여 기재한다. 주식의 종목별 배당률은 주기하고 배당수익률, 배당성향 및 배당액의 산정내역은 주석으로 기재한다.

배당가능액 = (미처분이익잉여금+임의적립금 등의 이입액) - (이익준비금 +기타법정적립금+이익잉여금처분에 의한 상각 등)

배당가능액에서 실제 처분된 배당금을 차감한 후 여유가 있으면 임의적립금이나 기타의 이익잉여금으로 처분할 수 있다.

(마) 임의적립금

사업확장적립금, 감채적립금, 배당평균적립금, 결손보전적립금 등 법인이 임의로 적립한 금액으로 한다.

4) 차기이월미처분이익잉여금

미처분이익잉여금과 임의적립금이입액 합계액에서 이익잉여금처분액을 차감한 금액으로 한다. 이 금액은 재무상태표상 자본계정의 차기이월미처분이익잉여금과 일치하게 된다.

2. 결손금처리계산서

(1) 결손금처리계산서의 의의

기업의 당기말 미처리결손금의 처리에 관하여는 결손금처리계산서(statement of deficit)를 작성하여야 한다. 당기순손실이 생겼다 하더라도 수정 후 전기이월이익잉여금을 초과하지 아니한 경우와 수정 후 전기이월결손금이 있다고 하더라도 당기순이익이 이를 초과하는 경우에는 당기말 미처리 결손금이 나타나지 않기 때문에 결손금처리계산서는 작성할 필요가 없다.

또한 기말에 미처리결손금이 생겼다 하더라도 이입할 수 있는 임의적립금이 동미처리결손금을 초과하는 경우에는 먼저 이 결손금을 보전(처리)하고 남는 금액의 범위 내에서 배당금을 지급하는 경우도 있을 수 있다. 이러한 경우에는 비록 기말에 미처리결손금이 생겼다 하더라도 이익잉여금처분계산서를 작성하여야 한다.

(2) 결손금처리계산서의 과목과 범위

1) 미처리결손금

미처리결손금 = 전기이월미처리결손금(전기이월미처분이익잉여금) ± 회계변경의 누적효과 ± 전기오류수정손익 ± 당기순손실(당기순이익)

미처리결손금은 전기이월미처분이익잉여금 또는 전기이월미처리결손금에 회계변경누적효과와 전기오류수정이익(손실)을 가감하고 중간배당금과 당기순손실(당기순이익)을 가감 산출한다.

2) 결손금처리액

미처리결손금이 있을 경우 기존의 이익잉여금이나 자본잉여금으로 보전을 하게 되는바 이를 결손금처리라고 한다. 결손금처리액은 임의적립금이입액, 기타 법정적립금이입액, 이익준비금이입액, 자본준비금이입액 등을 이입시켜 처리하여 차기이월결손금을 계산한다. 이후에도 부족한 경우에만 자본잉여금인 재평가적립금 및 자본준비금으로 결손처리를 하게 된다.

3) 차기이월미처리결손금

결손금처리를 한 후에도 결손금이 남을 경우에는 이 금액을 차기로 이월하게 되며 이를 차기이월결손금이라 한다. 또한 이 금액은 재무상태표의 자본계정에 차기이월결손금으로 표시된다.

제6절 회계정책, 회계추정의 변경 및 오류

1. 회계정책의 선택과 적용

거래, 기타 사건 또는 상황에 적용되는 회계정책은 일반기업회계기준을 적용하여 결정한다. 거래, 기타 사건 또는 상황에 대하여 구체적으로 적용할 수 있는 일반기업회계기준이 없는 경우, 경영진은 판단에 따라 회계정책을 개발 및 적용하여 회계정보를 작성할 수 있으며, 이때 회계정보는 다음과 같은 특성을 모두 보유하여야 한다.

① 이용자의 경제적 의사결정 요구에 목적적합하다.

② 신뢰할 수 있다. 신뢰할 수 있는 재무제표는 다음의 속성을 포함한다.

㉮ 기업의 재무상태, 재무성과 및 현금흐름을 충실하게 표현한다.

㉯ 거래, 기타, 사건 및 상황의 단순한 법적 형태가 아닌 경제적 실질을 반영한다.

㉰ 중립적이다. 즉, 편의가 없다

㉱ 신중하게 고려한다.

㉲ 중요한 사항을 빠짐없이 고려한다.

상기와 같이 판단하는 경우에는 경영진은 다음 사항을 순차적으로 참조하여 그 적용가능성을 고려한다.

① 내용상 유사하고 관련되는 회계논제를 다루는 일반기업회계기준의 규정

② 자산, 부채, 수익, 비용에 대한 '재무회계개념체계'의 정의, 인식기준 및 측정개념

③ 한국채택국제회계기준

적절한 회계정책을 정하지 못하는 경우, 경영진은 유사한 개념체계를 사용하여 회계기준을 개발하는 회계기준제정기구가 가장 최근에 발표한 회계기준, 기타의 회계문헌과 인정된 산업관행을 고려할 수 있다.

2. 회계변경

회계변경은 회계정책의 변경과 회계추정의 변경을 말한다. 회계정책의 변경은 재무제표의 작성과 보고에 적용하던 회계정책을 다른 회계정책으로 바꾸는 것을 말한다. 회계정책은 기업이 재무보고의 목적으로 선택한 기업회계기준과 그 적용방법을 말한다. 한편, 회계추정의 변경은 기업환경의 변화, 새로운 정보의 획득 또는 경험의 축적에 따라 지금까지 사용해오던 회계적 추정치의 근거와 방법 등을 바꾸는 것을 말한다. 회계추정은 기업환경의 불확실성하에서 미래의 재무적 결과를 사전적으로 예측하는 것을 말한다.

매기 동일한 회계정책 또는 회계추정을 사용하면 비교가능성이 증대되어 재무제표의 유용성이 향상된다. 따라서 재무제표를 작성할 때 일단 채택한 회계정책이나 회계추정은 유사한 종류의 사건이나 거래의 회계처리에 그대로 적용하여야 한다.

3. 회계정책의 변경

① 일반기업회계기준에서 회계정책의 변경을 요구하는 경우

② 회계정책의 변경을 반영한 재무제표가 거래, 기타 사건 또는 상황이 재무상태, 재무성과 또는 현금흐름에 미치는 영향에 대하여 신뢰성 있고 더 목적적합한 정보를 제공하는 경우

일반기업회계기준의 유형자산에 따라 자산을 재평가하는 회계정책을 최초로 적용하는 경우의 회계정책 변경은 이 장을 적용하지 아니하고 각각 유형자산에 따라 회계처리한다.

변경된 새로운 회계정책은 소급하여 적용한다. 전기 또는 그 이전의 재무제표를 비교목적으로 공시할 경우에는 소급적용에 따른 수정사항을 반영하여 재작성한다. 비교재무제표상의 최초회계기간 전의 회계기간에 대한 수정사항은 비교재무제표상 최초회계기간의 자산, 부채 및 자본의 기초금액에 반영한다. 또한 전기 또는 그 이전기간과 관련된 기타재무정보도 재작성한다.

회계정책의 변경에 따른 누적효과를 합리적으로 결정하기 어려운 경우에는 회계변경을 전진적으로 처리하여 그 효과가 당기와 당기이후의 기간에 반영되도록 한다.

회계정책 변경을 전진적으로 처리하는 경우에는 그 변경의 효과를 당해 회계연도 개시일부터 적용한다.

4. 회계추정의 변경

회계추정의 변경은 전진적으로 처리하여 그 효과를 당기와 당기이후의 기간에 반영한다.

회계정책의 변경과 회계추정의 변경이 동시에 이루어지는 경우에는 회계정책의 변경에 의한 누적효과를 먼저 계산하여 소급적용한 후, 회계추정의 변경효과를 전진적으로 적용한다.

회계변경의 속성상 그 효과를 회계정책의 변경효과와 회계추정의 변경효과로 구분하기가 불가능한 경우에는 이를 회계추정의 변경으로 본다. 예를 들면, 비용으로 처리하던 특정지출의 미래 경제적 효익을 인정하여 자본화하는 경우에는 회계정책의 변경효과와 회계추정의 변경효과를 구분하는 것이 불가능한 것이 일반적이다.

회계추정 변경의 효과는 당해 회계연도 개시일부터 적용한다.

5. 오류수정

오류수정은 전기 또는 그 이전의 재무제표에 포함된 회계적 오류를 당기에 발견하여 이를 수정하는 것을 말한다. 중대한 오류는 재무제표의 신뢰성을 심각하게 손상할 수 있는 매우 중요한 오류를 말한다.

당기에 발견한 전기 또는 그 이전기간의 오류는 당기 손익계산서에 영업외손익 중 전기오류수정손익으로 보고한다. 다만, 전기 이전기간에 발생한 중대한 오류의 수정은 자산, 부채 및 자본의 기초금액에 반영한다. 비교재무제표를 작성하는 경우 중대한 오류의 영향을 받는 회계기간의 재무제표항목은 재작성한다.

전기 또는 그 이전기간에 발생한 중대한 오류의 수정을 위해 전기 또는 그 이전기간의 재무제표를 재작성하는 경우 각각의 회계기간에 발생한 중대한 오류의 수정금액을 해당기간의 재무제표에 반영한다. 비교재무제표에 보고된 최초회계기간 이전에 발생한 중대한 오류의 수정에 대하여는 당해 최초회계기간의 자산, 부채 및 자본의 기초금액에 반영한다. 또한 전기 또는 그 이전기간과 관련된 기타재무정보도 재작성한다.

6. 주석공시

회계정책의 변경을 회계정책의 변경에 따라 회계처리한 경우에는 다음 사항을 주석으로 기재한다.

① 회계정책 변경의 내용과 그 근거
② 회계정책의 변경이 당기 재무제표에 미치는 영향
③ 회계정책의 변경으로 인한 비교재무제표상의 수정금액
④ 비교재무제표가 재작성되었다는 사실
⑤ 회계변경연도와 비교표시된 각 과거기간에 대하여 재계산된 계속사업손익, 당기순손익 및 기타 중요변동항목의 내역

회계정책의 변경을 당기와 당기이후의 기간에만 적용하여 전진적으로 처리한 경우에는 그 사실과 회계정책변경의 내용, 그 정당성 및 변경으로 인하여 당기 재무제표에 미치는 영향을 주석으로 기재한다.

회계추정을 변경한 경우에는 변경내용, 그 정당성 및 그 변경이 당기 재무제표에 미치는 영

항을 주석으로 기재한다. 만약 그 금액을 산정하기 어려운 경우에는 그 사실을 주석으로 기재한다.

전기 또는 그 이전기간의 오류수정의 내용은 주석으로 기재하며, 특히 중대한 오류를 수정한 경우에는 다음 사항을 주석으로 기재한다.

① 중대한 오류로 판단한 근거

② 비교재무제표에 표시된 과거회계기간에 대한 수정금액

③ 비교재무제표가 재작성되었다는 사실

④ 중대한 오류가 발생한 연도와 그 오류의 영향을 받는 연도별로 재계산된 계속사업손익, 당기순손익 및 기타 중요변동항목의 내역

제7절 현금흐름표

1. 현금흐름표의 의의와 목적

(1) 현금흐름표의 의의

현금흐름표(statement of cash flows)는 일정기간 동안의 기업의 현금흐름을 나타내는 표로서 현금변동내용을 명확하게 보고하기 위하여 현금의 유입과 유출내용을 적정하게 표시해 주는 회계보고서이다. 여기서 현금흐름이란 현금의 유입과 유출을 의미하며, 현금변동내용이란 현금의 유입 및 유출의 결과 기초의 현금과 비교하여 기말의 현금에 증감변동이 있었는가를 말한다. 여기에서 현금이라 함은 기업회계기준에 의하면, 통화 및 타인발행수표 등 통화대용증권과 당좌예금, 보통예금 및 현금등가물로 한다. 이 경우 현금등가물이라 함은 큰 거래비용 없이 현금으로 전환이 용이하고 이자율변동에 따른 가치변동의위험이 중요하지 않은 유가증권 및 단기금융상품으로서 취득당시 만기(또는 상환일)가 3개월 이내에 도래하는 것을 말한다라고 규정되어 있다.

현금흐름표에서 현금이라 함은 현금 및 현금등가물을 말한다. 따라서 현금(통화 및 타인발행수표, 당좌예금, 보통예금)과 현금등가물(유가증권, 정기예금, 정기적금, 사용이 제한된 예금 및 기타 정형화된 단기금융상품 등으로 3개월 이내에 만기도래분)의 합계가 현금흐름표의 현금을 구성하게 된다.

(2) 현금흐름표의 목적

현금흐름표는 기업의 현금흐름을 나타내는 표로서 현금의 변동내용을 명확하게 보고하기 위하여 당해 회계기간에 속하는 현금의 유입과 유출내용을 적정하게 표시하여야 한다.

2. 현금흐름 정보의 유용성 및 한계

(1) 현금흐름 정보의 유용성

재무제표의 이용자가 현금흐름표를 다른 재무제표와 함께 이용할 경우 다음과 같은 유용한 정보를 얻을 수 있다.

1) 미래 현금흐름에 관한 정보

현금흐름표는 미래의 현금흐름을 평가하는데 유용한 정보를 제공한다. 현금흐름표를 손익계산서와 함께 이용하면 미래의 현금흐름액, 시기 및 불확실성을 예측하는데 도움을 준다.

2) 이익의 질에 관한 정보

현금흐름표를 작성하면 현금흐름을 손익계산서로부터 얻은 순손익과 비교할 수 있으므로 신뢰성있는 이익의 질을 평가할 수 있다.

3) 영업활동 수행능력에 관한 정보

기업이 현재의 영업활동능력을 유지할 수 있고 미래에 성장할 수 있으며, 배당금을 지급할 수 있는지의 여부는 기업의 현금창출능력에 달려 있으므로 현금흐름표는 이에 관한 정보를 제공한다.

4) 지급능력에 관한 정보

지급능력이란 부채의 만기일이 도래했을 때 이 부채를 상환할 수 있는 기업의 재무적 능력을 말한다. 현금흐름표는 영업활동에서 조달된 현금을 포함한 기업의 현금흐름정보를 통하여 기업의 지급능력을 평가할 수 있는 정보를 제공한다.

5) 투자활동과 재무활동의 영향에 관한 정보

투자활동과 재무활동으로 유입된 현금과 유출된 현금에 관한 정보를 제공함으로써 투자활동과 재무활동이 기업의 재무상태에 미치는 영향에 관한 정보를 제공한다.

(2) 현금흐름표의 한계

현금흐름표는 보통 기업의 일정기간 동안의 현금유입과 유출에 관한 정보를 제공하지만 기간간의 관계에 대한 정보는 없어 미래의 현금흐름에 대한 장기전망을 평가하기에는 불완전하다. 즉, 당해기간의 많은 현금 유입, 특히 영업활동으로 인한 현금유입은 과거 기간의 활동으로 인하여 유입된 것일 수도 있으며, 당해기간의 많은 현금 유출은 현재가 아닌 미래의 현금유입이 기대되거나 예상될 수도 있다. 따라서 현금흐름표는 단독으로보다는 재무상태표나 손익계산서 등과 함께 사용됨으로써 기업의 미래 현금흐름에 대한 전망을 평가할 수 있는 정보를 제공하여 준다.

3. 현금흐름표의 기본구조

현금흐름표는 영업활동으로 인한 현금흐름, 투자활동으로 인한 현금흐름, 재무활동으로 인한 현금흐름으로 구분하여 표시하고, 이에 기초의 현금을 가산하여 기말의 현금을 산출하는 형식으로 표시한다. 현금흐름표에서 현금이라 함은 현금및현금성자산을 말한다.

(1) 영업활동으로 인한 현금흐름

영업활동이라 함은 일반적으로 제품의 생산과 상품 및 용역의 구매·판매활동을 말하며, 투자활동과 재무활동에 속하지 아니하는 거래를 모두 포함한다.

영업활동으로 인한 현금의 유입에는 제품 등의 판매에 따른 현금유입(매출채권의 회수 포함), 이자수익과 배당금수익, 기타 투자활동과 재무활동에 속하지 아니하는 거래에서 발생된 현금유입이 포함된다.

영업활동으로 인한 현금의 유출에는 원재료, 상품 등의 구입에 따른 현금유출(매입채무의 결제 포함), 기타 상품과 용역의 공급자와 종업원에 대한 현금지출, 법인세(토지 등 양도소득에 대한 법인세 제외)의 지급, 이자비용, 기타 투자활동과 재무활동에 속하지 아니하는 거래에서 발생된 현금유출이 포함된다.

1) 영업활동으로 인한 현금흐름의 표시방법

영업활동으로 인한 현금흐름은 직접법 또는 간접법으로 표시한다. 직접법이라 함은 현금을 수반하여 발생한 수익 또는 비용항목을 총액으로 표시하되, 현금유입액은 원천별로 현금유출액은 용도별로 분류하여 표시하는 방법을 말한다. 이 경우 현금을 수반하여 발생하는 수익·비용

항목을 원천별로 구분하여 직접 계산하는 방법 또는 매출과 매출원가에 현금의 유출 · 유입이 없는 항목과 재고자산 · 매출채권 · 매입채무의 증감을 가감하여 계산하는 방법으로 한다.

간접법이라 함은 당기순이익(또는 당기순손실)에 현금의 유출이 없는 비용 등을 가산하고 현금의 유입이 없는 수익 등을 차감하며, 영업활동으로 인한 자산 · 부채의 변동을 가감하여 표시하는 방법을 말한다.

① 현금의 유출이 없는 비용 등은 현금의 유출이 없는 비용, 투자활동과 재무활동으로 인한 비용을 말한다.

② 현금의 유입이 없는 수익 등은 현금의 유입이 없는 수익, 투자활동과 재무활동으로 인한 수익을 말한다.

③ 영업활동으로 인한 자산·부채의 변동은 영업활동과 관련하여 발생한 유동자산 및 유동부채의 증가 또는 감소를 말한다.

(2) 투자활동으로 인한 현금흐름

투자활동이라 함은 현금의 대여와 회수활동, 유가증권 · 투자자산 · 유형자산 및 무형자산의 취득과 처분활동 등을 말한다.

투자활동으로 인한 현금의 유입에는 대여금의 회수, 단기투자자산 · 유가증권 · 투자자산 · 유형자산 · 무형자산의 처분 등이 포함된다.

투자활동으로 인한 현금의 유출에는 현금의 대여, 단기투자자산 · 유가증권 · 투자자산 · 유형자산 · 무형자산의 취득에 따른 현금유출로서 취득 직전 또는 직후의 지급액 등이 포함된다.

(3) 재무활동으로 인한 현금흐름

재무활동이라 함은 현금의 차입 및 상환활동, 신주발행이나 배당금의 지급활동 등과 같이 부채 및 자본계정에 영향을 미치는 거래를 말한다.

재무활동으로 인한 현금의 유입에는 단기차입금 · 장기차입금의 차입, 어음 · 사채의 발행, 주식의 발행 등이 포함된다.

재무활동으로 인한 현금의 유출에는 배당금의 지급, 유상감자, 자기주식의 취득, 차입금의 상환, 자산의 취득에 따른 부채의 지급 등이 포함된다.

(4) 기타 표시방법

현금흐름표는 다음과 같이 표시한다.

① 현금의 유입과 유출내용에 대하여는 기중 증가 또는 기중 감소를 상계하지 아니하고 각

각 총액으로 표시한다. 다만, 거래가 빈번하여 총금액이 크고 단기간에 만기가 도래하는 현금의 유입과 유출항목은 순증감액으로 표시할 수 있다.

② 사채발행 또는 주식발행으로 인한 현금유입시에는 발행금액으로 표시한다.

다음 사항을 주석으로 기재한다.

① 다음과 같은 현금의 유입과 유출이 없는 거래

현물출자로 인한 유형자산의 취득, 유형자산의 연불구입, 무상증자, 무상감자, 주식배당, 전환사채의 전환 등 현금의 유입과 유출이 없는 거래 중 유의적인 거래

② 직접법으로 작성한 경우에는 당기순이익(당기순손실)과 당기순이익(당기순손실)에 가감할 항목에 관한 사항

4. 외화현금흐름

외화로 거래된 현금흐름은 현금흐름이 발생한 때의 환율을 적용하여 환산한 금액으로 보고하며, 외화표시 현금에 대한 외화환산차손익은 기말 현재의 현금 금액에 대한 조정항목으로 별도 표시한다. 즉 영업활동 현금흐름을 간접법에 의해 표시하는 경우 외화표시 현금에 대한 외화환산차익은 당기순이익에서 차감(외화환산차손은 가산)하여 영업활동 현금흐름을 산출한다. 이렇게 산출된 영업활동 현금흐름에 투자활동 현금흐름과 재무활동 현금흐름을 가산하고 외화표시 현금에 대한 외화환산차익 또는 외화환산차손을 가감 조정하는 형식으로 당기 현금증가(또는 감소)를 표시한다.

5. 현금유입 · 출이 없는 투자활동과 재무활동에 속하는 거래

투자활동 또는 재무활동으로 표시하지 않지만 중요한 경우(즉 자산의 연불구입 · 비현금자산의 무상 취득 · 금융리스에 의한 자산의 취득 · 주식발행에 의한 기업의 인수 · 채무의 출자전환 · 현물출자 · 자산 또는 부채의 교환 등)에는 그 내용을 주석으로 기재한다.

즉 현금을 자금(기업의 활동에 필요한 돈)으로 채택하고 있고 총재무자원개념에 의한 재무적 거래는 주석으로 표시하여 현금기준의 단점을 보완하기 위함이다.

〈표 6-2〉 재무상태표계정의 활동별 분류

계정과목	영업활동	투자활동	재무활동
(자산)			
단기금융자산		⊙	
유가증권		⊙	
매출채권	⊙		
단기대여금		⊙	
미수금	⊙	⊙	
미수수익 · 선급비용	⊙		
재고자산	⊙		
선급금	⊙		
투자자산		⊙	
유형자산		⊙	
무형자산		⊙	
(부채)			
매입채무	⊙		
단기차입금			⊙
미지급법인세	⊙		
미지금배당금			⊙
유동성장기부채			⊙
미지급금			⊙
선수금	⊙		
미지급비용	⊙		
선수수익	⊙		
장기차입금, 사채			⊙
장기성매입채무	⊙		
퇴직급여충당금	⊙		
(자본)			
자본금			⊙
당기순이익	⊙		
배당금			⊙
자본조정			⊙

* 미수금 중 부가가치세 미수금은 영업활동으로 분류함

6. 현금흐름표의 표시 방법 및 주석사항

(1) 영업활동으로 인한 현금흐름의 표시방법(직접법과 간접법)

영업활동에 의한 현금흐름은 기업의 정상적인 수익활동에서 발생된 현금흐름액을 말하는데 이를 계산·표시하는 방법에는 직접법과 간접법의 두 가지 방법이 있다.

직접법이란 현금을 수반하여 발생한 수익 또는 비용항목을 총액으로 표시하되 유입액을 원천별로, 현금유출액은 용도별로 분류하여 표시하는 방법을 말하며 이에 해당되는 항목으로 다음과 같은 것들이 있다.

유 입 액	유 출 액
① 매출 등 수익활동에 의한 것 ② 이자수익 ③ 배당금수익	① 매입 및 종업원에 대한 것 ② 이자비용 ③ 미지급법인세의 지급

간접법은 손익계산서상의 당기순이익에다 현금의 유출이 없는 비용을 가산하고 현금의 유입이 없는 수익을 차감하는 방식으로 표시하는 방법이다. 기업회계기준상 영업활동으로 인한 현금흐름의 표시는 직접법과 간접법 중 선택하여 적용할 수 있지만 한번 선택한 방법은 기간별 비교가능성을 제고하기 위하여 매기 계속하여 적용하여야 할 것이다. 직접법과 간접법에 의한 영업활동으로 인한 현금흐름의 보고양식을 비교 하여 표시하면 〈표 6-5〉와 같다.

〈표 6-3〉 영업활동으로 인한 현금흐름의 보고방법

직 접 법	간 접 법
Ⅰ. 영업활동으로 인한 현금흐름 1. 매출 등 수익활동으로부터의 유입액 2. 매입 및 종업원에 대한 유출액 3. 이자수익 유입액 4. 배당금수익 유입액 5. 이자비용 유출액 6. 미지급법인세의 지급 7.	Ⅰ. 영업활동으로 인한 현금흐름 1. 당기순이익 2. 현금의 유출이 없는 비용 등의 가산 3. 현금의 유입이 없는 수익 등의 차감 4. 영업활동으로 인한 자산·부채의 변동(가감)

직접법은 실제 현금의 유입과 유출의 원천을 기준으로 작성되기 때문에 재무정보의 이용자들이 과거의 현금흐름을 이해하고 미래의 현금흐름을 예측하는데 보다 유용하며 당기순이익과

현금흐름의 관계를 보다 잘 나타내 준다. 그러나 발생주의 손익계산서에 익숙한 재무제표 이용자를 혼동시킬 수 있고, 기업의 재무기록이 현금기준이 아닌 발생주의 기준으로 유지되고 있기 때문에 직접법으로 작성할 경우에는 추가적인 시간과 노력이 소요된다는 단점이 있다.

한편, 간접법은 기존의 발생주의 회계에서 산출되는 당기순이익에서 출발하여 가감항목을 조정하여 영업활동으로 인한 현금흐름을 산출함으로써 이들간의 차이내역을 명확하게 부각시킬 수 있는 장점이 있다. 그러나 감가상각비와 같은 일부 비용이 현금의 유입원천으로 나타나기 때문에 정보이용자를 혼동시킬 수 있다는 단점이 있다.

1) 영업활동으로 인한 현금흐름액의 계산-직접법

직접법에 의거 현금흐름표를 작성하는 경우에도 영업활동으로 인한 현금흐름액을 계산하는 방법에는 두 가지가 있다. 첫째, 그 기업의 회계장부로부터 직접 중요한 수익·비용항목의 현금유입액과 현금유출액을 구하는 방법(1법)과 둘째, 손익계산서상의 매출액, 매출원가에 현금의 유출과 유입이 없는 항목과 재고자산·매출채권·매입채무의 증감을 가감하여 계산하는 방법(2법)이 그것이다. 두 방법을 예시하면 다음 〈표 6-6〉과 같다.

〈표 6-4〉 영업활동으로 인한 현금흐름의 계산방법(직접법)

1법	2법
Ⅰ. 영업활동으로 인한 현금흐름 (1) 매출 등 수익활동으로부터의 유입액 ① 현금매출 ② 매출채권 회수액 ③ 선수금 수령액	Ⅰ. 영업활동으로 인한 현금흐름 (1) 매출 등 수익활동으로부터의 유입액 매출액(I/S상) - 매출채권의 증가(+감소) - 선수금감소(+증가)-대손상각액
(2) 매입 및 종업원에 대한 유출액 ① 현금매입 ② 매입채무 중 현금지급액 ③ 선급금 지급액 ④ 급료 등 ⑤ 기타현금지출 비용	(2) 매입 및 종업원에 대한 유출액 1) 매출원가(I/S상) + 재고자산의 증가(-감소) - 매입채무의 증가(+감소) - 감가상각비 등 - 퇴직급여충당금 전입액 2) 판매비와 관리비(I/S상) - 미지급비용의 증가(+감소) - 선급비용의 감소(+증가) - 감가상각비 - 대손상각비

1법	2법
(3) 이자수익 유입액 ① 이자수익과 할인료 현금수령액 ② 유가증권이자 현금수령액	(3) 이자수익 유입액 이자수익과 할인료(I/S상) 유가증권 이자 + 미수이자의 감소(-증가) + 선수이자의 증가(-감소)
(4) 배당금수익 유입액 - 배당금수익 현금수령액	(4) 배당금수익 유입액 배당금수익(I/S상) + 미수배당금 감소(-증가)
(5) 이자비용 유출액 - 이자비용과 할인료 현금지급액	(5) 이자비용 지급액 이자비용과 할인료(I/S상) 사채이자(I/S상) - 미지급이자의 증가(+감소) + 선급이자의 증가(-감소) - 사채할인발행차금상각분
(6) 법인세비용 유출액 - 미지급법인세 지급액	(6) 법인세비용 유출액 법인세비용(I/S상) - 미지급법인세의 증가(+감소) - 특별부가세
(7) 기타	(7) 기타

2) 영업활동으로 인한 현금흐름액의 계산-간접법

간접법에 의한 영업활동으로 인한 현금흐름은 손익계산서상 당기순이익에 현금에 영향을 미치지 않는 수익과 비용, 투자 및 재무활동으로 인한 손익, 영업활동으로 인한 자산·부채의 변동을 차감하거나 가산하여 계산하는데 그 내용을 요약하면 〈표 6-7〉과 같다.

〈표 6-5〉 영업활동으로 인한 현금흐름(간접법)

Ⅰ. 영업활동으로 인한 현금흐름
1. 당기순이익(손실) 2. 현금의 유출이 없는 비용 등의 가산(+) (1) 현금의 유출이 없는 비용 ① 유형자산 감가상각비 ② 무형자산 상각비 ③ 대손상각비 ④ 퇴직급여 ⑤ 사채이자(사채할인발행차금 상각분) ⑥ 유가증권 평가손실 ⑦ 유가증권 처분손실 ⑧ 유형자산 처분손실

⑨ 투자유가증권 감액손실
⑩ 투자자산 처분손실
⑪ 지분법 평가손실
(2) 현금의 유출이 있으나 투자·재무활동으로 인한 비용
① 사채상환손실
② 장기차입금상환손실
3. 현금의 유입이 없는 수익 등의 차감(-)
(1) 현금의 유입이 없는 이익
① 유가증권평가이익
② 지분법 평가이익
(2) 현금의 유입이 있으나 투자, 재무활동으로 인한 이익
① 유가증권처분 이익
② 유형자산 처분이익
③ 투자자산처분이익
④ 사채상환이익
4. 영업활동으로 인한 자산·부채의 변동
(1) 영업활동과 관련된 유동자산의 순감소(+)
① 매출채권(외상매출금, 받을어음)의 감소액
② 재고자산의 감소액
③ 선급금의 감소액
④ 선급비용의 감소액
⑤ 미수수익의 감소액
⑥ 이연법인세차의 감소액
(2) 영업활동과 관련된 유동부채의 순증가(+)
① 매입채무(외상매입금, 지급어음)의 증가액
② 선수금의 증가액
③ 미지급비용의 증가액
④ 선수수익의 증가액
⑤ 이연법인세대의 증가액
(3) 영업활동과 관련된 유동자산의 순증가(-)
① 매출채권의 증가액
② 재고자산의 증가액
③ 선급금의 증가액
④ 선급비용의 증가액
⑤ 미수수익의 증가액
⑥ 이연법인세자산의 증가액
(4) 영업활동과 관련된 유동부채의 순감소(-)
① 매입채무의 감소액
② 선수금의 감소액
③ 미지급비용의 감소액
④ 선수수익의 감소액
⑤ 이연법인세부채의 감소액

(2) 투자활동으로 인한 현금흐름

투자활동으로 인한 현금흐름은 종전의 재무상태변동표상의 투자활동에서 조달되거나 사용된 순운전자본의 작성방법과 같다. 다만, 단기금융자산 및 유가증권(현금등가물 제외)이나 단기대여금 등과 같은 비현금성 유동자산의 취득과 처분에 대한 정보가 추가된다는 점만 다르다. 세부 계정과목은 거래의 중요성에 따라 구분하여 기재하여야 하며 보고양식은 〈표 6-8〉과 같다.

〈표 6-6〉 투자활동으로 인한 현금흐름

투자활동으로 인한 현금 유입액	투자활동으로 인한 현금유출액
(1) 유동자산의 감소	(1) 유동자산의 증가
단기대여금의 회수	현금의 단기대여
단기금융자산의 처분	단기금융자산의 취득
유가증권의 처분	유가증권의 취득
....	....
(2) 투자자산의자산상품의 처분	(2) 투자자산의 증가
장기금융자산의 처분	장기금융자산의 취득
투자유가증권 처분	투자유가증권의 취득
장기대여금의 회수	현금의 장기대여
....	....
(3) 유형자산의 처분	(3) 유형자산의 증가
토지의 처분	토지의 취득
건물의 처분	건물의 취득
기계장치의 처분	기계장치의 취득
....	....
(4) 무형자산의 감소	(4) 무형자산의 증가

(3) 재무활동으로 인한 현금흐름

재무활동으로 이한 현금흐름도 종전의 재무상태변동표상의 재무활동에서 조달되거나 사용된 순운전자본에 대한 작성방법과 같다. 다만, 단기차입금과 영업활동과 관련이 없는 유동부채의 증가와 감소에 대한 정보가 추가된다는 점만 다르다. 세부 계정과목은 거래의 중요성에 따라 구분하여 기재하여야 하며 그 보고양식은 〈표 6-9〉와 같다.

〈표 6-7〉 재무활동으로 인한 현금흐름

재무활동으로 인한 현금유입액	재무활동으로 인한 현금유출액
(1) 유동부채의 증가 단기차입금의 증가 ………………	(1) 유동부채의 감소 단기차입금의 상환 ………………
(2) 비유동부채의 증가 사채의 발행 전환사채의 발행 장기차입금의 차입 ………………	(2) 비유동부채의 감소 사채의 상환 전환사채의 상환 장기차입금의 상환 ………………
(3) 자본의 증가 보통주의 발행 우선주의 발행 자기주식의 처분 ………………	(3) 자본의 감소 유상감자 자기주식의 취득 ………………
	(4) 배당금의 지급

(4) 현금흐름표의 양식

다음에 제시된 현금흐름표 [작성양식]은 기업회계기준(2000. 8. 25. 제정)에 의한 현금흐름표와 기업회계기준서 「재무제표의 작성과 표시」에 의한 현금흐름표를 비교한 것이다(2005년 6월말 현재 기업회계기준서 「재무제표의 작성과 표시」의 현금흐름표에 관한 규정은 공개초안상태이다). 또한 기업회계기준에 근거한 현금흐름표 [사례]와 일반기업회계기준 「재무제표의 작성과 표시」에 근거한 현금흐름표 [사례]를 제시하였다.

현금흐름표(간접법)

제×기 20××년 ×월 ×일부터 제×기 20××년 ×월 ×일까지
제×기 20××년 ×월 ×일부터 제×기 20××년 ×월 ×일까지

기업회계기준(2000. 8. 25. 제정)	일반기업회계기준「재무제표의 작성과 표시」
과 목	과 목
1. 영업활동 현금흐름 ① 당기순이익 ② 현금의 유출이 없는 비용 등의 자산 감가상각비 퇴직급여 등 ③ 현금의 유입이 없는 수익 등의 차감 사채상환차익 등 ④ 영업활동으로 인한 자산·부채의 변동 매출채권의 감소(증가) 이연법인세자산의 감소(증가) 매입채무의 증가(감소) 미지급법인세의 증가(감소) 이연법인세부채의 증가(감소) 등	1. 영업활동 현금흐름 ① 당기순이익 ② 당기순이익 조정항목 감가상각비 유형자산처분차손익 비유동자산에 속하는 지분증권처분차손익 투자부동산처분차손익 지분법차손익 사채상환차손익 이자수익 이자비용 재무자산처분차손익 외화현금환산차손익 등 ③ 영업활동으로 인한 자산·부채의 변동 매출채권의 감소(증가) 재고자산의 감소(증가) 선급비용의 감소(증가) 매입채무의 증가(감소) 미지급비용의 증가(감소) 미지급법인세의 증가(감소) 퇴직급여충당부채의 증가(감소) 이연법인세자산·부채의 증감액 등
2. 투자활동 현금흐름 ① 투자활동 현금유입액 단기금융상품의 처분 유가증권의 처분 토지의 처분 등 ② 투자활동 현금유출액 현금의 단기대여 단기금융상품의 취득 유가증권의 취득 토지의 취득 개발비의 지급 등	2. 투자활동 현금흐름 ① 투자활동 현금유입액 투자부동산의 처분 비유동자산으ㅔ 속하는 지분증권 처분 유형자산의 처분 무형자산의 처분 등 ② 투자활동 현금유출액 투자부동산의 취득 비유동자산에 속하는 지분증권 취득 유형자산의 취득 무형자산의 취득 등
3. 재무활동 현금흐름 ① 재무활동 현금유입액 단기차입금의 차입 사채의 발행 보통주의 발행 등 ② 재무활동 현금유출액 단기차입금의 상환 사채의 상환 유상감자 등	3. 재무활동 현금흐름 ① 재무활동 현금유입액 장·단기 차입 회사채의 발행 주식의 발행 이자수입 재무자산의 처분 등 ② 재무활동 현금유출액 차입금의 상환 유상감자 미지급채무의 상환 금융비요·배당금 지급 재무자산의 취득 법인세 등의 납부 등
4. 현금의 증가(감소) 5. 기초의 현금 6. 기말의 현금	4. 외화현금의 환산차익(차손) 5. 현금의 증가(감소) 6. 기초의 현금 7. 기말의 현금

(5) 기타 작성방법 및 주석사항

1) 기타 작성방법

① 현금흐름표의 작성시 현금의 유입과 유출은 각각 기중의 증가 및 감소를 상계하지 아니하고 총액으로 표시하여야 한다. 그러나 거래가 빈번하고 총금액이 대단히 크며 단기간에 만기가 도래하는 현금의 유입 및 유출은 순증감액으로 기재할 수 있다.
② 사채발행 또는 주식방행으로 인한 현금유입시에는 발행가액으로 기재한다.
③ 고정자산의 처분에 따른 특별부가세의 납부는 투자활동으로 분류한다.

2) 주석사항

① 현금의 유입과 유출이 없는 거래 : 현물출자로 인한 유형자산의 취득, 유형자산의 연불구입, 무상증자 및 무상감자, 주식배당, 전환사채의 자본금 전환 등 현금의 유입과 유출이 없는 거래중 중요한 거래
② 직접법에 따라 영업활동으로 인한 현금의 흐름을 표시한 경우 당기순이익(당기순손실) 및 이 금액에 가감할 항목에 관한 사항에 주석으로 기재하여야 한다.

제8절 주석

주석(foot note)은 재무제표 본문의 정보에 추가하여 재무제표의 전반적인 이해를 위하여 필요한 양적·질적 정보를 제공한다. 이와 같이 주석정보는 재무제표의 전반적인 이해를 증진시키며 기업의 재무상태·경영성과·자본변동 및 현금흐름에 관한 필수적인 정보를 전달하므로, 주석이 제외된 재무제표는 완전한 재무제표라고 할 수 없다.

1. 주석의 구조

주석은 다음의 사항을 포함한다.
① 재무제표 작성기준 및 유의적인 거래와 회계사건의 회계처리에 적용한 회계정책
② 일반기업회계기준에서 주석공시를 요구하는 사항
③ 재무상태표, 손익계산서, 현금흐름표 및 자본변동표의 본문에 표시되지 않는 사항으로서 재무제표를 이해하는 데 필요한 추가 정보

주석은 재무상태표, 손익계산서, 현금흐름표 및 자본변동표에 인식되어 본문에 표시되는 항목에 관한 설명이나 금액의 세부내역뿐만 아니라 우발상황 또는 약정사항과 같이 재무제표에 인식되지 않는 항목에 대한 추가 정보를 포함하여야 한다.

한국채택국제회계기준[1] 등의 최초적용으로 인한 회계기준의 중요한 변동이 예상되는 경우, 기업의 준비상황 및 재무제표에 미칠 수 있는 영향 등을 추가 정보로 공시할 것을 권장한다.

주석은 일반적으로 재무제표이용자가 재무제표를 이해하고 다른 기업의 재무제표와 비교하는 데 도움이 될 수 있도록 다음의 순서로 작성한다.

① 일반기업회계기준에 준거하여 재무제표를 작성하였다는 사실의 명기

② 재무제표 작성에 적용된 유의적인 회계정책의 요약

③ 재무제표 본문에 표시된 항목에 대한 보충정보(재무제표의 배열 및 각 재무제표 본문에 표시된 순서에 따라 공시한다)

④ 기타 우발상황, 약정사항 등의 계량정보와 비계량정보

2. 회계정책의 공시

주석으로 기재하는 유의적인 회계정책의 요약은 다음 사항을 포함하여야 한다.

① 재무제표를 작성하는 데 사용한 측정속성

② 재무제표를 이해하는 데 필요한 기타의 회계정책

재무제표 이용자에게 재무제표 작성의 기초가 된 측정속성(역사적 원가, 현행원가, 순실현가능액, 공정가액 또는 회수가능가액)에 관한 정보를 재무제표 이용자에게 제공할 필요가 있다.

따라서 재무제표 작성에 여러 가지의 측정속성을 사용한 경우에는, 예를 들어 동일한 재무제표에 역사적 원가로 측정한 항목들과 공정가액으로 측정한 항목들이 존재하는 경우 각 측정속성이 적용된 자산 및 부채의 유형에 관한 정보를 주석에 포함한다.

경영자는 어떤 회계정책에 대한 주석공시 여부를 결정할 때 주석공시를 함으로써 재무제표 이용자가 거래나 회계사건이 경영성과 재무상태에 반영되는 과정을 이해하는 데 도움이 되는지 고려하여야 한다. 경영자는 최소한 수익인식, 지분법 적용, 유형자산과 무형자산의 인식과 상각, 금융비용 등의 자본화, 재고자산, 충당부채 등등과 관련된 회계정책의 주석공시여부를 검토하여야 한다.

재무제표 이용자의 입장에서 특정 유형의 기업이 주석으로 기재할 것으로 기대되는 사업내

1) 한국회계기준원 회계기준위원회가 국제회계기준에 따라 제정한 회계기준

용과 회계정책이 있다면 그러한 정보에 대한 주석공시가 고려되어야 한다. 예를 들면, 기업이 법인세를 부담하는 경우에는 이연법인세 등 법인세의 회계처리방법을 주석으로 기재할 것을 고려하며, 기업이 중요한 해외사업장을 가지고 있거나 외화거래를 하고 있다면 외화환산에 관한 회계정책을 주석으로 기재할 것을 고려한다. 또한 사업결합이 일어난 경우에는 영업권의 측정에 사용한 회계정책을 주석으로 기재할 것을 고려한다.

당기 또는 과거의 회계처리 금액이 중요하지 않은 경우에도 그와 관련된 회계정책은 중요할 수 있다. 또한 기업회계기준에서는 명시되어 있지 않지만, 기업이 채택하여 적용하고 있는 중요한 회계정책은 주석으로 기재한다.

재무제표 항목의 금액에 영향을 미치는 회계정책의 적용시 경영자가 내린 판단의 근거를 '중요한 회계정책의 요약' 또는 '기타의 비계량정보'에 대한 주석으로 기재한다. 경영자는 회계정책을 적용할 때 재무제표 항목의 금액에 중대한 영향을 줄 수 있다는 다양한 판단을 한다. 예를 들어, 경영자는 금융자산을 만기보유투자자산으로 할지 여부를 결정하는 판단을 하게 된다. 이 경우 '재무제표 항목에 적용된 측정속성 및 중요한 회계정책의 요약'에 따라 재무제표 항목의 금액에 영향을 미치는 회계정책의 적용시 경영자가 내린 판단의 근거를 주석으로 공시한다. 이러한 주석공시는 '기타 우발상황, 약정사항 등의 계량정보와 비계량정보'에 따라 주석으로 기재하는 것과는 관련이 없다.

3. 측정상의 유의적인 가정

미래에 관한 유의적인 가정과 측정상의 불확실성에 대한 기타 정보를 주석으로 기재하여야 한다. 이러한 사항은 차기에 자산과 부채의 장부금액에 대한 유의적인 조정을 유발할 수 있는 위험과 관련이 있다. 따라서 이에 영향을 받을 자산과 부채에 대하여 다음 사항 등을 주석으로 기재한다.

① 자산과 부채의 성격

② 보고기간종료일 현재의 자산과 부채의 장부금액

③ 위 ②의 장부금액이 차기에 유의적으로 조정될 가능성이 있다는 사실

4. 이익잉여금처분계산서

상법 등 관련 법규에서 이익잉여금처분계산서(또는 결손금처리계산서)의 작성을 요구하는

경우에는 재무상태표의 이익잉여금(또는 결손금)에 대한 보충정보로서 이익잉여금처분계산서(또는 결손금처리계산서)를 주석으로 공시한다.

(1) 배당정보의 공시

이익잉여금처분예정액으로서 주식의 종류별 주당배당금액, 액면배당률, 배당성향, 배당액의 산정내역을 주석으로 기재한다.

제9절 재무제표와 관련된 기타사항

1. 중간재무제표

중간재무제표는 다음을 포함한다.

① 재무상태표
② 손익계산서
③ 현금흐름표
④ 자본변동표
⑤ 주석

중간재무제표는 연차재무제표와 동일한 양식으로 작성함을 원칙으로 한다. 다만, 정보이용자를 오도하지 않는 범위 내에서 다음의 계정과목 등은 요약 또는 일괄 표시할 수 있다.

① 재고자산
② 투자자산
③ 유형자산과 감가상각누계액
④ 무형자산
⑤ 자본잉여금
⑥ 자본조정
⑦ 기타포괄손익누계액
⑧ 판매비와관리비
⑨ 영업외수익
⑩ 영업외비용

중간재무제표의 대상기간과 비교형식은 다음과 같다.

① 재무상태표는 중간보고기간말과 직전 연차보고기간말을 비교하는 형식으로 작성한다.

② 손익계산서는 중간기간과 누적중간기간을 직전 회계연도의 동일기간과 비교하는 형식으로 작성한다.

③ 현금흐름표 및 자본변동표는 누적중간기간을 직전 회계연도의 동일기간과 비교하는 형식으로 작성한다.

중간재무제표의 이용자는 연차재무제표의 정보를 이용할 수 있으므로 연차재무제표의 주석사항을 중간재무제표에 반복하여 기재하는 것은 비효율적일 수 있다. 따라서 중간재무제표의 주석에는 직전 연차보고기간말 이후에 발생한 재무상태와 경영성과의 유의적인 변동과 관련된 거래나 회계사건을 주로 기재한다.

중간재무제표에는 다음의 사항을 주석으로 기재한다. 다만, 그 금액이나 내용이 중요하지 아니한 경우에는 생략할 수 있다.

① 직전 연차재무제표와 동일한 회계정책을 사용하였다는 사실 또는 회계정책의 변경이 있는 경우 그 내용과 영향

② 중간기간 사업활동의 계절적 또는 주기적 특성에 대한 설명

③ 재고자산의 평가손실이나 자산의 손상차손 발생 및 회복의 내용과 금액

④ 내용, 금액, 발생빈도 등이 비경상적인 재무제표 항목의 내용과 금액

⑤ 회계추정의 변경이 있는 경우 그 내용과 영향

⑥ 유의적인 오류의 수정이 있는 경우 그 내용과 영향

⑦ 주식과 채권의 발행, 재취득 및 상환

⑧ 중간배당금 지급내역(주식 종류별 배당금 총액 및 주당배당금)

⑨ 중간보고기간말 이후에 발생하였으나 중간재무제표에 반영되지 않은 중요한 사건

⑩ 사업결합, 종속기업 등의 인수 및 처분, 구조조정, 사업의 중단, 대규모 장기투자 등 사업구성에 유의적인 변화를 초래한 사건의 내용과 영향

⑪ 직전 연차보고기간말 이후에 발생한 우발항목의 변동 내용

⑫ 특수관계자 거래

⑬ 기타 중간재무제표의 이해를 위하여 특히 필요한 사항

(1) 최종 중간기간에 관한 공시

최종 중간기간의 재무제표는 별도로 작성하지 아니할 수 있다. 다만, 법령이나 계약 등에 의하여 중간재무제표를 정기적으로 작성하는 기업이 최종 중간기간의 재무제표를 별도로 작성하

지 않는 경우에는 연차재무제표에 다음 사항을 주석으로 기재한다.

① 당 회계연도 최종 중간기간의 매출액, 당기순손익 및 등 주요 경영성과

② 최종 중간기간에 회계추정의 변경이 있는 경우 그 내용과 영향

(2) 인식과 측정

중간재무제표는 연차재무제표에 적용하는 것과 동일한 회계정책을 적용하여 작성한다. 회계정책의 변경이 있는 경우에는 변경된 회계정책을 적용한다.

중간재무제표의 작성을 위한 측정은 누적중간기간을 기준으로 한다. 따라서 연차재무제표의 결과는 중간재무제표의 작성빈도에 따라 달라지지 않는다. 예를 들면, 손익 항목의 각 중간기간별 금액의 합계는 연간금액과 일치해야 한다.

중간재무제표에서는 연차재무제표와 같이 미래 경제적 효익의 유입가능성에 따라 자산인식 여부를 결정한다. 따라서 연차재무제표에서 자산으로 인식할 수 없는 원가는 중간재무제표에서도 자산으로 인식할 수 없다. 중간재무제표에서는 연차재무제표와 같이 보고기간말 현재 존재하는 의무만을 부채로 인식하며 수익과 비용도 연차재무제표와 동일한 기준을 적용하여 인식한다.

중간재무제표의 작성을 위한 인식과 측정의 예는 다음과 같다.

① 중간재무제표에서 재고자산평가, 구조조정 또는 자산손상 관련 손실 등을 인식하고 측정할 때는 연차재무제표와 동일한 회계처리방법을 적용한다.

② 중간기간 중에 발생한 원가로서 중간보고기간말 현재 자산의 인식요건을 충족하지 못한 경우에는 이후 중간기간 중에 이러한 요건을 충족할 가능성이 있다는 이유로 또는 중간기간의 이익을 조정하기 위하여 자산으로 계상할 수 없다.

③ 중간기간의 법인세비용은 중간보고기간말 현재 예상되는 연간법인세율을 적용하여 인식한다. 동일 회계연도 내의 이후 중간기간 중에 연간법인세율의 변경이 있는 경우에는 변경의 효과를 그 기간에 모두 반영한다.

중간기간 중에 회계추정의 변경이 있을 때는 누적중간기간을 기준으로 계산한 회계변경의 효과를 회계추정의 변경이 있었던 중간기간에 모두 반영한다. 이 경우 이전 중간재무제표를 소급하여 재작성하지 않는다. 유의적인 추정의 변경은 그 내용과 영향을 주석사항으로 기재한다.

계절적, 주기적 또는 일시적으로 발생하는 수익이라 할지라도 다른 중간기간 중에 미리 인식하거나 이연하지 않는다. 예를 들면, 배당금수익, 로열티수익 또는 소매업의 계절적 수익 등은 전액 발생한 중간기간의 수익으로 인식한다.

연중 고르게 발생하지 않는 지출은 연차재무제표를 작성할 때 미리 비용으로 인식하거나 이연하는 것이 타당한 방법으로 인정되는 경우에 한하여 중간재무제표에서도 동일하게 처리한다.

중간재무정보의 적시성 확보를 위하여 정교하지만 시간과 비용이 많이 소요되는 평가방법은 생략할 수 있으며, 최근 연차재무제표의 평가결과를 준용하거나 간편한 방법으로 대체하여 평가할 수 있다. 연간과 다른 평가방법을 사용한 경우에는 이를 주석으로 공시한다.

중간재무제표를 작성할 때 인식, 측정, 구분표시, 공시와 관련된 중요성의 판단은 원칙적으로 해당 작성대상기간별로 한다. 중요성을 판단할 때는 중간재무제표가 연차재무제표에 비하여 추정에 의존하는 정도가 크다는 점을 감안하여야 한다.

(3) 회계정책의 변경과 재무제표의 재작성

회계정책이 변경된 경우에는 적용 시기와 방법을 다른 일반기업회계기준에서 따로 정한 경우를 제외하고는 변경된 회계정책을 적용하여 동일 회계연도의 이전 중간기간 및 직전 회계연도의 비교 대상 중간재무제표를 재작성한다.

회계정책의 변경으로 인한 모든 수정항목은 비교재무제표상 최초연도 누적중간기간의 자산, 부채 및 자본의 기초금액에 반영한다. 회계정책의 변경에 따른 누적효과를 합리적으로 결정하기 어려운 경우에는 전진적으로 처리하여 그 효과가 당기와 당기이후의 기간에 반영되도록 할 수 있다. 이러한 경우라도 동일 회계연도의 이전 중간기간의 재무제표는 변경된 회계정책을 적용하여 재작성한다.

2. 중소기업 회계처리 특례

(1) 적용범위

주식회사의 외부감사에 관한 법률의 적용대상 기업 중 중소기업기본법에 의한 중소기업의 회계처리에 적용할 수 있다. 다만 다음의 기업은 이 규정을 적용할 수 없다.

① 자본시장과 금융투자업에 관한 법률에 따른 다음의 기업
   ㉮ 상장법인
   ㉯ 증권신고서 제출법인
   ㉰ 사업보고서 제출대상법인

② 재무제표의 작성과 표시 Ⅱ(금융업)에서 정의하는 금융회사

③ 연결재무제표에서 정의하는 연결실체에 중소기업이 아닌 기업이 포함된 경우의 지배기업

주식회사의 외부감사에 관한 법률의 적용대상이 아닌 중소기업의 회계처리에 준용할 수 있다.

(2) 회계처리와 재무제표 표시

정형화된 시장에서 거래되지 않아 시가가 없는 파생상품에 대하여는 계약시점 후 평가에 관한 회계처리를 아니할 수 있다. 시장성이 없는 지분증권은 취득원가로 평가할 수 있다. 다만, 손상차손에 대하여는 금융자산·금융부채의 유가증권 규정을 준용한다.

유의적인 영향력을 행사할 수 있는 지분증권에 대하여는 지분법을 적용하지 아니할 수 있다. 다만, 연결재무제표 작성대상의 범위에 해당하는 종속기업에 대하여는 지분법을 적용한다. 장기연불조건의 매매거래 및 장기금전대차거래 등에서 발생하는 채권·채무는 현재가치평가를 하지 않을 수 있다.

주식결제형 주식기준보상거래가 있는 경우에는 부여한 지분상품이 실제로 행사(예: 주식선택권이 부여된 경우)되거나 발행(예: 주식이 부여된 경우)되기까지는 별도의 회계처리를 아니할 수 있다. 예를 들어, 부여한 주식선택권이 행사되기 전까지는 별도의 회계처리를 아니할 수 있으며, 이러한 경우 주식선택권의 행사시점에 신주를 발행하는 경우에는 행사가격과 신주의 액면금액의 차액을 주식발행초과금으로, 자기주식을 교부하는 경우에는 행사가격과 자기주식의 장부금액의 차액을 자기주식처분손익으로 회계처리한다. 거래상대방이 결제방식을 선택할 수 있는 주식기준보상거래가 있는 경우에도 주식기준보상에 따라 회계처리하되, 복합금융상품 중 부채요소만을 인식할 수 있으며 부채요소는 매 보고기간종료일과 최종결제일에 내재가치로 측정할 수 있다.

1년 내의 기간에 완료되는 용역매출 및 건설형 공사계약에 대하여는 용역제공을 완료하였거나 공사 등을 완성한 날에 수익으로 인식할 수 있으며, 1년 이상의 기간에 걸쳐 이루어지는 할부매출은 할부금회수기일이 도래한 날에 실현되는 것으로 할 수 있다. 유형자산과 무형자산의 내용연수 및 잔존가치의 결정은 법인세법의 규정에 따를 수 있다.

토지 또는 건물 등을 장기할부조건으로 처분하는 경우에는 당해 자산의 처분이익을 할부금회수기일이 도래한 날에 실현되는 것으로 할 수 있다. 법인세비용은 법인세법 등의 법령에 의하여 납부하여야 할 금액으로 할 수 있다.

(3) 주석공시

중단된 사업부문의 정보는 주석으로 기재하지 아니할 수 있다. 재무제표 표시 및 주석공시

내용 중 선택한 사항을 주석으로 기재하며, 유의적인 회계정책의 요약에 이 장의 적용범위에 해당되어 특례를 적용하였다는 사실을 주석으로 기재한다.

파생상품의 회계처리와 관련해서는 정형화된 시장에서 거래되지 않아 시가가 없는 파생상품에 대하여는 계약시점 후 평가에 관한 회계처리를 아니할 수 있다를 적용한 경우에는 다음과 같은 사항을 주석으로 기재한다.

① 거래목적

② 거래목적을 이해하는 데 필요한 사항(경제적 실체가 부담하고 있는 위험의 본질 및 원천 그리고 이러한 위험에 대한 경제적 실체의 대응정책 등)

③ 계약에 관한 일반적인 사항(계약수량, 약정환율 등)

④ 평가일 시점의 공정가치. 다만, 공정가치를 측정할 수 없는 경우에는 그 이유를 기재한다.

주식기준보상거래의 회계처리와 관련하여 이규정을 적용한 경우에는 다음과 같은 사항을 주석으로 기재한다.

① 회계기간에 존재한 주식기준보상약정의 각 유형에 대한 기술, 이 경우 가득조건, 부여된 주식선택권의 만기, 결제방식(현금이나 주식) 등과 같은 조건을 각 유형별 기술에 포함한다.

② 다음 각각에 대한 주식선택권의 수량과 가중평균행사가격. 다음의 주석사항은 주가차액보상권(주식결제형 또는 현금결제형)에 대해서도 동일하게 적용한다.

㉮ 회계기간 초 현재 존속하는 주식선택권

㉯ 회계기간에 부여한 주식선택권

㉰ 회계기간에 상실된 주식선택권

㉱ 회계기간에 행사된 주식선택권

㉲ 회계기간에 취소하거나 중도청산한 주식선택권

㉳ 회계기간에 만기소멸된 주식선택권

㉴ 회계기간 말 현재 존속하는 주식선택권

㉵ 회계기간 말 현재 행사가능한 주식선택권

③ 회계기간 말 현재 존속하는 주식선택권의 행사가격 범위와 가중평균잔여만기. 행사가격 범위가 매우 넓은 경우에는 주식선택권의 행사로 발행되는 주식의 수와 발행시기, 그리고 행사대금으로 유입되는 현금흐름을 판단하는데 유용한 수준으로 범위를 세분할 필요가 있다. 이 주석사항은 주가차액보상권(주식결제형 또는 현금결제형)에 대해서도 동일하게 적용한다.

④ 주식기준보상거래와 관련하여 인식된 부채에 대한 다음의 정보

㉮ 보고기간종료일 현재 총장부금액

㉯ 거래상대방이 현금이나 기타자산을 받을 수 있는 권리(예: 주가차액보상권)를 보고기간종료일 현재 가득한 경우 당해 권리의 보고기간종료일 현재 총내재가치, 다만 보고기간종료일 현재 관련 부채가 결제되지 않은 경우에 한한다.

(4) 특례규정의 적용중단

이 규정을 적용하던 중소기업이 이를 적용하지 아니하고자 하거나, 중소기업에 해당하지 않게 되는 이유 등으로 이를 적용할 수 없게 되는 경우에는 회계정책, 회계추정의 변경 및 오류에 따라 회계처리한다.

3. 정부보조금의 회계처리

정부보조금은 다음 모두에 대한 합리적인 확신이 있을 때까지 인식하지 아니한다.

① 정부보조금에 부수되는 조건을 준수할 것이다.

② 보조금을 수취할 것이다.

정부보조금으로 보전하려 하는 관련원가를 비용으로 인식하는 기간에 걸쳐 체계적인 기준에 따라 정부보조금을 당기손익으로 인식한다.

(1) 비화폐성 정부보조금

정부보조금은 토지나 그 밖의 자원과 같은 비화폐성자산을 기업이 사용하도록 이전하는 형식을 취할 수 있다. 이러한 상황에서는 일반적으로 비화폐성자산의 공정가치를 평가하여 보조금과 자산 모두를 그 공정가치로 회계처리한다.

(2) 자산관련보조금의 표시

자산관련보조금(공정가치로 측정되는 비화폐성 보조금 포함)을 받는 경우에는 관련 자산을 취득하기 전까지 받은 자산 또는 받은 자산을 일시적으로 운용하기 위하여 취득하는 다른 자산의 차감계정으로 회계처리하고, 관련 자산을 취득하는 시점에서 관련 자산의 차감계정으로 회계처리한다.

(3) 수익관련보조금의 표시

수익관련보조금을 받는 경우에는 당기의 손익에 반영한다. 다만, 수익관련보조금을 사용하기 위하여 특정의 조건을 충족해야 하는 경우에는 그 조건을 충족하기 전에 받은 수익관련보조금은 선수수익으로 회계처리한다.

수익관련보조금은 대응되는 비용이 없는 경우 회사의 주된 영업활동과 직접적인 관련성이 있다면 영업수익으로, 그렇지 않다면 영업외수익으로 회계처리한다. 반면 수익관련보조금이 특정의 비용을 보전할 목적으로 지급되는 경우에는 당기손익에 반영하지 않고 특정의 비용과 상계처리한다. 예를 들어, 공공성이 많은 재화나 용역을 제공하는 무연탄채굴회사나 버스회사로 하여금 매출가격이 매출원가에 미달하는 재화나 용역을 계속 제공하게 할 목적으로 지급되는 보조금은 매출액(영업수익)으로 회계처리하고, 벤처회사의 신기술개발을 지원하기 위해 지급되는 보조금은 영업외수익으로 회계처리한다. 반면 저가로 수입할 수 있는 원재료를 국내에서 구입하도록 강제하는 경우에 지급되는 수익관련보조금은 제조원가에서 차감한다.

(4) 정부보조금의 상환

상환의무가 발생하게 된 정부보조금은 회계추정의 변경으로 회계처리한다.

(회계정책, 회계추정의 변경 및 오류 참조). 수익관련보조금을 상환하는 경우 상환금액을 즉시 당기손익으로 인식한다. 다만, 수익관련보조금 사용에 대한 특정 조건을 미충족하여 선수수익으로 계상한 금액이 있는 경우에는 선수수익계정에 먼저 적용한다. 자산관련보조금을 상환하는 경우는 상환금액만큼 자산의 장부금액을 증가시킨다. 보조금이 없었더라면 현재까지 당기손익으로 인식했어야 하는 추가 감가상각누계액은 즉시 당기손익으로 인식한다.

자산관련보조금의 상환의무가 발생하게 되는 경우 자산의 새로운 장부금액에 손상 가능성이 있는지를 고려할 필요가 있다.

(5) 공시

다음 사항을 공시한다.

① 정부보조금에 대해 채택한 회계정책(재무제표에 표시하는 방법 포함)

② 재무제표에 인식된 정부보조금의 내용

③ 정부보조금에 대하여 미이행된 조건 및 우발상황

4. 특수관계자공시

(1) 특수관계자의 정의

특수관계자의 정의는 다음과 같다.

① 직접 또는 하나 이상의 중개자를 통하여 간접으로,

㉮ 당해 기업을 지배하거나, 당해 기업의 지배를 받거나 또는 당해 기업과 동일지배 하에 있는 자(지배기업, 종속기업 및 동일지배 하에 있는 다른 종속기업을 포함한다)

㉯ 당해 기업에 유의적인 영향력을 행사할 수 있는 지분을 소유한 자

㉰ 당해 기업을 공동지배하는 자

② 당해 기업의 관계기업

③ 당해 기업이 참여자로 있는 조인트벤처

④ 당해 기업이나 당해 기업의 지배기업의 주요 경영진의 일원

⑤ ①이나 ④에 해당하는 개인의 가까운 가족

⑥ ④나 ⑤에 해당하는 개인이 직·간접으로 지배하거나, 공동지배하거나, 유의적인 영향력 또는 유의적인 의결권을 행사할 수 있는 기업

⑦ 당해 기업이나 당해 기업의 특수관계자에 해당하는 기업의 종업원급여를 위한 퇴직급여제도

다음의 경우가 반드시 특수관계자를 의미하는 것은 아니다.

① 앞 (1)의 ④와 ⑥에 해당하지만 단순히 이사나 그 밖의 주요 경영진의 일원이 동일한 두 기업

② 하나의 조인트벤처를 단지 공동지배하는 두 참여자

③ 당해 기업과 단지 통상적인 업무 관계를 맺고 있는 자금제공자, 노동조합, 공익기업 및 정부부처와 정부기관(기업 활동의 자율성에 영향을 미치거나 기업의 의사결정과정에 참여할 수 있다 하더라도 상관없음).

④ 유의적인 규모의 거래를 통해 단지 경제적 의존 관계만 있는 고객, 공급자, 프랜차이저, 유통업자 또는 총대리인

특수관계 유무를 고려할 때에는 단지 법적 형식뿐만 아니라 실질 관계에도 주의를 기울여야 한다.

(2) 특수관계자 및 특수관계자거래 공시

지배기업과 종속기업 사이의 관계는 거래의 유무에 관계없이 공시한다. 기업은 지배기업의 명칭을 공시한다. 다만, 최상위 지배자와 지배기업이 다른 경우에는 최상위 지배자의 명칭도 공시한다. 지배기업과 최상위 지배자가 일반이용자가 이용할 수 있는 연결재무제표를 작성하지 않는 경우에는 일반이용자가 이용할 수 있는 연결재무제표를 작성하는 가장 가까운 상위의 지배기업의 명칭도 공시한다.

특수관계자거래가 있는 경우, 재무제표에 미치는 특수관계의 잠재적 영향을 파악하는 데 필요한 거래, 채권·채무 잔액에 대한 정보뿐만 아니라 특수관계의 성격도 공시한다. 이러한 공시는 최소한 다음 내용을 포함한다.

① 거래 금액

② 채권·채무 잔액과 다음 사항

㉮ 그 채권·채무의 조건(담보 제공 여부 포함)과 결제할 때 제공될 대가의 성격

㉯ 그 채권·채무에 대하여 제공하거나 제공받은 보증의 상세 내역

③ 채권 잔액에 대하여 설정된 대손충당금

④ 특수관계자 채권에 대하여 당해 기간 중 인식된 대손상각비

기업은 (2) 특수관계자 및 특수관계자거래 공시를 추가하여 주요 경영진에 대한 보상을 총액과 함께 다음 각 분류별 금액을 공시하거나, 이 보상에 관한 공시를 생략할 수 있다.

① 단기종업원급여

② 퇴직급여

③ 기타장기급여

④ 해고급여

⑤ 주식기준보상

(2) 특수관계자 및 특수관계자거래 공시에서 규정하는 사항은 다음과 같은 범주로 분류하여 공시한다.

① 지배기업

② 당해기업을 공동지배하거나 당해 기업에 유의적인 영향력을 행사하는 기업

③ 종속기업

④ 관계기업

⑤ 당해 기업이 참여자인 조인트벤처

⑥ 당해 기업이나 당해 기업의 지배기업의 주요 경영진

⑦ 그 밖의 특수관계자

특수관계자와의 거래가 있는 경우 공시하는 거래의 예는 다음과 같다.

① 재화(완성품이나 재공품)의 매입이나 매출

② 부동산과 그 밖의 자산의 구입이나 매각

③ 용역의 제공이나 수령

④ 리스

⑤ 연구개발의 이전

⑥ 라이선스계약에 따른 이전

⑦ 금융약정에 따른 이전(대여와 현금출자나 현물출자 포함)

⑧ 보증이나 담보의 제공

⑨ 당해 기업이 특수관계자를 대신하거나 특수관계자가 당해 기업을 대신한 부채의 결제

연결실체에 속하는 기업 사이에 위험을 공유하는 확정급여제도에 지배기업이나 종속기업이 참여하는 것은 특수관계자거래에 해당한다. 독립된 당사자 사이의 거래 조건에 따라 거래가 이루어졌음을 입증할 수 있는 경우에 한하여 특수관계자거래가 그러한 조건으로 이루어졌다는 사실을 공시한다. 기업의 재무제표에 미치는 특수관계자거래의 영향을 파악하기 위하여 분리하여 공시할 필요가 있는 경우를 제외하고는 성격이 유사한 항목은 통합하여 공시할 수 있다.

5. 보고기간후 사건

보고기간후 사건은 보고기간말과 재무제표가 사실상 확정된 날 사이에 발생한 기업의 재무상태에 영향을 미치는 사건이다. '재무제표가 사실상 확정된 날'은 정기주주총회 제출용 재무제표가 이사회에서 최종 승인된 날을 말하며, 다만 주주총회에 제출된 재무제표가 주주총회에서 수정·승인된 경우에는 주주총회일을 말한다.

(1) 인식과 측정

1) 수정을 요하는 보고기간후 사건

수정을 요하는 보고기간후 사건은 보고기간말 현재 존재하였던 상황에 대한 추가적 증거를 제공하는 사건으로서 재무제표상의 금액에 영향을 주는 사건을 말하며, 그 영향을 반영하여 재무제표를 수정한다. 재무제표에 이미 인식한 추정치는 그 금액을 수정하고, 재무제표에 인식하

지 아니한 항목은 이를 새로이 인식한다.

수정을 요하는 보고기간 후사건의 예는 다음과 같다.

① 보고기간말 현재 이미 자산의 가치가 하락되었음을 나타내는 정보를 보고기간말 이후에 입수하는 경우, 또는 이미 손상차손을 인식한 자산에 대하여 계상한 손상차손금액의 수정을 요하는 정보를 보고기간 후에 입수하는 경우

② 보고기간말 이전에 존재하였던 소송사건의 결과가 보고기간 후에 확정되어 이미 인식한 손실금액을 수정하여야 하는 경우

③ 보고기간말 이전에 구입한 자산의 취득원가 또는 매각한 자산의 금액을 보고기간 후에 결정하는 경우

④ 보고기간말 현재 지급하여야 할 의무가 있는 종업원에 대한 이익분배 또는 상여금지급 금액을 보고기간 후에 확정하는 경우

⑤ 전기 또는 그 이전기간에 발생한 회계적 오류를 보고기간 후에 발견하는 경우

2) 수정을 요하지 않는 보고기간후 사건

수정을 요하지 않는 보고기간후 사건은 보고기간말 현재 존재하지 않았으나 보고기간 후에 발생한 상황에 대한 증거를 제공하는 사건을 말하며 그 사건에 대해서는 재무제표상의 금액을 수정하지 아니한다.

유가증권의 시장가격이 보고기간말과 재무제표가 사실상 확정된 날 사이에 하락한 것은 수정을 요하지 않는 보고기간후사건의 예이다. 이 경우 시장가격의 하락은 보고기간말 현재의 상황과 관련된 것이 아니라 보고기간말 후에 발생한 상황이 반영된 것이다. 따라서 그 유가증권에 대해서 재무제표에 인식한 금액을 수정하지 아니한다.

(2) 배당금

보고기간 후에 배당을 선언한 경우(즉, 적절히 승인되어 더 이상 기업의 재량이 없는 경우), 해당 보고기간말에는 어떠한 의무도 존재하지 않으므로 해당 보고기간말에 부채로 인식하지 아니한다. 그러한 배당금은 재무제표의 작성과 표시에 따라 공시한다.

(3) 계속기업

보고기간 후에 기업의 청산이 확정되거나 청산 이외의 다른 현실적인 대안이 없다고 판단되는 경우에는 계속기업의 전제에 기초하여 재무제표를 작성하여서는 아니 된다. 또한 보고기간 후에 경영성과와 재무상태가 심각하게 악화된 경우에는 계속기업의 전제를 적용하는 것이 적절한가에 대해 판단할 필요가 있다.

다음의 경우에 대해서는 그 내용을 주석으로 기재한다.

① 재무제표가 계속기업의 전제에 기초하여 작성되지 않은 경우

② 계속기업으로서의 존속 가능성에 대해 심각한 의문을 제기할 수 있는 사건 또는 상황이 발생하였거나, 발생할 가능성이 있는 경우

(4) 주석공시

재무제표가 사실상 확정된 날과 승인기관은 주석으로 기재한다.

보고기간말 현재 존재하였던 상황에 대한 정보를 보고기간 후에 추가로 입수한 경우에는 그 정보를 반영하여 공시 내용을 수정한다. 예를 들면, 보고기간말 현재 존재하였던 우발부채에 관하여 보고기간 후에 새로운 증거를 입수한 경우에는 이를 반영하여 우발부채에 관한 공시내용을 수정한다.

수정을 요하지 않는 보고기간후사건으로서 공시되지 않을 경우 재무제표 이용자의 의사결정에 중요한 영향을 미치는 사건에 대해서는 다음 사항을 주석으로 기재한다.

① 사건의 성격

② 사건의 재무적 영향에 대한 설명

6. 차입원가 자본화

(1) 차입원가

차입원가는 다음과 같은 항목을 포함한다.

① 장 · 단기차입금과 사채에 대한 이자

② 사채발행차금상각(환입)액

③ 채권 · 채무의 현재가치평가 및 채권 · 채무조정에 따른 현재가치 할인차금상각액

④ 외화차입금과 관련되는 외환차이 중 차입원가의 조정으로 볼 수 있는 부분

⑤ 리스이용자의 금융리스관련 원가

⑥ 차입금 등에 이자율변동 현금흐름위험회피회계가 적용되는 경우 위험회피수단의 평가손익과 거래손익

⑦ 차입과 직접 관련하여 발생한 수수료

⑧ 기타 이와 유사한 금융원가

외환차이 중 차입원가의 조정으로 볼 수 있는 부분은 해당 외화차입금에 대한 차입원가에

외화차입금과 관련된 외환차이를 가감한 금액이 유사한 조건의 원화차입금에 대한 이자율 또는 원화차입금의 가중평균이자율을 적용하여 계산한 차입원가를 초과하지 않는 범위까지의 금액을 말한다.

(2) 인식

차입원가는 기간비용으로 처리함을 원칙으로 한다. 다만, 유형자산, 무형자산 및 투자부동산과 제조, 매입, 건설, 또는 개발(이하 '취득'이라 한다)이 개시된 날로부터 의도된 용도로 사용하거나 판매할 수 있는 상태가 될 때까지 1년 이상의 기간이 소요되는 재고자산(이하 '적격자산'이라 한다)의 취득을 위한 자금에 차입금이 포함된다면 이러한 차입금에 대한 차입원가는 적격자산의 취득에 소요되는 원가로 회계처리 할 수 있다. 적격자산의 취득과 관련된 차입원가는 그 자산을 취득하지 아니하였다면 부담하지 않을 수 있었던 원가이기 때문에 적격자산의 취득원가를 구성하며, 그 금액을 객관적으로 측정할 수 있는 경우에는 해당 자산의 취득원가에 산입할 수 있다.

차입원가의 회계처리방법은 모든 적격자산에 대하여 매기 계속하여 적용하고, 정당한 사유 없이 변경하지 아니한다.

(3) 자본화할 수 있는 차입원가의 산정

자본화할 수 있는 차입원가는 적격자산을 취득할 목적으로 직접 차입한 자금(이하 '특정차입금'이라 한다)에 대한 차입원가와 일반적인 목적으로 차입한 자금 중 적격자산의 취득에 소요되었다고 볼 수 있는 자금(이하 '일반차입금'이라 한다)에 대한 차입원가로 나누어 산정한다.

(4) 특정차입금 관련 차입원가

특정차입금에 대한 차입원가 중 자본화할 수 있는 금액은 자본화기간 동안 특정차입금으로부터 발생한 차입원가에서 동 기간 동안 자금의 일시적 운용에서 생긴 수익을 차감한 금액으로 한다.

특정외화차입금에 대한 차입원가 중 자본화할 수 있는 차입원가는 앞 (1) 차입원가 ④에 의해 계산한 금액을 한도로 한다.

(5) 일반차입금 관련 차입원가

일반차입금에 대한 차입원가 중 자본화할 수 있는 차입원가는 회계기간 동안의 적격자산에 대한 평균지출액 중 특정차입금을 사용한 평균지출액을 초과하는 부분에 대해 적절한 이자율

(이하 '자본화이자율'이라 한다)을 적용하는 방식으로 산정한다.

차입원가자본화 대상자산에 대한 지출액은 차입원가를 부담하는 부채를 발생시키거나, 현금지급, 다른 자산을 제공하는 등에 따른 지출액을 의미한다. 정부보조금, 공사부담금 등의 보조금과 건설 등의 진행에 따라 회수되는 금액은 자본화대상 자산에 대한 지출액에서 차감한다.

자본화이자율은 회계기간 동안 상환되었거나 미상환된 일반차입금에 대하여 발생된 차입원가를 가중평균하여 산정한다. 다만, 회계기간동안 일반차입금 구성 종목 및 차입금액의 변동이 유의적이지 않은 경우에 한하여 자본화이자율은 결산일 현재 미상환된 일반차입금에 대한 차입원가를 가중평균하여 산정할 수 있다. 자본화이자율계산에 포함된 외화차입금에 대한 차입원가의 계산은 앞 (1) 차입원가 ④에 따른다.

일반차입금에 대하여 자본화할 차입원가는 자본화이자율 산정에 포함된 차입금으로부터 회계기간 동안 발생한 차입원가를 한도로 하여 자본화한다. 이 경우 자금의 일시적 운용에서 생긴 수익은 차감하지 아니한다.

(6) 자본화 기간

자본화 기간의 개시시점은

① 적격자산에 대한 지출이 있었고,

② 차입원가가 발생하였으며,

③ 적격자산을 의도된 용도로 사용하거나 판매하기 위한 취득활동이 진행 중이라는 조건이 모두 충족되는 시점으로 한다. 여기에는 물리적인 제작뿐만 아니라 그 이전 단계에서 이루어진 행정, 기술상의 활동도 포함한다. 예를 들면, 설계활동, 각종 인허가를 얻기 위한 활동 등을 들 수 있다.

적격자산을 의도된 용도로 사용하거나 판매가능한 상태에 이르게 하는 데 필요한 대부분의 활동이 완료된 시점에 차입원가의 자본화를 종료한다.

적격자산이 여러 부분으로 구성되어 건설활동 등이 진행되는 경우 일부가 완성되어 해당 부분의 사용이 가능하다면 그 부분에 대해서는 자본화를 종료한다. 그러나 자산 전체가 완성되어야만 사용이 가능한 경우에는 자산 전체가 사용 가능한 상태에 이를 때까지 자본화한다. 예를 들면, 집단업무시설을 건설하는 경우 여러 동의 건물에 대한 공사가 진행 중이라도 각각의 건물별로 완공시점에 자본화를 종료한다. 그러나 제철소와 같이 일관생산체제를 갖추어야 하는 경우, 개별 공정이 완료되더라도 자본화를 종료하지 않고, 전체 공정이 완료되는 시점까지 자본화한다.

적격자산을 의도된 용도로 사용하거나 판매하기 위한 취득활동이 중단된 경우 그 기간 동안에는 차입원가의 자본화를 중단하며 해당 차입원가는 기간비용으로 인식한다. 그러나 제조 등에 필요한 일시적 중단이나 자산취득과정상 본질적으로 불가피하게 일어난 중단의 경우에는 차입원가의 자본화를 중단하지 않는다.

기업이 의도적으로 취득활동을 지연하거나 중단한 경우에 발생한 차입원가는 자산취득과정에서 발생된 것으로 볼 수 없으므로 기간비용으로 인식한다.

(7) 공 시

차입원가를 자본화하는 경우 다음 사항을 재무제표의 주석으로 공시한다.

① 회계기간 중 자본화된 차입원가의 금액과 내용

② 외화차입금에 대해 차입원가의 조정으로 간주한 외환차이의 금액과 내용

차입원가를 자본화한 경우에는 이를 기간비용으로 회계처리했을 때와 비교하여 손익계산서와 재무상태표의 주요 항목에 미치게 될 영향을 주석으로 기재한다.

7. 환율변동효과

(1) 기능통화

기업은 기능통화를 식별해야 한다. 이 경우 '기능통화'라 함은 영업활동이 이루어지는 주된 경제 환경의 통화를 말한다. 다만, 해당 국가의 통화와 기능통화가 다른 경우에는 해당 국가의 통화를 기능통화로 간주할 수 있다.

영업활동이 이루어지는 주된 경제 환경은 일반적으로 현금을 주요하게 창출하고 사용하는 환경을 말한다. 이에 따라 기능통화를 결정할 때는 다음의 사항을 고려한다.

① 재화와 용역의 공급가격에 주로 영향을 미치는 통화(흔히 재화와 용역의 공급가격을 표시하고 결제하는 통화) 및 재화와 용역의 공급가격을 주로 결정하는 경쟁요인과 법규가 있는 국가의 통화

② 재화를 공급하거나 용역을 제공하는 데 드는 노무원가, 재료원가 및 그 밖의 원가에 주로 영향을 미치는 통화(흔히 이러한 원가를 표시하고 결제하는 통화)

다음 사항도 기능통화의 증거가 될 수 있다.

① 재무활동(즉, 채무상품이나 지분상품의 발행)으로 조달되는 통화

② 영업활동에서 유입되어 통상적으로 보유하는 통화

해외사업장의 기능통화를 결정할 때 그리고 이러한 해외사업장의 기능통화가 보고기업(여기서 보고기업은 종속기업, 지점, 관계기업, 조인트벤처 형태로 해외사업장을 갖고 있는 기업)의 기능통화와 같은지 판단할 때 다음 사항을 추가적으로 고려한다.

① 해외사업장의 활동이 보고기업 활동의 일부로서 수행되는지 아니면 상당히 독자적으로 수행되는지

㉮ 해외사업장이 보고기업에서 수입한 재화를 판매하고 그 판매대금을 보고기업으로 송금하는 역할만 한다면 해외사업장이 보고기업의 일부로서 활동하는 예에 해당한다.

㉯ 해외사업장이 대부분 현지통화로 현금 등의 화폐성항목을 축적하고 비용과 수익을 발생시키며 차입을 일으킨다면 해외사업장의 활동이 상당히 독자적으로 수행되는 예에 해당한다.

② 보고기업과의 거래가 해외사업장의 활동에서 차지하는 비중이 높은지 낮은지

③ 해외사업장 활동에서의 현금흐름이 보고기업의 현금흐름에 직접 영향을 주고 보고기업으로 쉽게 송금될 수 있는지

④ 보고기업의 자금 지원 없이 해외사업장 활동에서의 현금흐름만으로 현재의 채무나 통상적으로 예상되는 채무를 감당하기에 충분한지

이규정의 지표들이 서로 다른 결과를 제시하여 기능통화가 분명하지 않은 경우에는 경영진이 판단하여 실제 거래, 사건 및 상황의 경제적 효과를 가장 충실하게 표현하는 기능통화를 결정한다. 이때 경영진은 기능통화를 결정하는 데 추가적인 보조 증거를 제공하는 지표를 고려하기 전에 주요 지표를 우선하여 고려한다.

기능통화는 그와 관련된 실제 거래, 사건 및 상황을 반영한다. 따라서 일단 기능통화가 결정되면 변경하지 아니한다. 다만 실제 거래, 사건 및 상황에 변화가 있다면 그러하지 아니한다.

(2) 최초 인식

기능통화로 외화거래를 최초로 인식하는 경우에 거래일의 외화와 기능통화 사이의 현물환율을 외화금액에 적용하여 기록한다. 다만, 환율이 유의적으로 변동하지 않은 경우에는 일정기간의 평균환율을 사용할 수 있다.

(3) 후속 보고기간말의 보고

매 보고기간말의 외화환산방법은 다음과 같다.

① 화폐성 외화항목은 마감환율로 환산한다.

② 역사적원가로 측정하는 비화폐성 외화항목은 거래일의 환율로 환산한다.

③ 공정가치로 측정하는 비화폐성 외화항목은 공정가치가 결정된 날의 환율로 환산한다.

(4) 외환차이의 인식

화폐성항목의 결제시점에 발생하는 외환차손익 또는 화폐성항목의 환산에 사용한 환율이 회계기간 중 최초로 인식한 시점이나 전기의 재무제표 환산시점의 환율과 다르기 때문에 발생하는 외화환산손익은 그 외환차이가 발생하는 회계기간의 손익으로 인식한다.

비화폐성항목에서 발생한 손익을 기타포괄손익으로 인식하는 경우에 그 손익에 포함된 환율변동효과도 기타포괄손익으로 인식한다. 그러나 비화폐성항목에서 발생한 손익을 당기손익으로 인식하는 경우에는 그 손익에 포함된 환율변동효과도 당기손익으로 인식한다.

기업이 해외사업장으로부터 수취하거나 해외사업장에 지급할 화폐성항목 중에서 예측할 수 있는 미래에 결제할 계획이 없고 결제될 가능성이 낮은 항목은 실질적으로 그 해외사업장에 대한 순투자의 일부가 된다. 이러한 화폐성항목에는 장기 채권이나 대여금은 포함될 수 있으나 매출채권과 매입채무는 포함되지 아니한다. 이와 같이 보고기업의 해외사업장에 대한 순투자의 일부인 화폐성항목에서 생기는 외환차이는 해외사업장의 개별재무제표에서 당기손익으로 적절하게 인식한다. 그러나 보고기업과 해외사업장을 포함하는 재무제표(예: 해외사업장이 종속기업인 경우의 연결재무제표)에서는 이러한 외환차이를 처음부터 기타포괄손익으로 인식하고 해외사업장을 처분하는 경우에는 기타포괄손익으로 인식하고 별도의 자본항목에 누계한 해외사업장관련 외환차이의 누계액은 해외사업장의 처분손익을 인식하는 시점에 자본에서 당기손익으로 재분류한다.

(5) 기능통화의 변경

기능통화가 변경되는 경우에는 새로운 기능통화에 적용되는 환산절차를 변경한 날부터 전진적용한다.

(6) 표시통화로의 환산

경영성과와 재무상태를 기능통화와 다른 표시통화로 환산하는 방법은 다음과 같다.

① 재무상태표(비교표시하는 재무상태표 포함)의 자산과 부채는 해당 보고기간말의 마감환율로 환산한다.

② 손익계산서(비교표시하는 손익계산서 포함)의 수익과 비용은 해당 거래일의 환율 또는 평균환율로 환산한다.

③ 위 ①과 ②의 환산에서 생기는 외환차이는 기타포괄손익으로 인식한다.

(7) 해외사업장의 환산

해외사업을 연결 또는 지분법을 적용하여 보고기업의 재무제표에 포함되도록 하기 위하여 해외사업장의 경영성과와 재무상태를 표시통화로 환산하는 경우에는 이규정을 적용한다.

해외사업장의 취득으로 발생하는 영업권과 자산·부채의 장부금액에 대한 공정가치 조정액은 해외사업장의 자산·부채로 본다. 따라서 이러한 영업권과 자산·부채의 장부금액에 대한 공정가치 조정액은 해외사업장의 기능통화로 표시하고 마감환율로 환산한다.

(8) 해외사업장의 처분 또는 일부 처분

해외사업장을 처분하는 경우에는 기타포괄손익으로 인식하고 별도의 자본항목에 누계한 해외사업장관련 외환차이의 누계액은 해외사업장의 처분손익을 인식하는 시점에 자본에서 당기손익으로 재분류한다.

해외사업장을 포함한 종속기업을 일부 처분하는 경우에는 기타포괄손익에 인식된 외환차이의 누계액 중 비례적 지분을 그 해외사업장의 비지배지분으로 재귀속시킨다. 그 외의 해외사업장을 일부 처분하는 경우에는 기타포괄손익에 인식된 외환차이의 누계액 중 비례적 지분만을 당기손익으로 재분류한다.

(9) 공시

다음 사항을 공시한다.

① 당기손익으로 인식한 외화환산손익과 외환차손익 금액

② 기타포괄손익으로 인식하고 별도의 자본항목에 누계한 순외환차익, 기초와 기말 금액 및 그 변동 내역

③ 표시통화와 기능통화가 다른 경우에는 그 사실과 이유 및 기능통화의 명칭

④ 보고기업이나 유의적인 해외사업장의 기능통화가 변경된 경우에는 그 사실과 이유

제10절 연결재무제표

1. 연결재무제표의 의의

이 절에서 사용하는 용어의 정의는 다음과 같다.

① 지배기업: 하나 이상의 종속기업을 가지고 있는 기업

② 종속기업: 다른 기업(지배기업)의 지배를 받고 있는 기업. 파트너십과 같은 법인격이 없는 실체와 특수목적기업을 포함한다. 다만, 주식회사의 외부감사에 관한 법률 및 동법 시행령에서 종속기업을 규정한 경우에는 그 법령에 따른다.

③ 지배력: 경제활동에서 효익을 얻기 위하여 재무정책과 영업정책을 결합 할 수 있는 능력

④ 특수목적기업: 한정된 특수 목적(예: 리스, 연구개발 활동 또는 금융자산의 증권화)을 수행하기 위해 설립된 기업

법적으로 각각 독립된 회사가 경제적으로 지배, 종속관계를 형성하여 실질적으로는 단일기업과 같을 때(경제적 단일실체) 이들 기업군을 하나의 단일기업으로 보고 양회사의 재무제표를 연결재무제표라 한다.

기업이 타사의 주식을 소유하는 목적은 단순히 일시적인 이식의 목적으로 소유하는 경우와 장기투자의 목적, 재산분산관리의 목적, 그리고 타사지배목적 등이 있다.

어떤 회사가 타사주식을 소유함으로써, 그 회사를 지배하는 경우를 지배회사 또는 '지주회사'라 하며 지배를 받는 경우를 '종속회사'라 한다. 이 때 지배회사 내지 종속회사는 각각 독립적인 법인격을 가지고 있으나 경제적으로는 실질적 단일조직체 내지 유기적 조직단위로 보는 것이다.

연결재무제표는 지배회사와 그 종속회사로 구성되는 경제적 실체 재무상태와 경영성과 자본변동 및 현금흐름 등에 관한 재무정보를 회계정보의 이용자에게 제공하기 위하여 지배회사가 작성하는 재무제표이다.

① 지배라 함은 특정회사가 경제적 효익을 얻기 위하여 다른 회사의 영업, 투자 및 재무정책 등을 결정할 수 있는 능력을 말한다.

② 지배회사라 함은 하나 이상의 다른 회사를 지배하는 회사를 말한다.

③ 종속회사라 함은 지배회사에 의하여 지배를 받는 회사를 말한다.

④ 지배회사지분이라 함은 종속회사의 경영성과의 순자산 중에서 지배회사가 직접 또는 다른 종속회사를 통하여 간접적으로 소유하는 부분을 말한다.

⑤ 외부주주지분이라 함은 종속회사의 경영성과와 순자산 중에서 지배회사지분 이외의 지분을 말한다.

2. 연결재무제표의 목적

연결재무제표는 그 이용자가 연결실체와 관련하여 합리적인 의사 결정을 할 수 있도록 지배회사 및 종속회사로 구성되는 단일 보고실체의 재무상태와 경영성과, 자본변동 및 현금흐름 등에 관한 유용하고 적정한 정보를 제공함을 목적으로 한다.

AICPA의 ARB(회계조사 보고)NO.51에서는 연결재무제표의 목적은 주로 지배회사의 주주나 채권자의 효익을 위하여 지배 회사 내지 종속회사 재무상태와 경영성과를 보고하는데 있다고 하였다. 연결재무제표의 작성 내지 존재 목적은 개별재무제표가 제공하지 못하는 지배 종속회사라는 기업집단의 총체적 재무정보를 제공하여 지배회사의 경영관리상태를 알게 하며, 재무제표감사의 개선을 도모함으로써 연결기업의 회계 건전화를 기하는데 있다 하겠다.

3. 연결재무제표의 유용성과 한계점

(1) 연결재무제표의 유용성

연결재무제표는 다른 기업과 지배·종속관계를 유지하고 있을 때 개별재무제표가 제공할 수 없는 유용한 정보를 제공해 준다.

1) 단일 경제실체인 연결실체에 대한 정보제공

지배회사의 이해관계자 입장에서 개별재무제표만으로는 지배회사의 전체적인 재무상황에 대한 정보를 얻을 수 없다. 연결재무제표는 지배·종속관계에 있는 기업들을 경제적인 관점에서 하나의 통일된 경제주체로 보고 작성한다. 따라서 연결재무제표를 통해 지배·종속회사의 재무상태 및 경영성과를 포괄적으로 파악할 수 있다.

2) 지배·종속회사간의 부당한 회계처리의 방지

개별재무제표에는 지배·종속관계에 있는 기업간의 부당한 회계처리로 회계조작이 매우 손쉽게 이루어질 수 있는데 관련된 회사간의 매출·매입, 채권·채무 등을 상세히 검토해야 한다. 연결재무제표에서는 내부거래가 상계되고 미실현손익이 제거되기 때문에 회계조작의 효과가 사라지게 된다. 따라서 연결재무제표는 기업회계의 건전화에 기여할 수 있다.

3) 연결법인세 제도를 통한 탈세방지효과

현행 개별기업 법인세제도하에서는 누진세를 회피하기 위하여 관련 회사간에 이익을 분산시킬 수 있다. 연결재무제표에 관련하여 연결법인세제도를 도입한다면 탈세방지의 수단이 된다.

4) 기업집단에 대한 효과적 규제

연결재무제표는 정부기관이 기업을 규제하고 관리할 때 유용하게 이용될 수 있다. 독과점기업이나 그룹기업의 현황파악으로 물가관리, 여신관리 등을 할 경우 연결재무제표가 유용하게 이용된다.

5) 해외자본 조달시 유용

기업이 해외에서 자본을 조달하려고 할 때 해외 투자자들은 대부분 연결재무제표를 요구하고 있다. 따라서 연결재무제표를 작성하고 있다면 해외 자본시장에서 유리하다.

(2) 연결재무제표의 한계점

1) 연결재무제표정보의 특성과 관련된 한계점

연결재무제표만으로는 개별회사의 재무정보를 파악하기 어렵고, 연결회사간의 내부거래도 연결재무제표에서는 상계제거되기 때문에 연결회사간의 내부거래에 대한 정보도 알 수가 없다. 연결재무제표에 근거하여 산출되는 재무비율 등 각종 재무분석 수치를 단순한 가중평균치에 불과하다. 이 결과 연결대상이 되는 기업중에서 재무구조가 취약한 일부 기업의 실상이 은폐되고, 가중평균된 수치가 재무지표로 이용될 가능성이 있다.

2) 채권자와 외부주주에 대한 연결재무제표정보의 한계점

연결재무제표만 공시하게 되면 주주들이 그들에게 귀속되는 지분에 대해 오해하게 될 가능성이 있다. 주주들에게 배당가능한 금액은 연결재무제표상의 이익잉여금이 아니고 개별재무제표상의 이익잉여금이다. 외부주주들의 투자대상이 되는 회사는 지배회사가 아니고 그들이 실제로 투자하고 있는 개별기업이며 그들에게는 개별재무제표가 의사결정에 보다 유용한 정보가 될 수 있다. 채권자들에게는 연결재무제표로 판단되는 경제적 단일체로서의 연결회사의 지급능력보다는 채권자들이 실제로 청구권을 가지고 있는 개별 기업의 재무상태와 경영성과에 보다 관심을 갖게 된다.

3) 연결대상회사간 회계방법차이에서 발생하는 문제점

연결대상이 되는 기업들의 회계처리절차가 통일되어 있지 않을 경우 이를 무시하고 연결재무제표를 작성하면 연결재무제표상 수치가 무의미한 것이 된다.

4) 연결대상범위와 관련된 문제점

「독점규제 및 공정거래에 관한 법률」은 "대규모 기업집단에 속하는 회사는 취득·소유하고 있는 다른 국내회사의 장부가액이 당해 회사 순자산의 40%를 초과해서는 안 된다."라고 규정하고 있다. 이는 원칙적으로 연결재무제표를 만들 수 있는 기업간 지배·종속관계를 억제하고 있다. 이에 따라 종속회사를 다른 간접적인 수단으로 지배하게 되고, 연결재무제표가 작성되지 않게 되었다. 재벌체제 기업지배구조하에서는 연결재무제표만으로 기업집단에 관한 유용한 정보를 충분히 제공할 수 없다. 따라서 기업집단을 하나의 경제적 실체로 보고 재무제표를 작성하는 결합재무제표의 필요성이 대두되게 되었다.

4. 연결재무제표 작성기업

지배기업조건을 충족하는 경우를 제외하고 지배기업은 이 장에 따라 종속기업 투자를 연결한 연결재무제표를 작성한다. 연결재무제표는 지배기업의 모든 종속기업을 포함한다.

지배기업은 다음의 조건을 모두 충족하는 경우 연결재무제표를 작성하지 아니할 수 있다.

① 지배기업 자체가 종속기업이다.

② 지배기업의 최상위 지배기업(또는 중간 지배기업)이 한국채택국제회계기준이나 이 장을 적용하여 일반 목적으로 이용가능한 연결재무제표를 작성한다.

다만, 주식회사의 외부감사에 관한 법률 및 동법 시행령에서 연결재무제표 작성기업을 규정한 경우에는 그 법령에 따른다.

5. 연결범위

(1) 지배력

지배기업이 직접으로 또는 종속기업을 통하여 간접으로 기업 의결권의 과반수를 소유하는 경우에는 지배기업이 그 기업을 지배한다고 본다. 다만 그러한 소유권이 지배력을 의미하지 않는다는 것을 명확하게 제시할 수 있는 예외적인 경우는 제외한다. 다음의 경우에는 지배기업이 다른 기업 의결권의 절반 또는 그 미만을 소유하더라도 지배한다고 본다.

① 다른 투자자와의 약정으로 과반수의 의결권을 행사할 수 있는 능력이 있는 경우

② 법규나 약정에 따라 기업의 재무정책과 영업정책을 결정할 수 있는 능력이 있는 경우

③ 이사회나 이에 준하는 의사결정기구가 기업을 지배한다면, 그 이사회나 이에 준하는 의사결정기구 구성원의 과반수를 임명하거나 해임할 수 있는 능력이 있는 경우
④ 이사회나 이에 준하는 의사결정기구가 기업을 지배한다면, 그 이사회나 이에 준하는 의사결정기구의 의사결정에서 과반수의 의결권을 행사할 수 있는 능력이 있는 경우

기업이 특수목적기업을 지배하고 있는 상황의 예는 다음과 같다.

① 실질적으로 기업의 특정 사업의 필요에 따라 그 기업을 위하여 특수목적기업의 활동이 수행되고 그 기업은 특수목적기업의 운영에서 효익을 얻을 경우
② 실질적으로 기업이 특수목적기업의 활동에서 발생하는 효익의 과반을 얻을 수 있는 의사결정능력을 가지고 있거나 '자동조종'절차를 수립하여 이러한 의사결정능력을 위임하여 온 경우
③ 실질적으로 기업이 특수목적기업의 효익의 과반을 얻을 수 있는 권리를 가지고 있어 그 특수목적기업의 활동에 흔히 있는 위험에 노출될 수 있는 경우
④ 실질적으로 특수목적기업의 활동에서 효익을 얻기 위하여 기업이 특수목적기업이나 특수목적기업의 자산과 관련된 잔여위험이나 소유위험의 과반을 가지고 있는 경우

6. 연결재무제표의 작성 절차

지배기업과 종속기업 재무제표의 자산, 부채, 자본, 수익, 비용을 같은 항목별로 합산하여 연결재무제표를 작성한다. 단일 경제적 실체의 재무정보로서 연결실체의 재무정보를 제공하기 위하여 다음의 단계에 따라 연결재무제표를 작성한다.

① 지배기업의 각 종속기업에 대한 투자자산의 장부금액과 각 종속기업의 자본 중 지배기업 지분을 제거한다(영업권의 회계처리에 대하여는 사업결합' 참조).
② 보고기간의 연결대상 종속기업의 당기순손익 중 비지배지분을 식별한다.
③ 연결대상 종속기업의 순자산 중 비지배지분은 지배기업의 소유지분의 순자산과 구분하여 별도로 식별한다. 비지배지분 순자산은 다음과 같이 구성된다.
   ㉮ 최초 사업결합 시점의 비지배지분 순자산에 해당하는 금액
   ㉯ 사업결합 이후 자본의 변동분 중 비지배지분에 해당하는 금액

(1) 연결실체내의 거래, 이와 관련된 잔액 및 수익과 비용의 제거

수익, 비용 및 배당을 포함하는 연결실체내의 거래와 잔액은 모두 제거한다. 재고자산이나 유형자산과 같이 자산에 인식되어 있는 연결실체의 내부거래에서 발생한 손익은 모두 제거한다. 다만, 내부거래미실현손실이 자산손상에 따른 손상차손에 해당할 경우에는 당기손실로 인식한다. 연결실체 내의 거래에서 발생하는 손익의 제거로 인한 일시적차이에 대해서는 법인세회계를 적용한다.

(2) 보고일의 일치

동일한 보고기간 종료일에 작성된 지배기업의 재무제표와 종속기업의 재무제표를 사용하여 연결재무제표를 작성한다. 지배기업의 보고기간 종료일과 종속기업의 보고기간 종료일이 다른 경우, 종속기업은 실무적으로 적용할 수 없지 않다면 연결재무제표를 작성하기 위하여 지배기업의 재무제표와 동일한 보고기간 종료일의 재무제표를 추가로 작성한다.

연결재무제표를 작성하기 위하여 사용되는 종속기업 재무제표의 보고기간 종료일이 지배기업 재무제표의 보고기간 종료일과 다른 경우에는 지배기업 재무제표의 보고기간 종료일과 종속기업 재무제표의 보고기간 종료일 사이에 발생한 유의적인 거래나 사건의 영향을 반영한다. 어떠한 경우라도 종속기업의 보고기간 종료일과 지배기업의 보고기간 종료일의 차이는 3개월을 초과해서는 아니된다. 보고기간의 길이 그리고 보고기간 종료일의 차이는 매 기간마다 동일하여야 한다.

(3) 회계정책의 일치

유사한 상황에서 발생한 동일한 거래나 사건에 대하여는 종속기업의 회계정책을 지배기업의 회계정책과 일치하도록 적절히 수정하여 연결재무제표를 작성한다. 다만, 연결실체 내 모든 기업이 중소기업 회계처리 특례의 적용대상이거나, 종속기업이 한국채택국제회계기준을 적용하여 재무제표를 작성함에 따라 회계정책이 일치하지 아니하는 경우는 그러하지 아니하다.

(4) 회계연도 중 연결실체 변동시 손익 반영

회계연도 중에 종속기업을 취득하는 경우에 연결손익계산서에 포함될 당해 종속기업의 수익과 비용은 취득일 이후부터 발생한 수익과 비용이며, 이는 각 항목별로 연결손익계산서에 반영한다.

(5) 지배기업의 지분이 변동하는 경우

지배력을 상실하지 않는 종속기업에 대한 지배기업의 소유지분 변동은 자본거래(즉 소유주로서의 자격을 행사하는 소유주와의 거래)로 회계처리한다.

(6) 지배력의 상실

지배기업이 종속기업에 대한 지배력을 상실한 경우, 다음의 ①과 ②의 차액을 당기손익으로 인식한다. 이 경우, 연결기타포괄손익누계액에 포함되어 있는 당해 종속기업에 대한 미실현손익(예: 해외사업환산손익) 중 처분비율에 해당하는 금액은 실현된 것으로 본다.

① 종속기업의 주식의 처분 대가

② 지배력 상실 직전의 다음의 금액을 합한 금액

㉮ 연결재무제표상 당해 종속기업의 순자산 장부금액 중 처분한 주식의 지분비율에 해당하는 금액

㉯ 당해 종속기업에 대한 영업권 잔액 중 처분 비율에 해당하는 금액

지배기업이 종속기업에 대한 지배력을 상실하는 경우, 처분 후 보유투자주식은 해당 일반기업회계기준에 따라 회계처리한다. 이 경우 지배력을 상실하게 된 시점의 보유 투자주식의 장부금액을 취득원가로 본다.

(7) 연결재무제표의 형식

연결재무제표의 형식은 재무제표의 작성과 표시 I과 재무제표의 작성과 표시 II(금융업)을 적절히 반영하여 적용한다.

① 재무상태표의 구성요소 중 자본은 지배기업지분과 비지배지분으로 구분하고 지배기업지분은 자본금, 연결자본잉여금, 연결자본조정, 연결기타포괄손익누계액, 연결이익잉여금(또는 결손금)으로 구분한다.

② 당기순손익은 지배기업지분순손익과 비지배지분순손익으로 구분하여 연결손익계산서 본문에 표시한다.

③ 연결자본변동표는 자본변동표를 적용하여 작성하되, 비지배지분의 변동은 구분하여 별도 항목으로 표시한다.

④ 연결현금흐름표는 현금흐름표를 적용하여 작성하되 종속기업이 연결실체에 새로 포함되거나 연결실체에서 제외되는 경우에는 연결실체의 변동으로 인한 현금의 증가(감소) 항목을 추가하여 투자활동으로 구분 표시한다.

(8) 개별재무제표에서 종속기업 투자의 회계처리

지배기업이 개별재무제표를 작성할 때, 종속기업에 대한 투자자산은 지분법에 따라 회계처리한다.

다음의 기준을 모두 충족하는 방식으로 지배기업이 자신의 지배기업으로 신기업을 설립하여 연결실체의 구조를 재편성하는 경우, 신지배기업은 재편성일에 원지배기업에 대한 투자주식의 원가를 원지배기업의 자본에서 자신의 지분에 해당하는 장부금액으로 측정한다.

① 신지배기업이 원지배기업의 기존 지분상품과 교환하면서 지분상품을 발행하여 원지배기업에 대한 지배력을 획득한다.

② 신연결실체와 원연결실체의 자산과 부채는 재편성 직전 및 직후에 동일하다.

③ 재편성 전 원지배기업의 소유주는 재편성 직전 및 직후에 원연결실체의 순자산과 신연결실체의 순자산에 대해 동일한 절대적 지분과 상대적 지분을 갖는다.

이와 유사하게, 지배기업이 아닌 기업이 원지배기업과 신지배기업의 기준을 충족하는 방식으로 신기업을 자신의 지배기업으로 설립할 수 있다. 이러한 재편성에 동일하게 적용한다. 이러한 경우 '원지배기업'과 원연결실체라 함은 원기업을 의미이다.

(9) 주석공시

다음 사항을 연결재무제표에 공시한다.

① 지배기업이 직접으로 또는 종속기업을 통하여 간접으로 종속기업의 의결권의 과반수를 소유하고 있지 않은 경우, 지배·종속관계의 성격

② 직접으로 또는 종속기업을 통하여 간접으로 의결권(또는 잠재적 의결권)의 과반수를 소유하고 있으나 피투자자를 지배하지 못하는 이유

③ 연결재무제표를 작성할 때 지배기업 재무제표의 보고기간 종료일이나 보고 기간과 다른 종속기업의 재무제표를 사용한 경우, 그 종속기업 재무제표의 보고기간 종료일, 그리고 재무제표의 보고기간 종료일이 다르거나 보고기간이 다른 종속기업의 재무제표를 사용한 이유

④ 종속기업이 지배기업에게 현금배당이나 차입금 상환, 선수금 반환의 방법으로 자금을 이전하는 데 유의적인 제약(예: 차입 약정이나 감독규제사항)이 있는 경우 그 성격과 범위

⑤ 지배력을 상실하지 않는 종속기업에 대한 지배기업의 소유지분 변동으로, 지배기업의 소유주에 귀속되는 자본에 미치는 영향을 나타내는 명세서

관련되는 다른 기준에서 정한 주석 공시는 연결재무제표의 주석으로 기재한다.

7. 연결재무제표의 작성

(1) 연결재무상태표

1) 지배회사의 투자계정과 종속회사의 자본계정의 상계제거

일괄법으로 처리하는 경우에는 지배권획득일을 기준으로 일괄상계제거 하고 단계법으로 처리하는 경우 지배권획득일 이후 종속회사 상호간의 주식취득시에는 주식취득일을 기준으로 상계제거한다.

이 경우 종속회사 주식의 취득일이 종속회사의 결산일이 아닌 경우에는 당해 주식 취득일에 가장 가까운 결산일에 취득한 것으로 할 수 있다. 한편, 지배회사의 투자계정과 종속회사의 자본계정을 상계제거함에 있어 거래의 실질에 따라 매수와 지분통합으로 구분하고, 매수에 대해서는 매수법, 지분통합에 대해서는 지분통합법을 적용하여 회계처리한다. 그리고 매수법 적용시 지배권획득일 현재 종속회사의 자산·부채의 공정가액에 대한 지배회사의 지분과 지배회사의 투자계정이 일치하지 않는 경우 그 차액(이하 "투자제거차액"이라 한다)은 영업권 또는 부의영업권으로 인식하며 매수와 지분통합의 구분, 매수법과 지분통합법에 관한 회계처리 및 매수법 적용시 영업권·부의영업권의 회계처리는 「기업인수·합병 등에 관한 회계처리준칙」을 준용한다.

여기서 단계법이란 과반수에 미달하는 주식소유일지라도 주식취득일 이후에 발생한 잉여금 중에서 그 지분비율에 해당하는 부분은 연결잉여금을 구성하는 것으로 보고 주식의 취득일별로 지배회사지분을 계산하여 이에 따라 단계적으로 상계, 제거를 실시하는 방법을 말한다.

일괄법이란 지배권 획득일에 일괄적으로 주식이 취득된 것으로 하여 지배권획득일 현재의 지배회사지분에 의해 일괄적으로 상계, 제거를 실시하는 방법을 말한다.

2) 투자제거차액의 처리

투자제거차액이란 지배회사의 투자계정과 이에 대응되는 종속회사의 자본계정을 상계하는 경우에 발생하는 양 계정금액의 차액으로서 매수법 적용시 동 차액이 발생하는 세 가지 원인은 다음과 같다.

원인	차(투자계정〉자본)	대(투자계정〈자본)
① 영업권적 성격	초과수익력	평균이하의 수익력
② 순자산의 과대(과소)평가	자산의 과소평가	자산의 과대평가
	부채의 과대평가	부채의 과소평가
③ 기타사유	투자주식의 불리한 취득	투자주식의 유리한 취득

매수법 적용시 회계처리는 아래와 같이 한다.

① 지배회사의 투자계정〉종속회사 자본 중 지배회사 지분 상당액→영업권

② 지배회사의 투자계정〈종속회사 자본 중 지배회사 지분 상당액→부의 영업권

단, 위의 차액이 종속회사의 자산 또는 부채를 장부가액과 다른 가액으로 평가함으로써 발생하였음이 객관적으로 입증되는 경우에는 우선적으로 당해 자산이나 부채에 가감조정하여야 한다. 영업권(부의 영업권)은 최초 발생연도부터 20년 이내의 매 결산기에 균등액을 상각(환입)하여야 한다.

3) 연결자본잉여금과 연결이익잉여금

주식취득일(일괄법의 경우에는 지배권획득일) 이후에 발생한 종속회사의 이익잉여금과 자본잉여금 중 지배회사 지분에 속하는 것은 연결이익잉여금(연결재무상태표상의 이익잉여금으로서 지배회사의 이익잉여금과 주식취득 이후 또는 지배권획득일 이후 발생한 종속회사의 이익잉여금 중 지배회사지분으로 구성된다)과 연결자본잉여금으로 기재한다.

4) 채권채무의 상계제거

상계대상 채권, 채무는 미수수익, 선급비용, 미지급비용 및 선수수익 등도 포함하며 연결회사가 발행한 지급어음의 할인시는 차입금으로 표시한다. 그리고 연결회사 상호간의 거래에 의한 충당금은 조정하여 환입한다.

5) 종속회사 소유 지배회사 주식

종속회사가 소유하고 있는 지배회사의 주식은 연결재무상태표상에 자기 주식의 경우와 같이 그 취득원가금액을 "종속회사소유 지배회사 주식"으로 자본에서 차감하는 형식으로 기재하여야 한다.

6) 연결재무상태표의 표시(공시)

〈표 6-8〉 연결재무상태표(요약)

연결재무상태표

(자산)		(부채)	
1. 유동자산	×××	1. 유동부채	×××
		2. 비유동부채	×××
2. 투자자산	×××	3. 부채총계	×××
		(자본)	
		1. 자본금	×××
3. 유형자산	×××	2. 연결자본금잉여금	×××
		3. 연결자본조정	×××
4. 무형자산	×××	4. 연결기타포괄손익누계액	
		5. 연결이익잉여금	×××
		(연결당기순이익 ×××)	×××
		자본총계	×××
자산총계	×××	부채와 자본총계	×××

(2) 연결손익계산서

1) 연결손익계산서 작성의 기본원칙

지배회사와 종속회사의 개별재무제표를 기초로 하여, 지배회사와 종속회사간 및 종속회사 상호간(연결회사간)의 거래액(전액 상계제거) 및 미실현손익을 상계 제거한다.

2) 미실현손익의 제거방법

연결회사간에 계상한 미실현손익을 전액 제거할 것인가, 아니면 그 중 외부주주지분에 대한 것을 제외한 나머지 금액만 제거할 것인가에 대해서는 다음과 같은 방법이 있다.

① 지배회사가 종속회사에 판매한 경우(하향판매 : downstream sales)
지배회사의 장부에 이익 혹은 손실 전액이 보고되므로 항시 전액을 제거한다.

② 종속회사가 지배회사에 판매한 경우(상향판매 : upstream sales)

㉮ 전액을 제거하여 지배회사지분에 차감하는 방법

㉯ 전액을 제거하되 지분비율에 의해 지배회사지분과 외부주주지분에서 비례하여 부담시키는 방법(안분제거)

㉰ 지배회사의 지분비율에 해당하는 부분만을 내부미실현이익으로 보아 지배회사지분에서 차감하는 방법(부분제거)

현행 연결재무제표준칙에서는 안분제거방법을 적용하도록 규정하고 있다.

(3) 연결자본변동표

연결자본변동표는 자본금, 연결자본잉여금, 연결이익잉여금, 연결자본조정, 외부주주 지분의 변동사항을 표시한다.

1) 자본금

자본금의 변동사항을 표시한다.

① 유상증자(또는 감자)

유상증자(또는 감자)로 인한 자본금변동을 표시한다.

② 이외의 당기자본금의 증감으로 하되, 그 금액이 중요한 경우에는 적절한 과목으로 구분하여 표시한다.

2) 연결자본잉여금

연결자본잉여금의 변동사항을 표시한다.

① 유상증자(또는 감자)로 인한 연결자본잉여금 변동을 표시한다.

기타 이외의 당기연결자본잉여금의 증감으로 하되, 그 금액이 중요한 경우에는 적절한 과목으로 구분하여 표시한다.

3) 연결자본조정

연결자본조정의 변동사항을 표시한다.

① 자기주식취득

지배회사가 자기주식을 취득한 경우 및 종속회사가 지배회사 주식을 취득한 경우 그 금액으로 한다.

② 이외의 당기연결자본조정의 증감으로 하되, 그 금액이 중요한 경우에는 적절한 과목으로 구분하여 표시한다.

4) 연결이익잉여금

연결이익잉여금의 변동사항을 표시한다.

① 연결당기순이익(또는 연결당기순손실)

연결손익계산서상의 연결당기순이익(또는 연결당기순손실)으로 한다.

② 외부주주지분 초과손실액과 그 환입

연결손익계산서상의 외부주주지분손실액에서 기초 외부주주지분액을 차감할 금액을 외부주주지분초과손실액으로 하여 차감표시하고, 추후 외부 주주지분이익의 한도내에서 기초 외부주주지분초과 손실잔액에 해당하는 금액을 외부주주지분초과손실액환입으로 가산 표시한다.

③ 배당금

지배회사가 당기에 처분한 배당액으로 한다.

④ ① 내지 ③ 이외의 당기연결이익잉여금의 증감으로 하되, 그 금액이 중요한 경우에는 적절한 과목으로 구분하여 표시한다.

5) 외부주주지분

외부주주지분의 변동사항을 표시하는데 연결자본변동표작성시 중요한 변동이 없는 항목을 생략할 수 있다.

(4) 연결현금흐름표

연결현금흐름표는 전기와 당기의 연결재무상태표 및 연결손익계산서를 기초로 하여 작성하거나 연결대상회사의 개별현금흐름표를 기초로 하여 연결회사 상호간의 현금흐름을 상계 제거하여 작성한다.

① 연결현금흐름표는 기업회계기준을 준용하여 작성한다.

② 연결현금흐름표 작성시 기업회계기준을 준용함에 있어서 다음의 사항을 포함한다.

㉠ 영업권상각비, 외부주주지분순이익, 지분법평가손실, 지분법평가이익을 초과하는 배당금 등은 현금의 유출이 없는 비용 등에 포함한다.

㉡ 부의영업권환입, 외부주주지분순손실, 지분법평가이익(지분법적용회사로부터의 배당금을 제외한다) 등은 현금의 유입이 없는 수익 등에 포함한다.

연결재무제표작성대상에 신규로 포함되거나 제외되는 경우에는 연결제무제표작성대상범위의 변동으로 인한 현금의 증가 또는 감소로 기재한다. 지배・종속관계가 성립된 이후에 지배회사가 연결대상회사가 이외의 주주에게 종속회사의 주식을 처분한 경우에도 당해 종속회사가 계속하여 연결대상에 속하는 경우에는 연결재무제표상 자본거래에 해당되므로 이를 재무활동으로 인한 현금흐름으로 표시한다.

(5) 기타 필요한 사항

1) 주당순이익 등의 표시

연결손익계산서 작성시 1주당 경상이익 및 1주당 당기순이익에 주기하고 그 산출근거를 주석으로 기재한다.

2) 일반기업회계기준의 준용

이 준칙에서 정하지 아니한 사항에 대하여는 일반기업회계기준을 준용한다.

(6) 연결재무제표의 주석공시

1) 일반적사항

① 지배회사의 개요, 연결재무제표 작성 대상에 속한 종속회사·제외된 종속회사의 상호, 업종, 자본, 투자주식수, 투자비율, 소재지, 결산일, 제외시 그 사유 등
② 지분법 적용대상회사의 상호, 투자주식수 및 투자비율, 지분법적용사유
③ 처음으로 재무제표의 작성대상에 속한 종속회사와 연결대상에서 제외된 종속회사의 상호와 그 사유
④ 종속회사의 결산일이 연결재무제표의 작성기준일과 다른 경우 그 내용, 종속회사의 결산일과 연결재무제표 작성기준일 사이에 발생한 중요한 사항 및 이의조정 내용
⑤ 연결대상회사와 지분법 적용 대상회사간에 발생한 중요한 거래내역과 조정내용
⑥ 외화자산·부채의 내용, 환산기준 및 환산 손익의 내용
⑦ 사채 및 장기차입금의 상환일정(향후 5년간의 상환 일정은 구분 표시)
⑧ 우발 채무의 금액과 내용
⑨ 연결보고 기간말일 이후 발생한 사항으로서 재무제표에 중대한 영향을 미치는 것에 관여하는 그 내용
⑩ 기타 연결 방침에 관한 중요한 사항

2) 회계처리 기준

① 지배회사 및 종속회사가 적용하고 있는 회계처리 방법
② 연결재무제표 작성을 위하여 그 기준과 절차를 변경한 경우 그 내용과 이유 및 연결재무제표에 미친 영향
③ 지배회사의 투자계정과 종속회사의 자본계정을 상계제거함에 있어서 적용한 방법과 그 내용
④ 영업권·부의 영업권의 상각 및 환입내용, 투자제거차액이 특정 자산이나 부채에 반영된 경우에는 그 내용 및 지분법 적용회사 투자제거차액의 처리 내용
⑤ 지분법을 적용한 투자계정의 평가 내용
⑥ 연결 대상회사의 재무제표가 그 회사의 재무상태와 경영성과를 적정하게 표시하지 아니

하였다고 인정되어 이를 수정한 경우에는 그 내용

⑦ 가결산을 함으로써 전년도의 기준에 의거하여 추계한 것이 있는 경우에는 전년도의 기준과 추계한 절차

3) 연결대상회사간 주요 거래내역의 공시

① 연결대상회사간(지분법적용 회사 포함)의 지급 보증 및 담보제공내용

② 연결대상회사간(지분법적용 회사 포함) 중요한 채권·채무 및 손익거래내용

4) 일반기업회계기준의 주석사항에 준하는 사항

(7) 연결재무제표 작성을 위한 주요 자료의 비치

연결재무제표를 작성함에 있어서 연결대상회사는 다음의 자료를 기초로 하여 작성하고 이를 비치하여야 한다.

1) 지배회사의 경우

① 종속회사 및 지분법 적용 대상회사투자계정명세

② 주식취득시의 종속회사 및 지분법적용대상회사 자본계정명세

③ 연결재무제표 작성기준일 현재의 종속회사와의 채권·채무명세

④ 연결대상연도의 종속회사 및 지분법 적용대상회사와의 손익거래에 관한 명세

⑤ 연결재무제표 작성기준일 현재의 종속회사 및 지분법 적용 대상회사로부터의 구입자산명세

⑥ 종속회사로부터의 주식배당명세

⑦ 투자계정평가명세

⑧ 종속회사발행의 할인어음 및 배서양도어음의 명세

⑨ 자본금, 연결자본잉여금, 연결이익잉여금 및 연결자본조정의 명세

⑩ 기타 연결에 필요한 명세

2) 종속회사의 경우

① 연결재무제표작성기준일 현재의 지배회사 및 다른 종속회사와의 채권·채무명세

② 연결대상연도의 지배회사 및 다른 종속회사와의 손익거래에 관한 명세

③ 연결재무제표 작성기준일 현재의 지배회사 및 다른 종속회사로부터의 구입자산명세

④ 연결대상회사 발행의 할인어음 및 배서양도어음의 명세

⑤ 지배회사와 다른 중요한 회계처리내용

⑥ 기타 연결에 필요한 명세

제11절 사업결합

1. 사업결합의 정의

사업결합이란 취득자가 하나 이상의 사업에 대한 지배력을 획득하는 거래나 그 밖의 사건을 말한다.

사업결합은 법률상, 세무상 또는 그 밖의 이유에서 다양한 방법으로 이루어질 수 있다. 다음과 같은 경우를 포함하며 이에 한정되는 것은 아니다.

① 하나 이상의 사업이 취득자의 종속기업이 되거나, 하나 이상의 사업의 순자산이 취득자에게 법적으로 합병된다.

② 하나의 결합참여기업이 자신의 순자산을, 또는 결합참여기업의 소유주가 자신의 지분을 다른 결합참여기업 또는 다른 결합참여기업의 소유주에게 이전한다.

③ 결합참여기업 모두가 자신의 순자산을 또는 모든 결합참여기업의 소유주가 자신의 지분을 신설된 기업에게 이전한다.

④ 결합참여기업 중 한 기업의 이전 소유주 집단이 결합기업에 대한 지배력을 획득한다.

2. 적용배제

사업결합의 정의를 충족하는 거래나 그 밖의 사건에 적용한다. 이 장은 다음 경우에는 적용하지 아니한다.

① 조인트 벤처의 구성

② 사업을 구성하지 않는 자산이나 자산 집단의 취득. 이 경우에 취득자는 각각의 식별가능한 취득자산(무형자산 정의와 인식기준을 충족하는 자산 포함)과 인수부채를 식별하고 인식한다. 자산집단의 원가는 매수일의 상대적 공정가치에 기초하여 각각의 식별가능한 자산과 부채에 배분한다. 이러한 거래나 사건에서는 영업권이 발생하지 않는다.

③ 동일지배 하에 있는 기업이나 사업 간의 결합

3. 사업결합의 식별

기업은 거래나 그 밖의 사건이 사업결합인지에 대하여 이 장의 정의를 적용하여 결정하는데, 그 정의에서는 사업결합은 취득자산과 인수부채가 사업을 구성해야 한다고 규정하고 있다. 취득자산이 사업이 아닐 경우에 보고기업은 그 거래나 그 밖의 사건을 자산의 취득으로 회계처리한다.

사업은 투입물 그리고 그러한 투입물에 적용되어 산출물을 창출할 수 있는 과정으로 구성된다. 사업은 보통 산출물을 갖지만, 산출물은 사업의 정의를 충족하기 위한 통합된 집합체에 반드시 필요한 요소는 아니다.

4. 사업결합의 회계처리

각 사업결합은 취득법을 적용하여 회계처리한다. 취득법은 다음의 절차를 따른다.

① 취득자의 식별

② 취득일의 결정

③ 식별가능한 취득자산, 인수부채 및 피취득자에 대한 비지배지분의 인식과 측정

④ 영업권 또는 염가매수차익의 인식과 측정

(1) 취득자의 식별

각 사업결합에서 결합참여기업 중 한 기업을 취득자로 식별한다.

연결재무제표의 지침은 피취득자에 대한 지배력을 획득하는 기업인 취득자를 식별하기 위하여 사용된다.

역취득은 증권을 발행한 기업(법적 취득자)이 회계목적상 피취득자로 식별될 때 발생한다. 지분을 취득당한 기업(법적 피취득자)은 역취득으로 고려되는 거래에서 회계목적상 취득자이다. 한편, 거래가 역취득으로 회계처리되기 위하여 회계상 피취득자는 사업의 정의를 충족해야 하며, 역취득에 따른 회계처리에서 영업권을 인식하기 위한 요구사항을 포함한 이 장의 모든 인식원칙과 측정원칙을 적용한다.

(2) 취득일의 결정

취득자는 취득일을 식별하며, 취득일은 피취득자에 대한 지배력을 획득한 날이다. 한편, 취득자가 피취득자에 대한 지배력을 획득한 날은 일반적으로 취득자가 법적으로 대가를 이전하여, 피취득자의 자산을 취득하고 부채를 인수한 날인 종료일이다. 그러나 취득자가 종료일보다 이른 날 또는 늦은 날에 지배력을 획득하는 경우도 있으므로 취득자는 모든 관련된 사실과 상황을 고려하여 취득일을 식별한다.

(3) 식별가능한 취득자산 · 인수부채의 인식과 측정

1) 인식원칙

취득법 적용의 인식요건을 충족하려면, 식별가능한 취득자산과 인수부채는 취득일에 자산과 부채의 정의를 충족하여야 한다. 예를 들어 피취득자의 영업활동을 종료하거나 피취득자의 고용관계를 종료하거나 재배치하는 것과 같은 계획의 실행에 의해 미래에 발생할 것으로 예상되지만 의무가 아닌 원가는 취득일의 부채가 아니다. 그러므로 취득자는 취득법을 적용하면서 그러한 원가는 인식하지 않는다. 그러한 원가는 다른 일반기업회계기준에 따라 사업결합 후의 재무제표에 인식한다. 또한, 식별가능한 취득자산과 인수부채는 별도 거래의 결과가 아니라 사업결합 거래에서 취득자와 피취득자(또는 피취득자의 이전 소유주) 사이에 교환된 것의 일부이어야 한다.

취득자가 인식의 원칙과 조건을 적용할 경우에 피취득자의 이전 재무제표에 자산과 부채로 인식되지 않았던 자산과 부채가 일부 인식될 수도 있다.

취득자는 피취득자가 리스이용자인 경우 각 운용리스의 조건이 유리한지 불리한지를 결정한다. 취득자는 운용리스의 조건이 시장 조건에 비하여 유리하다면 무형자산으로 인식하고, 시장조건에 비하여 불리하다면 부채로 인식한다. 한편, 식별가능한 무형자산이 운용리스와 관련될 수 있는데, 운용리스가 시장조건에 있더라도 시장참여자가 그 리스에 대해 특정 가격을 지불할 의도가 있다는 것이 그 증거일 수 있다.

취득자는 사업결합에서 취득한 식별가능한 무형자산을 영업권과 분리하여 인식한다. 무형자산은 분리가능성 기준이나 계약적·법적 기준을 충족하는 경우에 식별가능하다.

분리가능성 기준은 취득한 무형자산이 피취득자에게서 분리되거나 분할될 수 있고, 개별적으로 또는 관련된 계약, 식별가능한 자산이나 부채와 함께 매각, 이전, 라이선스, 임대, 교환할 수 있음을 의미한다. 취득자가 매각, 라이선스 또는 교환할 의도가 없더라도, 취득자가 매각,

라이선스 또는 기타 가치있는 것과 교환할 수 있는 무형자산은 분리가능성 기준을 충족한다. 취득한 무형자산은 바로 그 형태의 자산 또는 유사한 형태의 자산에 대한 교환거래에 대한 증거가 있는 경우, 그러한 교환거래가 드물고 취득자가 그 거래와 관련이 있는지와 무관하게 분리가능성 기준을 충족한다. 한편, 피취득자 또는 결합기업에서 개별적으로 분리할 수 없는 무형자산이 관련 계약, 식별가능한 자산이나 부채와 결합하여 분리할 수 있다면 분리가능성 기준을 충족한다.

취득일에 취득자는 후속적으로 다른 일반기업회계기준을 적용하기 위하여 식별가능한 취득자산과 인수부채를 분류하거나 지정한다. 그러한 분류나 지정은 취득일에 존재하는 계약 조건, 경제상황, 취득자의 영업정책이나 회계정책 그리고 그 밖의 관련 조건에 기초하여 이루어진다. 상황에 따라, 일반기업회계기준에서는 특정 자산이나 부채에 대한 기업의 분류나 지정 방법에 따라 다른 회계처리를 규정한다. 다음은 취득일에 존재하는 관련 조건에 기초하여 이루어지는 분류나 지정의 예이며 이에 한정되지는 않는다.

① 특정 금융자산과 금융부채를 금융자산·금융부채에 따라 당기손익인식지정항목, 매도가능증권 또는 만기보유증권으로 분류

② 파생상품을 위험회피수단으로 지정

③ 내재파생상품을 주계약에서 분리하여야 하는지에 대한 검토

리스계약에 대하여 리스에 따라 운용리스 또는 금융리스로 분류한다. 취득자는 이러한 계약을 계약 개시시점(또는 계약 조건이 분류가 변경되는 방식으로 수정되어 왔다면 그러한 수정일. 이는 취득일이 될 수도 있음)의 계약 조건과 그 밖의 요소에 기초하여 분류한다.

2) 측정원칙

취득자는 식별가능한 취득자산과 인수부채를 취득일의 공정가치로 측정한다.

(가) 인식원칙의 예외

(A) 우발부채

과거사건에서 발생한 현재의무이고 그 공정가치를 신뢰성 있게 측정할 수 있다면, 취득자는 취득일 현재 사업결합에서 인수한 우발부채를 인식한다. 그러므로 '충당부채, 우발부채 및 우발자산'과는 달리 당해 의무를 이행하기 위하여 경제적효익을 갖는 자원이 유출될 가능성이 매우 높지가 않더라도 취득자는 취득일에 사업결합으로 인수한 우발부채를 인식한다. 사업결합에서 인식한 우발부채는 최초 인식 이후 정산, 취소 또는 소멸되기 전까지 다음 중 큰 금액으로 측정한다.

① 이규정에 따라 인식되어야 할 금액

② 최초 인식금액에서, 적절하다면 수익에 따라 인식한 상각누계액을 차감한 금액

이 후속적인 측정 요구사항은 금융자산・금융부채에 따라 회계처리하는 계약에는 적용하지 않는다.

(나) 인식원칙과 측정원칙 모두의 예외

(A) 법인세

취득자는 사업결합으로 인한 취득자산과 인수부채에서 발생하는 이연법인세 자산이나 부채를 법인세회계에 따라 인식하고 측정한다. 또한, 취득자는 취득일에 존재하거나 취득의 결과로 발생하는 일시적차이와 피취득자의 이월액의 잠재적 세효과를 법인세회계에 따라 회계처리한다.

(B) 종업원급여

취득자는 피취득자의 종업원급여 약정과 관련된 부채(자산인 경우에는 그 자산)를 종업원급여에 따라 인식하고 측정한다.

(C) 보상자산

사업결합에서 매도자는 취득자에게 특정 자산이나 부채의 전부 또는 일부와 관련된 우발상황이나 불확실성의 결과에 대하여 계약상 보상을 할 수도 있다. 취득자는 보상대상항목을 인식하면서 동시에 보상대상항목과 동일한 근거로 측정된 보상자산을 인식하는데, 보상자산은 회수불가능한 금액에 대해 평가충당금이 필요한 대상이다. 그러므로 보상이 취득일에 인식되고 공정가치로 측정된 자산이나 부채와 관련된 경우, 취득자는 취득일의 공정가치로 측정하여 취득일에 보상자산을 인식한다.

공정가치로 측정한 보상자산의 경우 회수가능성으로 인한 미래현금흐름의 불확실성의 효과를 공정가치 측정에 포함하였으므로 별도의 평가충당금은 필요하지 않다. 보상이 취득일에 인식되고 공정가치로 측정된 자산이나 부채와 관련된 경우, 별도의 평가충당금은 필요하지 않으나, 취득일의 공정가치를 신뢰성 있게 측정할 수 없는 경우 취득일에 인식되지 않은 우발부채와 관련될 수 있다. 또는 보상이 취득일의 공정가치가 아닌 다른 근거로 측정하는 자산이나 부채(예: 종업원급여에서 발생하는 자산이나 부채)와 관련될 수 있다. 그러한 상황에서 보상자산은 보상대상항목을 측정하기 위하여 사용한 가정과 일관된 가정을 사용하여 인식하고 측정하며, 보상자산의 회수가능성에 대한 경영진의 검토와 보상금액에 대한 계약상 제한을 반영한다.

각 후속 보고기간 말에, 취득자는 취득일에 보상대상부채 또는 보상대상자산과 동일한 근거로 인식한 보상자산을 보상금액에 대한 계약상 제한과 후속적으로 공정가치로 측정되지 않는 보상자산에 대한 회수가능성에 대해 경영진의 검토를 반영한다. 취득자는 보상자산을 회수하거

나 매각하거나 그 밖에 보상자산에 대한 권리를 상실하는 경우에만 보상자산을 제거한다.

(다) 측정원칙의 예외

(A) 재취득한 권리

시장참여자가 공정가치를 결정할 때 계약에 대한 잠재적 갱신을 고려하는지와 무관하게, 취득자는 무형자산으로 인식한 재취득한 권리의 가치를 관련 계약의 잔여계약기간에 기초하여 측정하며, 잔여계약기간에 걸쳐 상각한다.

(B) 주식기준보상

취득자가 피취득자의 주식기준보상을 자신의 주식기준보상으로 대체하는 경우, 취득자는 관련된 부채 또는 지분상품을 주식기준보상의 방법에 따라 측정한다(이하 그 방법의 결과를 보상의 시장기준측정치라고 한다).

3) 이전대가의 측정

사업결합에서 이전대가는 공정가치로 측정하며, 그 공정가치는 취득자가 이전하는 자산, 취득자가 피취득자의 이전 소유주에 대하여 부담하는 부채 및 취득자가 발행한 지분의 취득일의 공정가치 합계로 산정한다(그러나 사업결합의 이전대가에 포함된, 피취득자의 종업원이 보유하고 있는 보상과 교환하여 취득자가 부여한 주식기준보상은 공정가치로 측정하지 않고 이규정에 따라 측정한다). 대가의 잠재적 형태의 예에는 현금, 그 밖의 자산, 취득자의 사업 또는 종속기업, 조건부 대가, 보통주 또는 우선주와 같은 지분상품, 옵션, 주식매입권 및 상호실체의 조합원 지분을 포함한다.

취득일에 공정가치와 장부금액이 다른 취득자의 자산과 부채(예: 취득자의 비화폐성자산 또는 사업)가 이전대가에 포함될 수 있다. 이 경우, 취득자는 이전된 자산이나 부채를 취득일 현재 공정가치로 재측정하고, 그 결과 차손익이 있다면 당기손익으로 인식한다. 그러나 때로는 이전된 자산이나 부채가 사업결합 후 결합기업에 여전히 남아 있고(예: 자산이나 부채가 피취득자의 이전 소유주가 아니라 피취득자에게 이전됨), 따라서 취득자가 그에 대한 통제를 계속 보유하는 경우가 있다. 이러한 상황에서, 취득자는 그 자산과 부채를 취득일 직전의 장부금액으로 측정하고, 사업결합 전과 후에 여전히 통제하고 있는 자산과 부채에 대한 차손익을 당기손익으로 인식하지 않는다.

취득자가 피취득자에 대한 교환으로 이전한 대가에는 조건부 대가 약정으로 인한 자산이나 부채를 모두 포함한다. 취득자는 조건부 대가를 피취득자에 대한 교환으로 이전한 대가의 일부로서 취득일의 공정가치로 인식한다. 취득자는 조건부 대가의 지급의무를 금융자산·금융부채, 자본 및 그 밖의 적용가능한 일반기업회계기준에 기초하여 부채 또는 자본으로 분류한다. 취득자는 특정조건을 충족하는 경우 과거의 이전대가를 회수할 수 있는 권리를 자산으로 분류한다.

취득자는 때때로 취득일 직전에 지분을 보유하고 있던 피취득자에 대한 지배력을 획득한다. 예를 들어 20×1년 12월 31일에 기업 A는 기업 B에 대한 비지배지분 35%를 보유하고 있다. 동일자에 기업 B의 지분 40%를 추가로 매수하여 기업 B에 대한 지배력을 갖게 된다. 이 장에서는 그러한 거래를 단계적으로 이루어지는 사업결합이라 하며, 때로는 단계적 취득이라고도 한다. 단계적으로 이루어지는 사업결합에서, 취득자는 이전에 보유하고 있던 피취득자에 대한 지분을 취득일의 공정가치로 재측정하고 그 결과 차손익이 있다면 당기손익으로 인식한다. 이전의 보고기간에, 취득자가 피취득자에 대한 지분의 가치변동을 기타포괄손익(예: 투자자산이 매도가능증권으로 분류된 경우)으로 인식하였을 수 있다. 이 경우 기타포괄손익으로 인식한 금액에 대해 취득자가 이전에 보유하던 지분을 직접 처분한다면 적용하였을 방법과 동일한 방법으로 인식한다.

4) 비지배지분의 측정

모든 사업결합에서 취득자는 피취득자에 대한 비지배지분을 피취득자의 식별가능한 순자산 중 비지배지분의 비례적 지분으로 측정한다.

(4) 영업권 또는 염가매수차익의 인식과 측정

취득자는 취득일 현재 다음 ①이 ②보다 클 경우 그 초과금액을 측정하여 영업권으로 인식한다.

① 다음의 합계금액

㉮ 측정된 이전대가로 일반적으로 취득일의 공정가치

㉯ 측정된 피취득자에 대한 비지배지분의 금액

㉰ 단계적으로 이루어지는 사업결합의 경우 취득자가 이전에 보유하고 있던 피취득자에 대한 지분의 취득일의 공정가치

② 측정된 취득일의 식별가능한 취득자산과 인수부채의 순액

한편, 취득자와 피취득자(또는 피취득자의 이전 소유자)가 지분만을 교환하여 사업결합을 하는 경우, 취득일에 피취득자 지분의 공정가치가 취득자 지분의 공정가치보다 더 신뢰성 있게 측정되는 경우가 있다. 이 경우, 취득자는 이전한 지분의 취득일의 공정가치 대신에 피취득자 지분의 취득일의 공정가치를 이용하여 영업권의 금액을 결정한다. 대가의 이전이 없는 사업결합에서 영업권 금액을 결정하는 경우, 취득자는 이전대가의 취득일의 공정가치 대신에 가치평가기법을 사용하여 피취득자에 대한 취득자 지분의 취득일의 공정가치를 결정하여 사용한다.

한편, 영업권은 그 내용연수에 걸쳐 정액법으로 상각하며, 내용연수는 미래에 경제적 효익이 유입될 것으로 기대되는 기간으로 하며, 20년을 초과하지 못한다. 또한 매수일에 자산으로 인식된 영업권에 대하여 매결산기에 회수가능액으로 평가하는데, 영업권의 회수가능액이 장부금액에 미달하고 그 미달액이 중요한 경우에는 이를 영업권손상차손으로하여 당기비용으로 처리한다. 손상된 영업권은 추후 회복할 수 없다.

염가매수의 경우, 염가매수차익을 인식하기 전에, 취득자는 모든 취득자산과 인수부채를 정확하게 식별하였는지에 대해 재검토하고, 이러한 재검토에서 식별된 추가 자산이나 부채가 있다면 이를 인식한다. 이때 취득자는 취득일에 이 장에서 인식하도록 요구한 다음의 모든 사항에 대해, 그 금액을 측정하는 데 사용한 절차를 재검토한다.

① 식별가능한 취득자산과 인수부채

② 단계적으로 취득한 사업결합의 경우, 취득자가 이전에 보유하고 있던 피취득자에 대한 지분

③ 이전대가

재검토하는 목적은 취득일 현재 이용가능한 모든 정보를 고려하여 관련 측정치에 적절히 반영하였는지 확인하기 위해서이다. 만일 그 초과금액이 재검토 후에도 남는다면, 취득자는 취득일에 그 차익을 당기손익으로 인식한다. 그 차익은 취득자에게 귀속된다.

1) 측정기간

사업결합에 대한 최초 회계처리가 사업결합이 발생한 보고기간 말까지 완료되지 못한다면, 취득자는 회계처리가 완료되지 못한 항목의 잠정 금액을 재무제표에 보고한다. 측정기간 동안에, 취득일 현재 존재하던 사실과 상황에 대하여 새로 입수한 정보가 있는 경우 취득자는 취득일에 이미 알았더라던 취득일에 인식한 금액의 측정에 영향을 주었을 그 정보를 반영하기 위하여 취득일에 인식한 잠정금액을 소급하여 조정한다. 측정기간 동안에, 취득일 현재 존재하던 사실과 상황에 대해 새로 입수한 정보가 있는 경우 취득자는 취득일에 이미 알았더라면 인식하였을 추가적인 자산과 부채를 인식한다. 취득자가 취득일 현재 존재하던 사실과 상황에 대하여 찾고자 하는 정보를 얻거나 더 이상의 정보를 얻을 수 없다는 것을 알게 된 시점에 측정기간은 종료한다. 그러나 측정기간은 취득일로부터 1년을 초과할 수 없다.

취득자는 식별가능한 자산(부채)으로 인식한 잠정 금액의 증가(감소)를 영업권의 감소(증가)로 인식한다. 그러나 측정기간에 획득한 새로운 정보로 인해 때로 둘 이상의 자산이나 부채의 잠정 금액이 조정될 수 있다. 예를 들어 취득자는 피취득자의 설비 중 하나에서 발생한 사고의 손해배상과 관련된 부채를 인수하였을 수 있는데, 그 중 일부 또는 전부가 피취득자의 책임보험에 부보된 경우이다. 취득자가 측정기간에 그 부채의 취득일 공정가치에 대한 새로운 정

보를 획득한 경우, 부채로 인식한 잠정 금액의 변경에 따른 영업권의 조정은 보험자에게서 수취할 보험금으로 인식한 잠정 금액의 변경에 따른 영업권의 조정으로 (전부나 일부) 상쇄될 것이다.

측정기간에 취득자는 마치 사업결합의 회계처리가 취득일에 완료되었던 것처럼 잠정 금액의 조정을 인식한다. 그러므로 취득자는 재무제표에 표시된 과거기간의 비교정보를 필요한 경우 수정하며, 이러한 수정에는 최초 회계처리를 완료하면서 기인식된 감가상각, 상각 또는 그 밖의 수익 효과의 변경을 포함한다.

2) 취득관련원가

취득관련원가는 취득자가 사업결합을 하기 위해 발생시킨 원가이다. 그러한 원가에는 중개수수료 즉 자문, 법률, 회계, 가치평가 및 그 밖의 전문가 또는 컨설팅 수수료, 내부 취득 부서의 유지 원가를 포함한 일반관리원가, 채무증권과 지분증권의 등록·발행 원가를 포함한다. 취득자는 취득관련원가에 대하여 원가가 발생하고 용역을 제공받은 기간에 비용으로 회계처리한다. 다만, 채무증권과 지분증권의 발행원가는 금융자산·금융부채에 따라 인식한다.

3) 조건부 대가의 후속측정

취득자가 취득일 후에 인식하는 조건부 대가의 공정가치 변동 중 일부는 취득일에 존재한 사실과 상황에 대하여 취득일 후에 추가로 입수한 정보에 의한 것일 수 있다. 그러한 변동은 측정기간 동안의 조정이다. 그러나 목표수익을 달성하거나, 특정 주가에 도달하거나, 연구개발 프로젝트의 주요 과제를 완료하는 등 취득일 이후에 발생한 사건에서 발생한 변동은 측정기간 동안의 조정이 아니다. 취득자는 측정기간 동안의 조정이 아닌 조건부 대가의 공정가치 변동을 다음과 같이 회계처리한다.

① 자본으로 분류된 조건부 대가는 재측정하지 않으며, 그 후속 정산은 자본 내에서 회계처리한다.

② 자산이나 부채로 분류된 조건부 대가는 다음과 같이 처리한다.

㉮ 조건부 대가가 금융상품이며 금융자산·금융부채의 적용범위에 해당하는 경우, 공정가치로 측정하고 그 결과로 생긴 차손익은 당기손익이나 기타포괄손익으로 인식한다.

㉯ 조건부 대가가 금융자산, 금융부채의 적용범위에 해당되지 않는 경우, 충당부채, 우발부채 및 우발자산' 또는 그 밖의 적절한 일반기업회계기준에 따라 회계처리한다.

5. 공시

(1) 보고기간동안 발생한 사업결합

재무이용자가 보고기간동안 발생한 사업결합의 내용과 재무효과를 평가할 수 있는 정보를 제공하기 위하여, 취득자는 보고기간에 발생한 모든 사업결합에 대해 다음 정보를 공시한다.

① 피취득자의 명칭과 설명

② 취득일

③ 취득한 의결권 있는 지분율

④ 사업결합의 주된 이유와 피취득자에 대한 취득자의 지배력 획득 방법에 대한 설명

⑤ 총 이전대가의 취득일의 공정가치와 다음과 같은 대가의 주요 종류별 취득일의 공정가치

㉮ 현금

㉯ 그 밖의 유형자산이나 무형자산(취득자의 사업이나 종속기업 포함)

㉰ 발생한 부채(예: 조건부 대가에 대한 부채)

㉱ 취득자의 지분(발행되었거나 발행될 금융상품 또는 지분의 수량과 그러한 금융상품이나 지분의 공정가치 결정 방법 포함)

⑥ 조건부 대가 약정과 보상자산

㉮ 취득일 현재 인식한 금액

㉯ 지급액을 결정하기 위한 약정과 기준에 대한 설명

㉰ 결과범위에 대한 추정치(할인되지 않은) 또는 범위를 추정할 수 없다면 그 사실과 범위를 추정할 수 없는 이유. 최대 지급액을 한정할 수 없는 경우 그러한 사실을 공시한다.

⑦ 취득자산과 인수부채의 주요 종류별로 취득일 현재 인식한 금액

⑧ 인식한 각 우발부채에 대하여 '충당부채, 우발부채 및 우발자산'에서 요구하고 있는 정보. 우발부채의 공정가치를 신뢰성 있게 측정할 수 없어 인식하지 못한 경우, 다음 사항을 공시한다.

㉮ 충당부채, 우발부채, 우발자산에서 요구하고 있는 정보

㉯ 그러한 부채를 신뢰성 있게 측정할 수 없는 이유

⑨ 염가매수의 경우 다음 사항

㉮ 인식한 차익 금액과 그 차익을 인식한 손익계산서의 항목

㉯ 거래에서 차익이 발생한 이유에 대한 설명

⑩ 단계적으로 이루어지는 사업결합의 경우 다음 사항

㉮ 취득일 직전에 취득자가 보유하고 있는 피취득자에 대한 지분의 취득일의 공정가치

㉯ 사업결합 전에 취득자가 보유하고 있던 피취득자 지분을 공정가치로 재측정함에 따라 인식한 차손익 및 그러한 차손익이 인식된 손익계산서 항목

⑪ 다음의 정보

㉮ 당해 보고기간의 연결손익계산서에 포함된 취득일 이후 피취득자의 수익과 당기손익 금액

㉯ 직전회계연도 및 취득일까지 결합참여회사의 요약대차대조표, 요약손익계산서

만약 이 하위문단에서 요구하고 있는 정보 중 실무적으로 공시할 수 없는 경우, 취득자는 그 사실과 실무적으로 공시할 수 없는 이유를 기술한다. 이 장에서 '실무적으로 할 수 없는' 이라는 용어는 회계정책, 회계추정의 변경 및 오류의 용어와 동일한 의미로 사용한다.

한편, 보고기간에 발생한 여러 사업결합이 개별적으로 중요하지 않지만 집합하여 중요해지면 정보를 합산하여 공시한다.

(2) 보고기간 후 재무제표 승인일 전에 발생한 사업결합

사업결합 취득일이 보고기간 말 이후 재무제표 발행승인일 전인 경우, 재무제표 발행승인일에 사업결합에 대한 최초 회계처리가 완료되지 못한 경우가 아니라면 요구하는 정보를 공시한다. 그러한 상황에서는 공시할 수 없는 사항의 내용과 이유를 기술한다.

연 습 문 제

1. 재무제표란 무엇이며 그 목적에 대해 논하여라.

2. 재무제표의 유용성 및 한계에 대해 논하여라.

3. 재무상태표의 작성기준을 열거하고 설명하여라.

4. 손익계산서의 유용성 및 한계에 대해 논하여라.

5. 손익계산서의 작성 기준을 열거하고, 설명하여라.

6. 회계변경의 유형에 대하여 약술하여라.

7. 현금흐름정보의 유용성과 한계에 대해 설명하여라.

8. 연결재무제표의 의의를 말하고 유용성과 한계성에 대해 논하여라.

제 7 장

주당순이익 회계이론

제1절 주당순이익

1. 주당순이익의 의의

주당순이익(earning per share : EPS)이란 일정한 회계기간의 보통주 1주당 순이익이 얼마인가를 나타내는 수치로서, 기업의 이익성을 표시하는 매우 중요한 자료로 이용된다. 재무제표의 하나인 손익계산서는 기업의 특정회계연도기간 동안의 영업성과를 나타내는 표로서 순수익에 관한 정보를 제공한다. 순수익이란 총수익에서 총비용을 차감하고 남은 당기순이익이다.

주식투자자들은 투자자본의 안전과 배당에 깊은 관심을 갖고 있으나 투자자들의 입장에서는 당기순이익 총액정보를 가지고는 현재 주식가격의 적정성에 대한 평가나, 미래의 주가예측을 위해 필요한 주가이익비율(price earnings ratio : PER)을 쉽게 산출해 낼 수가 없다. 즉, 기업의 자본을 고려하지 않은 당기순이익의 절대금액은 투자의 안정성과 수익성을 평가하는 데 기준을 정해줄 수 없다. 주당순이익은 기업의 규모와 관련시켜 그 기업의 경영성과를 총체적으로 나타내는 지표이므로 손익계산서상의 당기순이익보다 더 유용한 정보라고 할 수 있다.

2. 주당순이익의 유용성과 한계

(1) 주당순이익의 유용성

주당순이익(earningper share)이란 기업이 한 기간동안 벌어들인 당기순이익을 주식수로 나눈 것이다. 당기순이익의 정보와 주당순이익의 정보를 비교해 보면 다음과 같은 주당순이익의 유용성을 가지고 있는 것을 알 수 있다.

① 기업의 경영성과를 기간별로 비교하는데 유용하다. 발행주식수에 변화가 없는 경우에는 당기순이익의 비교만으로도 충분하지만 유상증자 등으로 발행주식수에 변화가 있었다면 주당순이익을 비교하는 것이 보다 의미 있다. 또한 특정 기업의 경영성과를 다른 기업과 기업간 비교를 하는데도 주당순이익이 유용하다.

② 기업의 주당순이익 중 배당으로 사외에 유출되는 부분과 사내에 유보되는 부분의 상대적 비중을 쉽게 알 수 있다. 주주의 입장에서는 주당순이익과 자기 배당으로 지급받은 금액을 비교함으로써 배당성향과 내부유보율을 쉽게 알 수 있다.

③ 주당순이익은 주가 예측에 유용한 정보를 제공할 수 있다. 주가를 주당순이익으로 나눈 비율을 주가수익률(price-earnings ratio : PER)이라고 하는데, 이는 특정 기업의 순이익이 증권시장에서 얼마만큼의 평가를 받고 있는지를 나타내는 지표이다. 주가수익률은 주가가 순이익의 몇 배만큼으로 형성되고 있는지를 나타내는 지표이기 때문에 주가수익률을 비교함으로써 특정 기업의 주가가 상승하거나 하락할 가능성을 보다 적절히 예측할 수 있게 되는 것이다.

(2) 주당순이익의 한계

주당이익은 여러 가지의 유용성을 가지고 있으나 다음과 같은 정보로서의 한계도 가지고 있다.

① 과거의 영업성과가 미래에도 유사하게 일어나리라는 보장이 없다. 주가수익률은 기본적으로 과거의 주가를 과거의 주당이익으로 나누어서 구한 것이다. 이러한 주가수익률이 미래에도 계속 유지되리라는 보장이 없기 때문에 주당이익으로 주가를 예측하는 데는 한계가 있다.

② 주당이익은 기업의 적절한 가치를 나타내지 못할 수 있다. 이는 주당이익이 조직의 효율성이나 경영자의 능력 등과 같은 비계량적 요소를 반영하지 못하는 당기순이익정보를 사

용하기 때문이다.

③ 회계처리방법의 임의성으로 인하여 당기의 이익정보를 사용하는 주당이익도 비교가능성이 저해될 소지가 있다.

④ 주당이익은 기업의 규모와 자본규모에 따라 수익창출 능력이 차이가 날 수도 있다는 점을 고려하지 못한다. 유통업과 제조업의 이익은 그 질과 위험에 있어서 서로 다르다. 그러나 이에 대한 반영이 이루어지지 않는다.

⑤ 주당이익은 보통주 주주의 지위에 영향을 미치는 자본구조의 변화까지 명백하게 나타내지 못할 수 있다. 주당이익을 계산하는 데에도 자본구조의 변화가 충분히 고려되지만 그 결과로 계산된 주당이익의 수치로부터는 자본구조의 변화에 대하여 아무런 정보를 얻을 수 없다. 기업이 당기중에 전환사채가 발행되어 전환권이 행사될 경우 기존보통주 주주의 지위에 중대한 영향을 미칠 수 있으나 일반 소액주주들 중에는 당해 기업이 전환사채를 발행했다는 사실을 모를 수도 있다. 그래서 주당이익을 산출한 후에 주석으로 이러한 자본구조의 변화가능성을 충분히 공시하여야 한다.

3. 자본구조와 주당 순이익의 종류

주당이익은 주당순이익과 주당경상이익으로 구분되며 주당순이익은 보통주 1주에 대한 당기순이익으로서, 당기순이익을 유통중인 보통주식수로 나눈 값이다. 주당경상이익은 보통주 1주에 대한 경상이익으로서, 경상이익을 유통중인 보통주식수로 나눈 값이다. 주당경상이익은 경상적 영업활동의 결과를 나타내는 경상수익성 지표이다.

주당이익은 기업의 자본구조에 따라 단순한 자본구조와 복합한자본구조로 구분한다. 단순한 자본구조(simple capital structure)는 희석증권을 발행하지 않아 보통주만으로 구성된 자본구조를 말하며, 복합한 자본구조(complex capital structure)란 희석증권이 발행된 자본구조를 말한다. 여기에서 희석증권이란 전환증권이나 신주인수권 등의 증권으로 보통주로의 전환이나 청구가 가능하여 주당이익을 잠재적으로 희석시킬 수 있다.

기업회계기준에서는 주당경상이익과 주당순이익을 당기순이익에 주기하고 그 산출근거를 주석으로 기재하도록 규정하고 있다. 단순한 자본구조하에서는 기본주당순이익과 기본주당 경상이익을 산정하여 공시한다. 그러나 복합한 자본구조하에서는 기본주당이익 이외에도 희석증권으로 인하여 주당이익이 낮아질 가능성을 고려하여 산정된 희석주당순이익과 희석주당경상이익을 추가로 작성하여 공시하도록 하고 있다.

4. 기본주당이익

기본주당이익(Basic earnings per share : BEPS)은 기본주당 순이익과 기본주당 경상이익으로 구성되는데 다음과 같이 산정한다.

$$기본주당순이익 = \frac{보통주당기순이익}{유통보통주식수}$$

$$기본주당경상이익 = \frac{보통주경상이익}{유통보통주식수}$$

보통주 당기순이익이란 당기순이익에서 우선주에 지급된 배당금을 차감한 금액이며, 유통보통주식수란 회사가 발행한 보통주식의 총수에서 자기주식의 수를 차감한 값이다. 유통보통주식수는 희석증권을 발행한 경우 전환권이나 신주인수권이 행사됨에 따라 주식의 수가 증가한다.

가중평균 유통보통주식수란 회계연도의 유통보통주식수의 변동을 고려하여 유통기간을 가중치로 하여 산출한 주식수이다. 따라서 주당순이익(주당경상이익)을 구하기 위해서는 분모인 가중평균 유통보통주식수와 분자인 보통주 당기순이익(경상이익)을 구하여야 한다.

(1) 유통보통주식수

주당이익의 계산에서 분모는 유통보통주식수(number of common stock outstanding)이다. 유통보통주식수란 우선주와 자기주식(취득시점부터 매각시점까지)을 제외한 발행보통주식수를 유통기간으로 가중평균하여 산출한다.

이 계산에 영향을 미치는 항목들을 구체적으로 살펴보면 아래와 같다.

1) 우선주의 처리

유통보통주식수는 당해 결산기말 현재 발행된 총 주식수에서 우선주식수를 공제한 발행보통주식수만을 말한다. 주당순이익의 계산에서는 우선주배당금과 함께 그 발행주식수를 제외한다.

2) 자기주식(보통주)의 처리

자기주식은 취득시점 이후부터 매각시점까지의 기간 동안 유통보통주식수에 포함하지 않는다. 자기주식은 자본조정항목으로 처리하게 되어 자본의 차감항목으로 표시된다. 따라서 보통주라 하더라도 이익배당을 지급받지 못하게 되며 배당금의 지급 능력을 나타내는 주당이익의 계산시 자기주식을 유통보통주식수에서 제외하여야 한다.

3) 유상증자의 처리

당기중에 유상증자가 실시된 경우 또는 신주인수권부사채의 신주인수권행사로 보통주가 발행된 경우에는 유통보통주식수를 당해 주식의 납입일을 기준으로 기간경과에 따라 가중평균하여 조정한다. 한편 시가 이하로 유상증자를 실시한 경우에는 할인발행한 만큼 무상증자가 시가기준 유상증자와 혼합되어 있는 것으로 본다. 이 경우에는 무상증자비율을 구한 후 총유상증자주식수를 시가증자시 발행가능 주식수와 무상증자주식수로 나누어 유통보통주식수를 구한다.

$$\text{시가증자시 발행가능 주식수} = \frac{\text{유상증자수식수} \times \text{발행가액}}{\text{납입대금}} \div \text{증자전일의 종가}$$

무상증자주식수 = 유상증자주식수 - 시가증자시 발행가능 주식수

무상증자비율 = 무상증자주식수 ÷ (증자전 유통주식수 + 시가증자시 발행가능 주식수)

4) 무상증자, 주식배당, 주식분할 및 주식병합의 처리

당기중에 무상증자, 주식배당, 주식분할 및 주식병합이 실시된 경우에는 기초에 실시된 것으로 간주하여 유통보통주식수를 증가 또는 감소시켜 준다. 다만, 기중의 유상증자로 발행된 신주에 대한 무상증자, 주식분할, 또는 주식병합은 당해 유상신주의 납입일에 실시된 것으로 간주하여 유통보통주식수를 조정한다.

일반적으로 실제 자본의 유입유무에 따라 기중에 반영할 것인지 아니면 기초로 간주할 것인가를 판단한다. 무상증자, 주식배당, 주식분할 등은 실제 자본의 유입이 없기 때문에 기초에 발생한 것으로 한다. 소급적용하여 산출된 주당순이익은 무상증자, 주식배당, 주식분할 등이 없었을 경우와 동일한 주주의 1인당 이익(earnings per investor)을 나타낸다.

5) 전환우선주 및 전환사채의 전환의 처리

전환우선주 또는 전환사채가 당기중에 보통주로 전환된 경우에는 발행조건상의 전환시점에서 전환된 것으로 간주하여 유통주식수를 조정한다. 다만, 당기에 발행된 전환우선주 또는 전환사채가 기초에 전환된 것으로 간주하는 경우에는 그 실제발행일을 기준으로 기간경과에 따라 가중평균하여 조정한다. 한편 기중에 발행된 전환우선주나 전환사채의 경우 기중에 실제로 현금의 납입이 이루어졌기 때문에 그 납입일을 기준으로 가중평균하여 조정한다.

발행조건상에서 명시된 전환시점이라 함은 전환증권의 기중 전환시 이자 또는 배당금의 지급과 관련하여 전환증권의 발행조건상에서 명시된 전환시점을 의미한다. 상법에서는 전환증권이 보통주로 전환된 경우 이자나 배당에 있어 전환된 회계연도말에 전환된 것으로 하고 있다. 그러나 발행조건에서 기초에 전환된 것으로 보고 이자나 배당을 지급한다는 조건이 명시되어 있다면 기초로 간주해야 한다.

여기서 전환증권이 무상증자, 주식배당, 주식분할 등과 동일한 회계기간에서 앞선 시점에서 전환이 이루어지는 경우에는 발행주식수를 조정해 주어야 한다. 그러나 전환증권이 이들 사건 후의 시점에서 전환이 이루어지는 경우에는 전환증권이 전환되어 발행된 주식수가 해당사건의 희석효과를 자동적으로 반영하게 된다. 따라서 무상증자, 주식배당, 주식분할 등의 사건이 발생한 후 전환된 전환증권에 대해서는 발행주식수를 조정해 주지 않는다.

기중발행 보통주의 기산일을 항목별로 정리하면 아래와 같다

〈표 7-1〉 기중발행 보통주의 기산일

항 목	기산일
유상증자 또는 신주인수권 및 주식옵션의 행사	납입일
무상증자, 주식배당, 주식분할 및 주식병합 당기중 유상증자분에 대한 무상증자, 주식분할 및 주식병합	기초시점 납입일
전환증권의 전환 당기중 발행한 전환증권을 기초에 전환한 것으로 간주하는 경우	전환시점 납입일
현금납입 등의 대가 없이 일정 조건이 만족되면 발행되는 조건부발행주식	조건충족일

(2) 보통주 당기순이익

기본주당순이익(손실)을 계산할 경우 보통주 당기순이익(손실)은 다음과 같이 계산한다.

> 보통주 당기순이익(손실) = 손익계산서상 당기순이익(손실) - 우선주 배당금

우선주 중 누적적 우선주의 배당금은 그 배당선언 여부에 관계 없이 손실이 발생한 경우에도 정해진 배당을 기준으로 계산한다. 당기중 전환된 전환우선주의 전환간주일이 기말인 경우 경상이익 및 당기순이익에서 차감한다.

당기중에 전환된 전환우선주의 전환간주일이 기말인 경우에는 관련 우선주배당금을 차감하여 당기순이익을 계산한다. 한편 전환간주일이 기초 또는 기중인 경우에는 전환 이후의 기간에 해당하는 배당금을 차감하여서는 안 된다. 전환사채의 경우에도 전환기산일이 기말인 경우에는

관련 사채이자가 반영된 손익계산서상의 당기순이익을 그대로 이용한다. 그러나 정관상 또는 사채발행계약서상 전환간주일이 기초 또는 기중인 경우에는 전환간주일 이후에 해당하는 사채이자를 법인세효과를 고려하여 아래와 같이 산출하여 당기순이익에 더해 주어야 한다.

전환사채 전환분에 대한 사채이자비용 × (1 - 한계세율)

이와 같이 전환사채 전환분에 대한 이자비용을 보통주에 대한 배당으로 간주하여 당기순이익에 더해 준다. 한계세율은 당해 사채이자비용이 과세소득에 추가로 반영될 때 적용되는 세율이다.

5. 희석주당순이익

희석주당순이익은 복잡한 자본구조를 가지고 있는 기업에서만 산정된다. 복잡한 자본구조(complex capital structure)란 희석증권이 존재하는 자본구조이다. 희석증권이란 보통주청구가능 증권으로서 당해 증권의 소유자가 보통주의 발행을 청구하는 경우 주당순이익이 희석되는 금융상품 또는 기타 계약 등을 말한다. 보통주 청구가능증권으로는 ① 전환우선주와 전환사채, ② 신주인수권 또는 주식매입선택권, ③ 기타 일정한 조건에 따라 보통주가 발행될 계약 등이 있다.

희석주당순이익은 아래와 같이 산정된다.

$$\text{희석주당순이익(손실)} = \frac{\text{희석당기순이익(손실)}}{\text{유통보통주식수} + \text{희석증권주식수}}$$

희석주당순이익을 산정하기 위해서는 유통보통주식수, 희석증권 주식수, 희석당기순이익(손실)을 계산하여야 한다.

(1) 희석증권 주식수

희석증권의 권리행사일, 전환간주일 또는 조건만족일부터 기말까지는 기본주당순이익의 계산시 유통보통주식수에 포함한다. 희석증권주식수의 계산에 포함되는 기간은 아래와 같다.

① 당기중에 신주인수권(또는 옵션)을 행사하였거나 전환우선주(또는 전환사채)가 전환된 경우에는 기초부터 권리행사일 또는 전환간주일까지 포함한다.

② 당기중에 조건이 만족되어 기본주당순이익 계산시 포함된 조건부발행주식은 기초부터 조건 만족일까지를 포함한다.

〈표 7-2〉 권리행사 여부에 따른 희석증권 주식수

① 당기 중 권리행사가 이루어지지 않은 경우

• 발행일이 당기 이전

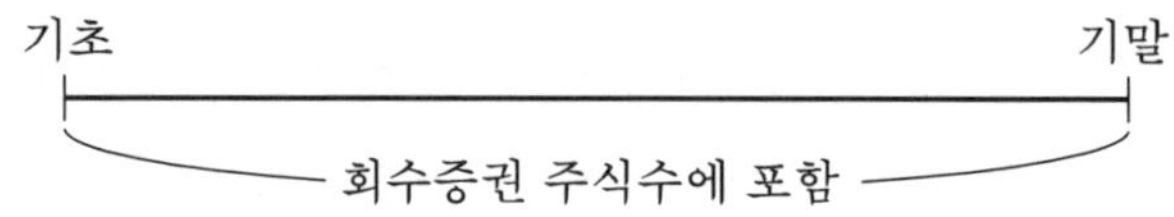

• 발행일이 당기 중

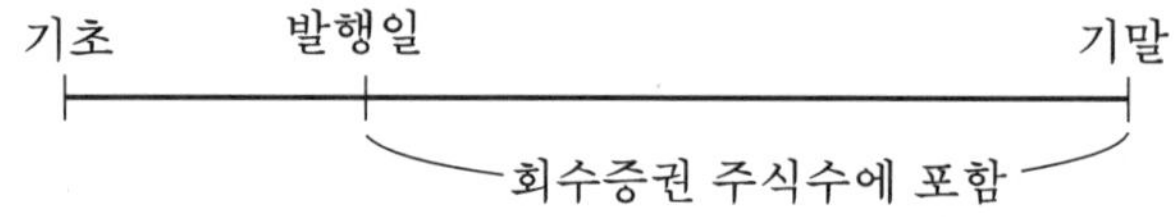

② 당기 중 권리행사가 이루어진 경우

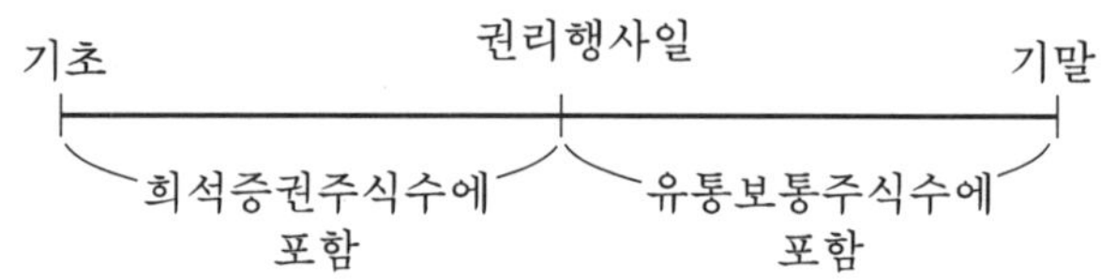

권리행사일은 신주인수권 및 옵션의 경우는 권리행사일, 전환증권의 경우는 전환간주일, 조건부회석증권의 경우는 조건만족일을 의미한다.

당기중에 권리행사, 전환 또는 조건만족이 되지 않은 회석증권은 기초부터 기말까지 희석증권 주식에 포함한다. 당해 희석증권의 발행일이 당기중인 경우에는 그 발행일을 기준으로 희석증권의 주식수에 포함한다. 따라서 실제로 전환되지 않은 전환증권에 대해서도 기초(또는 기중 발행일)로부터 전환이 이루어져 보통주가 발행된 것으로 가정하고 주당순이익을 계산하게 된다. 이러한 방법을 전환가정법(if-converted method)이라고 부른다.

희석증권별로 희석증권 주식수를 산정하는 방법을 살펴보면 아래와 같다.

① 전환우선주 및 전환사채는 전환가능한 보통주식수를 희석증권의 주식수에 포함시킨다.

② 옵션이나 신주인수권 등의 주식매입권은 당기 중 보통주의 평균시장가격이 행사가격 이상인 경우에 한하여 자기주식법을 사용하여 계산한 주식수를 희석증권의 주식수에 포함시킨다.

자기주식법(자기주식법)이란 보통주식을 행사가격으로 발행하여 유입된 현금으로 시중에 유통된 자기주식을 구입한다는 가정하에 행사가격으로 발행될 주식의 수와 그 유입된 현금으로 시장에서 구입가능한 자기주식의 수와의 차이를 희석증권주식수에 포함하는 것이다.

기업회계기준에서는 희석주당이익을 주당이익이 최대한 희석되는 경우를 가정하고 산출하고 있다. 따라서 희석증권의 권리행사나 전환 등으로 발행되는 주식수를 희석증권의 소유자에게 가장 유리한 행사가격 또는 전환비율을 이용하여 계산하도록 요구하고 있으며 주식매입선택권과 같이 경영자에게 일정기간 후에 주식의 시가에 따라 주식을 발행하기로 한 경우 아직 조건기간이 만족되지 않았더라도 당기 말 현재로 조건부기간이 충족되었다는 가정하에 발행가능한 주식수를 계산하여 이를 희석증권 주식수에 포함한다. 또한 발행자 또는 소유자가 주식 또는 현금 청산을 선택할 수 있는 옵션 등은 반증이 없는 한 주식으로 청산한다고 간주한다. 수종의 보통주청구가능증권이 발행되어 있는 경우에는 회석효과가 가장 큰 것부터 하나씩 포함시키면서 주당순이익을 계산한다. 만약 하나의 보통주청구가능증권을 포함한 주당순이익이 이를 포함하기 전의 주당순이익보다 커지면 그 보통주청구가능증권은 희석효과를 가지지 않으므로, 희석증권 주식수의 계산에서 제외한다.

(2) 희석당기순이익

희석당기순이익(손실)은 아래와 같이 산정한다.

> 희석당기순이익(손실) = 보통주 당기순이익(손실) + 전환우선주로 인한 배당금
> + 희석증권으로 인한 비용 × [1 - 한계세율]

희석당기순이익을 계산할 때 가산되는 우선주배당금은 희석증권 주식수를 증가시킨 전환우선주에 대한 배당금에 한하여, 일반우선주에 대한 배당금은 아니다.

희석증권으로 인한 비용지출액은 세금효과가 있으므로 이를 고려하기 위하여 [1-한계세율]을 곱하였다. 이때 한계세율이란 과세소득에 실제로 적용되는 세율을 의미한다.

6. 주당순이익의 공시

(1) 주당순이익 정보의 재무제표 표시방법

주당순이익은 손익계산서의 당기순이익에 아래와 같은 형식으로 주기하여 표시한다.

(주)××	손익계산서	(단원: 원)
	당기	전기
(중간생략)	-	-
당기순이익(손실)	×××	×××
기본주당순이익(손실)	당기 ×××원	전기 ×××원
희석주당순이익(손실)	당기 ×××원	전기 ×××원

기업회계기준에서는 1주당 당기순이익을 당기순이익에 주기하고 그 산출근거를 주석으로 기재하도록 규정하고 있다.

당기중에 무상증자 등이 발생한 경우에는 전기의 주당이익 계산시 당기 무상증자 등의 효과를 반영하여 공시한다. 또한 결산일과 감사보고서일 사이에 무상증자 등이 발생한 경우에도 당기 및 전기의 주당이익 계산에 이것의 효과를 반영하여 공시하고 그 내용을 주석으로 공시한다.

(2) 주당순이익 정보의 주석사항

주당순이익과 관련된 주석사항은 아래와 같다.

① 기본주당순이익의 산정내용

② 희석주당순이익의 산정내용

③ 보통주청구가능증권의 금액, 보통주를 청구할 수 있는 기간, 전환 또는 행사될 경우 발행될 보통주식수

④ 무상증자 등으로 인한 전기 주당순이익의 수정내용

제 2 절 전환증권(희석증권)

1. 전환증권의 종류 및 의의

오늘날 기업은 다양한 형태의 증권을 발행하여 자금을 조달하고 있으며, 특히 최근에는 전환증권을 널리 이용하고 있다. 전환증권(轉換證券, convertible securities)이란 당해 증권의 소유자가 보통주청구에 대한 권리를 행사하면 보통주가 추가적으로 발행되는 금융상품 또는 기타 계약을 말한다. 전환증권에 부여된 권리는 크게 전환권과 신주인수권이 있다. 전환권(轉換權)

이란 유가증권의 소유자가 보통주로의 전환을 청구할 수 있는 권리를 말하고, 신주인수권(新株引受權)이란 유가증권의 소유자가 보통주의 발행을 청구할 수 있는 권리를 말한다.

〈표 7-3〉 전환증권의 종류

① 전환우선주(convertible preferred stock) ② 전환사채(convertible bond) ③ 신주인수권부사채(bond with stock warrants) ④ 신주인수권(stock rights) ⑤ 자기주식으로 교환되는 교환사채 ⑥ 기타 일정한 조건에 따라 보통주가 발행되는 계약* * 실무에서 널리 이용되고 있는 주식매입선택권(stock option)도 이러한 계약의 일종이라고 볼 수 있다.

전환증권은 〈표 7-3〉에서 보듯이 일정한 조건하에 당해 유가증권의 소유자가 전환권을 행사할 수 있는 전환우선주 및 전환사채, 그리고 당해 유가증권의 소유자가 신주인수권을 행사할 수 있는 신주인수권부사채 등 매우 다양한 증권으로 구성되어 있다. 또한 신주인수권은 그 자체로 유통될 수 있으며, 자기주식으로 교환되는 교환사채란 유가증권의 소유자가 사채발행자가 보유하고 있는 유가증권과 교환을 청구할 수 있는 권리가 부여된 사채를 말한다.

이러한 전환증권을 희석증권(稀釋證券, dilutive securities)이라고도 부르는데, 그 이유는 당해 증권의 소유자가 권리를 행사하게 되면 추가적으로 보통주가 발행됨으로써 보통주의 주식수가 증가하여 주당경상이익 또는 주당순이익이 감소, 즉 희석되는 효과를 초래하기 때문이다.

우리나라에서는 1980년대 말부터 전환사채, 신주인수권부사채 등의 희석증권을 본격적으로 발행하기 시작하였다. 특히, 우리나라 기업들이 해외금융시장에서 직접 사채를 발행하기 시작할 때 주로 이용한 것이 전환사채이었다.

오늘날 기업이 희석증권을 널리 이용하는 이유는 다음과 같다.

① 희석증권이 지니고 있는 매력 때문에 희석증권을 이용하면 장기자금을 보다 좋은 조건으로 용이하게 조달할 수 있게 된다.

② 경영자에게 동기를 부여하는 수단으로 이용된다. 예를 들면, 주식매입선택권(stockoption)은 주요 인력을 유치하는데 유용하게 이용되고 있으며, 또한 높은 세금을 지급해야만 하는 경영자들에게는 세금을 유예하거나 절약할 수 있는 수단이 되고 있다.

③ 합병시 합병대가를 지급하는 수단으로 널리 이용된다. 합병대가로 희석증권을 이용하면 합병시에 주당순이익에 영향을 주지 않기 때문에 기존주주를 무마하기가 상대적으로 용

이하다.

2. 전환우선주

전환우선주(轉換優先株, convertible preferred stock)는 유가증권 소유자가 전환권을 행사할 수 있는 우선주로서, 전환권을 행사하면 보통주로 전환되는 주식을 말한다. 따라서 전환우선주는 우선주와 보통주 두 가지 요소로 구성된 복합증권이다.

그러나 우선주는 보통주에 비하면 의결권이 없고 이익배당이나 해산시 잔여재산분배에 있어서 우선권이 있을 뿐 다같이 자본항목이라는 점에서 차이가 없다. 이에 따라 企業會計基準書에서는 전환우선주의 발행시점에 전환권의 가치를 별도로 인식하지 않고 일반우선주와 동일하게 회계처리하도록 규정하고 있다.

한편, 전환우선주가 보통주로 전환될 때 회계처리하는 방법으로는 장부가액법과 시가법이 있다.

장부가액법(帳簿價額法, book value method)은 전환되는 우선주의 장부가액으로 발행되는 보통주의 발행가액을 기록하는 방법이다. 이 경우 우선주의 장부가액이 보통주의 액면가액보다 크면 그 차액을 보통주 주식발행초과금계정에 貸記하고, 그 반대의 경우에는 차액을 이익잉여금계정에 借記한다. 이익잉여금계정에 借記하여 이를 감소시키는 이유는 보통주의 액면가액이 전환되는 우선주의 장부가액을 초과하는 금액만큼을 우선주 주주에게 추가적인 배당금으로 지급하였다고 보기 때문이다.

시가법(時價法, market value method)은 발행되는 보통주의 시가로 발행되는 보통주의 발행가액을 기록하는 방법이다. 먼저 보통주의 시가가 액면가액을 초과하는 부분을 보통주 주식발행초과금계정에 貸記한다. 또한 우선주의 장부가액이 보통주의 시가보다 크면 그 차액을 보통주 주식발행초과금계정에 貸記하고, 그 반대의 경우에는 차액을 이익잉여금계정에 借記한다. 시가법에서는 우선주 전환이 보통주를 발행하는 거래와 우선주를 상환하는 거래 두 개로 구분된다고 본다. 즉 보통주를 발행하여 자금을 조달하고, 그 자금으로 우선주를 상환하는 데 사용한다고 본다.

발행자의 입장에서 보면 우선주의 전환을 어느 방법으로 회계처리하든지 자본총계는 동일하며, 단지 자본의 구성항목인 자본잉여금과 이익잉여금의 계정잔액에 차이가 발생할 뿐이다.

장부가액법은 우선주전환으로 인하여 단지 지분청구권만 우선주 주주에게서 보통주 주주에게로 넘어갔다고 보는 입장이다. 한편 우선주전환을 보통주발행과 우선주상환의 두 개의 거래로 구성되었다고 가정하는 시가법은 우선주전환으로 인하여 경제적 실질에 변화가 발생하였다고 보는 입장이다. 왜냐하면 우선주전환으로 인하여 보통주 주주가 부담하는 위험이 감소하였다고 볼 수 있기 때문이다. 우선주에 대해서는 영업성과에 상관없이 일정률의 배당이 보장되고 청산시에도 우선권이 주어지기 때문에 우선주전환은 보통주 주주의 위험을 감소시키는 역할을 한다.

企業會計基準書에서는 우선주가 보통주로 전환되어도 우선주와 보통주가 모두 지분증권이라는 점에서 경제적 실질이 크게 달라지지 않는다고 보아 전환우선주의 장부가액(자본금과 주식발행초과금)을 발행되는 보통주의 발행가액으로 하는 장부가액법을 채택하고 있다.

3. 전환사채

전환사채(轉換社債, convertible bond)란 유가증권의 소유자가 일정한 조건하에 전환권을 행사할 수 있는 사채로서, 권리를 행사하면 보통주로 전환되는 사채를 말한다. 전환사채는 사채가 제공하는 혜택(확정이자)과 사채권자의 선택에 따라 이를 주식으로 전환할 수 있는 권리를 결합시킨 특수한 형태의 사채로서 투자대상으로서 매력이 높은 증권이다. 전환사채의 소유자는 보통주의 가격이 상승하면 이를 보통주로 전환시켜 자본이득을 실현시킬 수 있으며, 보통주의 가격이 하락하거나 전환이 유리한 가격까지 상승하지 못하면 전환하지 않고 그대로 보유하여 사채로부터 지급되는 이자수익을 획득할 수 있다.

전환사채는 사채와 주식의 성격을 모두 가지고 있다고 본다. 전환사채는 사채의 일종이기는 하지만 전환되면 주식으로 대체되어 상환하지 않아도 되므로 당해 전환사채의 상환시기와 금액을 예측할 수 없기 때문이다. 따라서 전환사채를 발행한 기업이 이를 부채로 처리할 것인가 아니면 자본으로 처리할 것인가 하는 문제가 발생한다. 일반적으로는 전환이 이루어질 때까지 부채로 처리하도록 규정하고 있는데, 이는 실제로 전환가능성이 높은 전환사채와 그렇지 않은 전환사채를 구분하기 어렵기 때문이다.

(1) 전환권가치의 인식 및 발행시 회계처리

전환사채는 개념적으로 볼 때 순수한 사채와 전환권의 두 가지 요소로 구성되어 있는 혼합증권으로서, 전자는 부채를 구성하는 항목이고 후자는 납입자본의 성격을 지니고 있다. 따라서 전환사채의 발행가액은 일반사채의 발행가액과 전환권가치로 구성되어 있다고 본다. 이러한 전환권가치는 다음과 같은 두 가지 형태로 표출될 수 있다.

① 전환권을 부여하면 일반사채를 발행하는 경우보다 낮은 이자율로 전환사채를 발행할 수 있게 된다. 예를 들면, 시장이자율이 15%일 때 3년 만기, 액면 ₩10,000, 액면이자 10% 조건의 일반사채와 동일한 가액(₩8,860)에 발행할 수 있으면서 전환권 때문에 액면이자율을 10%에서 8%로 낮출 수 있었다면 이자율 2%의 차이가 바로 전환권가치에 대한 보상이라고 본다.

② 전환사채를 일반사채와 동일한 이자율로 발행한다면 전환권 때문에 일반사채보다 높은 금액으로 발행할 수 있다. 예를 들면, 시장이자율이 15%일 때 3년 만기, 액면이자율 8%, 액면가액 ₩10,000의 일반사채는 ₩8,402에 발행할 수 있다. 그러나 전환권가치가 ₩458이라면 전환사채는 ₩8,860에 발행할 수 있을 것이다.

요약하면, 전환권가치는 전환권을 제외한 동일조건의 일반사채 현재가치와 전환사채 실제발행가액의 차이로 산출된다. 한편, 사채발행차금은 전환사채 액면가액과 전환사채 발행가액의 차이로 산출된다.

〈그림 7-1〉 전환권가치와 사채발행차금

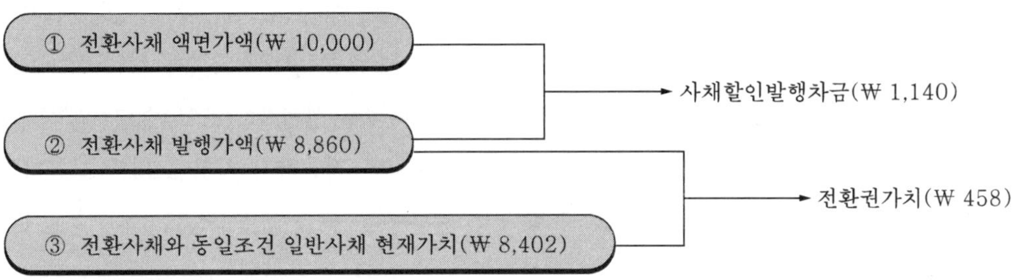

전환권가치는 실제로 자본의 성격을 갖는다. 왜냐하면 이는 앞으로 전환사채를 주식으로 전환할 때, 즉 전환사채의 대가로 주식을 발행할 때 주식발행대가를 사전에 수취한 것으로 볼 수 있기 때문이다. 따라서 이를 별도로 인식하여 자본의 한 항목으로 계상하는 방법이 있다. 이를 전환권가치인식법(轉換權價值認識法)이라고 한다. 전환권가치를 별도로 인식하는 방법은 사채라는 형식보다는 당해 사채가 지니고 있는 경제적 실질에 기초하여 회계처리하는 것으로 실질우선(實質優先, substance over form)의 원칙에 비추어 보다 타당하다.

그러나 실제로 이를 회계기준에서 수용하기에는 다음과 같이 두 가지 문제점이 있다. 첫째로는 실무상 전환권가치를 분리하기 어려워 합리적이고 객관적인 전환권가치를 결정할 수 없다는 것이고, 둘째로는 전환시기 및 전환가능성을 합리적으로 판단하기 어려워 전환권가치를 실제로 재무제표에 계상할 수 있느냐라는 본질적인 의문이 제기될 수 있기 때문이다. 실제로 전환사채는 한 시점에서 순수한 부채이거나 또는 전환이 이루어진 경우에는 자본으로 존재하는 것이지 부채와 자본으로 동시에 존재할 수 없다는 것이다.

이러한 이유 때문에 전환사채에 내재된 전환권가치를 장부상에 전혀 인식하지 않는 방법이 있는데, 이를 전환권가치무인식법(轉換權價値無認識法) 또는 부채법(負債法)이라고 부른다. 그러나 企業會計基準書에서는 국제적인 적합성과 전환권가치를 객관적으로 평가할 수 있는 자본시장이 충분히 발달되어 있다고 보아 전환가치인식법을 채택하고 있다. 즉 전환권가치를 전환권대가(轉換權代價)라는 과목으로 하여 기타 자본잉여금으로 기록하도록 규정하고 있다. 이때 전환권대가는 당해 전환사채의 발행가액에서 전환사채와 동일한 조건이지만 전환권이 없는 일반사채의 현재가치를 차감하여 계산한다. 현재가치는 만기일까지 기대되는 미래현금흐름을 사채 발행일 현재 발행회사의 전환권이 없는 일반사채의 유효이자율로 할인할 금액이다.

전환사채의 발행가액	₩×××
(-)전환권이 없는 동일조건 일반사채의 현재가치	(×××)
전환권가치(전환권대가)	₩××

기타자본잉여금으로 분류된 전환권대가는 당해 전환사채의 전환권이 행사되어 주식이 추가로 발행되는 시점에서 주식발행초과금으로 대체한다. 한편, 전환권대가로의 상대과목으로 전환권조정(轉換權調整)을 기입하는데, 이는 당해 전환사채의 차감항목이 된다. 또한 전환사채의 발행시점에 전환사채 액면가액과 발행가액의 차이를 사채할인(또는 할증)발행차금으로 기록한다. 발행 직후 발행회사의 재무제표에는 다음과 같이 나타난다.

부채(비유동부채) :		
전 환 사 채	₩10,000	
사채할인발행차금	(1,140)	
전환권조정	(458)	₩8,402
자본(기타자본잉여금) :		
전환권대가		₩458

(2) 발행 이후의 회계처리

전환사채 발행 이후의 회계처리는 이자비용의 인식, 전환, 그리고 만기시의 상환에 따른 회계처리로 나누어 살펴볼 수 있다.

전환사채 및 신주인수권부사채의 이자비용은 사채의 장부가액에 일반사채의 유효이자율을 적용하여 계산한다. 이렇게 계산된 이자비용과 실제로 지급한 이자의 차액은 사채발행차금과 전환권조정을 상각(또는 환입)하는 금액이 된다. 사채의 장부가액은 액면가액에서 ① 사채발행차금과 ② 전환권조정을 가감한 금액을 말한다.

전환사채가 보통주로 전환되었을 때의 회계처리문제는 보통주의 발행을 어떤 금액으로 기록할 것인가의 문제이다. 이때 보통주 발행을 기록하는 방법에는 시가법과 장부가액법이 있다.

시가법은 경제적 여건의 변화를 보다 잘 반영할 수 있는 장점이 있다. 그러나 시가법을 따르면 주식발행과 같은 자본거래에서 손익을 인식하는 모순이 있으며, 이익정보가 왜곡될 수 있다고 본다. 이에 따라 企業會計基準書에서는 장부가액법을 채택하고 있다. 즉 전환권 행사시 주식의 발행가액은 전환권을 행사한 부분에 해당하는 전환사채의 장부가액으로 한다.

전환권은 사채소유자의 의사에 따라 행사되지만 사채소유주가 원하지 않는 경우라도 때로는 전환사채의 발행회사가 이자비용을 절약하거나 부채비율을 개선하기 위하여 전환사채의 조기전환을 원하는 경우가 있다. 이와 같이 사채발행 회사가 사채전환을 유도하는 경우를 유도전환(誘導轉換, induced conversion)이라고 하는데, 이 경우 발행회사가 유인책으로 전환가격의 인하로 인한 주식의 추가발행, 신주인수권의 부여 또는 현금 등을 추가로 지급하는 것을 제안하는 경우가 있다.

부채상환거래라면 추가지출을 손실로 처리해야 하지만, 자본조달거래로 본다면 추가지출을 납입자본에서 차감해야 한다.

두 방법이 모두 합리적 근거를 가지고 있지만 企業會計基準書에서는 전환권을 분리 인식하도록 규정하고 있음을 감안하여 유도전환을 위하여 부여한 대가를 주식발행비용으로 보아 주식의 발행가액에서 차감하도록 하였다. 즉 유도전환을 자본조달 거래로 보고 추가로 부여하는 대가의 공정가액을 사채소유자가 취소불가능한 전환의사를 표시한 시점에 주식의 발행가액에서 차감하도록 규정하고 있다.

(3) 상환할증금

전환사채의 소유자가 권리행사기간내에 전환권을 행사하여 당해 전환사채를 지분증권으로 전환하지 않는 경우에 일정한 수익률을 보장해 주기 위하여 만기에 추가로 지급한다는 약정을 하는 경우가 있다. 이러한 추가지급액을 상환할증금(償還割增金)이라고 한다.

전환사채 발행시점에 소유자가 권리행사기간에 권리를 행사할지의 여부가 불확실하며 권리행사여부는 사채소유로부터 기대되는 수익률과 권리행사로 취득하는 주식의 기대수익률을 비교하여 결정될 것이다. 따라서 상환할증금은 소유자가 전환권을 행사하지 않으면 만기에(또는 풋옵션에 의해서 조기상환의 경우에는 만기 이전에) 추가로 지급해야 할 일종의 우발부채의 성격을 가지고 있다.

전환권의 가치를 계산함에 있어서 상환할증금의 포함여부에 대하여 다음과 같은 두 가지 방안이 존재한다.

① 소유자가 권리행사를 한다고 가정하고 상환할증금을 제외하는 방법

② 소유자가 권리행사를 하지 않는다고 가정하고 상환할증금을 포함하는 방법

企業會計基準書에서는 전환사채발행자는 사채발행시점에 상환할증금의 지급가능성을 감안하여 사채의 발행가격을 결정한다고 보고 전환사채의 소유자가 일단 권리행사를 하지 않아 상환할증금을 지급하는 것으로 가정하여 전환권의 가치를 계산하도록 하였다.

상환할증금은 만기가액에 가산되는 금액으로 본다. 이에 따라 상환할증금을 전환사채의 부가계정으로 계상한 후 이를 포함하여 매년의 이자비용을 계산하고, 전환사채소유자가 전환권을 행사하면 상각하도록 하였다.

사채의 차감계정인 전환권조정은 사채발행시점에는 상환할증금과 전환권대가를 합한 금액으로 기록한다. 이에 따라 재무상태표에는 상환할증금이 지급되는 전환사채에 관련 계정들이 다음과 같이 나타난다.

전환사채의 장부가액은 액면가액에 ① 사채상환할증금, ② 사채발행차금과 ③ 전환권조정을 가감한 금액을 말하는데, 이는 발행시점에는 전환사채와 동일조건의 일반사채 발행가액과 동일하다.

전환사채의 이자비용은 사채의 장부가액에서 일반사채의 유효이자율을 적용하여 계산한다. 산출된 유효이자와 실제로 지급하는 액면이자와의 차액이 상각하여 사채발행차금과 전환권조정에 그 총액의 비율에 따라 배분한다. 여기에서는 액면가액으로 발행하여 사채발행차금이 발생하지 않았으므로 다음과 같이 전환권조정만을 상각하면 된다.

〈표 7-4〉 유효이자의 산출과 상각

일 자	이자비용(A) (전기(D)×15%)	액면이자(B) (₩10,000×8%)	전환권조정		장부가액 (D)
			당기상각(C)	잔 액	
2010. 1. 1				₩2,060	₩9,290
2010. 12. 31	₩1,394	₩800	₩594	1,466	9,884
2011. 12. 31	1,482	800	682	784	10,566
2012. 12. 31	1,584	800	784	0	11,350

(주) 장부가액은 액면가액에 ① 사채상환할증금, ② 사채발행차금(이 경우에는 없음)과 ③ 전환권조정을 가감한 금액을 말한다.

(4) 외화표시 전환사채

외화환산의 문제 때문에 외화표시 전환사채를 화폐성 외화부채로 볼 것이냐 아니면 비화폐성 외화부채로 보느냐가 중요하다. 전환사채가 채무증권의 성격에 가까우면 화폐성으로, 지분증권의 성격에 가까우면 비화폐성으로 보는 것이 타당하다. 企業會計基準書에서는 외화표시 전환사채를 원칙적으로 전환청구기간 만료시까지는 지분증권의 성격이 강하다고 보고 비화폐성 외화부채로 보도록 규정하고 있다. 다만, 전환사채의 전환이 이루어지지 않을 것이 거의 확실한 경우에는 채무증권의 성격이 강하다고 보아 화폐성 외화부채로 본다.

4. 신주인수권부사채

(1) 주식매입권의 의의

주식매입권(株式買入權, stock warrants)이란 일정한 권리행사기간에 미리 약정된 가격으로 일정한 수량의 주식을 매입할 수 있는 권리를 말한다. 이러한 권리가 행사되면 일반적으로 주식이 발행되어 주당순이익이 희석되는 효과를 가져온다는 측면에서 전환권과 유사하다. 그러나 주식매입권의 권리행사로 주식을 인수하기 위해서는 추가로 일정한 인수대가를 지급해야 한다는 점에서 전환증권과 다르다. 주식매입권은 일반적으로 다음 경우에 주어진다.

① 사채나 우선주 등을 발행할 때 이러한 증권의 투자매력을 높이기 위해서 이를 취득하는 투자자들에게 추가로 주식을 매입할 수 있는 권리를 부여한다. 이러한 권리를 가지는 증권으로는 신주인수권부사채, 신주인수권부우선주 등이 있다.

② 기존주주들은 신주발행시 그들의 지분비율에 따라 신주를 우선적으로 매입할 수 있는 주식선매권(株式先買權, preemptive rights)을 가지는데, 이로 인하여 신주를 인수할 수 있는 권리가 부여되었을 때 신주인수권(新株引受權, stock rights)이라고 한다.

③ 임원이나 종업원들에 대한 보상으로 일정조건에 따라 주식을 매입할 수 있는 권리를 부여하는데, 이러한 권리를 주식매입선택권(株式買入選擇權, stock option)이라고 한다.

주식매입권은 일반적으로 다른 증권에 첨부되어 발행된다. 사채에 주식매입권이 첨부되어 발행될 때 이러한 사채를 商法과 企業會計基準에서는 신주인수권부사채라고 부른다. 즉 우리나라에서는 일반적으로 신주인수권부사채에 첨부된 주식매입권을 신주인수권이라고 부르고 있다.

신주인수권부사채(新株引受權附社債)는 이에 첨부된 신주인수권이 행사되면 보통주가 발행되기 때문에 주당순이익이 희석된다는 점에서 전환사채와 유사하다. 한편, 전환사채는 사채(부채)가 자본으로 전환되고 현금을 추가로 수취하지 않으나, 신주인수권부사채는 신주인수권을 행사하더라도 사채(부채)는 그대로 남아 있으며 신주인수권 행사시 추가로 현금을 수취한다는 점이 다르다.

(2) 신주인수권부사채의 회계처리

신주인수권부사채에는 발행형태에 따라 신주인수권을 사채권에서 따로 분리하여 양도가 가능한 분리형 신주인수권부사채와 신주인수권을 시세권에 표시하지만 사채권과의 분리가 불가능한 비분리형 신주인수권부사채가 있다. 이러한 형태에 따라 다소 상이한 회계처리를 하게 된다.

1) 분리형 신주인수권부사채

분리형 신주인수권부사채(bonds with detachable stock warrants)의 소유자는 사채를 계속 보유하면서 신주인수권만을 따로 분리하여 신주를 매입하거나 타인에게 양도할 수 있다. 이 경우에는 사실상 두 종류의 증권, 즉 일반사채와 신주인수권을 병행하여 발행한 것으로 볼 수 있고, 또한 각 증권에 대한 시가가 존재한다. 따라서 企業會計基準書에서는 분리형 신주인수권부사채의 경우 발행가액을 신주인수권과 일반사채에 각각의 상대적 시가를 기준으로 하여 다음과 같이 배분하도록 규정하고 있다.

$$\text{신주인수권배분액} = \text{발행가액} \times \text{신주인수권의 상대가치비율}$$
$$\text{일반사채배분액} = \text{발행가액} \times \text{일반사채의 상대가치비율}$$

여기에서,

$$\text{신주인수권의 상대가치비율} = \frac{\text{신주인수권시가}}{\text{신주인수권시가} + \text{신주인수권이 없는 일반사채시가}}$$

$$\text{신주인수권의 상대가치비율} = \frac{\text{신주인수권이 없는 일반사채의 시가}}{\text{신주인수권시가} + \text{신주인수권이 없는 일반사채가}}$$

2) 비분리형 신주인수권부사채

비분리형 신주인수권부사채(bonds with nondetachable stock warrants)는 신주인수권이 사채와 분리되어 독립적으로 거래될 수 없다. 따라서 신주인수권의 시가를 산출하는 것이 상대적으로 어렵다. 따라서 발행회사는 신주인수권의 가치를 별도로 기록하지 않고 발행가액 전체를 사채에만 배분하는 방법을 사용하는 것이 보다 간편할 수 있다.

그러나 企業會計基準書에서는 비분리형 신주인수권부사채의 경우에도 전환사채의 전환권과 유사하게 신주인수권의 가치를 별도로 인식하는 방법을 택하고 있다. 이는 시가를 측정하는데 있어서의 어려움을 고려한 편의성보다는 복합증권의 성격을 지니고 있는 신주인수권부사채의 경제적 실질을 중요시하는 접근방법이다.

신주인수권의 분리가능성(分離可能性, separability)이 회계처리방법을 규정하는 기준으로 볼 수 없다는 주장이 보다 설득력이 있다. 왜냐하면 분리가 불가능한 항목에 대하여 가치를 분배하는 예는 드물지 않게 볼 수 있다.

企業會計基準書에서 규정하고 있는 신주인수권사채의 회계처리는 기본적으로 전환사채의 경우와 유사한데, 이를 정리하여 보면 다음과 같다.

① 신주인수권부사채의 발행가액을 일반사채에 해당하는 부채부분과 신주인수권에 해당하는 자본부분으로 분리하고, 자본부분의 가치를 신주인수권대가로 인식한다. 이 경우 신주인수권대가의 상대과목으로 신주인수권조정을 계상한다.

② 비분리형 신주인수권부사채의 신주인수권대가(新株引受權代價)는 당해 신주인수권부사채의 발행가액에서 현재가치를 차감하여 계산한다. 이 경우 사채의 현재가치는 만기일까지 기대되는 미래현금흐름(상환할증금이 있는 경우에는 이를 포함)을 사채발행일 현재 발행회사의 신주인수권이 없는 일반사채의 유효이자율로 할인한 금액이다. 즉 신주인수권대가는 다음과 같이 산출된다.

신주인수권부사채의 발행가액	₩×××
(-)신주인수권이 없는 동일조건 일반사채의 현재가치	(×××)*
신주인수권의 가치(신주인수권대가)	₩××

* 액면가액(상환할증금 포함)과 총이자액을 사채발행일 현재 발행회사의 신주인수권이 없는 일반사채의 유효이자율로 할인하여 산출한다.

신주인수권대가는 기타자본잉여금으로 분류한 후 신주인수권이 행사되어 추가로 주식을 발행하는 시점에서 주식발행초과금으로 대체한다.

③ 사채상환할증금(社債償還割增金)은 만기가액에 가산되는 금액으로 보아 당해 신주인수권부사채의 액면가액에 부가하는 형식으로 기재한다. 이는 신주인수권소유자가 신주인수권을 행사하면 해당 부분을 상각하여 주식의 발행가액에 반영하고, 신주인수권을 행사하지 않은 부분에 대해서는 사채의 만기에 추가로 지급하는 금액이 된다.

④ 신주인수권사채의 차감항목인 신주인수권조정(新株引受權調整)은 최초에 사채상환할증금과 신주인수권대가의 합으로 결정한다. 또한 이를 당해 신주인수권부사채의 액면가액에서 차감하는 형식으로 기재하고, 유효이자율법으로 상각해 나간다.

⑤ 신주인수권부사채의 이자비용은 사채의 장부가액에 일반사채의 유효이자율을 적용하여 계산한다. 사채의 장부가액은 액면가액에 (ⅰ) 사채발행차금, (ⅱ) 신주인수권조정, (ⅲ) 사채상환할증금(상환할증금 지급조건이 있는 경우)을 가감한 금액을 말한다. 여기에서 산출된 이자비용과 이자지급액의 차액은 사채발행차금과 신주인수권조정을 상각하는 금액이 되는데, 각 계정의 상각금액은 당시의 잔액비율에 의해 결정한다.

전환사채와 신주인수권부사채는 법률적으로는 사채이나, 경제적으로는 잠재적주식의 성격을 동시에 지니게 되어, 사채의 안정성과 주식의 수익성이 보장되는 투자수단이 된다. 이들간의 유사점은 사채권자가 권리(전환권 또는 신주인수권)를 행사한 경우 사채발행회사의 발행주식수가 증가하고 사채권자는 주주가 되며, 권리의 행사에 의해서 발행될 신주의 발행가액 및 전환가액이 사채발행시점의 주가를 기준으로 미리 정해져 있다는 것이다. 또한, 이러한 사채에 대한 이자부담이 보통의 사채보다 낮고, 상환기간은 보통사채보다 장기라는 것 등이 양자가 유사한 점들이다.

한편, 신주인수권부사채는 전환사채와는 달리 신주인수권을 행사하더라도 관련 사채가 소멸하지 않는다. 관련 사채를 포기하는 대신 일정금액(신주인수권 행사가액)을 납부하고 신주를 수령한다. 이러한 이유 등으로 인하여 신주인수권부사채의 회계처리는 전환사채의 경우와 다음과 같이 다소 상이하다.

① 신주인수권 행사시 주식의 발행가액은 신주인수권의 행사에 따라 납입하는 금액으로 한다. 다만, 상환할증금 지급조건이 있는 경우에는 신주인수권을 행사한 부분에 해당하는 사채상환할증금을 납입금액에 가산한 금액으로 한다.

또한 신규로 발행되는 주식의 발행가액을 전환권 행사시점의 장부가액으로 결정하는 전환사채의 경우에는 전환권 행사시점에 따라 발행가액이 달라진다. 따라서 전환사채의 경우에는 전환권의 행사시점을 실제로 권리가 행사되는 날을 기준으로 한다고 명시적으로 규정하고 있다. 그러나 신주인수권의 경우에는 주식의 발행가액을 신주인수권 행사가액으로 결정하므로 행사시점이 언제인가가 크게 중요하지 않다.

② 분리형 신주인수권부사채의 경우 신주인수권은 일반사채와 분리되어 거래될 수 있고, 신주인수권과 일반사채의 시가가 별도로 존재할 수 있다. 이에 따라 비분리형 신주인수권부사채의 신주인수권가치는 전환권가치와 유사하게 결정하지만 분리형 신주인수권부사

채의 경우에는 시가를 기준으로 일반사채와 신주인수권에 발행가액을 배분하여 신주인수권가치(신주인수권대가)를 산출한다.

③ 신주인수권의 행사가격이 상당히 낮은 편이므로 발행자의 입장에서 신주인수권의 행사를 유도할 필요가 없다. 따라서 이에 관련된 회계처리가 특별히 필요하지 않다.

④ 외화표시 신주인수권부사채(사채발행차금과 신주인수권조정을 포함)는 부채증권의 성격을 가지고 있으므로 화폐성 외화부채로 본다. 한편, 이에 관련된 상환할증금은 전환사채의 경우와 마찬가지로 신주인수권 행사기간 만료시점까지 비화폐성 부채로 분류하는 것이 타당하다.

5. 신주인수권

신주인수권(新株引受權, stock rights)이란 회사가 신주를 발행하고자 할 때 기존 주주가 그들이 가지고 있는 본연의 권리인 주식선매권에 따라 그들의 지분비율에 따라 신주를 우선적으로 인수할 수 있는 권리를 나타낸다. 신주인수권을 부여하는 이유는 회사가 신주를 발행하는 경우 기존 주주들의 지분비율이 영향을 받아 불리해질 수 있기 때문이다. 신주인수권은 신주를 인수할 수 있는 권리를 가진다는 측면에서 다른 증권에 첨부되어 발행되는 주식매입권과 유사하지만 다음과 같은 측면에서 상이하다.

① 주식매입권은 일반적으로 다른 증권, 예를 들면 사채나 우선주에 부여되는 권리이며, 관련 증권의 소유자들은 그들에게 유리한 때 신주를 인수할 수 있게 된다. 한편, 신주인수권은 다른 증권과 관련하여 부여되는 것이 아니다.

② 주식매입권은 잠재적 투자자의 투자를 유도하기 위해 부여되고 있다. 한편, 신주인수권은 기존 주주에게 부여된다.

③ 주식매입권에 의한 신주인수가격은 일반적으로 주식매입권 발행시의 주식시가보다 높다. 한편, 신주인수권은 기존 주주에게 주식을 추가로 인수할 수 있도록 하기 위해서 부여되는 것이므로 일반적으로 신주인수가격이 신주인수권 발행시의 주식시가보다 낮다.

신주인수권을 부여했을 때 회사는 별도의 분개를 필요로 하지 않는다. 단지 신주인수권이 행사되어 신주를 발행할 때 일반적인 주식발행의 경우와 동일하게 다음과 같은 분개를 한다.

(차)	현 금	×××	(대) 자 본 금	×××
			주식발행초과금	×××

신주인수권이 행사되기 전에 재무제표가 작성되면, 신주인수권으로 발행될 주식의 종류와 수를 공시하여야 한다.

6. 주식매입선택권

회사의 설립과 경영, 기술혁신 등에 기여하였거나 기여할 능력을 갖춘 당해회사의 임직원 또는 기타 외부인에게 주식매입선택권(株式買入選擇權, stock option)이 주어지고 있다.

연 습 문 제

1. 주당 순이익이란 무엇이며 유용성과 한계에 대해 약술하여라.

2. 기본주당순이익의 산정에 대해 설명하여라.

3. 유통보통주식수란 무엇이며 어떻게 산정하는지 약술하여라.

4. 희석 주당순이익에 대해 약술하여라.

5. 희석증권의 종류를 열거하고 설명하여라.

제 8 장

리스 회계이론

제1절 리스의 본질

1. 리스의 정의

리스는 리스제공자가 자산의 사용권을 합의된 기간 동안 리스이용자에게 이전하고 리스이용자는 그 대가로 사용료를 리스제공자에게 지급하는 계약을 말한다.

리스료를 받고 특정 자산을 대여하는 자('리스제공자'라 한다. 이하 같다)와 그 자산을 사용하는 자(리스이용자라 한다. 이하 같다)의 리스관련 회계처리에 적용하되 다음의 경우에는 적용하지 아니한다.

① 광물, 석유, 천연가스 등 소모성 천연자원의 개발이나 사용에 관한 계약

② 특허권, 저작권, 영화필름, 비디오 녹화물, 원고 등에 대한 라이선스 계약

그러나 이 장은 다음 항목들의 측정기준으로는 적용하지 아니한다.

① 리스이용자가 금융리스로 보유하는 생물자산(특수활동, 농림어업 참조)

② 리스제공자가 운용리스로 제공하는 생물자산(특수활동, 농림어업 참조)

리스자산의 운영 및 유지보수와 관련하여 리스제공자가 상당한 용역을 제공해야 하는 자산사용권 이전계약에도 적용한다. 그러나 자산사용권이 이전되지 않는 용역계약에는 적용하지 아니한다.

2. 리스의 관련용어

리스회계처리준칙에 제시된 리스회계처리와 관련되어 사용되는 용어를 살펴보면 다음과 같다.

(1) 리스

리스는 리스회사가 특정 자산의 사용권을 일정기간 동안 리스이용자에게 이전하고, 리스이용자는 그 대가로 사용료를 리스회사에게 지급하는 계약을 말한다.

(2) 리스실행일

리스실행일은 리스계약 조항에 따라 리스료가 최초로 기산되는 날을 말한다. 즉, 리스이용자가 계약상 지급해야 할 리스료를 계산하는 첫 번째 날을 의미한다. 리스실행일과 계약당사자간의 리스 계약을 작성한 리스계약일과 일치하는 것은 아니다.

(3) 리스기간

리스기간은 리스실행일부터 리스계약상 명시된 종료시점까지의 기간을 말한다. 이 개념은 리스의 분류, 운용리스자산의 감가상각, 리스료의 수익금액 배분, 리스계약 해지시 회수금액환입 등에 이용된다.

(4) 기본리스료

기본리스료는 리스이용자가 리스자산의 사용에 대한 대가로서 리스회사에게 지급하여야 할 금액 중 다음의 금액을 말한다.

① 리스실행일 현재 리스계약과 관련하여 리스이용자가 리스회사에게 계약상 지급하기로 명시한 리스료

② 리스기간 종료시 리스회사가 리스이용자에게 리스자산에 대한 소유권을 이전하기로 한 경우에는 확정된 양도가액

③ 리스이용자 등이 리스기간 종료시 리스자산의 잔존가액 중 일부 또는 전부를 보증한 금액이 있는 경우에는 그 금액

④ 염가구매선택권이 리스이용자에게 주어진 경우에는 염가구매약정액금융리스의 경우 기본리스료는 리스와 관련하여 리스이용자로부터 회수할 수 있는 모든 방법을 포함하는 것으

로 계약상 지급하기로 명시된 리스료 이외에도 확정된 양도가액, 보증잔존가액 및 염가구매약정액을 기본리스료에 포함시키는 이유는 리스기간 종료시까지 리스회사가 회수할 가능성이 매우 높기 때문이다. 한편 리스이용자가 리스실행일 이후 리스물건에 직접 관련된 보험료, 수선비, 세금과공과 등으로서 리스료와 별도로 지급하기로 한 금액은 리스료에 포함하지 않고 발생시에 비용으로 처리한다.

운용리스의 경우에 리스이용자가 리스물건 취득가액의 일부를 부담하는 경우(관세 등) 리스이용자는 이를 투자자산 중 선급리스부대비의 과목으로 계상하고 리스기간에 걸쳐 상각하여야 한다.

(5) 조정리스료

조정리스료는 리스실행일 이후에 발생한 기본리스료 산정요소(이자율과 환율은 제외)의 변동에 따라 기본리스료보다 증가 또는 감소되는 차액을 말한다. 리스료가 조정되는 원인은 이자율이나 환율의 변동, 리스자산 공정가액의 변동이나 무보증잔존가액의 변동 등을 들 수 있는데, 리스회계처리준칙에서는 이자율과 환율의 변동은 조정리스료의 원인에서 제외하고 있다.

이자율의 변동으로 인한 위험을 리스이용자가 부담하는 경우 이는 실질적인 대출거래와 동일하다. 따라서 이러한 계약내용이 포함된 리스는 금융리스로 분류하여야 하므로 운용리스에서는 이자율과 관련된 조정리스료 문제가 발생하지 않아야 한다. 금융리스의 경우 이자율의 변동에 따라 매기간의 이자수익이 증가 또는 감소한다. 이 경우 이자수익 변동액을 조정리스료로 별도로 구분함이 없이 변동된 내용에 따라 금융리스의 이자수익을 계상하여야 한다.

리스료를 외화로 수수하기로 하거나 원화로 수수하더라도 환율에 연동하여 수수하기로 한 리스는 기본리스료를 외화로 계산하는 것이 타당하며, 기본리스료를 외화를 기준으로 산정할 때 환율의 변동으로 인한 조정리스료 문제는 발생하지 않는다.

(6) 염가구매선택권

염가구매선택권(bargain purchase option)이라 함은 리스이용자의 선택에 따라 리스이용자가 당해 자산을 구매선택권 행사가능일 현재의 공정한 평가액보다 현저하게 낮은 가액으로 구매하거나 계약을 갱신할 수 있는 권리를 말한다.

(7) 공정가액

공정가액은 리스실행일 현재 합리적인 판단력과 거래의사가 있는 매수자와 매도자간의 공정한 거래에 의하여 교환될 수 있는 가격을 말한다. 리스회사가 제조업자 또는 판매업자인 경우 공정가액은 매출에누리를 감안한 정상적인 판매가격을 말하며, 그 이외의 자인 경우에는 취득원가를 공정가액으로 한다. 중고자산은 관련시장이 형성되어 있는 경우 시장가격을 공정가액으로 하고, 관련시장이 형성되어 있지 않은 경우에는 공신력 있는 감정평가기관의 감정가액을 공정가액으로 볼 수 있다. 리스회사가 신규로 자산을 취득하여 리스하는 경우에는 시장에서 적정한 가격으로 취득한 것으로 볼 수 있으므로 동 취득원가를 공정가액으로 본다.

(8) 무보증잔존가액

무보증잔존가액이라 함은 리스실행일 현재 추정된 리스자산의 잔존가액 중에서 리스이용자 등이 지급을 보증하지 아니한 금액을 말한다. 무보증잔존가액은 리스회사가 리스자산을 회수한 뒤 잔존가액 중에서 리스이용자가 보증하지 아니한 부분이지만 처분하여 회수할 수 있는 금액을 의미한다. 중고시장이 형성되어 있지 않음으로써 잔존가액을 객관적으로 입증하기 어렵거나 범용성이 없다고 판단되는 리스자산의 경우에는 무보증잔존가액으로 보는 것이 타당하다. 무보증잔존가액은 리스이용자 입장에서 지급할 의무가 없으므로 기본리스료에 포함되지 않는다.

(9) 내재이자율

내재이자율이라 함은 리스실행일 현재 기본리스료와 무보증잔존가액의 합계액을 리스자산의 공정가액과 일치시키는 할인율을 말한다. 리스회사 입장에서 기본리스료와 무보증잔존가액의 합계액은 미래 현금수취예상액이고 이를 현재시점에서 평가하기 위하여 내재이자율을 사용한다. 내재이자율은 리스회사 입장에서 리스투자에 대한 수익률과 동일한 개념이다.

(10) 가중평균차입이자율

가중평균차입이자율은 차입금의 이자율을 리스실행일 현재의 차입금을 기준으로 가중하여 평균한 이자율을 말한다. 리스이용자의 경우 리스거래를 리스회사와 동일한 방법으로 회계처리하기 위해서는 리스회사의 내재이자율을 알아야 하나 이것이 불가능할 경우 가중평균차입이자율을 내재이자율로 대응할 수 있다.

리스실행일 현재의 차입금을 알기 어려운 경우에는 최근 대차대조표를 기준으로 산정할 수 있다. 차입금이 없는 경우에는 리스실행일의 최근일 현재 시장이자율(증권업협회가 공시하는 회사가 채권시가평가 기준수익률에 리스기간, 당해 회사의 신용평가 등급 등을 감안하여 객관적이고 합리적으로 산정한 회사채 수익률 등)을 가중평균차입이자율로 한다.

(11) 리스실행가능일

리스실행가능일은 리스자산의 취득이 사실상 완료하여 리스목적에 사용할 수 있는 날을 말한다. 여신전문금융업법상 리스회사의 경우에는 리스실행일을, 제조업자 또는 판매업자가 리스회사가 된 경우에는 리스자산의 경우 리스실행일을 리스실행가능일로 본다.

3. 리스거래의 특징

(1) 산업설비조달을 위한 물적금융

기업이 필요로 하는 기계설비를 조달해 주는 수단으로 등장한 것이 리스라는 물적금융(물적금융)이었다. 기계설비의 구입에 필요한 자금을 현금으로 융자해 주면 기업은 이를 토지취득 또는 운영자금으로 전용하는 일이 발생할 수도 있는데, 리스는 융자금 전액을 기계설비에 투자되도록 하는 정책적인 금융수단이 되었다.

(2) 외화자금의 비중이 높은 리스

리스산업의 초기에는 국내산업자본이 절대적으로 부족하였는데, 차관 등의 외자도입으로 자금을 조성하였다. 외화자금의 이자비용이 원화자금보다 상대적으로 낮고, 그 조달도 상대적으로 용이하였으므로 외화자금을 이용하고 나머지를 원화자금에 의존해 왔다.

(3) 완전연동형리스

산업설비는 범용성이 적으므로 리스회사는 리스계약으로 리스이용자가 중도에 해지하는 것을 인정하지 아니하고 또한 리스에서 발생할 수 있는 이자율변동과 환율변동의 위험을 모두 리스이용자에게 전가시키는 완전연동형(mirror type)리스를 이용하고 있다.

(4) 전액회수형리스

우리나라의 리스는 산업설비 조달을 위한 물적금융이다. 산업설비는 범용성이 적기 때문에 중고시장이 존재하지 않거나 매우 제한적일 수밖에 없다. 우리나라의 리스회사는 리스기간중의 리스료를 통해 취득원금 및 이에 대한 적정 이자를 전액 회수하는 전액회수형(full payout)리스계약을 체결하고 있다.

4. 리스이용의 장 · 단점

(1) 리스이용의 장점

1) 자본부담 경감

기업이 설비자산을 구입 · 제작 · 건설하면 막대한 자금이 소요되고 또 그것이 장기간 고정화되나, 이를 임차하면 소액의 임차료만 지급하고 구입한 자산과 같이 장기간 사용할 수 있다. 장기리스는 기업의 자금부담을 크게 덜어주며 기업의 거액자금수요를 완화해 준다.

2) 자금이용의 효율화

리스를 이용하면 자금이용의 폭을 넓히며 이용가능한 총자산의 효율성을 증가시킬 수 있다. 특히 후생시설 등의 부대설비에의 투자를 절약하여 그 만큼 자사의 생산시설 등에 추가투자함으로써 생산의 증대와 합리화를 도모할 수 있다. 즉 설비 소요자금의 100% 융자 효과가 있다.

3) 비용의 절감 및 절세효과

일반적으로 리스료는 자기 소유의 설비에서 발생하는 모든 비용보다 낮을 수도 있다. 자기자본(주식)에 대한 배당에 비하면 임차료는 비용으로서 과세이익을 줄여준다. 즉, 과세표준액을 감소시킨다.

4) 위험부담의 감소와 위험의 전가

시설자산은 막대한 자금이 투입된다. 그런데 리스로 소유하면 소유기간에 일어나는 진부화에 따른 위험부담을 감소시키거나 피할 수 있다. 리스이용은 특약에 의해 해약하고 다른 곳으로 바꿀 수도 있으며 인플레이션하에서는 임차자산에의 투자는 안전하다.

5) 관리사무의 간소화

리스에 의해 설비를 조달하면 소유에 따르는 모든 관리사무를 절약할 수 있다. 즉, 매매계약사무서부터 물건구입에 관련된 사무와 구입후 사후 관리 사무를 리스회사가 하기 때문이다.

6) 담보물건의 불필요

기업이 금융기관에서 자금을 차입하고자 할 때에는 물적 담보를 요구하게 되는데 리스의 경우에는 리스회사가 임대물건의 소유권을 유보하기 때문에 물적 담보를 요구하지 않는다.

7) 건전재무구조의 유지

운용리스의 경우는 대차대조표상에서 부채를 증가시키지 않고 기업의 재무비율에도 아무 영향을 주지 않기 때문에 리스이용자의 신용도를 나타내는 재무구조를 건전하게 유지할 수 있다.

(2) 리스이용의 단점

1) 소유권이전의 불가능과 소유감의 부재

임차설비의 소유권은 이전되지 않는다. 구입조건부리스인 경우에도 대금지급완료시에는 그 소유권이 이전되지만, 계산상의 이용연수가 실제 내용연수보다 단기이면, 실질적인 이용가치가 큰 동안에 설비투자액은 전부 회수하고도 임차는 계속된다.

2) 특수용도설비임차의 불편

특수한 용도에 적합한 설비를 얻기 어려운데 그것을 임차설비는 어느 기업에도 적합하도록 보편적이고 포괄적인 설비만을 건설 내지 제작하기 때문이다.

3) 고정적 비용의 증대와 장기화

임차료는 자기소유의 경우와 비교하여 고정적이므로 고정비가 증대되는 결과를 낳는다. 즉, 리스료 중에는 자산의 취득원가 이외에도 보험료, 운송료, 세금과 공과 및 리스회사의 이익이 포함되어 있기 때문에 리스료는 다른 금융상품에 비해 가격이 높은 편이다.

4) 계약의 가변성

리스는 임대인의 의사나 파산 등에 따라 계약이 변경되기도 한다.

5) 리스물건의 변경불가능

리스회사의 승낙이 없으면 리스물건의 변경, 이전을 할 수 없다.

6) 인플레이션 이득의 상실

인플레이션이 심한 경우 자산소유에 따르는 자본이득의 획득기회를 상실한다.

5. 리스의 분류

리스자산의 소유에 따른 위험과 보상의 대부분을 이전하는 리스는 금융리스로 분류한다. 리스자산의 소유에 따른 위험과 보상의 대부분을 이전하지 않는 리스는 운용리스로 분류한다.

리스는 계약의 형식보다는 거래의 실질에 따라 분류한다. 다음에 예시한 경우 중 하나 또는 그 이상에 해당하면 일반적으로 금융리스로 분류한다.

① 리스기간 종료시 또는 그 이전에 리스자산의 소유권이 리스이용자에게 이전되는 경우

② 리스실행일 현재 리스이용자가 염가매수선택권을 가지고 있고, 이를 행사할 것이 확실시되는 경우

③ 리스자산의 소유권이 이전되지 않을지라도 리스기간이 리스자산 내용연수의 상당부분을 차지하는 경우

④ 리스실행일 현재 최소리스료를 내재이자율로 할인한 현재가치가 리스자산 공정가치의 대부분을 차지하는 경우

⑤ 리스이용자만이 중요한 변경 없이 사용할 수 있는 특수한 용도의 리스자산인 경우

위에 다음 경우 중 하나 또는 그 이상에 해당하면 금융리스로 분류될 가능성이 있다.

① 리스이용자가 리스를 해지할 경우 해지로 인한 리스제공자의 손실을 리스이용자가 부담하는 경우

② 리스이용자가 잔존가치의 공정가치 변동에 따른 이익과 손실을 부담하는 경우(예를 들어 리스종료시점에 리스자산을 매각할 경우 얻을 수 있는 수익을 보장하도록 리스료가 조정되는 경우)

③ 리스이용자가 염가갱신선택권을 가지고 있는 경우

리스는 리스실행일에 분류된다. 만약 리스기간 중 리스의 양 당사자가 리스 재계약이 아닌 형태로 최초의 리스조건의 변경에 합의하였고, 처음부터 변경된 조건으로 계약하였다면 리스의 분류가 최초의 분류와 다르게 분류되었을 경우도 있다. 이때에는 리스조건의 변경 전까지는 분류 변경전 리스에 따라 회계처리하고, 리스조건의 변경 후부터 잔여리스기간 동안은 분류 변경된 리스에 따라 회계처리한다. 예를 들면, 리스조건의 변경으로 운용리스에서 금융리스로 리스의 분류가 변경된 경우가 있다. 이때에는 리스조건 변경 전까지는 운용리스로 회계처리하고, 리스조건 변경 후부터 잔여리스기간 동안은 금융리스로 회계처리한다. 그러나 추정의 변경(예: 리스자산의 내용연수 또는 잔존가치에 대한 추정의 변경), 상황의 변경(예: 리스이용자의 지급불능상황) 또는 조정리스료의 발생은 기존리스의 분류 변경을 초래하지 않는다.

(1) 부동산 리스

토지 또는 건물의 리스는 다른 자산의 리스와 동일한 방법으로 금융리스 또는 운용리스로 분류한다. 그런데 리스에 토지와 건물 요소가 모두 포함된 경우, 각 요소별로 금융리스 또는 운용리스로 분류한다. 토지 요소가 운용리스 또는 금융리스인지를 결정할 때, 가장 중요한 고

려사항은 일반적으로 토지의 내용연수는 한정되지 않는다는 점이다.

토지와 건물을 함께 리스하는 경우, 토지와 건물은 분리하여 리스를 분류한다. 만약 토지와 건물 모두에 대한 소유권이 리스기간 종료시 또는 그 이전에 리스이용자에게 이전된다면, 토지와 건물은 모두 금융리스로 분류한다. 다만, 리스자산 중 하나 또는 둘 모두의 소유에 따른 위험과 보상의 대부분이 이전되지 않는다는 사실이 명백하다면 그러하지 아니하다. 토지의 내용연수가 장기이고 한정할 수 없으며 리스기간 종료시 또는 그 이전에 토지 소유권의 이전이 기대되지 않는다면, 토지는 일반적으로 운용리스로 분류한다. 건물은 금융리스 또는 운용리스로 분류한다.

토지와 건물을 함께 리스하는 경우, 최소리스료(선지급액 포함)는 리스실행일 현재 토지와 건물에 대한 리스효익의 공정가치에 비례하여 배분한다. 만약 최소리스료가 토지와 건물에 신뢰성 있게 배분될 수 없고, 토지와 건물 모두 운용리스라는 사실이 명백하지 않다면, 토지와 건물은 하나의 금융리스로 분류한다. 그러나 토지와 건물 모두 운용리스라는 사실이 명백하다면 하나의 운용리스로 분류한다.

토지와 건물을 함께 리스하는 경우, 최초로 인식될 토지분 금액이 중요하지 않다면, 한 단위로서 금융리스 또는 운용리스로 분류할 수 있다. 이 경우 건물의 내용연수를 전체 리스자산의 내용연수로 본다. 또한 건물분 금액이 중요하지 않다면, 전체리스자산을 토지로 보아 회계처리할 수 있다.

제 2 절　리스이용자의 회계처리

1. 금융리스

(1) 최초 인식

리스이용자는 리스실행일에 최소리스료의 현재가치와 리스자산의 공정가치 중 작은 금액을 금융리스자산과 금융리스부채로 각각 인식한다. 이 경우 최소리스료의 현재가치를 계산할 때 적용해야 할 할인율은 리스제공자의 내재이자율이며, 만약 이를 알 수 없다면 리스이용자의 증분차입이자율을 적용한다. 리스이용자의 리스개설직접원가는 금융리스자산으로 인식될 금액에 포함한다.

(2) 후속 측정

보증잔존가치를 제외한 매기의 최소리스료는 이자비용과 리스부채의 상환액으로 배분하며 이자비용은 유효이자율법으로 계산한다.

금융리스에서는 매 회계기간에 이자비용 뿐만 아니라 금융리스자산의 감가상각비가 발생한다. 금융리스자산의 감가상각은 리스이용자가 소유한 다른 유사자산의 감가상각과 일관성 있게 회계처리한다. 만약 리스이용자가 리스기간 종료시 또는 그 이전에 자산의 소유권을 획득할 것이 확실시 된다면 자산의 내용연수에 걸쳐 감가상각하며, 그러하지 않은 경우에는 리스기간과 내용연수 중 짧은 기간에 걸쳐 감가상각한다. 이 경우 감가상각대상금액은 금융리스자산의 취득금액에서 추정잔존가치 또는 보증잔존가치를 차감한 금액으로 한다.

리스자산의 손상여부를 결정하기 위하여는 자산손상을 적용한다.

리스이용자는 금융리스와 관련하여 다음의 사항을 주석으로 기재한다.

① 보고기간말 현재 금융리스자산의 장부금액

② 보고기간말 현재 최소리스료의 총합계와 현재가치의 조정내역, 그리고 다음 각 기간별 최소리스료의 총합계 및 현재가치

㉮ 1년 이내

㉯ 1년 초과 5년 이내

㉰ 5년 초과

③ 당기의 손익에 반영된 조정리스료

④ 보고기간말 현재 전대리스에서 받게 될 것으로 기대되는 미래의 최소전대리스료의 합계

⑤ 다음을 포함한 리스계약의 중요한 사항에 대한 일반적인 설명

㉮ 조정리스료가 결정되는 기준

㉯ 리스갱신, 매수선택권 및 리스료 인상조항의 조건

㉰ 배당, 추가채무 및 추가리스 등에 관한 리스계약서상의 제약사항

유형자산, 무형자산 및 자산손상에서 요구하는 주석사항은 리스이용자의 금융리스자산에 적용한다.

2. 운용리스

운용리스에서 보증잔존가치를 제외한 최소리스료는 리스이용자의 기간적 효익의 형태를 보

다 잘 나타내는 다른 체계적인 인식기준이 없다면 리스기간에 걸쳐 균등하게 배분된 금액을 손익계산서에 비용으로 인식한다.

리스이용자는 운용리스와 관련하여 다음의 사항을 주석으로 기재한다.

① 다음 각 기간별 운용리스에 따른 미래 최소리스료의 합계

㉮ 1년 이내

㉯ 1년 초과 5년 이내

㉰ 5년 초과

② 보고기간말 현재 전대리스에서 받게 될 것으로 기대되는 미래의 최소전대리스료의 합계

③ 최소리스료, 조정리스료 및 전대리스료로 구분하여 당기손익에 인식된 리스료와 전대리스료

④ 다음을 포함한 리스계약의 유의적인 사항에 대한 일반적인 설명

㉮ 조정리스료가 결정되는 기준

㉯ 리스갱신, 매수선택권 및 리스료 인상조항의 조건

㉰ 배당, 추가채무 및 추가리스 등에 관한 리스계약서상의 제약사항

제3절 리스 제공자의 회계처리

1. 금융리스

(1) 최초인식

리스 제공자는 금융리스의 리스순투자와 동일한 금액을 금융리스채권으로 인식한다.

금융리스에서 리스료는 리스제공자의 투자와 용역에 대한 회수와 보상으로서 채권의 원금회수액과 이자수익으로 구분하여 회계처리한다.

(2) 후속 측정

이자수익은 리스 제공자의 금융리스 순투자 미회수분에 대하여 유효이자율법을 적용하여 인식한다.

(3) 제조자 또는 판매자가 리스 제공자인 경우

제조자 또는 판매자인 리스 제공자는 일반판매에 대하여 채택하고 있는 회계정책에 따라 매출손익을 인식한다. 인위적으로 낮은 이자율이 적용된 경우라면 시장이자율을 적용하여 매출이익을 인식한다. 제조자 또는 판매자인 리스 제공자에 의하여 리스의 협상 및 계약단계에서 발생한 원가는 리스실행일에 당기 비용으로 인식한다.

리스 제공자는 금융리스와 관련하여 다음의 사항을 주석으로 기재한다.

① 보고기간말 현재 리스의 총투자와 최소리스료의 현재가치의 조정내역, 그리고 다음 각 기간별 리스의 총투자와 최소리스료의 현재가치

㉮ 1년 이내

㉯ 1년 초과 5년 이내

㉰ 5년 초과

② 리스총투자와 리스순투자의 차이

③ 무보증잔존가치

④ 회수불확실한 최소리스료채권에 대한 대손충당금

⑤ 수익으로 인식된 조정리스료

⑥ 리스계약의 유의적인 사항에 대한 일반적인 설명

2. 운용리스

리스 제공자의 운용리스자산은 리스자산의 성격에 따라 비유동자산 중 유형자산 또는 무형자산의 한 항목으로 표시하고 그 항목의 구체적인 내역은 주석으로 기재한다.

보증잔존가치를 제외한 최소리스료는 리스자산의 기간적 효익의 형태를 보다 잘 나타내는 다른 체계적인 인식기준이 없다면 리스기간에 걸쳐 균등하게 배분된 금액을 손익계산서에 수익으로 인식한다.

운용리스의 협상 및 계약단계에서 발생한 리스개설직접원가는 별도의 자산(예: 리스개설직접원가)으로 인식하고 리스료수익에 대응하여 리스기간 동안 비용으로 처리한다.

운용리스자산의 감가상각은 리스제공자가 소유한 다른 유사자산의 감가상각과 일관성 있게 회계처리한다.

리스자산은 자산손상에 따라 손상차손의 인식여부를 검토한다.

제조자 또는 판매자인 리스제공자는 운용리스계약의 경우 리스자산의 판매로 볼 수 없으므로 운용리스계약으로 인한 매출이익을 인식하지 아니한다.

① 운용리스의 다음 각 기간별 미래 최소리스료의 합계

㉮ 1년 이내

㉯ 1년 초과 5년 이내

㉰ 5년 초과

② 수익으로 인식된 조정리스료

③ 리스계약의 중요한 사항에 대한 일반적인 설명

유형자산, 무형자산 및 자산손상에서 요구하는 주석사항은 리스 제공자의 리스자산에 적용한다.

(1) 금융업을 영위하는 리스 제공자의 표시

리스 제공자가 재무제표의 작성과 표시 Ⅱ(금융업)의 적용대상인 경우에는 동 규정에 따라 리스관련 자산과 부채를 표시한다.

3. 판매후 리스거래

판매후 리스거래란 리스이용자가 리스제공자에게 자산을 판매하고 다시 그 자산을 리스하여 사용하는 거래를 말한다. 판매후 리스거래가 금융리스에 해당하는 경우에는 판매에 따른 손익을 리스실행일에 인식하지 않고 해당 리스자산의 감가상각기간동안 이연하여 상각 또는 환입한다.

판매후 리스거래가 운용리스에 해당하는 경우 리스료와 판매가격이 공정가치에 따라 결정된 것이 확실하다면 판매에 따른 이익이나 손실은 즉시 인식한다. 판매가격이 공정가치에 미달하는 경우에도 판매에 따른 이익이나 손실은 즉시 인식한다. 다만, 판매에 따른 손실이 시장가격보다 낮은 미래의 리스료로 보상된다면 당해 손실은 이연하여 리스기간동안의 리스료에 비례하여 상각한다. 만약 판매가격이 공정가치를 초과한다면 판매가격이 공정가치를 초과하는 부분은 이연하여 리스기간동안 환입한다.

운용리스로 분류된 판매후 리스거래에서 리스실행일의 자산의 공정가치가 장부금액보다 낮다면 장부금액과 공정가치의 차이에 해당하는 금액을 즉시 손실로 인식한다.

리스와 관련하여 리스이용자와 리스제공자에게 요구되는 주석사항은 판매후 리스거래에도 동일하게 적용한다. 판매후 리스거래의 독특하거나 비경상적인 계약조항 또는 조건은 리스계약의 중요한 사항에 대한 일반적인 설명 부분에 주석으로 기재한다.

연 습 문 제

1. 리스란 무엇이며 리스거래의 특징을 설명하여라.

2. 리스이용의 장단점에 대해 약술하여라.

3. 운용리스와 금융리스를 비교 설명하여라.

4. 다음에 대해 설명하여라.
   ① 기본리스료　　② 조정리스료
   ③ 염가구매선택권　　④ 내재이자율
   ⑤ 가중평균차입이자율

제 9 장

물가수준변동 회계이론

제 1 절 물가수준변동회계의 의의와 필요성

1. 물가수준변동회계의 의의

물가수준변동회계는 인플레이션회계(Inflation accounts) 또는 화폐가치수정회계라고도 한다. 이는 물가등귀로 인해서 화폐가치가 하락함에 따라 나타나는 문제점을 완화하여 재무제표에 표시되는 기업의 재무상태와 경영성과를 보다 의미 있는 것이 되게 함으로써 이해관계자의 의사결정에 유용한 정보를 제공하기 위한 회계라고 할 수 있다. 즉 취득원가를 기초로 한 재무제표가 아니라 물가변동에 따른 현재가치를 기초로 하는 재무제표로서 기업의 이해관계자에게 의사결정에 유효한 회계정보가 되도록 하는 것이다.

전통적인 회계에서는 화폐가치가 안정되어 있다는 가정을 회계공준의 하나로 하여 역사적 원가(historical cost)에 의한 재무보고를 수행해왔으며, 아직도 일반적으로 인정된 회계원칙(generally accepted accounting principles)으로는 역사적 원가주의가 채택되고 있다. 그러나 세계 각국의 인플레이션은 급속도로 진행되어 화폐가치의 안정성은 유지하기 어렵게 되었으며, 취득원가주의에 기초를 둔 재무제표는 때로는 그 의미를 상실하게 되었다. 현실적으로는 화폐가치가 하락함에 따라 역사적 원가회계시스템은 회계측정에 있어서 비교가능성(comparability)을 상실하고 회계정보의 유용성을 상실하게 되는 등 많은 한계성을 드러내게 되었다. 따라서 올바른 이익측정과 보다 의미 있는 기간비교를 가능하게 하고, 물가수준의 변동이 기업에 미치는 영향을 적정하게 재무제표의 이용자들에게 제공하기 위해서 물가수준변동회계가 대두되었다.

이와 같은 물가수준변동회계와 관련하여 1918년 미국의 미들디치(L. J. iddleditch)는 상이한 시점간의 서로 다른 명목화폐단위로 측정한 회계치수를 함께 가감한다는 것은 불합리하므로 모든 회계수치는 화폐가치가 변동됨에 따라 수정되지 않으면 안 된다는 견해를 표명한바 있다. 그 후 1979년 재무회계기준심의회의 재무회계기준서 제33호(SFAS NO. 33) "재무보고와 물가변동"(Financial Reporting and Changing Prices)에서부터 현행원가회계와 일반물가수준변동회계의 병용 또는 결합에 의한 회계정보의 공시에 이르기까지 많은 연구와 개선이 계속되어 왔다.

2. 물가수준변동회계의 필요성

앞에서 언급한 바와 같이 물가수준변동회계는 역사적 원가주의의 한계성 내지는 문제점으로부터 대두되었기 때문에 우선 역사적 원가회계(historical cost accounting)의 문제점을 살펴볼 필요가 있는데, 그 내용을 요약하면 다음과 같다.

첫째, 역사적 원가에 의해 측정된 가치는 통일성이 결여된다. 즉 화폐가치안정의 공준에 따라 역사적 원가주의를 고수하여 회계처리를 하는 경우 오늘날과 같이 지속적인 인플레이션하에서는 동일한 재화 또는 용역이라고 하더라도 취득시점의 상이에 따라 서로 다른 가치로 측정된다. 그러므로 화폐단위(monetary unit)가 회계상 측정단위로서의 통일성을 가질 수 없으며 따라서 회계기간간의 비교가능성을 상실하게 된다.

둘째, 역사적 원가회계는 명목자본유지(maintenance of nomial capital)개념으로 파악되는 회계시스템이므로 실질자본((real capital)유지를 위해서는 적립금에 의한 사내유보가 필요하게 된다. 역사적 원가에 의한 회계측정의 결과는 가공이익 또는 지상이익(paper income)을 계상하게 되고 따라서 자본을 잠식하게 됨으로써 실질자본의 유지가 불가능하기 때문이다.

셋째, 역사적 원가회계는 자산을 원시원가(original cost)로 측정하기 때문에 인플레이션에 따른 보유손익(holding gains or losses)이 보고되지 않는다. 따라서 회계정보의 유용성을 상실하게 되고 회계정보이용자를 오도(misleading)하게 된다. 또한 화폐구매력의 변화에 따른 채권자・채무자로서의 손익(gains or losses from being a debtor or creditor)이 반영되지 못한다는 점이 지적된다.

이와 같은 역사적 원가회계의 문제점으로부터 물가수준변동회계의 필요성을 정리하면 회계정보의 비교가능성, 실질자본유지, 공정한 이익측정, 적정한 회계정보의 공시 등으로 요약될 수 있다.

(1) 회계정보의 비교가능성

기업은 유기적인 조직체로써 경영활동을 영속적으로 수행한다는 계속기업의 개념으로서 이해되고 있다. 따라서 기업은 동일한 가치로서 인식·측정되어야만 그 실체를 정확하게 파악할 수 있다. 그런데 취득당시의 화폐단위를 기준으로 작성된 재무제표, 특히 재무상태표는 모든 항목이 동일한 척도(common unit of measurement)로 표시되지 못하고 서로 상이한 척도(commingling unit of several sizes)로 표시되어 마치 파운드와 달러를 환산하지 않고 바로 합한 것과 같은 결과를 초래한다. 즉 재무상태표는 과거에 있었던 거래의 미분배된 가치를 서로 다른 거래시점의 화폐단위로 측정·표시함으로서 계속적인 물가변동하에서의 재무상태표는 상이한 구매력을 가진 화폐단위의 단순한 집계표에 불과하며 계정상호간의 비교 또는 회계기간간의 비교가 무의미하게 된다. 따라서 재무상태표의 신뢰성(reliability)을 제공하고 정보이용자에게 유용한 정보를 제공하기 위해서는 화폐가치안정의 공준에 따라 일정불변의 화폐가치로 측정하든가 그렇지 않으면 일정한 구매력으로 측정할 필요가 있다.

(2) 실질자본유지

오늘날 기업이 계속기업(going concern)의 개념으로서 이해되는 한 기업은 활동기반으로서 적정자본의 유지가 필요하며 이를 실천하기 위해서는 우선 적정한 실질자본의 파악이 요청된다고 할 수 있다. 왜냐하면 기업이 보유하고 있는 자본의 가치는 투하 당시의 명목가치(nominal value) 또는 구매력가치(purchasing power value)와는 다르며 화폐가치의 변동에 따라 끊임없이 변화하기 때문이다. 따라서 정확한 자본의 가치를 측정함으로써 가공이익계상에 의한 자본잠식, 운전자본 부족현상 등을 예방하여 실질자본유지를 가능하게 할 수 있다.

또한 기업의 실질자본 유지란 구매력가치의 유지라고도 할 수 있는바, 이를 위하여 화폐가치의 변동에 따라서 회계수치를 수정할 필요가 있다.

(3) 공정한 이익측정

기업회계의 중심과제는 적정한 이익측정에 있다고 할 수 있다. 역사적 원가회계에 의하면 현행가격에 의한 매출액에다 역사적 원가에 의한 매출원가 및 감가상각비 등을 대응시켜 기간손익을 측정하기 때문에 적정한 수익·비용의 대응이 이루어지지 못한다는 문제점이 지적되고 있다.

따라서 현행의 수익에 현행의 원가를 대응시킴으로써 합리적인 수익·비용대응에 의한 공정한 이익을 측정한다면 인플레이션손익(inflation gains or losses)을 구분할 수 있게 되어 적정이윤의 분배를 가능하게 한다는 점에서 물가수준변동회계의 필요성을 찾을 수 있다.

(4) 적정한 회계정보의 공시

오늘날 회계의 기능으로써 가장 강조되고 있는 것 중의 하나가 정보제공기능이라고 할 수 있다. 이는 기업내외의 이해관계자에게 적절하고 공정한 회계정보를 제공함으로써 경영자는 올바른 경영정책을 수립할 수 있고 투자자는 합리적인 투자판단을 할 수 있으며, 채권자는 적절한 신용관리가 가능하게 되기 때문이다. 또한 정부도 이를 바탕으로 조세정책, 물가정책, 투융자정책 등 산업경제정책을 원만히 수행할 수 있게 된다.

따라서 회계정보의 유용성(usefulness)과 목적적합성(relevancy)이라는 관점에 비추어 물가수준이 변동함에 따라 회계에 미치는 영향을 적정하게 공시해야 할 필요가 있는 것이다. 미국의 경우 1976년에 증권거래위원회 규칙 3-17에서 일정규모 이상의 등록회사에 대해서 현행원가의 부분적 공시를 의무화시킨 바 있으며, 1979년에는 재무회계기준서 제33호에서 화폐가치변동에 따른 회계정보의 공시를 위하여 보충보고서의 형태로 작성할 것을 의무화하였다.

제 2 절 재무제표의 부분적 수정방법

물가수준의 변동이 재무제표에 미치는 영향을 반영하기 위한 방법으로는 부분적인 수정방법과 전반적인 수정방법이 있다.

부분적인 수정방법이란 물가변동의 영향을 크게 받는 특정항목에 대해서만 수정하는 것이다. 즉 고정자산에 대한 가속상각법(acceleated depreciation method)의 적용, 자산재평가법에 있어서 후입선출법(LIFO method)의 적용, 그리고 우리나라의 자산평가법에 의한 자산재평가제도 등이 그 예라고 할 수 있다.

전반적인 수정방법이란 물가변동이 재무제표에 미치는 모든 영향을 수정하는 방법인데, 구체적으로 일반물가지수(general price-level index)에 의한 수정방법과 현행가치(current value)에 의한 수정방법이 있다. 우선 부분적으로 수정방법에 대해서 설명하기로 한다.

1. 후입선출법

인플레이션하에서는 매출수익에 대응되는 매출원가를 선입선출법에 의해 배분함으로써 현행의 수익에 과거의 원가가 대응되어 매출이익이 높게 계상된다. 따라서 이 매출이익에는 물가상승에 의한 이익도 포함되어 있으므로 실질이익을 반영하지 못하게 된다.

따라서 재고재산의 평가방법으로 후입선출법을 채택함으로써 선입선출법과 반대로 매출이익을 낮게 하고 물가상승에 의한 이익을 제거 할 수 있게 된다. 즉 현행의 수익과 현행의 원가가 대응됨으로써 합리적인 수익 · 비용의 대응이 이루어지게 된다. 이런 점에서 후입선출법은 손익계산서의 측면에서는 타당성이 있으나 대차대조표에 표시되는 재고자산이 과소계상됨으로써 적정한 재무상태의 표시가 이루어지지 못한다는 단점이 있다.

2. 가속상각법

재고자산의 경우에는 그 회전율이 고정자산에 비해 빠르므로 역사적 원가에 의해 평가하더라도 고정자산만큼 물가상승의 영향이 중대하지는 않다. 고정자산은 장기간에 걸쳐 보유하게 되며, 따라서 구입당시의 취득원가와 현행원가의 차이는 재고재산보다 더욱 크게 된다.

가속상각법은 고정자산을 사용하기 시작한 초기에 다액의 감가상각비를 수익에 대응시킴으로써 물가수준상승으로부터 나타나는 과대이익을 어느 정도 배제시킬 수 있다. 그러나 이 방법도 손익계산서의 측면에서는 기간손익을 부분적으로 수정할 수 있으나, 재고자산평가에 있어서의 후입선출법 적용의 경우와 마찬가지로 대차대조표에 계상되는 고정자산의 가액이 과소계상되어 현재가치를 반영하지 못한다는 단점이 있다.

3. 자산재평가

물가수준이 상승하는 시기에 역사적 원가에 근거한 고정자산의 감가상각비는 상대적으로 과소계상되고, 따라서 기업의 명목이익은 과대계상되며, 배당 또한 그에 따라 많이 이루어지게 된다. 따라서 기업의 건전한 재무구조를 해칠 우려가 있으므로 기업의 실질자본의 유지를 통하여 경영의 합리화를 도모할 목적으로 법률에 의해 마련된 제도가 바로 자산재평가제도이다.

자산재평가제도는 손익계산서에서 합리적인 수익 · 비용대응이 이루어지게 할 뿐만 아니라 대차대조표에 계상되는 자산가액 또한 적정하게 표시되는 장점이 있으나 한편으로는 다음과 같은 단점도 있다.

첫째, 재평가를 기업이 임의적으로 실시하므로 기업간 또는 회계기간간의 비교가능성을 해치게 된다.

둘째, 재평가는 재평가일 현재의 시가로 하고, 이때의 시가는 감정기관의 감정가액에 의한다고 하였으나 이 시가에 대한회계학적인 구체적 정의가 없다.

셋째, 재평가대상자산으로 재고재산은 물론이고 장기보유자산인 토지·주식·출자 등의 비상각자산을 제외시킴으로써 일부항목의 재평가에 불과하다는 점이다.

제3절 물가수준의 변동과 재무제표 항목의 구분

1. 물가수준의 변동

물가수준이란 수요와 공급에 의해 결정되고 변동되는 주요 재화의 개별가격을 하나로 종합평균한 것을 의미한다. 그런데 물가변동이라고 하면 특정재화의 가격변동으로서의 개별가격변동(specific price changes)과 위에서 언급한 주요 재화의 개별가격을 평균한 일반물가수준변동(general price-level changes)을 포함한다.

개별가격변동과 일반물가수준의 변동은 이와 같이 개념상으로 구분될 수 있으나 현실적으로 분리가능한 것은 아니며 또한 양자는 반드시 동일한 방향으로 동일한 정도의 변동이 이루어지는 것은 아니다. 왜냐하면 개별가격은 특정재화의 수요와 공급, 기술적 진보 등의 변화에 의해 변동되는데 반해, 일반 물가수준의 변동은 화폐가치의 변동으로 인해 나타나기 때문이다.

따라서 물가수준변동에서 물가변동으로 인한 영향을 반영시키기 위해서는 일반물가수준의 변동에 의할 것인가 아니면 개별가격변동을 반영시킬 것인가의 문제가 발생한다. 전자의 경우를 일반물가수준회계, 후자의 경우를 현행원가회계라고 하는데, 그 구체적인 내용은 후술하기로 한다.

2. 화폐성항목과 비화폐성항목

물가수준변동을 재무제표에 반영한다. 그러기 위해서는 우선 재무상태표의 항목을 화폐성항목과 비화폐성항목으로 구분한다. 재무상태표일 현재의 화폐단위로 표시되어 있어 수정의 필요성이 없는 화폐성(monetary items)항목과 그 금액이 과거의 거래발생 당시의 화폐단위로 표시되어 있으므로 그것을 재무상태표일 현재의 화폐단위로 수정해야 하는 비화폐성항목(nonmonetary items)이 있다.

(1) 화폐성항목

화폐성항목은 그 금액이 법령이나 계약에 의해서 확정되어 있기 때문에 물가수준의 변동에 영향을 받지 않는 항목을 말한다. 즉 화폐성자산과 화폐성부채가 된다.

화폐성항목은 화폐성자산(monetary assets)과 화폐성부채(monetary liabilities)를 포함한다. 화폐성자산이란 일반구매력을 나타내 주는 화폐단위의 수량이 법령 또는 계약상의 이유로 확정되어 있는 현금 또는 외상매출금·대여금 등과 같은 현금청구권을 말한다. 그리고 화폐성부채는 화폐가치의 변화에도 불구하고 장래에 일정량의 화폐로 지급해야 할 의무를 나타내는 항목이다. 예컨대 외상매입금, 지급어음, 미지급비용, 사채 등이 그것이다.

이와 같은 화폐성항목은 거래가 발생한 후 물가수준의 변동이 있다고 하더라도 거래발생 당시의 확정된 금액으로 상환받거나 상환할 것이기 때문에 물가수준변동에 따른 수정의 대상이 되지 않는다. 다만 이런 항목은 구매력이득이나 손실이 발생하기 때문에 그 이득이나 손실을 별도로 계상하여 손익에 반영시키게 된다.

(2) 비화폐성항목

비화폐성항목은 일정한 화폐금액으로 확정되지 않아 변동가능한 항목이다. 그러므로 기간의 경과 또는 화폐가치의 변동과 같은 이유에 의해 다른 화폐가액으로 표시될 수 있는 항목으로 화폐성항목 이외의 것을 말한다.

또한 비화폐성항목도 비화폐성자산(non-monetary assets)과 비화폐성부채(non-monetary liabilities)로 구분된다.

그리고 비화폐성자산에는 재고자산·투자자산·유형고정자산·무형고정자산·이연자산 등이 있다. 그리고 비화폐성 부채로는 선수금·선수임대료 등이 있는데, 이들 부채는 확정된 금액으로 상환되는 것이 아니라 일정한 재화 또는 용역의 인도 의무를 나타내는 항목들이다. 그리고 자본금 또한 기업자산에 대한 소유자의 청구권을 나타내는 것이므로 역시 비화폐성항목이 된다.

이와 같은 비화폐성항목은 물가가 상승하면 비화폐성자산은 상승한 가격에 의해 판매될 수 있다. 또한 비화폐성부채는 물가가 상승한 만큼 그에 대응하는 가치의 재화 또는 용역을 인도하여야 하므로 이들은 물가가 변동함에 따라 그 평가금액 역시 달라져야 한다. 반면에 비화폐성항목은 물가수준변동으로 인한 구매력이득이나 구매력손실이 발생하지 않기 때문에 구매력손익의 계상은 고려할 필요가 없다.

이상에서 설명한 화폐성항목과 비화폐성항목의 구분에 대하여 재무회계기준서 제33호에서 구체적인 예시를 하고 있으므로 여기에 요약하면 다음과 같다.

자 산	화폐성	비화폐성
현금 및 예금	×	
정기예금	×	
외국통화 및 외국통화표시청구권 · 유가증권		×
보통주(지분법 적용의 경우 제외)		×
우선주(전환 또는 찬가적)		(경우에 따름)
우선주(비전환 · 비찬가)	×	
전환사채(주식으로 취급시)		×
전환사채(사채로 취급시)	×	
사채(비전환)	×	
외상매출금 및 받을어음)	×	
동 대손충당금	×	
대여금	×	
재고사산(계약에 의해 가격이 확정된 경우)재고자산(화폐성자산으로 처리되지 않는 것)		×
종업원대여금	×	×
선급보험료 · 광고비 · 임차료 · 기타		×
장기대여금	×	
예치금	×	
비연결종속회사에 대한 선급금	×	
비연결종속회사에 대한 투자(원가로 평가)		
연금기금 · 감채기금 · 기타 기금(채권)	×	
연금기금 · 감채기금 · 기타 기금(주식)		×
유형고정자산		×
동 감가상각충당금		×
생명보험의 중도해약 현금가치	×	
구입계약금(계약가액이 확정된 경우)		×
구입계약금(계약가액이 확정되지 않을 경우)	×	
이연법인세(화폐성부채와 상계될 경우)	×	
무형고정자산		×
부 채		
외상매입금 및 지급어음	×	
미지급비용	×	
미지급배당금	×	
외국통화에 의한 미지급채무		×
선수금(계약가액이 확정된 경우)		×
선수금(계야가액이 확정되지 않은 경우)	×	
확정적인 매입계약에 대한 손실충당금)	×	
사채 및 기타 장기부채	×	
사채할인(증)발행차금	×	
전환사채	×	
이연법인세	×	
이연투자세액		×
자 본		

제4절 일반물가수준회계에 의한 재무제표수정

취득원가의 수치를 일반물가수준의 변동분만 일반물가지수에 의해서 수정하는 회계를 일반물가수준회계(general price-level accounting)라 한다. 즉 일반물가수준회계는 전통적인 종래의 취득원가주의회계를 일반물가지수에 의해서 수정하는 회계라는 데서 수정원가주의회계라고도 한다.

또한 일반물가수준회계는 취득원가의 수치를 화폐구매력의 척도에 의해서 일률적으로 수정하기 때문에 일반구매력회계(general purchasing power accounting; GPLA)라고도 한다. 이때 물가수준변동을 기간별로 비교하기 위하여 지수의 형태로 표시한 것을 일반물가지수(general price-level index)라고 한다. 이와 같은 일반물가지수는 소비자물가지수(consumer price index), 도매물가지수(wholesale price index)와 GNP Deflator(Gross National Product implicit price deflator)의 세 가지로 구분된다.

그리고 이러한 각종의 일반물가지수는 그 계산에 포함된 품목이 다르기 때문에 비슷한 경향을 보일 수는 있지만 반드시 동일하지는 않다. 그런데 재무제표수정을 위해서는 이 중 어떤 지수를 사용하는 것이 적절한 것인가에 대해서는 아직 합의된 바는 없으나 재무회계기준심의회(FASB)는 도시소비자물가지수(CPI-U)를 사용할 것을 권고하고 있다.

1. 재무제표수정절차

일반물가수준회계에 의한 재무제표의 수정절차를 요약하면 다음과 같다.

① 재무상태표의 모든 항목을 화폐성항목과 비화폐성항목으로 구분한다.

② 최초로 물가수준변동을 반영하여 재무제표를 수정하려는 당해 연도와 그 직전연도의 모든 비화폐성항목을 분석하여 투하된 시점을 구분한다. 즉 비화폐성항목에 관한 자료의 연도별 명세표를 작성하고 급격한 물가변동이 있었던 연도에는 분기별명세표를 작성한다.

③ 당해연도 손익계산서상의 모든 수익과 비용, 그리고 이익잉여금의 변동사항을 분석하여 그 금액들이 언제 수입 또는 지출된 금액을 기초로 계산된 것인가를 구분한다.

④ 비화폐성항목을 수정한다. 당해연도 및 직전연도의 재무상태표와 손익계산서상의 비화폐성항목 각 금액에 대하여 발생 당시의 물가지수와 비교시점의 물가지수를 비교하여 수정

한다.

⑤ 직전연도의 대차대조표(즉 당기초 재무상태표) 항목 중 화폐성항항목을 수정한다. 당해 연도 말의 화폐성항목은 현재의 일반구매력을 표시하고 있기 때문에 수정할 필요가 없다.

⑥ 수정전에 저가법을 적용하고 있는 유가증권이나 또는 재고자산 등의 항목에 관해서는 수정 후에도 저가법이 적용되도록 한다. 즉 시장성 있는 유가증권이나 재고자산 등을 수정한 금액이 시장가격을 초과하거나 유동부채 주의 비화폐성부채를 수정한 금액이 시장가격 이하일 때는 시장가격을 초과하거나 또는 이하가 되지 않도록 하기 위하여 저가법을 적용하게 된다.

⑦ 해당연도의 구매력이득 또는 구매력손실을 계산하기 위하여 구매력평가손익계산서를 작성한다.

⑧ 직전연도 말로 수정한 재무제표상의 금액을 당해 연도 말의 일반구매력으로 수정한다.

2. 일반물가수준회계의 장 · 단점

(1) 장점

① 일반물가수준회계는 단지 측정단위의 변동만을 의미한다. 따라서 회계원칙의 변동이 필요 없으며 또한 객관적이고 명료하다는 점이 장점으로 지적된다. 즉 원가주의회계의 최대장점인 객관성(objectivity)을 유지하면서 물가변동의 영향을 계량화하여 경영자에게 제공한다는 점이다.

② 일반물가회계는 각 기업으로 하여금 동일한 객관적 절차에 의해 동일한 물가지수를 사용하게 함으로써 기업간의 재무제표의 비교 가능성을 유지할 수 있다.

③ 일반물가수준회계는 한 기업의 재무제표에 대한 기간별 비교가능성을 제고시키므로 추세분석에 도움을 준다.

④ 회계처리에 일관성을 유지할 수 있다. 물가변동에 따라 새로운 가격기준에 의한 원가의 수정이 불가피하기 때문에 객관적인 화산방법이 적용되지 않으면 반복 수정되어야 한다. 그러나 객관적으로 평가된 수정원가는 반복적인 작업을 필요로 하지 않으므로 회계처리는 일관성을 유지할 수 있다.

⑤ 일반물가수준회계를 최초로 도입한 연도에는 비용의 지출이 불가피 하지만 차년도부터는 큰 부담이 되지 않는다.

(2) 단점

① 일반물가수준회계는 이익측정을 위한 적절한 기준을 제공하지 못한다. 그 이유는 일반물가수준변동을 나타내는 지수는 개별가격변동과는 다를 수도 있기 때문에 현행원가를 측정하지 못하며, 또한 의사 결정에 있어 경제적으로 중요한 요소를 측정하지 못하기 때문이다.

② 일반물가지수가 회계보고(accounting report)에 사용되는 것은 충분한 신뢰성이 있다고 볼 수 없다. 물가지수가 적시성(timeliness)을 결정할 경우도 있으며 또한 물가지수 산정에 있어서 가중치 부여과정에서 문제점이 있을 수 있다.

③ 일반물가수준회계에 의한 재무제표는 이용자들을 오도할 수 있다. 왜냐하면 자산의 대체원가(replacement cost)는 계상되지 않는 데도 이용자들은 계상된 수치를 대체원가라고 가정할 수 있으며, 복잡한 재무제표를 제시하면 어느 것이 진실한 것인지 혼동하게 된다.

④ 일반물가수준회계에 의한 재무제표는 정상수익(normal income)을 왜곡시킨다. 즉 부채가 많은 기업은 인플레이션시 이익이 많이 계상되지만 이것은 경영관리가 훌륭했기 때문에 발생된 것은 아니다 또 한 과거의 거래에 초점을 맞추므로 장래에 인플레이션이 미칠 효과를 예측하기가 곤란하다.

⑤ 일반물가수준회계에 의한 재무제표는 수익성(profitability)과 유동성(liquidity)을 혼동시킨다.

제5절 현행원가에 의한 재무제표수정

1. 개별물가변동회계

일반물가변동회계는 취득원가주의에서 채용되고 있는 자산의 측정기준, 손익산정방법을 그대로 답습하면서 화폐가치의 변동을 고려해서 일반물가수준의 변동을 표시하는 지수로 수정계산하는 것이다. 그런데 일반물가수준의 변동에 의해서 수정된 재무제표는 인플레이션에 의해서 야기된 구매력의 감소에 대응하기 위한 하나의 방법이다. 이것은 전통적인 취득원가를 기초로 하고 일반물가수준의 변동 또는 구매력의 변동에 따라 역사적 원가를 바꾸어 놓은 데 불과하다. 수정된 재무제표의 수치는 실제로 현제의 경제가치를 표시하지 못한다. 인플레이션은 모든 물가에 동일한 영향을 미치는 것이 못되므로 인플레이션의 효과를 회계 속에 반영하기 위해서는 개별물가의 변동을 채용할 필요가 있다.

일반물가수준의 변동만으로서는 불충분하며 여기에 개별물가변동회계를 도입하는 의의가 있는 것이다. 그래서 개별물가변동회계는 전통적인 취득원가주의회계에서의 이탈을 의미하며 역사적 원가수치는 개별물가변동회계라는 그 의의를 상실하게 되었다. 종래의 취득원가주의회계에서는 수익은 실현되어야 비로소 인식되나 개별물가변동회계에서는 수익의 인식·측정기준으로서 발생주의를 채택한 것이다.

2. 현행물가에 의한 재무제표수정절차

현행가치(current value)에 의한 재무제표의 수정에 있어서는 현행 가치개념이 다양한 만큼 여러 가지 방법이 있으나, 그 중 대표적인 방법이 현행원가(current cost)에 의한 재무제표수정이라고 할 수 있다.

네덜란드의 필립스사는 현행원가회계를 적용하고 있는 전형적인 기업이며 따라서 이 회사의 회계방침과 동사의 보스만이 작성한 사례연구를 중심으로 재무제표 작성절차를 요약하면 다음과 같다.

① 유형고정자산 및 재고자산은 현행원가로 평가한다. 단순실현 가능가치(net realizable values) 또는 경제적 가치를 초과하지 않는 것으로 한다.

② 건물의 현행원가는 전문감정인이 정기적으로 평가하고 그 시점의 건축비 동향과 건물의 경제적 기능의 하락 등이 고려된다.

③ 기계설비의 현행원가는 시장가격 또는 자가제작 기계의 제조원가를 기준으로 설정하되 이런 경우 기술적 진보를 고려한다.

④ 재고자산의 현행원가는 예상되는 가격변동을 고려하고 당해 회계연도에 적용하는 내부가격을 미리 설정한다. 실제의 가격변동이 예상과 다른 경우 주요 종목마다 내부가격과 실제가격의 차이를 표시하는 지수를 사용하여 이를 내부가격에 곱한다.

⑤ 제품을 계속 생산하였으나 제품의 수량이 부족한 경우에도 현행원가가 적용된다. 특히 정상적 재고와 투기적 재고를 구분하여 투기적 재고는 현행원가계산을 하지 않는다.

⑥ 감가상각비는 현행원가로 계산한다. 이 경우 현행원가가 상승하고 있으면 계산상 나타나는 과년도의 상각부족분을 추가로 계상할 것인가의 여부는 고정자산의 수, 경과연수, 내용연수 등의 구성에 따라 다르다. 예컨대, 다수의 고정자산이 있고 경과연수의 구성이 평준화 되어 있는 경우에는 추가상각이 필요없다.

⑦ 매출원가를 구성하는 원재료비 등은 현행원가로 계산한다.

⑧ 결산일의 현행원가와 역사적 원가와의 차액은 소유자지분에 평가준비금으로 하여 직접 가감한다.

⑨ 과세소득의 계산은 현행원가회계가 인정되지 않기 때문에 역사적 원가와 현행원가의 차액을 평가준비금에 대기하는 경우에는 세액만큼 차감하고 이것을 조세차액충당금으로 설정한다.

⑩ 손익계산서상에 계상하는 법인소득세액은 현행원가회계기준으로 계상하고 이것을 납세충당금으로 설정한다. 역사적 원가와 현행원가의 차익에 의한 세액의 차액은 조세차액충당금에서 납세충당금으로 대체한다.

3. 현행원가회계의 장 · 단점

(1) 장점

① 현행원가회계는 이익측정에 있어서 영업이익과 보유이익으로 구분하여 측정하기 때문에 기업이 능률측정(measure of efficiecy)을 용이하게 할 수 있다.

② 역사적 원가에 의한 재무상태표보다 합리적인 재무정보를 제공할 수 있다. 즉 현행원가회계는 자산의 용역잠재력(service potential of the assets)을 보다 정확하게 나타낼 수 있다.

③ 현행원가회계는 실질자본유지(maintenance of physical capital)를 가능하게 한다.

④ 현행원가회계는 미래의 현금흐름 추정(assessment of future cash flows)을 가능하게 한다.

⑤ 현행원가회계는 경영자 · 주주 및 기타의 이해관계자집단에 대하여 이해가 용이한 회계정보를 제공한다.

(2) 단점

① 현행원가회계는 손익계산서에 있어서 문제점이 나타난다. 왜냐하면 화폐구매력의 변동손익이 발생한 기간에 반영되지 않기 때문에 비교가능성이 저하된다.

② 주관적인 평가로 인하여 재무상태표상의 평가금액은 객관성이 결여된다.

③ 현행원가회계의 적용과 관리상에 문제점이 있으며 비용이 많이 든다는 점이 지적된다. 즉 개별가격지수를 일반적으로 적용할 수 없고, 현행원가회계가 역사적 원가회계로부터 완전히 이탈되므로 조세목적을 위해서는 현행원가와 역사적 원가를 동시에 기록해야 하기 때문이다.

④ 현행원가시스템은 비논리적이라는 점이 지적된다. 왜냐하면 재무상태표상의 자산의 증거가 손익계산서상에는 반영되지 않기 때문이다.

연 습 문 제

1. 물가수준변동회계의 의의를 설명하여라.

2. 물가수준변동회계의 필요성을 설명하여라.

3. 재무제표의 부분적 수정방법을 설명하여라.

4. 물가수준의 변동에 관하여 말하여라.

5. 화폐성항목과 비화폐성항목의 구분을 설명하여라.

6. 일반물가수준에 의한 재무제표의 수정을 말하여라.

7. 개별물가변동회계를 설명하여라.

8. 현행원가에 의한 재무제표의 수정을 설명하여라.

제10장

외화환산 회계이론

제1절 외화환산의 본질

1. 외화환산의 의의

외화환산이란 다른 통화로 측정되거나 표시된 금액을 그 기업의 보고통화로 표현하는 과정이다. 여기서 보고통화라 함은 기업실체가 최종적으로 재무제표를 작성하여 보고하는데 사용되는 화폐단위를 의미한다.

다시 말하면 외국기업과 거래를 하게 되면 보고통화인 자국의 화폐단위가 아닌 외국의 화폐단위로 거래가 측정되는 경우가 있다. 이 경우 외국화폐단위로 측정된 거래를 자국화폐단위(보고통화)로 표현하는 과정을 외화환산(foreign currency translation)이라고 한다. 우리나라 기업의 경우 일반적으로 원화가 보고통화이다. 외화환산은 아래와 같이 3가지로 나누어진다.

① 외화거래의 환산

② 외화표시 재무제표의 환산

③ 선물환 계약 등의 환산

환율이란 특정시점에서 화폐단위간의 교환비율을 하는데 환율을 표현하는 방법으로는 직접환율과 간접환율이 있다. 직접환율(direct exchange rate)이란 외국의 화폐단위를 기준으로 하여 자국의 화폐단위를 표현하는 방법으로, US$1=₩1,200이 그 예이다. 한편 ₩1=US$1/1,200와 같이 환율을 자국으로 화폐단위를 기준으로 하여 외국의 화폐단위로 표현하는 방법이 있다.

이를 간접환율(indirect exchange rate)이라고 한다.

외환거래는 그 형태에 따라 적용되는 환율이 다르다. 기업이 실제로 적용받는 환율은 대고객 매매환율로서 은행이 고객에게 외화를 팔 때 적용되는 매도율과 고객으로부터 외화를 살 때 적용되는 매입률이 있으며, 매도율이 매입률보다 항상 높게 책정된다. 또한 외환거래의 형태에 따라 환율은 전신환의 매매율, 현금매매율 등으로 구분한다.

외국환은행의 외화현금 보유부담에 따라 상이한 매매율이 적용된다. 외화현금 보유부담이 상대적으로 큰 현찰매도율이 전산환매도율보다 높고, 또한 매입한 후 외화현금을 보유해야만 하는 현찰매입률이 전신환매입률보다 낮게 책정된다. 여기에서 매매기준환율이란 기준환율 또는 재정환율을 의미하는데, 외국환은 행간 매매율을 거래량으로 가중평균하여 산출한 환율을 의미한다.

환율에는 교환되는 화폐를 즉시 이전하는 경우에 적용되는 현물환율(spot exchange rate), 그리고 교환되는 화폐를 미래에 이전하는 경우에 적용되는 선물환율(future exchange rate)이 있다. 선물환율이란 선물환 계약에 적용되는 환율이다. 선물환율계약(future exchange contracts)이란 미래의 특정시점을 기준으로 하여 화폐를 계약시점에 약정한 일정환율, 즉 선물환율로 교환하기로 하는 계약이다.

외화자산 및 외화부채, 그리고 외화표시 재무제표를 환산할 때 현행환율이나 역사적환율이 이용된다. 현행환율(current exchange rate)이란 통상 보고기간말일 현재의 환율 또는 손익계산서 작성기간의 평균환율을 말하며 역사적환율(historical exchange rate)이란 재무제표에 기록된 금액이 발생한 시점의 환율을 말한다. 그리고 평균환율(average rate)은 일정기간(보통 1 회계기간)의 환율을 평균한 것을 말한다.

2. 외화환산의 필요성

현대는 무역자유화와 자본시장의 국제화에 따라 외국기업이 지배회사와 종속회사, 합병회사, 합자회사 등의 형태로 국내에 진출하고 있는가 하면 우리나라 기업도 해외 각국으로 진출・설치되고 있다. 그들은 일반 영업 이외에 자금조달・해외투자 등의 재무활동도 겸하고 있다.

이런 활동을 기록하고 그 결과를 재무제표에 기재하는 경우에 대개 그 소재국의 화폐단위로써 행해진다. 그러나 그와 같은 정보를 이해관계자 집단에게 보고하거나, 본사의 재무제표와 연결시킬 때에는 해외에서의 타국화폐단위로 된 기록을 자국화폐단위로 환산하지 않으면 아니된다.

구체적으로 외화환산의 필요성을 열거하면 아래와 같다.

① 외환시세의 변동으로 인한 환차손익을 계산하는 경우
② 국내의 본점(또는 지점 · 지배회사 · 종속회사 등)에 있는 외화표시의 자산 · 부채를 원화로 환산하는 경우
③ 해외지점 또는 종속회사에서 기장된 외화표시의 회계기록을 원화표시로 환산하는 경우 (회화거래나 외화 선물거래 등)
④ 본 · 지점 합병재무제표 또는 연결재무제표를 작성함에 있어서 해외지점의 재무제표항목을 원화로 표시하는 경우
⑤ 국제금융기관(IBRD나 ADB 등)에서 차관을 받고 있는 차관기업이 원화표시의 재무제표를 외화표시로 환산해야 할 경우
⑥ 기술도입에 대한 로열티(royalty)의 지급을 하는 경우 등이다.

제 2 절 외화환산방법

외화자산과 외화부채는 이를 회계실체의 보고통화로 환산하여 재무상태표에 표시하여야 하는데 외화자산과 외화부채의 환산에 대한 회계처리방법에는 화폐성-비화폐성법, 현행환율법, 유동성-비유동성법과 시제법이 있다.

1. 화폐성-비화폐성법

화폐성-비화폐성법(monetary-nonmonetary method)이란 재무상태표에서 화폐성항목은 현행환율로, 비화폐성항목은 역사적 환율로 환산하며 손익계산서 항목은 거래발생 당시의 환율을 적용하는 것이다. 거래발생 당시의 환율을 구하기 어려운 경우에는 평균환율을 적용한다. 화폐성항목이란 그 회수액 또는 지급액이 화폐액으로 고정되어 있어 화폐가치의 변동에 영향을 받지 않는 항목으로 현금예금, 매출채권, 선수금을 제외한 대부분의 부채가 이에 속한다. 비화폐성항목이란 그 회수액 또는 지급액이 변동할 수 있는 항목으로서 주로 실물적 성격을 갖는 항목이다.

이 방법은 각 항목의 화폐적 속성에 따라 적절한 환율이 적용되며 회계기준이 국내기업과 해외영업실체에 대하여 일관성 있게 적용되므로 해외지점이 국내기업과 연결될 경우보다 더 적절한 방법이다.

그러나 이 방법은 화폐성·비화폐성의 분류가 어렵고, 재무제표 항목의 측정기준이 상이할 때 다른 환율이 적용될 수 있는 가능성을 배제하는 문제점이 있다.

2. 현행환율법

현행환율법(current rate method)은 실무적인 편의에서 발생한 것으로 모든 재무제표 항목을 현행환율로 환산하는 방법이다. 그러나 현행환율법에서도 자본금과 자본잉여금은 역사적 환율에 의하여 환산한다.

이 방법은 재무제표 항목을 화폐성·비화폐성으로 분류할 필요가 없으며 해외종속법인 등의 해외영업실체를 국내기업의 일부라기보다는 독립된 개별기업으로 취급한다. 그러므로 해외 영업실체에서 취득한 자산의 원가는 외화로만 측정하고 환산시에 무리하게 상이한 측정기준을 적용하지 않는다.

현행환율법은 각 항목의 속성을 고려하지 않고 재무제표 항목에 획일적인 환율을 적용함으로써 역사적 원가주의회계의 문제점을 모두 갖고 있는 단점이 있다.

3. 유동성-비유동성법

유동성-비유동성법(current-noncurrent mertod)은 재무상태표의 유동성항목은 현행환율로, 비유동성항목은 역사적 환율로 환산하며 손익계산서항목은 평균환율을 적용하되 감가상각비 등은 역사적환율을 적용하는 방법이다. 이때 유동성항목이란 1년 또는 영업순환기간 중에서 더 긴 기간 이내에 정상적인 영업활동을 통하여 현금화 또는 현금으로 전환되는 항목을 말하며 이에 해당되지 않는 항목은 비유동성항목으로 구분된다. 이 방법의 장점은 재무상태표의 유동항목과 비유동항목을 기초로 환산하므로 구분 자체가 간단하고 환산이 용이하다. 또한 이 방법은 측정속성이 다른 항목에 동일한 환율이 적용된다는 것이 단점이다.

4. 시제법

시제법(temporal method)은 재무제표항목을 과거, 현재 또는 미래의 가격으로 표시된 항목들로 구분하고 과거의 가격으로 표시된 항목은 역사적 환율로 현재 또는 미래의 가격으로 표시된 항목은 현행환율을 적용하여 환산하는 방법이다. 다시 말하면 시가에 의해 측정된 자산·

부채는 현행환율을 적용하며, 역사적 원가에 의하여 측정된 자산·부채는 역사적 환율로 환산한다.

그리고 손익계산서 항목은 거래발생 당시의 환율을 적용하되 거래발생 당시의 환율을 구하기 어려운 경우에는 평균환율을 적용하는 방법이다. 예를 들면, 재고자산이 역사적 원가로 측정되었을 경우 역사적 환율, 저가기준에 의해 결산일 현재의 시가로 측정되었을 경우 현행환율을 적용한다. 시제법은 측정속성에 따라 적정한 환율을 적용할 수 있으나 외국영업실체의 재무상태와 경영성과가 왜곡될 수도 있다는 단점이 있다.

〈표 10-1〉 외화환산방법의 비교 C : 현행환율, H : 역사적환율

항 목	화폐성·비화폐성법	현행환율법	유동성·비유동성법	시제법
현금, 수취채권, 유동부채	C	C	C	C
재고자산, 투자자산	H	C	C	H 또는 C*
고정자산	H	C	H	H
장기채권·채무	C	C	H	C
자본금, 자본잉여금	H	H	H	H
이익잉여금	잔액	잔액	잔액	잔액

* 저가법 적용시 역사적 원가가 더 낮을 경우는 H, 시가가 더 낮을 경우에는 C

제 3 절 외화환산회계

1. 외화표시재무제표의 환산

우리나라 기업회계기준에서는 해외지점, 해외사업소 또는 해외소재 지분법적용대상회사의 외화표시 자산 및 부채를 원화로 환산하는 경우에는 개별재무제표상의 외화자산 및 외화부채의 경우와 동일하게 원칙적으로 화폐성-비화폐성법으로 하도록 규정하고 있다. 즉 화폐성 외화자산과 외화부채는 보고기간말일 현재의 적절한 환율(현행환율)로 환산하고 비화폐성 외화자산과 외화부채는 당해 자산의 취득이나 부채를 부담한 당시의 적절한 환율(역사적환율)로 환산한다. 환산과정에서 발생하는 환산차액은 외화환산손익으로 하여 당기의 영업외 손익으로 처리한다.

한편, 영업·재무활동이 본점과 독립적으로 운영되는 해외지점, 해외사무소 또는 해외소재 지분법적용대상회사의 경우에는 자산·부채, 자본 및 손익항목을 일괄하여 환산하는 경우에는

현행환율법을 적용하여 환산할 수 있다.

현행환율법으로 환산하는 경우에는 자산·부채는 재무상태표일 현재의 환율을, 자본은 발생 당시의 환율을, 그리고 손익항목은 거래발생 당시의 환율이나 당해 회계연도 평균환율로 환산한다. 이에 따라 이익잉여금의 증감을 초래하는 당기순이익과 배당금은 발생한 당시의 환율로 환산한다. 여기에서 발생한 당시의 환율이란 당해 회계연도의 평균환율을 말한다.

이러한 환산과정에서 발생하는 환산손익은 이를 상계하여 그 차액을 해외사업환산차(대)로 처리한다. 해외사업환산차(대)는 자본조정으로서 자본에서 차감(부가)하는 형식으로 표시하고 그 내용을 주석한다. 차기 이후에 발생하는 해외사업환산대(차)와 상계하여 표시한다. 해외사업환산차(대)는 관련지점, 사업소 또는 지분법적용대상회사가 청산, 또는 매각되는 회계연도에는 특별손익으로 처리한다.

현행환율법에서는 손익계산서나 재무상태표 어느 것이든 순서에 관계없이 환산할 수 있으나 화폐성-비화폐성법에서는 재무상태표를 먼저 환산하고, 다음에 손익계산서를 환산해야 한다.

연결재무제표준칙에서 해외에 소재하는 종속회사 및 지분법적용회사의 외화표시 재무제표 환산은 기업회계기준의 규정을 준용한다고 명시하고 있다. 따라서 연결의 대상이 되는 해외종속회사의 외화표시 재무제표는 화폐성-비화폐성법 또는 현행환율법으로 환산해야 한다.

현행환율법은 해외실체를 독립된 기업으로 볼 수 있는 경우에 적용되는데, 기업회계기준에서는 해외지점이나 해외사업소, 그리고 해외소재 지분법적용대상 회사의 영업·재무활동이 본점과 독립적으로 운영되고 있다면 자산, 부채 및 손익항목을 일괄하여 환산하는 경우에 예외적으로 허용되고 있다. 현행환율법으로 환산함으로써 발생하는 환산차액은 해외사업환산차(대)로 하여 자본조정으로 처리하고 있다.

화폐성-비화폐성법은 국내실체의 입장을 강조하는 것으로, 국내실체 대차대조표상 외화자산이나 외화부채를 환산할 경우에도 이용된다. 또한 기업회계기준에서 해외지점이나 해외사업소, 그리고 해외소재 지분법적용대상회사의 외화 표시 재무제표를 환산할 때에는 이 방법을 적용하도록 규정하고 있다. 여기에서 발생하는 환산손익은 손익계산서에 외화환산손익으로 하여 영업의 손익으로 인식한다.

2. 외화자산 및 외화부채의 환산

외화자산 및 외화부채는 외화거래에서 발생한다. 외화거래란 자국의 화폐가 아닌 외화를 교역수단으로 한 상품매매거래나 자금대차거래 등을 말한다.

상품매매거래나 자금대차거래에서 발생하는 외화자산과 외화부채는 거래발생일에 일반적으로 인정된 회계원칙에 따라 인식하고, 거래발생일의 현행환율을 적용하여 측정하고 기록한다. 상품의 매매와 같이 수익과 비용의 발생이 수반되는 거래의 경우에는 주거래에서 발생되는 수익이나 비용을 외화의 환율변동에서 발생되는 손익과 구분한다. 이를 이중거래접근법(two-transactions approach)이라고 한다.

우리나라 기업회계기준에서는 화폐성 외화자산 및 화폐성 외화부채는 보고기간말일 현재의 적절한 환율로 환산한 가액을 재무상태표가액으로 하도록 규정하고 있다. 또한, 비화폐성 외화자산 및 비화폐성 외화부채는 원칙적으로 당해 자산을 취득하거나 당해 부채를 부담한 당시의 적절한 환율로 환산한 가액을 재무상태표가액으로 한다. 여기에서 보고기간말일 현재의 환율이란 현행환율을, 그리고 당해 자산을 취득하거나 당해 부채를 부담한 당시의 환율이란 역사적환율을 말하는 것이다. 따라서 기업회계기준에서는 화폐성-비화폐성법을 택하고 있다. 환산과정에 발생하는 손익은 외화환산손익으로 하여 당기의 영업의 손익으로 처리한다.

한편, 대금결제일에 실제로 수취하거나 지급하는 금액과 외화자산 및 외화부채의 가액과의 차액은 외환차손익으로 하여 당기의 영업의 손익으로 처리한다.

3. 해외지점의 외화표시재무제표의 환산

(1) 화폐성·비화폐성법

기업회계기준에서는 해외지점의 외화표시재무제표의 환산은 원칙적으로 화폐성·비화폐성법을 적용하되, 외화표시자산·부채는 보고기간말일 현재의 현행환율을, 손익항목은 당해 회계연도의 평균환율을 적용할 수 있도록 규정하고 있다. 화폐성·비화폐성법에 의한 해외지점의 외화표시재무제표의 환산은 자산·부채를 화폐성·비화폐성으로 구분하여 화폐성항목에 대해서는 보고기간말일 현재의 적절한 환율을 적용하고, 비화폐성항목에 대해서는 당해 항목을 취득 또는 부담한 시점의 역사적 환율을 적용한다. 그러나 자산·부채 및 손익항목을 일괄하여 원화로 환산하는 경우에는 현행환율법을 적용할 수 있도록 허용하고 있다.

본점의 지점에 대한 청구권을 나타내는 지점계정은 본점에서 보고통화로 계상한 금액을 환산가액으로 사용한다. 해외지점의 화폐성 수익·비용은 당해 년도의 평균환율을 적용하여 환산하고 비화폐성수익과 비용은 당해 수익 또는 비용의 발생근거가 되는 항목을 취득 또는 부담한 당시의 환율을 적용하여 환산한다.

해외지점의 재무상태표를 화폐성·비화폐성법에 의해 환산하여 발생한 환산차액은 손익계산서에 영업외비용 또는 영업외수익인 외화환산손실 또는 외화환산이익으로 계상한다.

(2) 현행환율법

현행환율법에 의한 해외지점의 외화표시 재무제표의 환산은 해외지점의 자산과 부채는 보고기간말일 현재의 환율로, 손익항목은 당해 회계연도의 평균환율로 환산한다. 이 경우에도 지점의 본점계정은 환산과정을 거치지 않고 본점의 지점계정의 보고통화인 원화로 계상한 금액으로 한다. 현행환율법에 의해 발생한 환산차액은 다른 해외지점의 환산차액 또는 기존의 해외사업환산차(대)와 종합하여 재무상태표에 자본조정계정인 해외사업환산차(대)의 과목으로 하여 자본에서 차감(부가)하는 형식으로 표시하고 그 내용을 주석으로 기재한다. 그 후 차기이후에 발생한 해외사업환산차(대)와 상계표시하고, 관련 지점 또는 사업소가 폐쇄되는 회계연도에는 특별손익으로 처리한다.

4. 해외종속법인의 외화표시재무제표의 환산

우리나라가 일반기업회계기준에서는 해외종속법인의 외화표시 재무제표를 원화로 환산하는 경우에는 현행환율법만을 적용하여 재무상태표 항목은 보고기간말일 현재의 환율로, 손익계산서 항목은 당해 회계연도의 평균환율로 환산하도록 규정하고 있다. 다만, 자본금과 자본잉여금은 당해거래가 발생한 시점의 역사적 환율을 적용하고, 이익잉여금은 발생한 연도의 평균환율을 적용한다.

제4절 파생상품

1. 파생상품의 정의

파생상품은 다음의 요건을 모두 충족하는 금융상품 또는 이와 유사한 계약을 말한다.

① 기초변수 및 계약단위의 수량(또는 지급규정)이 있어야 한다. 다만, 기초변수가 물리적 변수(예: 온도, 강우량 등)인 경우로서 해당 금융상품 등이 거래소에서 거래되지 않는 경우는 제외되며 비금융변수인 경우에는 계약의 당사자에게 특정되지 아니하여야 한다.

② 최초 계약시 순투자금액을 필요로 하지 않거나 시장가격변동에 유사한 영향을 받는 다른 유형의 거래보다 적은 순투자금액을 필요로 해야 한다.

③ 차액결제가 가능해야 한다.

차액결제가 가능한 경우는 다음 중 하나를 충족하는 경우로 한다.

① 거래당사자는 파생상품의 계약단위의 수량을 직접 인도할 의무가 없다.

② 만기이전에 시장에서의 거래 등에 의해 차액결제가 가능하다.

③ 거래당사자가 파생상품의 약정내용에 따라 계약단위의 수량을 직접 인도해야 할지라도 해당 자산은 즉시 현금화 될 수 있다.

다만, 다음의 경우에는 상기의 요건을 모두 충족하더라도 이 절의 적용대상이 아니다.

① 거래소시장 또는 장외시장에서 매매계약 체결후 해당 시장규정에 따라 일정기간내에 결제가 이루어지는 정형화된 유가증권 거래

② 거래일 이후 2영업일 이내에 결제가 이루어지는 현물환거래(미결제 현물환거래)

③ 정상 영업활동 과정에서 발생하는 자산(금융상품 또는 파생상품인 경우는 제외)의 매입 또는 매출계약

파생상품은 해당 계약에 따라 발생된 권리와 의무를 자산·부채로 인식하며 공정가치로 평가한다. 파생상품에 대한 일반적인 회계처리는 다음과 같다.

① 위험회피수단으로 지정되지 않고 매매목적 등으로 보유하고 있는 파생상품의 평가손익은 당기손익으로 인식하고, 위험회피수단으로 지정된 파생상품의 평가손익은 위험회피유형별로 이 절에서 정하는 바에 따라 처리한다.

② 금융기관이나 거래소에 지급한 거래수수료는 위험회피회계의 적용여부와 관계없이 발생시점에 전액을 비용으로 인식하며, 위탁증거금은 유동자산으로 처리한다. 그러나, 스왑거래에서 발생하는 최초수수료(Front end fee)나 최종수수료(Back end fee)는 계약체결시점의 스왑 공정가치에 해당하는 금액이므로 최초 계약체결시 자산 또는 부채로 인식하여야 한다.

③ 선물거래의 일일정산에 따른 결제금액은 회계연도 중에는 거래손익으로 인식하지 않고, 해당 선물거래의 반대매매, 만기결제 또는 결산시에 해당 정산차금잔액을 선물거래손익으로 인식한다.

④ 옵션 매입시 지급하는 옵션프리미엄은 자산(매수옵션)으로, 매도시 수취하는 옵션프리미엄은 부채(매도옵션)로 처리하고, 옵션이 행사일에 미행사되어 소멸하는 경우 옵션매입자는 지급한 옵션프리미엄을 당기손실로, 옵션매도자는 수취한 옵션프리미엄을 당기이익으로 인식한다.

파생상품은 다음과 같이 재무제표에 표시한다.

① 파생상품의 공정가치 및 평가손익 금액은 그 성질이나 금액이 유의적인경우 파생상품별로 구분하여 재무상태표 및 손익계산서에 기재한다.

② 파생상품의 계약별 공정가치를 자산 또는 부채로 인식하는 경우, 해당 자산과 부채는 총액으로 표시하며 이를 상계하지 않는다. 또한 파생상품계약별 평가손실과 평가이익도 총액으로 표시하며 이를 상계하지 않는다.

2. 파생상품의 거래 목적

파생상품에 대한 회계처리는 거래목적에 따라 상이하므로 파생상품의 거래 목적을 위험회피목적과 매매목적으로 구분할 수 있다.

(1) 위험회피 목적

위험회피(hedging)란 위험회피대상항목의 공정가액 또는 미래현금흐름의 변동을 부분적으로 또는 전체적으로 상계하기 위해 하나 이상의 파생상품을 위험회피수단으로 지정하는 것을 말한다. 위험회피의 유형은 공정가액 위험회피와 현금흐름 위험회피로 구분할 수 있다.

1) 공정가액 위험회피

특정위험으로 인한 자산, 부채 및 확정계약의 공정 가액 변동위험을 상계하기 위하여 파생상품을 이용하는 것이다.

2) 현금흐름 위험회피

특정위험으로 인한 자산, 부채 및 예상거래의 미래 현금흐름 변동위험을 상계하기 위하여 파생상품을 이용하는 것이다.

특정위험이란 환율, 이자율 등의 변동을 의미한다. 한편, 위험회피대상항목은 자산, 부채, 확정계약 및 예상거래로 구성되며, 위험회피수단은 당해 위험회피수단의 공정가액 또는 미래현금흐름 변동과 반대로 움직일 것으로 예상되는 파생상품 및 금융상품을 말한다.

(2) 매매목적

위험회피목적으로 이용되지 않는 모든 파생상품거래의 목적을 의미하는데, 일반적으로 기초상품 가격의 변동을 예측하여 이로부터 차익을 얻으려는 목적, 즉 투기를 목적으로 하는 파생상품거래이다. 이러한 목적으로 파생상품거래를 하는 자는 시장정보를 수집·분석하며 위험회피거래를 목적으로 하는 거래자들의 위험을 인수하는 거래상대방의 역할을 하여 파생상품시장에 유동성을 제공한다.

3. 파생상품의 분류

〈표 10-2〉 파생상품의 분류

거래 / 기초상품	선 도	선 물	스 왑	옵 션
상품 통화 이자율 주가	상품선도 통화선도[1)] 이자율선도[2)] -	상품선물 통화선물 금리선물 주가지수선물[3)]	상품스왑 통화스왑 이자율스왑 -	상품옵션 통화옵션 금리옵션 주가지수옵션 등[4)]

1) 통화선도거래 : 특정통화(외환)를 대상으로 한 선도계약은 특별히 선물환계약이라고 부른다.
2) 금리선도거래=이자율선도거래
3) 1996년 5월 국내 최초로 주가지수선물시장 개설 : KOSPI 200이라는 주가지수를 기초상품으로 하는 금융상품이다.
4) 주가지수선물옵션 등

(1) 선도거래

선도거래란 미래 일정시점에 약정된 가격에 의하여 계약상의 특정 대상을 사거나 팔기로 당사자간에 합의한 거래이다. 선도거래의 매수자는 매도자로부터 계약만기에 약정된 특정금액을 지급하고 일정량의 상품, 통화, 증권 등을 인도받을 수 있다. 예를 들어, 3개월 선물환율이 US$1=₩1,000일 때 US$1,200을 3개월 후에 매입하기로 계약했다면, 3개월 후 그 당시의 현물환율이 얼마인지에 상관없이 현금 ₩1,200,000을 지급하고 미화 $1,200을 수취한다. 이와 같은 거래를 선매입이라 하고 이와는 반대로 선매도의 경우에는 일정기간 후 거래시점에서 결정된 선물환율로 외환을 지급하고 자국통화를 수취한다.

선도거래의 공정가액은 기초자산의 가격이 변동함에 따라 변한다. 만기가격이 기대치보다 상승하면 선매입(long position)의 가치가 상승하고, 기대치보다 하락한다면 선매도(short position)의 가치가 상승한다.

(2) 선물거래

선물(futures)이란 수량 · 규격 · 품질 등이 표준화되어 있는 특정 대상에 대하여 현재 시점에 결정된 가격에 의해 미래 일정시점에 인도 · 인수할 것을 약정한 계약으로서 조직화된 시장에서 정해진 방법으로 거래되는 것을 말한다. 선물거래는 근본적으로 선도거래와 동질적이지만 선도거래와는 달리 거래상대방의 계약이행을 보증하고 거래의 유동성을 극대화하기 위하여 다음과 같은 제도적 장치를 두고 있다.

① 증거금(margin requirement) : 선물거래 참여자가 선물거래 단위당 일정금액(기본증거금)을 청산소에 예탁하여 선물가격의 증감에 따라 매도인 또는 매수인의 증거금을 증감시켜 선물가격변동의 위험을 흡수하는 기능을 한다. 증거금의 형태는 선물포지션을 개설할 때(계약체결시) 계약에 비례하여 납부하는 개시증거금과 선물가격의 변동으로 증거금이 일정수준 이하로 떨어질 때 추가적으로 납부하는 추가증거금, 그리고 계좌를 유지하기 위한 최소요구잔액인 유지증거금이 있다.

② 일일정산(marked to market) : 선물가격변동에 따른 각 계좌별 손익을 매일 매일 평가하여 이를 실현시키는 제도이다. 일일정산제도로 인하여 거래가 실현되는 기간이 1일로 단축되기 때문에 계약이행에 따른 위험이 감소된다.

③ 청산기관(clearing house) : 청산기관은 계약참가자의 계약이행을 보증하여 위험을 전가시키는 역할을 한다. 즉 채무불이행위험이 청산기관과 계약참가자의 관계로 전환된다.

이외에도 선물거래에는 가격등락폭의 제한, 표준화된 계약, 조직화된 시장 등의 운영으로 계약이행에 관련된 위험을 줄이려는 제도적 장치가 마련되어 있다. 선도거래와 선물거래의 주요 차이점은 다음과 같다.

〈표 10-3〉 선도거래와 선물거래의 주요 차이점

구분	선도거래	선물거래
거래형태	거래당사자간 합의에 의한 직접거래	선물거래소에서 거래
계약단위	계약단위 만기일 등에 제한 없다. 거래쌍방이 결정한다.	계약단위 만기일이 표준화되어 있다.
인도	대부분 만기일에 실물인수·인도가 이루어진다.	반대거래로 실물 인수·인도는 거의 없다.
결제시기	선도거래의 손익은 계약 종료일에 결제된다.	청산소를 통해 매일 결제된다.
신용위험 및 규제	신용위험이 존재하고 규제 없음	신용위험이 적으며 거래소나 기관에 의한 규제
증거금	없음	있음
시장참가자	제한적이고 거래 당사자는 항상 거래 상대방을 알 수 있다.	다수이고 거래당사자는 거래상대방을 알 수 없다.

(3) 스왑

스왑(swap)이란 특정 기간에 발생하는 일정한 현금흐름을 다른 현금흐름과 교환하는 거래로서 연속된 선도거래이다. 스왑은 새로운 자금을 조달하기 위해 사용되는 것이 아니라 이미 존재하는 채권이나 채무의 조건을 변경하기 위해 사용되기 때문에 스왑에서 주고받은 순금액은 채권 및 채무의 현금흐름 발생시에 동시에 교환하게 된다.

스왑은 일반적으로 통화스왑과 이자율스왑이 있다. 통화스왑(currency swap)은 서로 다른 통화를 갖는 쌍방이 보유하는 부채와 관련하여 연속적으로 현금흐름을 교환하는 금융기법으로서 관련 이자뿐만 아니라 원금의 교환을 포함하는 거래이다. 이자율스왑(interest rate swap)은 계약당사자간에 특정 이자율과 특정 원금을 근거로 부채원금의 교환없이 서로 다른 조건의 이자지급 의무만을 상호 교환하여 부담하기로 약정하는 부외거래이다. 이자율스왑은 통화스왑과는 달리 거래당사자간 이자지급 의무만 있고 원금상환 의무는 없다.

이자율스왑은 단기 금융시장에서 고정이자율 부채와 변동이자율 부채간의 신용기준 차이에 따른 차익을 획득하기 위해 개발되었다.

(4) 옵션

옵션(option)은 계약당사자간에 정하는 바에 따라 일정한 기간내에 미리 정해진 가격으로 상품이나 유가증권을 사거나 팔 수 있는 권리에 대한 계약이다. 선도거래, 선물거래, 스왑에서는 계약을 이행해야 하는 의무가 주어지나, 옵션에서는 권리만을 부여하는 점이다. 따라서 옵션을 받는 계약자는 옵션의 대가로 옵션을 부여하는 계약상대방에게 일정한 금액, 즉 옵션프리미엄(option premium)을 지급한다.

옵션에는 콜옵션(call option)과 풋옵션(put option)이 있다. 콜옵션은 만기일에 행사가격으로 일정 상품이나 증권을 매입할 수 있는 권리이며, 풋옵션은 이를 매도할 수 있는 권리이다. 또한 만기일 이전에 옵션을 행사할 수 있는 것이 아메리칸 옵션(American option)이라고 하고, 만기일에만 옵션을 행사할 수 있는 것이 유로피언 옵션(European option)이라고 한다. 옵션도 선물거래와 마찬가지로 공인된 거래소에서 이루어지는 것이 일반적이지만 당사자간 개별적인 계약도 가능하다.

4. 내재파생상품

내재파생상품은 파생상품이 아닌 주계약을 포함하는 복합상품의 구성요소이며, 복합상품의 현금흐름 중 일부를 독립적인 파생상품의 경우와 유사하게 변동시킨다. 이러한 내재파생상품은 다음의 요건을 모두 충족하는 경우 주계약과 분리하여 이 절에 따라 회계처리한다.

① 내재파생상품의 경제적 특성 및 위험도와 주계약의 경제적 특성 및 위험도 사이에 '명확하고 밀접한 관련성'이 없는 경우

② 주계약과 내재파생상품으로 이루어진 복합계약이 일반기업회계기준에 따른 공정가치 평가(당기손익 반영) 대상이 아닌 경우

③ 내재파생상품과 동일한 조건의 독립된 파생상품이 이 절에 따라 파생상품으로 분류되는 경우

내재파생상품을 분리한 이후, 주계약이 금융상품인 경우에는 주계약을 이 장에 따라 회계처리하고, 주계약이 금융상품이 아닌 경우에는 다른 적절한 일반기업회계기준에 따라 회계처리한다. 이때 계약조건에 기초하여 내재파생상품의 공정가치를 신뢰성 있게 결정할 수는 없으나 복합상품의 공정가치와 주계약의 공정가치를 결정할 수 있는 경우에는 그 차이를 내재파생상품의 공정가치로 결정한다.

기업은 최초로 계약당사자가 되는 시점에 내재파생상품을 주계약과 분리하여 파생상품으로 회계처리하여야 하는지를 검토한다. 또한, 다음의 경우를 제외하고는 후속적인 재검토는 금지된다.

① 계약조건이 변경되어 계약상 요구되었던 현금흐름이 유의적으로 수정되는 경우

② 유가증권을 단기매매증권에서 다른 범주로 재분류하는 경우

③ 기초자산인 비상장주식이 상장되어 내재파생상품이 파생상품의 정의를 충족하게 되는 경우

현금흐름이 유의적으로 수정되었는지는 다음을 모두 고려하여 결정한다.

① 내재파생상품, 주계약 또는 양자 모두의 기대현금흐름이 변화된 정도

② 이전에 기대되던 계약상 현금흐름에 비추어볼 때 현금흐름의 변화가 유의적인지의 여부

유가증권을 단기매매증권에서 다른 범주로 재분류하는 경우에 내재파생상품을 주계약과 분리하여 파생상품으로 회계처리하여야 하는지에 대한 검토는 다음 중 나중 시점에 존재했던 상황에 근거하여 이루어져야 한다.

① 기업이 최초로 계약 당사자가 된 시점

② 계약조건이 변경되어 계약상 요구되었던 현금흐름이 유의적으로 수정되는 시점

당해 복합계약을 공정가치로 측정하여 그 변동을 당기손익에 반영하는 처리를 하지 않았던 것처럼 간주한다. 만일 기업이 이러한 검토를 할 수 없다면 복합계약 전체를 단기매매금융상품으로 계속 분류한다.

주계약과 분리하여야 하는 내재파생상품이 취득시점이나 후속재무보고기간말에 주계약과 분리하여 측정할 수 없는 경우에는 최초인식시점에 복합계약 전체를 당기손익인식지정항목으로 지정한다. 한편 단기매매금융상품으로 분류된 복합계약을 다른 범주로 재분류하는 경우 분리되어야 하는 내재파생상품을 별도로 측정할 수 없다면 그러한 재분류는 금지된다. 이 경우에는 복합계약 전체를 단기매매금융상품으로 계속 분류한다.

한편 하나 이상의 내재파생상품을 포함하는 계약의 경우에는 최초인식시점에 복합계약 전체를 공정가치로 평가하여 그 변동을 당기손익으로 인식하도록 지정할 수 있다. 다만, 다음의 경우는 제외한다.

① 내재파생상품으로 인해 변경되는 복합계약의 현금흐름의 변동이 유의적이지 아니한 경우

② 유사한 복합계약을 고려할 때, 별도로 상세하게 분석하지 않아도 내재파생상품의 분리가 금지된 것을 명백하게 알 수 있는 경우. 이러한 복합계약의 예로는 차입자가 상각후원가에 근사한 금액으로 중도상환할 수 있는 권리가 내재된 대출채권을 들 수 있다.

5. 위험회피회계

(1) 위험회피회계의 의의와 유형

위험회피대상항목과 위험회피수단 사이에 위험회피관계가 설정된 이후 이러한 위험회피활동이 재무제표에 적절히 반영될 수 있도록 해당 위험회피대상항목 및 위험회피수단에 대하여 기존의 회계처리기준과는 다른 별도의 회계처리방법을 적용한다.

위험회피는 공정가치위험회피, 현금흐름위험회피 및 해외사업장순투자의 위험회피로 구분할 수 있다.

① 공정가치위험회피는 특정위험으로 인한 자산, 부채 및 확정계약의 공정가치변동위험을 상계하기 위하여 파생상품 등을 이용하는 것이다.

② 현금흐름위험회피는 특정위험으로 인한 자산, 부채 및 예상거래의 미래현금흐름변동위험을 상계하기 위하여 파생상품 등을 이용하는 것이다.

③ 해외사업장순투자의 위험회피는 해외사업장의 순자산에 대한 회사의 지분 해당 금액에

대하여 위험을 회피하고자 파생상품 등을 이용하는 것이다.

(2) 위험회피대상항목

위험회피대상항목은 하나의 자산, 부채, 확정계약, 예상거래 또는 해외사업장순투자나 유사한 위험의 특성을 갖는 자산, 부채, 확정계약, 예상거래 또는 해외사업장순투자의 집합으로서 개별적으로 식별가능해야 한다.

위험회피대상 예상거래는 그 발생가능성이 매우 높아야 하며 제3자와의 외부거래이어야 한다. 그러나 연결실체 내의 개별기업의 거래는 연결실체 내의 개별기업의 개별재무제표에서는 위험회피대상항목으로 지정할 수 있으며 연결재무제표에서는 위험회피대상항목으로 지정할 수 없다. 다만, 지배기업 및 해외에 소재하고 있는 종속기업간의 로열티지급 예상거래 또는 예상매출거래 등에 대해서는 연결재무제표상 위험회피대상거래로 지정할 수 있다. 또, 연결재무제표에서 전부 제거되지 않는 외환손익에 노출되어 있다면, 연결실체 내의 화폐성항목(예: 종속기업 사이의 채무와 채권)의 외화위험은 연결재무제표에서 위험회피대상항목으로 지정할 수 있다. 즉 연결실체 내의 화폐성항목이 서로 다른 기능통화를 갖는 연결실체 내의 개별기업 사이에서 거래되는 경우, 연결실체 내의 화폐성항목의 외환손익이 연결재무제표에서 전부 제거되는 것은 아니다. 또 예상거래가 당해 거래를 체결한 기업의 기능통화가 아닌 통화로 표시되며 외화위험이 연결당기손익에 영향을 미친다면, 발생가능성이 매우 높은 연결실체내 예상거래의 외화위험은 연결재무제표에서 위험회피대상항목으로 지정할 수 있다.

위험회피대상항목의 경우 위험회피대상항목의 전부 또는 일부에 대한 위험회피도 인정되며, 유사한 자산, 부채 항목들의 전부 또는 이들 항목의 일부로 구성된 포트폴리오에 대한 위험회피도 인정된다. 또한 위험회피대상 예상거래는 개별거래뿐만 아니라 개별거래의 합도 될 수 있다.

위험회피대상항목이 비금융상품이거나 비금융상품 관련 예상거래인 경우 회피대상위험은 전체 공정가치 변동위험이나 외화위험이어야 한다. 이에 반하여 위험회피대상항목이 금융상품이거나 금융상품 관련 예상거래인 경우에는 전체 공정가치 변동위험뿐만 아니라 시장이자율변동위험, 환율변동위험, 신용변화위험 중 하나 또는 이들 위험 항목의 결합에 따른 공정가치 변동위험도 회피대상위험이 될 수 있다.

특정위험으로 인한 공정가치 평가손익을 당기손익으로 인식하는 자산·부채는 위험회피 대상항목에서 제외하며, 위험회피대상 예상거래 중 기존에 보유중인 자산을 회수, 매출 및 처분하거나 기존의 부채를 상환하는 거래로서 특정위험으로 인한 해당 기존 자산·부채의 공정가치 평가손익을 당기손익으로 인식하는 경우에는 위험회피대상 예상거래에서 제외한다. 그러나, 손상차손 등을 당기비용으로 인식하는 경우와 외화환산손익을 당기손익으로 인식하는 경우는 이 절에서 공정가치 평가손익을 당기손익으로 인식하는 것으로 보지 아니한다.

지분법 평가대상 투자주식은 공정가치위험회피의 대상항목이 될 수 없다.

외화공정가치 변동위험에 노출된 기존 자산·부채도 위험회피대상항목이 될 수 있다. 다만, 외화표시 투자주식은 해당 투자주식이 거래소시장 또는 장외시장에서 원화로 거래되지 않고 배당금도 원화로 지급되지 않는 경우에 한하여 외화공정가치 위험회피대상항목이 될 수 있다.

만기보유목적 투자채권의 신용위험 또는 외화위험에 대한 위험회피는 인정되나 이자율변동위험에 대한 위험회피는 인정되지 않는다.

현금흐름위험회피의 위험회피대상항목이 외화표시 기존 자산·부채인 경우에는 위험회피대상항목의 원화현금흐름의 모든 변동성이 위험회피의 효과로 제거되어야 한다.

확정계약의 외화위험회피에는 공정가치위험회피회계 또는 현금흐름위험회피회계를 적용할 수 있다.

(3) 위험회피수단

파생상품은 위험회피수단으로 지정할 수 있으며 비파생금융자산이나 비파생금융부채는 외화위험회피에만 위험회피수단으로 지정할 수 있다. 다만 공정가치를 신뢰성있게 측정할 수 없기 때문에 공정가치를 장부금액으로 하지 않는 공시가격이 없는 지분상품은 위험회피수단으로 지정할 수 없다.

파생상품을 위험회피수단으로 지정하는 경우, 파생상품의 전부 또는 비례적 부분을 지정할 수도 있고, 둘 이상의 파생상품 또는 이들 파생상품의 부분적인 결합을 지정할 수도 있다. 외화위험의 경우에는 둘 이상의 비파생금융상품, 이들 비파생금융상품의 비례적 부분의 결합 또는 파생상품과 비파생금융상품의 결합 또는 비례적 부분의 결합을 위험회피수단으로 지정할 수 있다.

파생상품 등의 잔여기간(신규 계약한 파생상품 등의 경우에는 계약시점부터 만기까지의 기간) 중 일부기간만을 위험회피수단으로 지정할 수 없으며, 잔여기간 전체를 위험회피수단으로 지정해야 한다.

연결재무제표를 작성하는 경우 연결실체내 기업간에 이루어진 외화 파생상품 거래는 해당 거래기업 일방이 특수관계자가 아닌 제3자와 그 부담한 위험을 상계하기 위하여 파생상품계약을 체결한 경우 위험회피수단이 될 수 있다.

연결재무제표를 작성하는 경우 연결실체내 기업 일방이 예상 외화거래에 대한 외화 현금흐름위험을 회피하기 위하여 연결회사간에 외화 금융상품거래가 이루어졌을 때, 해당 거래로 인하여 외화 현금흐름위험을 부담하게 된 연결실체내 기업이 특수관계자가 아닌 제3자와 그 부담한 위험을 상계하기 위한 금융상품계약을 체결한 경우 연결실체내 기업간의 금융상품거래는 예상외화거래에 대한 위험회피수단으로 본다.

예상거래의 외화 현금흐름위험을 회피하기 위한 외화 위험회피수단 거래의 당사자는 해당 예상거래의 외화 현금흐름위험에 직접 노출되어 있어야 한다(이는 연결재무제표 작성시 연결회사간에도 적용된다).

(4) 위험회피회계의 적용조건

위험회피회계를 적용하기 위해서는 다음의 조건을 모두 충족하여야 한다.

① 위험회피수단을 최초 지정하는 시점에 위험회피 종류, 위험관리의 목적, 위험회피전략을 공식적으로 문서화하여야 하며, 이 문서에는 위험회피대상항목, 위험회피수단, 위험의 속성, 위험회피수단의 위험회피효과에 대한 평가방법 등을 포함시켜야 한다.

② 위험회피수단으로 최초 지정된 이후에 높은 위험회피효과를 기대할 수 있어야 한다.

③ 현금흐름위험회피에서 위험회피대상 예상거래는 발생가능성이 매우 높아야 하며, 궁극적으로 당기손익에 영향을 미치는 현금흐름 변동에 노출되어 있어야 한다.

④ 위험회피효과를 신뢰성 있게 측정할 수 있다. 즉, 회피대상위험으로 인한 위험회피대상항목의 공정가치나 현금흐름과 위험회피수단의 공정가치를 신뢰성 있게 측정할 수 있다.

⑤ 위험회피효과를 위험회피기간에 계속적으로 평가하며 위험회피로 지정된 재무보고기간 전체에 걸쳐 실제로 높은 위험회피효과가 있었는지 결정하여야 한다.

6. 공정가치위험회피회계

공정가치위험회피회계는 특정위험으로 인한 위험회피대상항목의 공정가치 변동이 위험회피수단인 파생상품 등의 공정가치 변동과 상계되도록, 특정위험으로 인한 위험회피대상항목의 평가손익을 위험회피수단의 평가손익(파생상품이 아닌 금융상품을 위험회피수단으로 지정한 경우에는 외화환산손익)과 동일한 회계기간에 대칭적으로 인식하도록 하는 것을 말한다.

공정가치위험회피가 회계기간에 위험회피회계의 적용조건을 충족하는 경우에는, 다음과 같이 회계처리한다.

① 위험회피수단의 평가손익을 해당 회계연도에 당기손익으로 처리한다.

② 특정위험으로 인한 위험회피대상항목의 평가손익은 전액을 해당 회계연도에 당기손익으로 처리한다.

③ 미인식 확정계약을 위험회피대상항목으로 지정한 경우, 회피대상위험으로 인한 확정계약의 후속적인 공정가치의 누적변동분은 자산이나 부채로 인식하고, 이에 상응하는 손익은 당기손익으로 인식한다. 위험회피수단의 공정가치 변동도 당기손익으로 인식한다.

④ 외화 위험회피대상항목인 외화표시 자산 또는 부채의 평가손익 중 외화위험으로 인한 부분은 당기손익으로 처리한다. 예를 들어, 외화 위험회피대상항목인 외화표시 투자주식 및 외화표시 투자채권(만기보유목적 투자채권을 제외한다)의 평가손익 중 외화위험으로 인한 부분은 기타포괄손익누계액이 아닌 해당 회계연도의 당기손익으로 처리한다.

다음 요건 중 하나라도 발생한 경우에는 위험회피회계를 전진적으로 중단해야 한다.

① 위험회피회계의 적용요건 중 하나라도 충족하지 못하게 되는 경우

② 위험회피수단인 파생상품 등이 청산, 소멸, 행사된 경우. 한편, 파생상품 등의 대체나 만기연장은 이러한 사실이 당초 위험회피에 대한 기업의 공식문서에 포함된 경우 이를 청산, 소멸 등으로 보지 않는다.

③ 파생상품 등을 더 이상 위험회피수단으로 지정하지 않는 경우

다만, 확정계약이 더 이상 확정계약의 정의를 충족시키지 못하기 때문에 확정계약에 대한 공정가치위험회피회계가 중단되는 경우에는, 이미 자산·부채로 인식한 확정계약을 전액 제거하고 이를 당기손익에 반영한다.

유효이자율법을 적용하여 상각후원가로 측정하는 금융상품이 위험회피대상항목인 경우, 공정가치위험회피회계를 적용하는 기간 동안 당기손익으로 인식된 위험회피대상항목의 장부금액 조정분은 상각하여 당기손익으로 인식한다. 상각은 조정액이 발생한 직후 개시할 수 있으며, 늦어도 회피대상위험으로 인한 공정가치 변동에 대한 위험회피대상항목의 조정을 중단하기 전에는 개시하여야 한다. 상각을 개시하는 시점에 다시 계산한 유효이자율에 기초하여 상각한다.

일반기업회계기준에 따라 손상차손의 인식여부를 고려할 때에는 위험회피대상 자산·부채에 대하여 먼저 공정가치위험회피회계에 따라 평가손익을 인식한 후 손상차손의 인식여부를 고려하여야 한다(선 위험회피회계 적용/후 손상차손 인식).

7. 현금흐름위험회피회계

현금흐름위험회피회계는 특정위험으로 인한 예상거래의 미래현금흐름 변동위험을 감소시키기 위하여 지정된 파생상품의 평가손익(위험회피수단이 파생상품이 아닌 금융상품인 경우에는 외화위험으로 인한 외환차이 변동분을 의미함. 이하 같음) 중 위험회피에 효과적이지 못한 부분은 당기손익으로 인식하고 위험회피에 효과적인 부분은 기타포괄손익누계액으로 인식한 후 예상거래의 종류에 따라 향후 예상거래가 당기손익에 영향을 미치는 회계연도에 당기손익으로 인식하거나, 예상거래발생시 관련 자산·부채의 장부금액에서 가감하는 것을 말한다.

현금흐름위험회피가 회계기간에 위험회피회계의 적용조건을 충족하는 경우에는, 다음과 같이 회계처리한다.

① 위험회피수단으로 지정한 파생상품의 평가손익은 다음 ㉮, ㉯ 중 작은 금액을 기타포괄손익누계액으로 인식하고 나머지 금액은 당기손익으로 처리한다.

㉮ 누적파생상품평가손익에서 위험회피효과 평가시 제외된 부분(예를 들면 옵션의 시간가치 등) 및 전기까지 당기손익으로 인식한 부분을 차감한 금액

㉯ 누적파생상품평가손익 중 위험회피대상 예상거래의 누적예상 현금흐름 변동액현가와 상계가능한 금액에서 전기까지 당기손익으로 인식한 부분을 차감한 금액

② 위 ①에 따라 누적기준으로 기타포괄손익누계액에 인식해야 할 파생상품평가손익을 산정함으로써 전기 이전에 손익으로 인식한 파생상품평가손익을 당기에 기타포괄손익누계액으로 인식해야하는 경우 동 금액은 당기 손익으로 처리한다.

③ 위험회피대상 예상거래가 자산의 취득 또는 부채의 발생인 경우, 위 ①과 ②에 따라 기타포괄손익누계액으로 인식된 관련 파생상품평가손익은 해당 예상거래가 발생한 시점에 관련 자산 또는 부채의 장부금액에서 가감한다.

④ 위험회피대상 예상거래가 위 ③에서 언급한 이외의 경우, 위 ①과 ②에 따라 기타포괄손익누계액으로 인식된 관련 파생상품평가손익은 위험회피 대상 예상거래가 당기손익에 영향을 미치는 회계연도에 손익으로 인식한다. 여기서 당기손익에 영향을 미치는 경우는 미래예상매출, 이자비용 등의 발생 등을 의미한다.

다음 요건 중 하나라도 발생한 경우에는 위험회피회계를 전진적으로 중단해야 한다.

① 위험회피회계의 적용요건을 하나라도 충족하지 못하게 되는 경우

② 위험회피수단인 파생상품 등이 청산, 소멸, 행사된 경우. 다만, 파생상품 등의 대체나 만

기연장은 이러한 사실이 당초 위험회피에 대한 기업의 공식문서에 포함된 경우 이를 청산, 소멸 등으로 보지 않는다.

③ 파생상품 등을 더 이상 위험회피수단으로 지정하지 않는 경우

현금흐름위험회피회계를 적용하던 도중 중단하는 경우에는, 이미 기타포괄손익누계액으로 인식된 파생상품평가손익은 상기 ③과 ④에 따라 처리한다. 다만, 위험회피대상 예상거래가 더 이상 발생하지 않을 것으로 예상되어 현금흐름위험회피회계가 중단된 경우에는 이미 기타포괄손익누계액으로 인식된 파생상품평가손익을 즉시 당기손익으로 인식한다. 이때, 더 이상 발생 가능성이 매우 높지 않게 된 예상거래도 여전히 발생할 것으로 기대될 수 있다.

예상매출거래와 관련하여 기존에 보유중인 자산 또는 예상매입거래의 결과로 취득한 자산에 대하여 일반기업회계기준에 따라 손상차손을 적용하는 경우에는 먼저 현금흐름위험회피회계를 적용한 후, 일반기업회계기준에 따른 손상차손인식여부를 고려한다(선위험회피회계적용/후 손상차손 인식).

예상매출거래와 관련하여 기존에 보유중인 자산에 대하여 손상차손을 인식한 경우, 동 금액만큼을 기타포괄손익누계액으로 인식된 관련 파생상품평가이익에서 즉시 당기이익으로 인식하여야 하며 기타포괄손익누계액으로 인식된 관련 파생상품평가손실은 동금액과 예상매출거래관련자산의 손상전 장부금액의 합계액이 예상매출거래관련자산의 회수가능액을 초과하는 범위내에서 즉시 당기비용으로 인식하여야 한다.

예상매출거래와 관련하여 기존에 보유중인 자산에 대하여 손상차손을 인식하지 않은 경우 또는 예상매입거래가 아직 이루어지지 않은 경우, 기타포괄손익누계액으로 인식된 관련 파생상품평가손실금액은 동금액과 예상거래 관련 자산의 장부금액(또는 예상취득원가)의 합계액이 예상거래 관련 자산의 회수가능액을 초과하는 범위내에서 즉시 비용으로 인식하여야 한다.

8. 순투자의 위험회피회계

해외사업장순투자의 위험회피(순투자의 일부로 회계처리하는 화폐성항목의 위험회피 포함)는 다음과 같이 현금흐름위험회피와 유사하게 회계처리한다.

① 위험회피수단의 손익 중 위험회피에 효과적인 부분은 기타포괄손익으로 인식한다.

② 위험회피수단의 손익 중 비효과적인 부분은 당기손익으로 인식한다. 위험회피수단의 손익 중 위험회피에 효과적이어서 기타포괄손익으로 인식한 부분은 향후 해외사업장의 처분시점에 재분류조정으로 자본에서 당기손익으로 재분류한다.

9. 기타 고려사항과 공시

(1) 기타 고려사항

이 밖에 통화선도거래, 매매목적의 거래소 선물 또는 옵션거래 및 신용파생상품에 대해서는 다음의 사항을 고려한다.

① 통화선도거래의 공정가치는 잔여만기가 동일한 통화선도환율(forward rate)을 기준으로 하여 산정한다. 이때 공정가치는 해당 통화선도환율 변동액을 잔여만기에 대하여 적절한 이자율로 할인하여 산정한다.

② 매매목적의 거래소 선물거래는 다음과 같이 회계처리한다.

㉮ 위탁증거금 등 선물거래를 위한 예치금은 유동자산으로 인식한다.

㉯ 일일정산에 따른 회계연도 중의 정산차금(당일차금과 갱신차금의 합계) 발생분에 대해서는 이를 기중에 거래손익으로 인식하지 않고 별도계정으로 관리하며 동 금액은 다음 ㉰~㉲에 따라 주가지수선물거래손익 등으로 대체한다.

㉰ 결산일 현재 보유하고 있는 미결제약정분에 대한 종목별 누적정산차금잔액은 주가지수선물거래손익 등으로 하여 당기손익으로 인식한다.

㉱ 전·환매수량에 대한 당초 약정금액(전기 이월분은 전기말 정산가격)과 전·환매시 약정금액과의 차액은 주가지수선물거래손익 등으로 하여 당기손익으로 인식한다. 이 경우 당초 약정금액은 종목별로 총평균법이나 이동평균법을 적용하여 산정한다.

㉲ 최종 결제시 누적정산차금잔액과 최종결제차금은 주가지수선물거래손익 등으로 하여 당기손익으로 인식한다.

㉳ 결산일 현재 발생한 미수(미지급)일일정산차액은 미수금(미지급금)으로 인식한다.

③ 매매목적의 거래소 옵션거래는 다음과 같이 회계처리한다.

㉮ 위탁증거금 등 옵션거래를 위한 예치금은 유동자산으로 인식한다.

㉯ 옵션 매입시 지급하는 옵션프리미엄은 유동자산(매수주가지수옵션, 매수미국달러옵션 등)으로, 매도시 수취하는 옵션프리미엄은 유동부채(매도주가지수옵션, 매도미국달러옵션 등)로 처리한다.

㉰ 전·환매시 수수된 옵션대금(또는 권리행사시 수수된 권리행사차금)과 이미 유동자산 또는 유동부채에 인식되어 있는 옵션프리미엄 장부금액과의 차액은 주가지수옵션거래손익, 미국달러옵션거래손익 등으로 하여 당기손익으로 처리한다. 이 경우 옵션프리미

엄의 장부금액은 종목별로 총평균법이나 이동평균법을 적용하여 산정한다.

㉣ 옵션이 미행사되어 소멸하는 경우 유동자산 인식분은 옵션거래손실로하여 당기손실로 처리하고 유동부채 인식분은 옵션거래이익으로 하여 당기이익으로 처리한다.

㉤ 유동자산(또는 유동부채)에 인식되어 있는 미결제약정분에 대한 옵션프리미엄의 장부금액과 결산일 현재 옵션프리미엄가격과의 차액은 주가지수옵션평가손익, 미국달러옵션평가손익 등으로 하여 당기손익으로 처리한다.

④ 특정 거래상대방의 신용상태를 기초변수로 하여 현금흐름이 결정되는 계약으로서 대출금, 유가증권 등을 보유하고 있는 경제적 실체가 자신이 부담하고 있는 신용위험을 제3자에게 이전시키는 이른 바 신용스왑(CDS: Credit Default Swap), 총수익스왑(TRS: Total Return Swap), 신용연계채권(CLN: Credit Linked Note) 등이 파생상품에 해당하는 경우에는 이 절에 따라 회계처리하며, 파생상품에 해당하지 않는 계약으로서 신용위험을 부담한 경우에는 금융보증계약, 금융보증계약의 발행자는 그 채무를 다음 중 큰 금액으로 측정한다.

㉮ 충당부채와 우발부채·우발자산을 준용하여 결정된 금액

㉯ 최초인식금액에서 수익에 따라 인식한 상각누계액을 차감한 금액

(2) 공시

생상품에 대한 주석사항은 그 거래목적에 따라 다음과 같이 구분하여 공시한다.

① 매매목적으로 보유하고 있는 파생상품 또는 위험회피회계가 적용되지 않으나 위험회피목적으로 보유하고 있는 파생상품에 대해서는 다음의 사항을 공시한다.

㉮ 거래목적

㉯ 거래목적을 이해하는 데 필요한 사항(경제적 실체가 부담하고 있는 위험의 본질 및 원천 그리고 이러한 위험에 대한 경제적 실체의 대응정책 등)

㉰ 위험회피목적의 경우 해당목적을 달성하기 위한 전략(위험회피대상항목의 내역 및 위험회피대상범위 그리고 위험회피를 위한 구체적인 방법 및 사용된 파생상품의 종류 등)

② 공정가치위험회피회계가 적용되는 경우에는 회피대상위험별로 위 ① 이외에 다음의 사항을 공시한다.

㉮ 위험회피의 불완전성으로 인하여 당기손익으로 인식하는 금액 및 그 계정과목

㉯ 확정계약에 대한 위험회피회계가 중단됨으로써 이미 자산·부채로 인식한 확정계약을 전액 제거하고 이를 당기손익에 반영하는 경우 그 금액 및 내역

③ 현금흐름위험회피회계가 적용되는 경우에는 회피대상위험별로 위 ① 및 ② ㉮ 이외에 다음의 사항을 공시한다.

㉮ 위험회피대상 예상거래로 인하여 현금흐름 변동위험에 노출되는 예상 최장기간

㉯ 기타포괄손익누계액에 인식된 파생상품평가손익 중 결산일로부터 12개월 이내에 당기손익으로 인식할 것으로 예상되는 금액

㉰ 기타포괄손익누계액에 인식된 파생상품평가손익을 위험회피대상 예상거래가 당기손익에 영향을 미치는 회계연도에 당기손익으로 인식하는 경우, 위험회피대상 예상거래가 당기손익에 영향을 미치게 되는 거래 또는 회계사건의 내역

㉱ 위험회피대상 예상거래가 더 이상 발생하지 않을 것으로 예상되어 현금흐름위험회피회계가 중단됨으로써 이미 기타포괄손익누계액으로 인식된 파생상품평가손익을 즉시 당기손익으로 인식하는 경우 그 금액 및 내역

④ 해외사업장순투자의 위험회피회계가 적용되는 경우에는 회피대상위험별로 위 ① 및 ② ㉮를 공시한다.

⑤ 매매목적 파생상품평가손익과 위험회피목적 파생상품평가손익(그 성질이나 금액이 유의적인 경우 파생상품별로 구분하여 기재하고, 평가이익과 평가손실은 상계하지 않고 총액으로 표시한다)

⑥ 신용파생상품과 관련하여 다음의 사항을 공시한다.

㉮ 신용위험을 부담한 경우, 신용파생상품거래의 계약 내역, 재무제표에 반영된 손실예상액. 손실예상액을 합리적이고 객관적으로 추정할 수 없는 경우에는 채무불이행가능성 및 보증대상자산의 평가손익 등을 추가적으로 공시한다.

㉯ 신용위험을 제공받은 경우, 제공받은 보증의 범위, 계약 내역 등을 주석으로 공시한다.

연 습 문 제

1. 외화환산의 의의와 필요성에 대해 약술하여라.

2. 외화환산 방법의 4가지를 들고 설명하여라.

3. 파생상품에 대해 약술하여라.

4. 파생상품의 종류 4가지를 들고 설명하여라.

5. 공정가치 위험회피와 현금흐름위험회피에 대해 설명하여라.

6. 다음에 대해 설명하여라.
   ① 화폐성 · 비화폐성법
   ② 유동성 · 비유동성법
   ③ 시제법
   ④ 선도거래
   ⑤ 스왑
   ⑥ 옵션
   ⑦ 이자율 스왑

[부록] 용어 정의

일반기업회계기준	주식회사의 외부감사에 관한 법률의 적용대상기업 중 한국채택국제회계기준에 따라 회계처리하지 아니하는 기업이 적용해야 하는 회계처리기준
재무제표가 사실상 확정된 날	정기주주총회 제출용 재무제표가 이사회에서 최종 승인된 날. 다만, 주주총회에 제출된 재무제표가 주주총회에서 수정·승인된 경우에는 주주총회일을 말한다.
측정속성	자산, 부채 등 재무제표의 기본요소에 대한 화폐금액을 결정하기 위한 측정의 대상이 되는 일정한 속성
포괄손익	일정 기간 동안 주주와의 자본거래를 제외한 모든 거래나 사건에서 인식한 자본의 변동. 포괄손익에는 주주의 투자 및 주주에 대한 분배 등 자본거래를 제외한 모든 원천에서 인식된자본의 변동이 포함된다.
현금 및 현금성 자산	통화 및 타인발행수표 등 통화대용증권과 당좌예금, 보통예금 및 큰 거래비용 없이 현금으로 전환이 용이하고 이자율 변동에 따른 가치변동의 위험이 경미한 금융상품으로서 취득 당시 만기일(또는 상환일)이 3개월 이내인 것
금융업	금융시장에서 자금의 수요자와 공급자 사이에 수급을 중개하는 것
금융회사	금융업을 주된 영업으로 하는 기업
비지배지분	종속기업의 지분 중 지배기업에게 직접으로 또는 간접으로 귀속되지 않는 지분
연결재무제표	단일 경제적 실체의 재무제표로 표시되는 연결실체의 재무제표
연결실체	지배기업과 그 지배기업의 모든 종속기업
종속기업	다른 기업(지배기업)의 지배를 받고 있는 기업. 파트너십과 같은 법인격이 없는 실체와 특수목적기업을 포함한다. 다만, 주식회사의 외부감사에 관한 법률 및 동법 시행령에서 종속기업을 규정한 경우에는 그 법령에 따른다.
지배기업	하나 이상의 종속기업을 가지고 있는 기업
지배력	경제적 효익을 얻기 위하여 기업의 재무정책과 영업정책을 결정할 수 있는 능력
특수목적기업	한정된 특수 목적(예: 리스, 연구개발 활동 또는 금융자산의 증권화)을 수행하기 위해 설립된 기업
회계변경	회계정책의 변경과 회계추정의 변경
회계정책	기업이 재무보고의 목적으로 선택한 기업회계기준과 그 적용방법
회계정책의 변경	재무제표의 작성과 보고에 적용하던 회계정책을 다른 회계정책으로 바꾸는 것
회계추정	기업환경의 불확실성하에서 미래의 재무적 결과를 사전적으로 예측하는 것
회계추정의 변경	기업환경의 변화, 새로운 정보의 획득 또는 경험의 축적에 따라 지금까지 사용해오던 회계적 추정치의 근거와 방법 등을 바꾸는 것

용어	정의
오류수정	전기 또는 그 이전의 재무제표에 포함된 회계적 오류를 당기에 발견하여 이를 수정하는 것
중대한 오류	재무제표의 신뢰성을 심각하게 손상할 수 있는 매우 중요한 오류
금융상품	거래당사자에게 금융자산과 금융부채를 동시에 발생시키는 계약
금융자산	현금, 소유지분에 대한 증서 및 현금(또는 다른 금융자산)을 수취하거나 유리한 조건으로 금융자산을 교환할 수 있는 계약상의 권리
금융부채	현금(또는 다른 금융자산)을 지급하거나 불리한 조건으로 금융자산을 교환해야 하는 계약상의 의무
내재파생상품	계약상의 명시적 또는 암묵적 조건이 복합계약의 현금흐름이나 공정가치에 파생상품과 유사한 영향을 미치는 경우 그 명시적 또는 암묵적 조건을 말함
당기손익인식 지정 항목	금융자산 또는 금융부채 중 공정가치로 평가하여 그 변동을 당기손익에 인식하기로 최초인식시 지정한 금융자산 또는 금융부채
매매목적	위험회피목적이 아닌 모든 파생상품의 거래목적
선도거래	미래 일정 시점에 약정된 가격에 의해 계약상의 특정 대상을 사거나 팔기로 계약 당사자간에 합의한 거래
선물	수량·규격·품질 등이 표준화되어 있는 특정 대상에 대하여 현재 시점에서 결정된 가격에 의해 미래 일정 시점에 인도·인수할 것을 약정한 계약으로서 조직화된 시장에서 정해진 방법으로 거래되는 것
스왑	특정 기간 동안에 발생하는 일정한 현금흐름을 다른 현금흐름과 교환하는 연속된 선도거래
예상거래	이행의 법적 강제력은 없으나 향후 발생가능성이 매우 높다고 기대되는 거래로서 기존 자산·부채와 관련된 개별현금흐름(예: 변동이자부 차입금에 대한 미래 이자지급) 또는 미래예상 매입·매출 등
옵션	계약 당사자간에 정하는 바에 따라 일정한 기간내에 미리 정해진 가격으로 외화나 유가증권 등을 사거나 팔 수 있는 권리에 대한 계약
유가증권	재산권을 나타내는 증권을 말하며, 실물이 발행된 경우도 있고, 명부에 등록만 되어 있을 수도 있다. 유가증권은 적절한 액면금액단위로 분할되고 시장에서 거래되거나 투자의 대상이 된다. 유가증권에는 지분증권과 채무증권이 포함된다.
유효이자율법	유효이자율을 이용하여 금융자산이나 금융부채의 상각후원가를 계산하고 관련 기간에 걸쳐 이자수익이나 이자비용을 배분하는 방법. 유효이자율은 금융상품으로부터 만기일까지 기대되는 현금유입액과 현금유출액의 현재가치를 순장부금액과 일치시키는 이자율이다.
위험회피	위험회피대상항목의 공정가치 또는 미래현금흐름 변동을 부분적 또는 전체적으로 상계하기 위해 하나 이상의 위험회피수단을 지정하는 것

위험회피대상 항목	공정가치 변동위험에 노출된 자산, 부채 및 확정계약과 미래현금흐름 변동위험에 노출된 예상거래 또는 해외사업장에 대한 순투자
위험회피수단	해당 위험회피수단의 공정가치 또는 미래현금흐름 변동이 위험회피대상항목의 가격변동 또는 미래현금흐름 변동과 반대로 움직일 것으로 예상되는 파생상품 및 파생상품이 아닌 금융상품('비파생금융상품'). 다만, 파생상품이 아닌 금융자산 및 금융부채는 외화위험을 회피하기 위한 경우에만 위험회피수단이 될 수 있음.
전환증권	증권의 소유자가 보통주청구 권리를 행사하면 보통주가 추가로 발행되는 금융상품 또는 기타 계약. 전환증권의 예는 다음과 같다. (1) 전환사채, 신주인수권부사채, 전환우선주 (2) 신주인수권 (3) 자기주식으로 교환되는 교환사채 (4) 기타 일정한 조건에 따라 보통주가 발행되는 계약
채권 · 채무조정	채무자의 현재 또는 장래의 채무변제능력이 크게 저하된 경우에 채권자와 채무자 간의 합의 또는 법원의 결정 등의 방법으로 채무자의 부담완화를 공식화하는 것
확정계약	제3자간에 이루어진 이행의 법적 강제력을 가지는 약정으로서 거래수량, 거래가격, 거래시기 및 거래이행을 강제하기에 충분한 거래불이행시의 불이익 등이 구체적으로 포함되는 약정
재고자산	정상적인 영업과정에서 판매를 위하여 보유하거나 생산과정에 있는 자산 및 생산 또는 서비스 제공과정에 투입될 원재료나 소모품의 형태로 존재하는 자산
순실현가능가치	제품이나 상품의 정상적인 영업과정에서의 추정 판매가격에서 제품을 완성하는데 소요되는 추가적인 원가와 판매비용의 추정액을 차감한 금액
현행대체원가	재고자산을 현재 시점에서 매입하거나 재생산하는 데 소요되는 금액
정상조업도	정상적인 유지 및 보수 활동에 따른 조업중단을 감안한 상황 하에서 평균적으로 달성할 수 있을 것으로 기대하는 생산수준
고정제조간접원가	공장건물 또는 공장설비의 감가상각비나 공장관리비와 같이 생산량에 관계없이 거의 일정하게 발생하는 제조간접원가
변동제조간접원가	간접재료비 또는 간접노무비와 같이 생산량에 비례하여 발생하는 제조간접원가
지분법	지분법적용투자주식을 취득할 때 원가로 인식하고, 취득시점 이후 발생한 지분변동액을 당해 지분법적용투자주식에 가감하여 보고하는 회계처리방법
지분변동액	지분법피투자기업의 순자산 변동액 중 투자기업의 지분율에 해당하는 금액
종속기업	제4장 '연결재무제표'에서 규정하는 바에 따라 투자기업에 의하여 지배받는 기업
지배력	경제적 효익을 얻기 위하여 기업의 재무정책과 영업정책을 결정할 수 있는 능력
공동지배	계약상 약정에 의하여 경제활동에 대한 지배력을 공유하는 것. 경제활동에 관련된 전략적 재무정책과 영업정책에 관한 의사결정에 지배력을 공유하고 있는 당

	사자(참여자) 전체의 동의가 필요할 때에만 존재한다.
조인트벤처	둘 이상의 당사자가 공동지배의 대상이 되는 경제활동을 수행하기 위해 만든 계약상 약정
조인트벤처 투자자	조인트벤처에 대해서는 당사자이지만 조인트벤처에 대한 공동지배는 가지고 있지 않은 자
유의적인 영향력	기업의 재무정책과 영업정책에 관한 의사결정에 참여할 수 있는 능력. 그러나 이러한 정책에 대한 지배력을 의미하는 것은 아니다. 유의적인 영향력은 지분소유, 법규 또는 계약에 따라 획득할 수 있다.
지분법('조인트벤처 투자')	공동지배기업 투자지분을 최초에 원가로 인식하고, 취득시점 이후 발생한 공동지배기업의 순자산변동액 중 참여자의 지분을 해당 투자지분에 가감하여 보고하는 회계처리방법. 참여자의 당기순손익은 공동지배기업의 당기순손익중 참여자의 지분에 해당하는 금액을 포함한다.
참여자	조인트벤처에 대한 당사자이며 그 조인트벤처에 대하여 공동지배를 가지고 있는 자
감가상각	유형자산의 감가상각대상금액을 그 자산의 내용연수 동안 체계적인 방법에 의하여 각 회계기간에 배분하는 것
감가상각대상 금액	유형자산의 원가 또는 원가를 대체하는 다른 금액에서 잔존가치를 차감한 금액
공정가치	합리적인 판단력과 거래의사가 있는 독립된 당사자 사이의 거래에서 자산이 교환되거나 부채가 결제될 수 있는 금액
내용연수	자산의 예상사용기간 또는 자산으로부터 획득할 수 있는 생산량이나 이와 유사한 단위
원가	자산을 취득하기 위하여 자산의 취득시점이나 건설시점에서 지급한 현금 및 현금성자산 또는 제공하거나 부담하는 기타 대가의 공정가치
유형자산	재화의 생산, 용역의 제공, 타인에 대한 임대 또는 자체적으로 사용할 목적으로 보유하는 물리적 형체가 있는 자산으로서, 1년을 초과하여 사용할 것이 예상되는 자산
잔존가치	자산의 내용연수가 종료되는 시점에서 그 자산의 예상처분대가에서 예상처분비용을 차감한 금액
장부금액	자산의 원가 또는 원가를 대체하는 다른 금액에서 감가상각누계액과 손상차손누계액을 차감한 금액
투자부동산	시세차익을 얻기 위하여 보유하고 있는 부동산. 다만, 다음의 목적으로 보유하는 부동산은 제외한다. (가) 재화의 생산, 용역의 제공, 타인에 대한임대 또는 자체적으로 사용 (나) 정상적인 영업과정에서의 판매

회수가능액	자산의 순공정가치와 사용가치 중 큰 금액
무형자산	재화의 생산이나 용역의 제공, 타인에 대한 임대 또는 관리에 사용할 목적으로 기업이 보유하고 있으며, 물리적 형체가 없지만 식별가능하고, 기업이 통제하고 있으며, 미래경제적효익이 있는 비화폐성자산
화폐성자산	현금 및 확정되었거나 확정가능한 화폐금액으로 받을 자산
비화폐성자산	화폐성자산 외의 자산
연구	새로운 과학적 또는 기술적 지식을 얻기 위해 수행하는 독창적이고 계획적인 탐구활동
개발	상업적인 생산 또는 사용 전에 연구결과나 관련 지식을 새롭거나 현저히 개량된 재료, 장치, 제품, 공정, 시스템 및 용역의 생산을 위한 계획이나 설계에 적용하는 활동
상각	무형자산의 상각대상금액을 그 자산의 내용연수 동안 체계적인 방법에 의하여 각 회계기간의 비용으로 배분하는 것
상각대상금액	무형자산의 원가에서 잔존가치를 차감한 금액
활성시장	다음의 조건을 모두 충족하는 시장 (1) 거래되는 항목이 동질적이다. (2) 일반적으로 거래의사가 있는 구매자들과 판매자들을 언제든지 찾을 수 있다. (3) 가격이 공개되어 이용가능하다.
손상차손	자산이나 현금창출단위의 장부금액이 회수가능액을 초과하는 금액
장부금액(무형자산)	자산의 원가에서 상각누계액과 손상차손누계액을 차감한 금액
무형자산(사업결합)	물리적 실체는 없지만 식별가능한 비화폐성 자산
사업	투자자 또는 그 밖의 소유주, 조합원 또는 참여자에게 배당, 원가감소 또는 그 밖의 경제적 효익의 형태로 수익을 직접 제공할 목적으로 수행되고 관리될 수 있는 활동과 자산의 통합된 집합체
사업결합	취득자가 하나 이상의 사업에 대한 지배력을 획득하는 거래나 그 밖의 사건. 때로 진정한 합병 또는 대등합병으로 불리는 거래 역시 이 장에서 사용되는 용어인 사업결합에 해당한다.
상호실체	소유주, 조합원 또는 참여자에게 배당, 원가감소 또는 그 밖의 경제적 효익을 직접 제공하는 기업으로서 투자자 소유기업이 아닌 기업. 예를 들어 상호보험회사, 소비자신용조합 및 협동조합은 모두 상호실체이다.
소유주	제12장 '사업결합'의 목적상, 소유주는 투자자 소유기업의 지분보유자와 상호실체의 소유주나 조합원 또는 참여자를 포함하여 광범위하게 사용된다.
식별가능한	다음 중 하나에 해당하면 식별가능한 자산이다. (1) 분리가능한 자산이다. 즉, 기업의 의도와 무관하게 기업에서 분리하거나 분할

할 수 있으며, 개별적으로 또는 관련된 계약, 자산이나 부채와 함께 매각, 이전, 라이선스, 임대 또는 교환할 수 있다.
(2) 자산이 계약상 권리나 기타 법적 권리에서 발생한다. 이 경우 그러한 권리가 이전 가능한지 또는 기업이나 기타 권리와 의무로부터 분리가능한지와 무관하다.

영업권	개별적으로 식별하여 별도로 인식할 수 없으나, 사업결합에서 획득한 그 밖의 자산에서 발생하는 미래경제적 효익을 나타내는 자산
조건부 대가	보통 특정 미래 사건이 발생하거나 특정 조건이 충족되는 경우에, 피취득자에 대한 지배력과의 교환의 일부로 피취득자의 이전 소유주에게 추가로 자산이나 지분을 이전하여야 하는 취득자의 의무. 그러나 조건부 대가는 특정 조건이 충족될 경우 이전대가를 반환받는 권리를 취득자에게 부여할 수도 있다.
지분	'사업결합'의 목적상, 지분은 투자자 소유기업의 소유지분과 상호실체에 대한 소유주, 조합원이나 참여자 지분의 의미로 광범위하게 사용된다.
취득일	취득자가 피취득자에 대한 지배력을 획득한 날
취득자	피취득자에 대한 지배력을 획득하는 기업
피취득자	취득자가 사업결합으로 지배력을 획득하는 대상사업 또는 사업들
리스	리스제공자가 특정 자산의 사용권을 일정 기간동안 리스이용자에게 이전하고 리스이용자는 그 대가로 사용료를 리스제공자에게 지급하는 계약
금융리스	리스자산의 소유에 따른 대부분의 위험과 보상이 리스이용자에게 이전되는 리스. 법적소유권은 이전될 수 도 있고 이전되지 않을 수도 있다
운용리스	금융리스 이외의 리스
해지불능리스	다음 각각의 경우를 제외하고는 해지할 수 없는 리스 (가) 발생할 가능성이 아주 낮은 우발상황이 나타나는 경우 (나) 리스제공자가 허락하는 경우 (다) 리스이용자가 동일한 리스제공자와 동일한 자산 또는 유사한 자산에 대하여 새로운 리스를 체결하는 경우 (라) 리스이용자가 리스를 계속하는 것이 더 유리하다고 판단할 정도의 추가적인 금액을 지급해야 하는 경우 (예: 리스이용자가 잔여 리스료의 현재가치 상당액을 해지시 지급해야 하는 경우)
리스실행일	리스계약에 따라 리스료가 최초로 발생되는 날
리스기간	리스이용자가 특정자산을 리스하기로 약정을 맺은 해지 불가능한 기간. 리스기간에는 추가적인 대가의 지급여부에 관계없이 리스이용자가 그 자산에 대하여 리스를 계속할 수 있는 선택권을 가지고 있으며, 리스실행일 현재 리스이용자가 이 선택권을 행사할 것이 확실시 되는 경우 당해 추가기간을 포함한다.
최소리스료	리스기간에 리스이용자가 리스제공자에게 지급해야 하는 금액을 말하며 추가적으로 다음의 금액을 포함한다. 다만, 조정리스료와 리스제공자가 지급하고

리스이용자에게 청구할 수 있는 용역에 대한 비용 및 세금 등은 제외한다.

(가) 리스이용자의 경우, 리스이용자 또는 리스이용자의 특수관계자가 보증한 잔존가치

(나) 리스제공자의 경우, 리스이용자, 리스이용자의 특수관계자, 또는 리스제공자와 특수관계가 없고 재무적으로 이행능력이 있는 제3자가 보증한 잔존가치

그러나 리스실행일 현재 행사될 것이 확실시 되는 염가매수선택권을 리스이용자가 가지고 있는 경우, 최소리스료는 염가매수선택권 기대행사일까지 리스기간동안 지급될 최소한의 지급액과 그 염가매수선택권의 행사가격으로 구성된다.

조정리스료 금액이 확정되지는 않았지만 기간경과 이외의 요소(예: 매출액의 일정비율, 사용량, 물가지수, 시장이자율)의 미래발생분을 기초로 결정되는 리스료 부분

염가매수선택권 리스이용자의 선택에 따라 리스이용자가 당해 자산을 매수선택권 행사가능일 현재의 공정가치보다 현저하게 낮은 가격으로 매수할 수 있는 권리

염가갱신선택권 리스이용자의 선택에 따라 리스이용자가 당해 자산에 대한 리스계약을 갱신선택권 행사가능일 현재의 공정가치보다 현저하게 낮은 리스료로 갱신할 수 있는 권리

내용연수(리스) 리스실행일 현재 자산을 경제적으로 사용할 수 있는 예상기간 또는 자산에서 획득할 수 있는 생산량이나 이와 유사한 단위

보증잔존가치 다음의 금액을 말한다.

(가) 리스이용자의 경우, 리스이용자 또는 리스이용자의 특수관계자가 보증한 잔존가치 부분(보증금액은 어떤 경우에나 지급될 수 있는 최대금액을 말한다)

(나) 리스제공자의 경우, 리스이용자, 리스이용자의 특수관계자, 또는 리스제공자와 특수관계가 없고 재무적으로 이행능력이 있는 제3자가 보증한 잔존가치 부분

무보증잔존가치 리스제공자가 실현할 수 있을지 확실하지 않거나 리스제공자의 특수관계자만이 보증하는 리스자산의 잔존가치 부분

리스개설직접원가 리스의 협상 및 계약에 직접 관련하여 발생하는 증분원가. 다만, 제조자 또는 판매자인 리스제공자에 의하여 발생하는 원가는 제외한다.

리스총투자 금융리스에서 리스제공자가 수령하는 최소리스료와 무보증잔존가치의 합계액

리스순투자 리스총투자를 내재이자율로 할인한 금액

내재이자율 리스실행일 현재 리스제공자가 수령하는 최소리스료와 무보증잔존가치의 합계액을 리스자산의 공정가치 및 리스제공자의 리스개설직접원가의 합계액과 일치시키는 할인율

리스이용자의 증분차입이자율 리스이용자가 유사한 리스에 대해 부담해야 할 이자율. 만약 그러한 이자율을 확정할 수 없는 경우에는 리스실행일에 리스이용자가 유사한 조건과 유사한 담보로 리스자산구입에 필요한 자금을 차입할 경우의 이자율

전대리스 리스이용자가 제공받고 있는 리스자산을 다른 리스이용자에게 다시 리스하는 계약

현재의무	보고기간말 현재 의무의 이행을 회피할 수 없는, 법적의무 또는 의제의무. '의무발생사건'은 이러한 현재의무를 발생시킨 과거사건
법적의무	명시적·묵시적 계약 또는 법률의 규정에 의하여 발생하는 의무
의제의무	발표된 경영방침 또는 구체적이고 유효한 약속이나 과거의 실무관행 등을 통하여 기업이 특정 책임을 부담한다는 것을 표명함으로써 그 책임을 이행할 것이라는 정당한 기대를 상대방이 가지게 되는 경우에 발생하는 의무
우발부채	다음의 (1) 또는 (2)에 해당하는 잠재적인 부채 (1) 과거사건은 발생하였으나 기업이 전적으 로 통제할 수 없는 하나 또는 그 이상의 불확실한 미래사건의 발생 여부에 의하여서만 그 존재여부가 확인되는 잠재적인 의무 (2) 과거사건이나 거래의 결과로 발생한 현재의무이지만 그 의무를 이행하기 위하여 자원이 유출될 가능성이 매우 높지가 않거나, 또는 그 가능성은 매우 높으나 당해 의무를 이행하여야 할 금액을 신뢰성 있게 추정할 수 없는 경우
우발자산	과거사건이나 거래의 결과로 발생할 가능성이 있으며, 기업이 전적으로 통제할 수 없는 하나 또는 그 이상의 불확실한 미래사건의 발생 여부에 의하여서만 그 존재여부가 확인되는 잠재적 자산이며, 우발자산은 미래에 확정되기까지 자산으로 인식할 수 없다.
손실부담계약	당해 계약상의 의무에 따라 발생하는 회피 불가능한 원가가 그 계약에 의하여 받을 것으로 기대되는 효익을 초과하는 계약. 회피 불가능한 원가는 다음의 (1)과 (2) 중 작은 금액으로서 계약을 이행하기 위한 최소원가 (1) 계약을 이행하기 위하여 소요되는 원가 (2) 계약을 이행하지 못하였을 때 지급하여야 할 보상금 또는 위약금
구조조정	경영자의 계획과 통제 하에 사업의 범위 또는 사업수행방식을 유의적으로 변화시키는 일련의 절차
수익	자본참여자의 출자관련 증가분을 제외한 자본의 증가를 수반하는 것으로서 회계기간의 정상적인 활동에서 발생하는 경제적효익의 총유입
재화	판매를 위해 취득한 상품과 판매목적으로 생산한 제품 등
용역의 제공	일반적으로 계약에 의하여 합의된 과업을 수행하는 것
발생기준	거래와 회계사건의 재무적 영향을 현금의 유입 또는 유출이 있는 기간이 아니라 그 거래와 회계사건이 발생한 기간에 수익을 인식하는 방법
진행기준(수익의 수익인식)	거래의 완성정도에 따라 용역이 제공되는 회계기간에 걸쳐 수익을 인식하는 방법
건설형 공사 계약	단일자산의 건설공사 또는 설계나 기술, 기능 또는 그 최종적 목적이나 용도에 있어서 밀접하게 상호 연관되어 있는 복수자산의 건설공사를 위해 합의된, 법적으로 구속력 있는 계약

도급공사	건설사업자가 건설공사의 완성을 약정하고, 발주자가 그 결과에 대하여 대가의 지급을 약정한 건설형 공사계약에 따라 수행하는 공사
하도급공사	건설사업자(원도급자)가 도급공사의 전부 또는 일부를 다른 건설사업자(하도급자)로 하여금 수행하도록 하는 공사
건설사업자	발주자의 주문에 따라 건설형 공사계약을 체결하고 공사를 수행하는 개인 또는 기업
공사계약금액	확정된 계약조건에 따라 건설사업자가 수행한 도급공사에 대하여 발주자 또는 원도급자 등이 지급하기로 한 대가의 총액
정액공사계약	전체 공사계약금액을 정액으로 하거나 산출물 단위당 가격을 정액으로 하는 공사계약(물가연동조항이 있는 경우 포함)
원가보상공사계약	공사원가의 일정비율이나 고정된 이윤을 공사원가에 가산한 금액을 건설사업자가 보상받는 공사계약
총공사예정원가	확정된 도급공사 계약조건에 따라 공사를 수행함에 있어 보고기간종료일 현재 이미 발생된 공사원가와 향후 발생할 공사원가를 합한금액
진행기준('수익' 의 건설형 공사계약)	도급금액에 공사진행률을 곱하여 공사수익을 인식하고 동 공사수익에 대응하여 실제로 발생한 비용을 공사원가로 계상하는 방법
가설재	도급공사의 시공과정상 공사를 위하여 보조적 또는 임시적으로 설치, 사용되고 당해 공사완료 후 해체 또는 철거되는 모든 자재
정부	지방자치단체, 중앙정부 또는 국제기구인 정부, 정부기관 및 이와 유사한 단체
정부지원	일정한 기준을 충족하는 기업에게 경제적효익을 제공하기 위한 정부의 행위. 개발지역에 기반시설을 제공하거나 경쟁자에게 거래상 제약을 부과하는 등 일반적인 거래조건에 영향을 주는 행위를 통해 간접적으로만 제공하는 효익은 이 장이 적용되는 정부지원이 아니다.
정부보조금	기업의 영업활동과 관련하여 과거나 미래에 일정한 조건을 충족하였거나 충족할 경우 기업에게 자원을 이전하는 형식의 정부지원. 합리적으로 가치를 산정할 수 없는 정부지원과 기업의 정상적인 거래와 구분할 수 없는 정부와의 거래는 제외한다.
자산관련보조금	정부지원의 요건을 충족하는 기업이 장기성 자산을 매입, 건설하거나 다른 방법으로 취득하여야 하는 일차적 조건이 있는 정부보조금. 부수조건으로 해당 자산의 유형이나 위치 또는 자산의 취득기간이나 보유기간을 제한할 수 있다.
수익관련보조금	자산관련보조금 이외의 정부보조금
차입원가	자금의 차입과 관련하여 발생하는 이자 및 기타 원가
적격자산	유형자산, 무형자산 및 투자부동산과 제조, 매입, 건설, 또는 개발이 개시된 날로부터 의도된 용도로 사용하거나 판매할 수 있는 상태가 될 때까지 1년 이상의

	기간이 소요되는 재고자산. 유형자산, 무형자산 및 투자부동산에 대한 자본적 지출이 있는 경우에는 이를 포함
외환차이	외화차입금에서 발생하는 외환차손(익)과 외화환산손실(이익)의 합계금액.
가득	자격의 획득. 주식기준보상약정에 따라 거래상대방이 현금, 그 밖의 자산 또는 기업의 지분상품을 받을 권리는 거래상대방의 자격획득이 더 이상 가득조건의 충족 여부에 좌우되지 않을 때 가득된다.
가득기간	주식기준보상약정에서 지정하는 가득조건이 충족되어야 하는 기간
가득조건	주식기준보상약정에 따라 거래상대방이 현금, 그 밖의 자산 또는 기업의 지분상품을 받을 자격을 획득하게 하는 용역을 기업이 제공받는지를 결정짓는 조건. 가득조건에는 용역제공조건과 성과조건이 있다. 용역제공조건은 거래상대방이 특정기간동안 용역을 제공할 것을 요구한다. 성과조건은 거래상대방이 특정기간 동안 용역을 제공하고, 특정 성과목표를 달성(예: 특정기간동안 정해진 기업이익의 증가)할 것을 요구한다. 성과조건에는 시장조건이 포함될 수 있다.
공정가치(주식기준보상)	합리적 판단력과 거래의사가 있는 독립된 당사자 간의 거래에서 자산이 교환되거나 부채가 상환되거나 부여된 지분상품이 교환될 수 있는 금액
내재가치	주식기준보상거래가 있을 때 다음 (1)과 (2)의 차이금액 (1) 주식의 공정가치 또는 거래상대방에게 지급할 금액을 산정하기 위한 기초가액으로 지정된 보상기준가격 (2) 거래상대방이 주식에 대해 지불하여야 하는 가격 또는 보상기준가격에서 차감하는 가격 예를 들어, 주식선택권의 행사가격이 15원이고 기초주식의 공정가치가 20원이라면 내재가치는 5원(20원-15원)이다.
부여일	기업과 거래상대방(종업원 포함)이 주식기준보상약정에 합의한 날, 즉 기업과 거래상대방이 거래조건에 대하여 공통으로 이해한 날. 부여일에 기업은 일정한 가득조건의 충족을 전제로 현금, 기타자산이나 기업의 지분상품에 대한 권리를 거래상대방에게 부여한다. 주식기준보상거래가 유효하기 위해 일정한 승인절차(예: 주주총회)가 필요한 경우 부여일은 승인이 이루어진 날로 한다.
부여한(된) 지분상품	기업이 주식기준보상약정에 따라 거래상대방에게 조건부 또는 무조건부로 넘겨준 지분상품에 대한 권리
시장성과조건	지분상품의 행사가격, 가득 또는 행사가능성을 좌우하는 것으로 기업 지분상품의 시장가격에 관련된 조건. 시장성과조건에는 다음이 포함된다. (1) 목표주가의 달성 (2) 주식선택권의 목표내재가치 달성 (3) 기업의 지분상품의 시장가격에 기초하되 시장의 주가지수와 상대적으로 비교하여 지정된 목표의 달성
종업원 및 유사용역제공자	기업에 용역을 제공하는 다음 중 하나에 해당하는 개인 (1) 법률상 종업원으로 분류되는 개인

(2) 법률상 종업원으로 분류되는 개인과 동일한 방식으로 기업의 지휘를 받으며 기업에 용역을 제공하는 개인
(3) 제공하는 용역이 종업원이 제공하는 근무용역과 비슷한 개인

예를 들어 종업원 및 유사용역제공자에는 사외이사 등 기업의 활동을 계획, 지휘, 통제할 권한과 책임을 갖는 모든 관리자가 포함된다.

주식결제형 주식기준보상거래	기업이 재화나 용역을 제공받는 대가로 기업의 지분상품(주식 또는 주식선택권 등)을 부여하는 주식기준보상거래
주식기준보상 거래	기업이 재화나 용역을 제공받는 대가로 기업의 지분상품(주식 또는 주식선택권 등)을 부여하거나 기업의 주식이나 다른 지분상품의 가치에 기초하여 현금이나 기타자산으로 결제하는 거래
주식기준보상 약정	주식기준보상거래를 하는 기업과 거래상대방 사이의 계약. 주식기준보상약정에 따라서 일정한 가득조건이 충족되면 거래상대방은 기업의 지분상품(기업이 보유하고 있는 자기주식 또는 새로 발행할 주식 등을 말한다)을 받거나, 기업의 주식이나 다른 지분상품의 가격에 기초하여 결정되는 금액만큼 현금이나 기타자산을 받을 수 있다.
주식선택권	보유자에게 특정기간 고정가격 또는 결정가능한 가격으로 기업의 주식을 취득할 수 있는 권리(의무는 아님)를 부여하는 계약
지분상품	기업의 자산에서 부채를 차감한 후의 잔여지분을 나타내는 계약. 기업의 주식, 신주인수권 및 주식선택권 등이 이에 해당한다.
측정기준일	이 장에 따라 부여된 지분상품의 공정가치를 측정하는 기준일. 종업원 및 유사용역제공자와의 주식기준보상거래에서는 부여일을 측정기준일로 한다. 종업원 및 유사용역제공자가 아닌 자와의 주식기준보상거래에서는 기업이 거래상대방에게서 재화나 용역을 제공받는 날을 측정기준일로 한다.
현금결제형주식기준보상거래	기업이 재화나 용역을 제공받는 대가로 기업의 주식이나 다른 지분상품의 가치에 기초하여 현금이나 기타자산으로 결제하는 주식기준보상거래
주가차액보상권	일정기간 기업의 주가가 지정된 가격을 초과하는 경우 그 보유자에게 초과금액을 보상받을 수 있는 권리를 부여하는 계약. 기업이 초과금액을 지불하는 수단으로 현금을 사용하는 경우는 현금결제형 주식기준보상거래에 해당하고 기업의 주식을 사용하는 경우는 주식결제형 주식기준보상거래에 해당한다.
보상원가	기업이 주식기준보상거래를 통해 거래상대방에게서 제공받는 재화나 용역의 원가. 제19장 '주식기준보상'에서 '재화나 용역을 인식한다'는 의미는 '보상원가를 인식한다'는 의미와 동일하다. 보상원가는 당기 비용으로 회계처리하거나 재고자산, 유형자산, 무형자산 등에 관한 일반기업회계기준에 따라 자산의 취득원가에 포함시킨다.
비시장성과 조건	주식기준보상약정에 따라 거래상대방이 목표이익, 목표판매량, 목표매출액 등 기업 지분상품의 시장가격과 직접 관련이 없는 성과를 달성하여야 하는 조건
선택형주식기준보	기업이 재화나 용역을 제공받고 그 대가를 지불하는 방법(현금결제방식 또는 주

상거래	식결제방식)이 약정에서 정하는 바에 따라 기업 또는 재화나 용역 공급자의 선택에 의해 결정되는 주식기준보상거래
성과조건	주식기준보상약정에 따라 거래상대방이 일정한 성과를 달성하여야 하는 조건. 성과조건에는 비시장성과조건과 시장성과조건이 있다.
용역제공조건	주식기준보상약정에 따라 거래상대방이 일정기간의 용역을 제공하여야 하는 조건. 예를 들어, 주식선택권을 부여받은 종업원이 주식선택권에 대한 무조건부 권리를 얻기 위해서는 2년을 근무하여야 한다는 조건이 용역제공조건에 해당한다.
존속기간	주식선택권의 부여일부터 주식선택권이 행사되는 날까지의 기간
공동자산	검토대상 현금창출단위와 그 밖의 현금창출단위 모두의 미래현금흐름에 기여하는 자산. 단, 영업권은 제외한다.
사용가치	자산이나 현금창출단위에서 창출될 것으로 기대되는 미래현금흐름의 현재가치
순공정가치	합리적인 판단력과 거래의사가 있는 독립된 당사자 사이의 거래에서 자산 또는 현금창출단위의 매각으로부터 수취할 수 있는 금액에서 처분부대원가를 차감한 금액
처분부대원가	자산 또는 현금창출단위의 처분에 직접 귀속되는 증분원가. 단, 금융원가 및 법인세비용은 제외한다.
현금창출단위	다른 자산이나 자산집단에서의 현금유입과는 거의 독립적인 현금유입을 창출하는 식별가능한 최소자산집단
회수가능액 ('자산손상')	자산 또는 현금창출단위의 순공정가치와 사용가치 중 큰 금액
보험수리적손익	보험수리적 손익은 다음으로 구성됨 (1) 보험수리적 가정과 실제로 발생한 결과의 차이에서 생기는 손익 (2) 보험수리적 가정의 변경으로 인해 발생하는 손익
종업원	전일제나 시간제 그리고 정규직이나 임시직으로 기업에 근무용역을 제공한 자(이사와 그 밖의 경영진 포함)
종업원급여	종업원이 제공한 근무용역과 교환하여 기업이 제공하는 모든 종류의 대가
퇴직금제도	근로자퇴직급여 보장법에 따른 퇴직일시금제도
퇴직급여	퇴직 이후에 지급하는 종업원급여(해고급여 제외)
퇴직급여제도	기업이 한 명 이상의 종업원에게 퇴직급여를 지급하는 근거가 되는 공식 또는 비공식 협약
확정급여제도	확정기여제도 이외의 모든 퇴직급여제도(퇴직금제도 및 확정급여형퇴직연금제도)
확정기여제도	기업이 별개의 실체(기금)에 고정 기여금을 납부하여야 하고, 그 기금이 당기와

과거기간에 제공된 종업원 근무용역과 관련된 모든 종업원급여를 지급할 수 있을 정도로 충분한 자산을 보유하지 못하더라도 기업에게는 추가로 기여금을 납부해야 하는 법적의무나 의제의무가 없는 퇴직급여제도(확정기여형퇴직연금제도)

회계이익(회계손실)
기업회계기준에 의하여 산출되는 법인세비용차감전순이익(법인세비용차감전순손실)을 말한다.

과세소득(세무상 결손금)
법인세법에 따라 법인세부담액을 산출하는 대상 소득(결손)을 말한다.

법인세부담액
법인세법 등의 법령에 의하여 각 회계연도에 부담할 법인세 및 법인세에 부가되는 세액의 합계액을 말한다.

법인세비용
법인세부담액에 이연법인세 변동액을 가감하여 산출된금액을 말한다.

자산·부채의 세무기준액
세무회계상 자산·부채의 금액을 말한다.

일시적차이
자산·부채의 장부금액과 세무기준액의 차이를 말하는데 다음의 두 가지로 구분된다.
(1) 가산할 일시적차이 : 자산·부채가 회수·상환되는 미래기간의 과세소득을 증가시키는 효과를 가지는 일시적차이
(2) 차감할 일시적차이 : 자산·부채가 회수·상환되는 미래기간의 과세소득을 감소시키는 효과를 가지는 일시적차이

이연법인세부채
가산할 일시적차이로 인하여 미래에 부담하게 될 법인세부담액을 말한다.

이연법인세자산
다음의 항목들로 인하여 미래에 경감될 법인세부담액을 말한다.
(1) 차감할 일시적차이
(2) 이월공제가 가능한 세무상결손금
(3) 이월공제가 가능한 세액공제 및 소득공제 등

기능통화
영업활동이 이루어지는 주된 경제 환경의 통화

마감환율
보고기간말의 현물환율

외화
기능통화 이외의 다른 통화

외화환산손익
결산일에 화폐성외화자산 또는 화폐성외화부채를 환산하는 경우 환율의 변동으로 인하여 발생하는 환산손익

외환차손익
외화자산의 회수 또는 외화부채의 상환시에 발생하는 차손익

외환차이
특정 통화로 표시된 금액을 변동된 환율을 사용하여 다른 통화로 환산할 때 생기는 차이

표시통화
재무제표를 표시할 때 사용하는 통화

해외사업장	보고기업과 다른 국가에서 또는 다른 통화로 영업활동을 하는 종속기업, 관계기업, 조인트벤처나 지점
해외사업장에 대한 순투자	해외사업장의 순자산에 대한 보고기업의 지분 해당 금액
현물환율	즉시 인도가 이루어지는 거래에서 사용하는 환율
화폐성항목	보유하는 화폐단위들과 확정되었거나 결정가능한 화폐단위 수량으로 회수하거나 지급하는 자산·부채
환율	두 통화 사이의 교환비율
보고기간후사건	보고기간말과 재무제표가 사실상 확정된 날 사이에 발생한 기업 재무상태에 영향을 미치는 사건. 재무제표의 수정을 요하는 사건과 수정을 요하지 않는 사건으로 구분된다.
수정을 요하는 보고기간후사건	보고기간말 현재 존재하였던 상황에 대한 추가적 증거를 제공하는 사건으로서 재무제표상의 금액에 영향을 주는 사건
수정을 요하지 않는 보고기간 후 사건	보고기간말 현재 존재하지 않았으나 보고기간 후에 발생한 상황에 대한 증거를 제공하는 사건
특수관계자	(1) 직접 또는 하나 이상의 중개자를 통하여 간접으로, (가) 당해 기업을 지배하거나, 당해 기업의 지배를 받거나 또는 당해 기업과 동일지배 하에 있는 자(지배기업, 종속기업 및 동일지배 하에 있는 다른 종속기업을 포함한다) (나) 당해 기업에 유의적인 영향력을 행사할 수 있는 지분을 소유한 자 (다) 당해 기업을 공동지배하는 자 (2) 당해 기업의 관계기업 (3) 당해 기업이 참여자로 있는 조인트벤처 (4) 당해 기업이나 당해 기업의 지배기업의 주요 경영진의 일원 (5) (1)이나 (4)에 해당하는 개인의 가까운 가족 (6) (4)나 (5)에 해당하는 개인이 직·간접으로 지배하거나, 공동지배하거나, 유의적인 영향력 또는 유의적인 의결권을 행사할 수 있는 기업 (7) 당해 기업이나 당해 기업의 특수관계자에 해당하는 기업의 종업원급여를 위한 퇴직급여제도
특수관계자거래	대가의 부담 여부에 관계없이 특수관계자 사이의 자원, 용역 또는 의무의 이전
개인의 가까운 가족	당해 기업과의 거래 관계에서 당해 개인의 영향을 받거나 당해 개인에게 영향력을 행사할것으로 예상되는 가족. 다음의 경우를 포함한다. (1) 배우자(사실상 배우자 포함. 이하 같다)와 자녀 (2) 배우자의 자녀 (3) 개인이나 배우자의 피부양자
주요 경영진	직·간접적으로 당해 기업 활동의 계획·지휘·통제에 대한 권한과 책임을 가진

	자로서 모든 이사(업무집행이사 여부를 불문함)를 포함함
농림어업활동	판매목적 또는 수확물이나 추가적인 생물자산으로의 전환목적으로 생물자산의 생물적 변환과 수확을 관리하는 활동
매각부대원가	자산의 처분에 직접 귀속되는 증분 원가(금융원가와 법인세비용제외)
수확	생물자산에서 수확물의 분리 또는 생물자산의 생장 과정의 중지
수확물	생물자산에서 수확한 생산물
생물자산	살아있는 동물이나 식물
생물적 변환	생물자산에 질적 또는 양적 변화를 일으키는 성장, 퇴화, 생산 그리고 생식 과정으로 구성
중단사업	'중단사업'은 다음의 조건을 모두 충족시키는 기업의 일부 (1) 사업의 중단을 목표로 수립된 단일계획에 따라 기업의 일부를 일괄매각방식 또는 기업분할방식으로 처분하거나, 해당 사업에 속한 자산과 부채를 분할하여 처분 또는 상환하거나, 또는 사업자체를 포기한다. (2) 주요 사업별 또는 지역별 단위로 구분할 수 있다. (3) 경영관리와 재무보고 목적상 별도로 식별할 수 있다.
최초공시사건	사업중단과 관련하여 다음 중 먼저 발생한 사건 (1) 특정 사업에 속하는 대부분의 자산에 대한 구속력 있는 매각계약의 체결 (2) 기업의 이사회나 또는 이와 유사한 권한을 가진 의사결정기구의 특정 사업에 대한 공식적이며 구체적인 중단계획의 승인 및 발표
중간기간	1 회계연도보다 짧은 회계기간. 예를 들면, 중간기간은 3개월, 6개월 등이 될 수 있다. 3개월 단위의 중간기간을 '분기', 6개월 단위의 중간기간을 '반기'라 한다.
누적중간기간	회계연도 개시일부터 당해 중간보고기간말까지의 기간
중간재무제표	중간기간 또는 누적중간기간을 대상으로 작성하는 재무제표
연차재무제표	회계연도를 대상으로 작성하는 재무제표
간주원가	특정 일자의 원가나 감가상각후 원가에 대한 대용치로 사용되는 금액. 기업이 특정 일자에 자산이나 부채를 최초로 인식하였고 그 원가가 간주원가와 동일한 것으로 가정하여 후속적으로 감가상각하거나 상각한다.
개시 일반기업회계기준 재무상태표	일반기업회계기준 전환일의 재무상태표
과거회계기준	최초채택기업이 일반기업회계기준을 채택하기 직전에 적용한 회계기준
일반기업회계 기준의 최초채택기업	최초 일반기업회계기준 재무제표를 표시하는 기업
전환일	최초 일반기업회계기준 재무제표에서 일반기업회계기준을 적용한 완전한 비교정

	보가 표시되는 가장 이른 기간의 개시일
최초 일반기업회계 기준 보고기간	최초 일반기업회계기준 재무제표에 포함된 최종 보고기간
최초 일반기업회계 기준 재무제표	일반기업회계기준을 채택하여 일반기업회계기준을 준수하였다는 명시적이고 제한 없이 기술된 문구를 기재한 최초의 연차재무제표

찾아보기

[ㄱ]

[ㅂ]

[ㅅ]

[ㅇ]

[ㅈ]

[ㅊ]

[저자 소개]

• 이주송

수원대학교 대학원 졸업(경영학 박사)
여주대학 재단사무국장 역임
전 여주군 과세전적부 심사위원회 위원
전 이천세무서 과세전적부심사위원회와 이의
신청심의위원회 위원
전 여주군 인재육성장학회 감사
현 여주군 지방세심의위원회 위원
현 한국세무회계학회 이사
현 여주대학교 세무회계정보과 교수

〈주요 저서 및 논문〉

『기업재무회계 실무』, 『재무제표이론과 실무』
『회계원리』, 『회계감사강의』, 『재무회계입문』
「자산재평가와 기업의 이해득실에 관한 연구」
「감가상각제도에 관한 연구」
「자산유동화 증권 발행이 재무비율과 기업가치에
미치는 영향에 관한 연구」
「여주대학 주문식교육 발전 방안 연구」
「근로자의 동기 및 역할이 직무만족에 미치는 영향」
등 다수

• 김진휘

한양대학교(경영학사, 석사, 박사)
전 경기도 지방세 정보공개 심의위원회 위원
현 수원세무서 납세자보호위원회 위원
현 화성시 소비자정책심의위원회 위원
현 화성시 계약심의위원회 위원
현 수원과학대학교 세무회계정보과 교수

〈저서〉

『회계원리입문』 (공저, 형지사, 2008)
『원가관리회계』 (공저, 청목출판사, 2001)
『재무회계』 (공저, 도서출판 대경, 2003)
『전산회계 2급』 (공저, 도서출판 대경, 2007)

회계이론강의

2019년 2월 20일 중판인쇄
2019년 2월 25일 중판발행

공저자 이 주 송 · 김 진 휘
발행인 유 성 열
발행처 **형지사**
서울특별시 영등포구 신길동 233-96
전화 (02) 833-6090(代)
FAX (02) 849-0817
등록 제318-2005-000030호

파본은 바꾸어 드립니다. 값 28,000원

http : //www.chongmok.co.kr

ISBN 978-89-92938-54-9